新媒体时代人的生存问题的现代性解读

何华征◎著

中国文史出版社

图书在版编目(CIP)数据

新媒体时代人的生存问题的现代性解读/何华征著.
—北京 ：中国文史出版社,2016. 9(2025.4重印)
ISBN 978－7－5034－8018－8

Ⅰ. ①新… Ⅱ. ①何… Ⅲ. ①传播媒介－研究 Ⅳ.
①G206. 2

中国版本图书馆 CIP 数据核字(2016)第 191550 号

图书策划：方云虎
责任编辑：詹红旗　方云虎
封面设计：凤凰树文化

出版发行：中国文史出版社
网　　址：www. chinawenshi. net
社　　址：北京市西城区太平桥大街 23 号　邮编：100811
电　　话：010－66129236
传　　真：010－66192703
印　　装：三河市宏顺兴印刷有限公司
经　　销：全国新华书店
开　　本：700mm×1000mm　1/16
印　　张：26 印张　字数:359 千字
版　　次：2016 年 10 月北京第 1 版
印　　次：2025 年 4 月第 3 次印刷
定　　价：68.00 元

前言

胡塞尔曾经说，哲学的真正主题和真正方法首先在于揭示真正的世界历史之谜，并将它们引到解决的轨道上来。马克思主义哲学作为“时代精神的精华”是通过两条路径来实现的：其一，它的基本原理和精神能够为人的解放和全面发展提供指南；其二，它在实践的开放性中获得永续发展的理论品质。本书关于新媒体时代人的生存问题研究，正是上述两个方面在现实性上的展开。新媒体时代有着与传统媒体时代迥异的特征：数字化、交互性、智能化、自媒体化、深度卷入、虚拟性等。新媒体不但改变了信息的传播方式，也直接改变了人的生存境遇。在新媒体时代要想更好地生存，就要对这些盘踞在这个时代中的悖论有清晰的理解和把握：虚拟存在与现实存在、追求个体生存的确定性与过度信息条件下的艰难抉择、信息霸权与数字鸿沟、现代计算理性与虚拟生活的非理性等，现代人正是在这些矛盾中进行生产和生活。

目前对新媒体的研究主要停留在新闻传播学、传媒经济学、政治学、媒介技术学、文化学等领域。将人的生存问题引入传媒发展的历史变迁之中进行考量，从历史性中把捉新媒体时代人的生存境遇中必然遇到的机遇和挑战，是本书研究的出发点。当然，关于传播媒介与人的生存问题之间的内在联系，并非本书的原创性思路，马克思就曾研究过报刊与人的全面发展之间的内在关系：报刊不仅“连接”和“生成”人的现实社会关系，而且“自由报刊”直接是人的生存权利扩大的阵地和宣传人的解放理论的咽喉。法兰克福学派和后马克思主义的一些思想家甚至还对信息社会人的生存问题有过专门研究，齐泽克就是其中之一。不过，随着本世纪“移动智能终端”的广泛应用而形成的移动互联网的普遍化，人类才真正进入新媒体时代。马克思从来都不对历史发展的细节进行妄心预测，他只从揭示历史发展的一般规律和人们当下所处的生存环境出发，对人类生存的未来作方向性的指引。本书正是沿着马克思主义的一贯立场来对新媒体时代人的生存问题进行研究的。

从感性上把握人在新媒体时代的现代性遭遇是很有必要的。在新媒体时代，人的生命得到强化，新媒体本身具有"赋能"的内在功能，它延伸了人的体力和智力；在虚拟社区，人的生命力再次得到确证，人类生存空间从实在世界向虚拟世界扩张；人的智力和人类知识借助新媒体的共享机制和搜索引擎得到集成和放大。当然，由于人们一定程度上产生对新媒体的过分依赖，也出现了新媒体时代新的异化现象，媒介手段成为统治人的异己力量。特别是还存在着对新媒体技术的滥用，"人肉"和"水军"等构成了新媒体时代的"恐怖主义"。人的真实生存被虚拟世界的匿名状态所惊扰，在"隐身"和"马甲"的掩护下，出现了诸多数字化隐忧。这正是新媒体时代人的生存问题的两面性：希望和挑战并存。

从理性的角度对新媒体时代人们生存环境的现代性转型进行剖析发现：无论是人们生存的经济环境、政治环境还是文化环境，都在新媒体时代发生了巨大的变化。在经济上，从浅层看，新的传播媒介促进了经济的信息流通，同时也扩大了经济交往的平台；从深层看，新媒体时代促成了时尚经济的繁荣，波德莱尔所宣称的那种短暂性、瞬间性和偶然性的现代性表征，在时尚经济条件下获得了充分的展示。人们相对稳定的物质需求被变动不居的心理需求所代替，商品景观彻底幻化。有人认为广义虚拟经济时代已经到来，消费的"意义世界"由消费者自行"界定"。交互式的信息传播使新媒体时代的时尚经济瞬息万变，一定的时尚还未等到固定下来就已经悄然过时，时尚经济在媚俗与厌俗的二律背反中不断获得新的发展动力。新的经济对人的心理、情绪和个性的关怀，潜蕴着由"物本"走向"人本"、由"生存"走向"发展"、由"单向度的人"走向"全面发展的人"的生存论品质。但是，当经济彻底迈向幻化，概念和符号湮没了人的主体性价值之后，人类生存就走向了"异化—幻化"的阶段。

在政治上，新媒体导致了社会阶层的变迁和社会权力结构的重整。新媒体具有尼葛洛庞蒂所言的"赋权"的先天条件，这是由新媒体平台的开放性所决定的。不过，把新媒体看成导致民主政治的充分条件，则陷入了技术决定论的泥潭。毋庸置疑,由于新媒体平台的开放性,社会阶层流动加快、阶层区分度降低、阶层结构扁平化,普通网民具有过去未曾有过的表达权和监督权,人的自由度不断提升。而且,随着信息成为现代社会发展的重要资源,新媒体时代的信息权力也以其自身独有的方式影响着政治文明的进程。新媒体似乎先天性地成为一种“民主技术”。然而,“民主的技术化”需要“技术的民主化”作为前提,美国“棱镜计划”的曝光泄露了技术民主与民主技术之间的内在关系的“天机”。将“手段”当作“目的”来幻想,这是人类由来已久的幼稚病。

在文化上,因为信息传播的方式已经彻底由原来的单向传播转变为交互式传播,人人都是“麦克风”,信息传播的“授受”关系变得日益复杂,文化权力的重心下移。草根文化逐渐成为一种主流文化,“去中心化”的立场广受赞誉。与此相关的是“草根阶层”对娱乐的永不懈怠的追求。在虚拟身份的掩盖下,人们纵情娱乐、游戏至死。“屏世界”加剧了视觉文化的繁盛,文化被解构成一种个人主义的消费姿态。民粹主义挤兑了理性对社会价值观念的普适性诉求,喧嚣沸腾的网络文化对社会核心价值提出了挑衅。更为严重的问题是文化暴力的盛行,互联网俨然成了语言的屠宰场。把一切传统和信仰都撕碎,这是为数不少的所谓“草根精英”博取“注意力”这一当代稀缺资源的重要手段。一定程度上被解放了的文化权力存在着被文化暴力消解的巨大风险。

新媒体时代人类生存面临的重大机遇和挑战,是在现代性的内在矛盾中形成和发展的。“祛魅”是现代理性的神圣使命,而新媒体给人们更多的信息资源,以便人们在获得确定性的“存在感”过程中有所倚靠。然而,信息的泛滥造成了新媒体时代的严重“返魅”现象。虚拟世界扩大了人们的生存场域,同时也把人们引向了幻觉丛生的痛苦境地(它内在地包含人们过度娱乐后的空虚无聊)。新媒体赋予人们以能力,它却在呈现自我的过程中,过分夸大“呈现”的手段而使人的主体性隐退,“呈现”变成了“生存”,幻象代替了现实。新媒体在“呈现”中漫溢着人的内心欲望,它在世俗化的立场上推倒了对传统神秘事物的崇拜,却创造了新的神话。世俗欲望统领着新媒体,信息权力被过度使用。而资本的介入加剧了这种神话的蛊惑力,人类从旧媒体时代“异化—物化”了的景观社会演变到新媒体时代“异化—幻化”了的幻象社会。只有坚持马克思主义的传统,在“媒介之发展”与“自由之拓域”的关联上创造条件,才能促进人的全面发展,扬弃新媒体幻景的异己统治。尽管在新媒体时代存在着一些传统马克思主义理论所未曾遇到过的新问题,但是,通过对过度资本化的扬弃、对积极自我意识的肯定、对现代理性的再培育、升级人们的需要层次、挖掘和创造主体价值,便能在一定程度上促使新媒体时代成为迈向人的全面发展阶段的前提。这样,不仅马克思主义理论在新媒体时代的生存实践中找到了现实土壤,而且新的时代问题也获得了更高的理论谋划。也正是在这样的理论审度中,使本书在理论的自洽和实践的自适这两端的平衡中尚有巨大的提升空间。

目 录

第一章 绪论

海德格尔曾经把“时代”一词解释为“我们自己还置身于其中的时代”。① 我们所处的这个时代，依据视角的不同，可以在其前面附加不同的前缀，从而赋予这个时代不同的印象。信息时代、大数据时代、虚拟经济时代、全球化时代、多极化时代、后工业文明时代、生物科技时代、知识经济时代、智能化时代、转型时代等等。各种“时代”都在某一(或某些)方面描绘了这个时代的特征。毋庸置疑，“新媒体时代”是指随着媒介变革，尤其是在移动互联网发展到一定程度以后出现的一个特定历史阶段。这个时期，由于新媒体已经成为这样一种“组织”(这里不妨引用海德格尔的话来进行说明)：“现实本身由形成公共文明意见的组织所制作和控制。这个组织的工作人员之一，既是推动者又是被推动者。”②如今的“新媒体”仿若一种“组织”，它形成公共意见。而“现实”(这个时代的一切方面)仿若全部被这种“意见”所“制作”和“控制”。人们生存于新媒体“意见”(信息交流)的场域中，被深度卷入进去，成为它的“工作者”——既是推动者又是被推动者。在现代新媒体的包裹、浸透、操控、制作之下，人正面临着(被新媒体包装了的)现代性新面孔的包抄。

在生存论意义上对“新媒体时代”予以专门的研究，正是因为“新媒体”已经成为人的生存境遇新的物质基础。但是，哲学既不是一般的解释工具，又不是普适的“操作系统”，哲学改变世界的出路在于这种哲学是否把人们

---

① 海德格尔．孙兴周，译．人，诗意地栖居．海德格尔存在哲学．北京：九州出版社，2004：152.

② 同上，236 页。

引向实践活动。[①] 恩格斯在《自然辩证法》中说:“只有当自然科学和历史科学接受了辩证法的时候,一切哲学垃圾——除了关于思维的纯粹理论——才会成为多余的东西,在实证科学中消失掉。”[②]新媒体已经全面影响到了人们生活的各个方面,马克思主义哲学在这方面做出相应的理论回应,既是对马克思主义哲学(辩证的)实践本性的确认,也是马克思主义哲学作为时代精神之精华的表现。正如2013年12月3日习近平同志在主持中共中央政治局第十一次集体学习时所指出的那样:“马克思主义哲学深刻揭示了客观世界特别是人类社会发展一般规律,在当今时代依然有着强大的生命力。”[③]这种生命力不仅在于对现实社会的揭示和批判,也在于对社会发展方向的科学预测。当然,在马克思主义看来,这一切都是紧密围绕人的生存和发展而展开的——马克思主义学说本身就是关于人的解放的学说。胡塞尔认为,近代哲学史是为了人的意义而斗争的。“哲学的真正主题,哲学的真正方法,首先是揭示出真正的世界之谜,并将它们引到解决的轨道上来。”[④]冯契先生也曾经指出:“时代精神不是抽象的,它通过思想家个人的遭遇和切身感受而体现出来。一个思想家,如果他真切地感受到时代的脉搏,看到了时代的矛盾(时代的问题),就会在他所从事的领域里(如哲学的某个领域里),形成某个或某些具体问题。这具体问题使他感到苦恼、困惑,产生一种非把问题解决不可的心情。”[⑤]

马克思主义理论研究在文本研究与实践批判两个向度上不可偏废。卜祥记教授认为:“在‘文本研究’中本质地澄明马克思主义哲学的现实性品格,在‘问题研究’中立足马克思主义哲学的历史主义的批判立场,本质地呈现马克思主义哲学的当代性意义和价值。”[⑥]这是当前马克思主义哲学研究的基本立场。新媒体时代人的生存问题在哪里?人如何走向更好的生存状态?这是本书试图要做出回答的。马拥军教授说:“无论是马克思的革命理

---

① 马克思说:“哲学家们只是用不同的方式解释世界,问题在于改变世界。”见《马克思恩格斯文集》第一卷,人民出版社,2009:502.

② 马克思恩格斯全集. 第二十卷. 北京:人民出版社,1971:552.

③ 习近平. 把马克思主义哲学作为看家本领. 成都商报. 2013.12.05.

④ 胡塞尔《欧洲科学的危机与超越论的现象学》,王炳文 译,商务印书馆,2001:25.

⑤ 冯契. 认识世界和认识自己. 上海:上海人民出版社,2011:3.

⑥ 卜祥记. 马克思主义哲学研究范式辨误. 学术月刊,2009(4):34-39.

论或‘社会批判理论’，还是其建设理论或‘社会发展理论’，都以人类幸福和个性自由为目标指向。一旦脱离生活，马克思主义就失去其生命力。”①那么，在新媒体时代，人的幸福生活究竟如何可能呢？这是当代马克思主义研究亟欲解决的时代课题。本书的研究主题是人的生存问题，②历史语境是新媒体时代，研究视点及理论切割线是现代性思潮，基本立场是辩证的历史唯物主义。

第一节　新媒体时代人的生存问题研究的背景分析

一、新媒体概念及其一般特征

新媒体是一个有一定争议的概念。有些人把新媒体等同于具体的某种媒体应用形态的物质载体，比如电脑、智能手机；有些人则把媒体应用形态本身当作新媒体，比如网络电视、手机 QQ、微博等；也有些人从新媒体的某一显著特征来界定它，比如三网融合（即因特网、移动通信、广电网互相连通、资源共享），如此等等，都是从某个（或某些）方面对新媒体做出的定义。“新媒体”是一个时代的特征和产物，它在技术上的改变是显而易见的，但它在传播方式上的变更则更加引起人们的关注。因为，这种传播方式的变迁直接影响到人的生存问题，影响到人在现实世界和虚拟世界的生活：它通过影响经济、政治、文化、个人思维和生活习惯，以及社会交往和社会结构，而使整个社会成为（在一定程度上）受新媒体操控的社会。在这个意义上，对新媒体概念的界定就必须是全方位的：既要有技术、器质上的说明，更要有社会影响、效用、发展前景上的阐述。

（一）技术层面：数字化

任何一种大众媒体，都曾经是“新媒体”。当前被视为“传统媒体”的东

① 马拥军．西方马克思主义政治经济学批判的当代意义．哲学动态，2012（10）：37－43．

② 关于“生存问题”到底是指“如何活下去”还是“如何更好地活下去”（也就是说它是否必然包含着“人的发展”的向度）这样的问题，因为“新媒体时代”这个现实前提的限制，已经不是一个问题了——就本书而言，它在后者意味上的使用是不言而喻的。

西,在它兴起之时都引起过人们的讶异和惊奇。每一种新的媒体的出现,都开创了人类交往和社会生活的新方式。可见,从语词表达的角度来研究"新媒体"的概念是不可能达到事物本身的。1998 年,联合国把互联网称为"第四媒体"之后,"数字新媒体"就受到了各方的普遍关注。尼古拉·尼葛洛庞蒂(或译葛罗蒂)在 1995 年出版的《数字化生存》(Being Digital)一书的前言中说:大部分的信息在过去都是以书籍、杂志、报纸和录像带等形式缓慢处理而呈现的。而现在"很快将被即时而廉价的电子数据传输所取代。这种传输将以光速来进行。……计算机不再只和计算机有关,它决定我们的生存……下一个 1000 年的初期,……大众传媒将被重新定义为发送和接收个人信息和娱乐的系统"。① 而尼葛洛庞蒂在该书的结语中更是宣称:人类无法否定数字化时代的存在,在数字化时代的前进过程中,人们试图阻止这种进程是不可能的,就像面对大自然一样。②

数字化的普遍化成为新媒体区别于传统媒体的重要标志。从而,尽管研究者们都忌讳对"新媒体"做出一个一言以蔽之的精准定义,但他们依然会对"新媒体"本身进行界定,这是研究工作得以展开所不可能越过的门槛。2002 年,斯蒂夫·琼斯出版了《新媒体百科全书》(*Encyclopedia of New Media*)。然而,试图在这本"百科全书"中找到"新媒体"(*New Media*)的词条也是不可能的。该书有两个出现"新媒体"字样的词条,分别是"性别与新媒体"、"种族与新媒体"。在这两个词条中,也没有关于"新媒体"的直接解释,但从内容看,都是关于"互联网系统"、"数字鸿沟"(*Digital Divide*)的内容。③

(二)应用层面:强交互性

弗兰西斯·巴尔和杰拉尔·埃梅里从受众的参与程度出发把媒体分为三类:独立媒体④、广播电视媒体、电信媒体。他们认为,电信媒体"其语言、图表、静止图像、活动图像在信息源和最后接收者之间的双向交换量是相同

---

① 尼古拉·尼葛洛庞蒂. 胡泳,范海燕,译. 数字化生存. 海南出版社,1997(3):12-15.

② 同上,269 页。

③ 斯蒂夫·琼斯. 熊澄宇,范红,译. 新媒体百科全书. 北京:清华大学出版社,2007:199,391.

④ 包括录像带、影碟、计算机软件和教学软件,它们和书籍、报刊等一样,内容与载体不可分离。

的，这就是所谓的‘强’互动”。[1] 在他们看来，“新媒体”约等于“强互动媒体”。因为作者认为“词和事物是一样含混不清的”。现在的新媒体，与过去的大众媒体一样，“以想象来表现现实，可现实的轮廓和画面却未为在其中生活和观察的人所察觉。表现凝聚着对现实的忧虑和对将来的希望。表现也是社会现实的一个组成部分”。因而，这种包含着人类想象力和希冀的“新”（这个形容词），决不是一个纯粹的技术性说明。“新媒体在延伸、减少或取代（传统的）大众媒体。但是，界定新媒体的含义、确定其本质是传输和交流思想与作品的手段，这是终点而不是起点。”[2]巴尔和埃梅里得出结论说：“重要的不是技术发明，而是社会革新。”[3]新媒体在信息和通信方面引起的变化无疑更多的是质上的。

中国中央电视台制片人杨继红女士在其《新媒体生存》一书的扉页有一句话：“新媒体送给人类的，不是漂亮的羽毛，而是飞翔的双翼。”尽管在书中她也没能“正面”交代“新媒体”谓何。2006 年，萨达姆被绞死在巴格达伊拉克陆军基地，一位匿名的在场人员通过手机记录了下来，并在互联网上公之于众，随后迅速蔓延，颠覆了官方（伊拉克国家电视台）的电视画面，将种种有关“文明”、“法治”的说辞撕成碎片。作者通过“萨达姆之死”（事件的传播）来说明“用户创造内容”的“新媒体之生”。“去中心化互动”是作者表达的“新媒体”特征的核心观点。她认为，“传统的媒体传播方式是喷水浇灌田园式的广播模式，是‘点对面’、‘一对多’的”；“而网络媒体使‘点对点’、‘一对一’的传播成为可能，互联网可以根据个体的个别需求提供相关信息和服务。新媒体技术进一步分化了受众群体，根据兴趣和人际交往的情趣聚合起来的群体中，个人化使用媒体的特征非常明显”。[4] 她认为“交互”是新媒体的主要功能。[5]

---

① 弗兰西斯·巴尔，杰拉尔·埃梅里．张学信，译．新媒体．北京：商务印书馆，2005：2.

② 同上，7 页。

③ 同上，8 页。

④ 杨继红．新媒体生存，北京：清华大学出版社，2008：39.

⑤ 这种“功能说”是否成立或符合表达的规范性，是值得质疑的。“交互性”作为新媒体功能改变着社会交往的模式，那么与巴尔和埃梅里的说法就比较接近。但是，“交互”意味着“去中心”、意味着传统“权力结构”的解构、意味着社会结构变迁和人的生存问题的重大变化的可能性，这样看，“交互”只是新媒体的一种实现手段，抑或表征。

(三)器质层面:智能化

马歇尔·麦克卢汉说:“媒介塑造历史的例子可真是俯拾即是。”[①]他认为,“对媒介影响潜意识的温顺的接受,使媒介成为囚禁其使用者的无形的监狱”。[②] 麦克卢汉在他的那个年代所能“感悟”到的最新技术进展仅限于电视,他认为电视这种新媒介对人们的政治生活产生了巨大的影响:“电视来临以后,政治活动中以街区为单位预测选票的方式随即结束,因为这是一种专门化和分割化的形式,而专门化和分割化在电视产生以后再也行不通了。”[③]1962 年 7 月,当电视图像首次越过大西洋的时候,麦克卢汉预言,“地球村”就要到来了。正如巴尔和埃梅里所说的,“预言家陶醉于北美集团电视试验的成功,宣布由于电子和电缆的出现,四海之内皆兄弟的理想即将实现。但是,他们设想的这种革命并没有发生”。[④] 然而,人们念念不忘的“地球村”理想(仅就信息交流与共享而言)却在新媒体时代终于出现了曙光。麦克卢汉这种“想象中的未来”(巴尔和埃梅里如是说)为新媒体的进步带来了灵感。他关于“媒介即是人的延伸”的断语尽管包含着泛化媒介的意味,他说,“在机械时代,我们完成了身体空间的延伸。今天,经过一个世纪的电力技术发展以后,我们的中枢神经系统又得到了延伸,以至于能拥抱全球。就我们这颗行星而言,时间差异和空间差异已不复存在。我们正在迅速逼近人类延伸的最后一个阶段——从技术上模拟意识的阶段”。[⑤] 很明显,新媒体技术的发展正是建立在人工智能(也就是麦克卢汉所预言的“意识模拟”)的基础之上的。尼葛洛庞蒂对新媒体与传统大众媒体在“智能”上的差异进行了阐述。他分析指出:信息传播起始点的智能化是电视广播的一个典型特征。也就是说,信息的传输者决定一切,受众只需要消极接收就行。而“未来的电视”“就是把部分智慧从传播者那端,转移到接收者这端。……

---

① 马歇尔·麦克卢汉. 何道宽,译. 理解媒介:论人的延伸. 南京:译林出版社,2011:30.

② 同上,32 页。

③ 同上,367 页。

④ 弗兰西斯·巴尔,杰拉尔·埃梅里. 张学信,译. 新媒体. 北京:商务印书馆,2005:28.

⑤ 马歇尔·麦克卢汉. 何道宽,译. 理解媒介:论人的延伸. 南京:译林出版社,2011:4.

智慧存在于接收者这端，而传输者一视同仁，把所有的比特传送给所有的人。”他果断地提出了这样的结论：“要探讨数字化的大未来，其中一个办法，就是看媒体的本质能不能相互转换。”[①]美国南加州大学詹姆斯·贝尼尔教授指出，“数字化使得人到机器的、机器之间的以及（甚至是）从机器到人的传播，都和人与人之间的传播一样容易”。[②] 很明显，数字技术、计算机网络技术、移动通信技术、人工智能技术正在赋予新媒体的“新”字以独特的意涵，那就是在数字化背景下，为强交互式提供一切可能的智能化。托夫勒在《第三次浪潮》中说：今天，“我们为无生命的环境输入的不是生命，而是智慧”。[③]

（四）传播层面：自媒体化

“新媒体”（这个词最早出现在1967年[④]）概念时下已经赋予了其更新的含义，除了前述三个重要特征，“自媒体”（亦称“泛媒时代”）也是它的显著特征。何谓自媒体（We Media）？自媒体又称“公民媒体”，指的是普通大众经由数字科技强化、与全球通信系统相连之后，能够对他们自身的事实、经验、讯息、事件提供分享与创作，从而使每一个普通大众（传统媒介下的单纯受众），通过博客、微博、论坛、BBS、网络社区等而成为信息传播者。最为通俗的说法就是：“人人都是传播者（麦克风）”，——当然，进一步说，就是人人都既是传播者，又是受众。当然，自媒体离开智能化、数字化是不可能的，它只是“强交互式”在“草根”（普通民众）意义上的拓展。把新媒体的这一表征单独列出，也正是为了强调凯斯·R.桑斯坦所指称的那种“私人信息的聚合力量”。桑斯坦认为：维基、开放资源软件、博客等正在聚合大量普通人的智慧，“多人的创造性的未来”尽管有着“控制者徇私的危险”，但在人们的日

---

① 尼古拉·尼葛洛庞蒂．胡永数字化生存．海口：海南出版社，1997(3)：30－31．

② 詹姆斯·贝尼尔．控制权革命．戴维·克劳利，保罗·海尔，编．董璐，何道宽，王树国，译．传播的历史：技术文化和社会，第五版．北京：清华大学出版社，2011：401．

③ 阿尔文·托夫勒．朱志焱，潘琪，张焱，译．第三次浪潮．北京：新华出版社，1996：185．

④ 1967年，美国哥伦比亚广播电视技术研究所所长P.戈尔德马克在一份关于“电子录像”的商业计划中首次使用新媒体（New Media）一词。（见黄健《新媒体浪潮》，广西教育出版社，2011年版，第6页）

常生活中得到实现则是不难的事情。[①] 在自媒体时代，主流媒体“非主流化”，它有别于由专业机构主导的信息传播方式，是一种由普通大众广泛参与的信息传播方式，是“点到点”的网状信息传播。麦克卢汉关于“媒介即讯息”的断语遭到了一些人的诟病，认为媒介主要充当信息的承载者。传统媒介的确主要是（具有）一种传送、表达、承载信息的载体功能，麦克卢汉把蕴含信息内容的全部实物当成媒介，从而造成了媒介的泛化。但是自媒体时代的新的情况使这一命题具有了新的激活潜质：微博、博客、QQ 即时通信工具、MSN（Microsoft Service Network，微软即时消息软件）、BBS（Bulletin Board System，电子布告栏系统）、SNS（Social Networking Services，社会性网络服务）、P2P（Peer to Peer，对等网络）、智能标签等等，这些被当下人指认为新媒体的东西，本身都要借助于计算机、智能手机等工具（端口）才能完成。如果这些需要另外借助别的物质载体才能得以实现的信息传播，能够成为独立的传播方式，那么，它们就在本质上印证了“媒介即讯息”的复活。所以，美国《连线》杂志将“新媒体”定义为“所有人对所有人的传播”。[②] 罗伯特·罗根提示道：麦克卢汉著名的论断“使用者即媒介内容”表达了每位受众都将自己的体验带进媒介，“并根据自己的需要改变媒介的内容”的意思。新媒体的使用者能给媒介添加新的内容，如博客。[③] 由于自媒体时代各种传媒手段的综合性和融合程度不断提高，出现跨媒体的特征，从而又称为全媒体时代。

（五）社会层面：具有虚拟性

有人说，今天的社会是一个媒介化社会，是一个新媒体的社会。新媒体已经融入到了人们生活的方方面面，我们的生活世界变得更加丰富多彩。[④] 2000 年，英国报业联合公司推出了全球第一位虚拟主持人 Ananova（阿娜诺娃），[⑤]为网民提供 24 小时不断的新闻播报服务，全球一片哗然。新媒体的

---

① 凯斯·R. 桑斯坦．毕竟悦，译．信息乌托邦：众人如何产生知识．北京：法律出版社，2008：208－209.

② 黄健．新媒体浪潮．南宁：广西教育出版社，2011：7.

③ 罗伯特·洛根．何道宽，译．理解媒介——延伸麦克卢汉．上海：复旦大学出版社，2012：331.

④ 赵凯．解码新媒体．上海：文汇出版社，2007：8.

⑤ 云起．再见，阿娜诺娃．上海微型计算机．2000. 3. 20（12）10.“阿娜诺娃”是 1999 年 8 月由英国一家网络公司的老板罗伯特先生所创造的虚拟主持人。（见应天常《“阿娜诺娃”向我们走来》，《声屏世界》2001 年第 1 期，第 41－42 页）

虚拟信息传播不但包括信息本身的虚拟性,而且也包括传播关系的虚拟性。[①] 人们可以不留痕迹地修改文本、声音、图片、视频等等,而且能够在虚拟社区中扮演各种虚拟角色,与其他人建立不同的关系网络。传播者和受众都可以(可能)处于虚拟状态,彼此的个人信息真假难辨。数字化信息以字符0和1的排列组合来制作和建构虚拟空间。随着技术的进步,这种仿真生存空间成为了新媒体时代不得不面临的重大课题。真实的世界不断被模拟、被虚拟化,而虚拟世界也就成为人们真实生活的重要环境。"虚拟世界的范围是虚拟现实系统,它让用户完全沉浸在一个非真实的世界里,并给他一种遨游天下即互动的机遇。……虚拟现实系统旨在表现尽可能逼真的现实,因此,它们立足的是漫长的现实主义传统。"穆尔指出:"如同互动性的概念那样,虚拟性是在多方面运用的。如果我们在词典里查到这个词,我们甚至可以发现它有两种乍看起来相抵牾的定义。一方面,虚拟性专指实际呈现的东西;另一方面,它又指一种可以呈现现实或行动的能力。虚拟世界是对一个世界的仿真,在物理学意义上它不是真实的,但是在其效应上,它给观众以真实而深刻的印象。这正是电脑作为全球性机器的两大特征。"[②]新媒体的虚拟性还不仅仅停留在技术促成的那种虚拟空间,更重要的是对现实人际关系和人的生存境遇的重新构建,它正全方位地影响人们的经济、政治、文化和社会生活。穆尔意味深长地说:现实与幻想之间的二元对立,这个哲学史上的基本关系变成了新媒体生存论研究的基本问题。新媒体不仅"复制"现实,而且"虚构"现实。尼葛洛庞蒂在上世纪末就预言,"当电子游戏逐渐把阵地转移到强大的个人电脑上时,将会出现越来越多的模拟工具(如非常畅销的'模拟城市')"。[③] 在3D虚拟现实平台上的电子游戏利用一个电子游戏界面,供用户创造特殊的体验,比如"第二人生"(Second Life)。"化身"代表"真身"在虚拟世界中游戏、挣钱、恋爱、演讲、航行……虚拟世界的特征使人觉得,新媒体"似乎比其他媒介表达更加逼真。……你感觉到它

---

① 宫承波. 新媒体概论. 北京:中国广播电视出版社,2011:8.

② 约斯·德·穆尔. 麦永雄,译. 赛博空间的奥德赛——走向虚拟本体论与人类学. 南宁:广西师范大学出版社,2007:97.

③ 尼古拉·尼葛洛庞蒂. 胡泳,范海燕,译. 数字化生存. 海口:海南出版社,1997(3):239.

体现的情景，你获得浸淫其中的感觉，你成为那模拟环境中的一部分，参与其中的动作，而不是只作壁上观。虚拟现实产生互动性，特殊眼镜、数据手套或操纵杆加强你身临其境、参与其中的感觉”。① 人们不但可以“化身”为其他角色参与虚拟实在的活动，而且能够“分身”成多种不同的角色。

（六）效力层面：全方位渗透

新媒体的发展得益于数字技术，肇始于互联网，融合广播电视、电信、信息技术等产业力量，借助电脑、数字电视、智能手机等端口在过去十余年获得了迅猛发展。曹三省等人认为：新媒体的主要特性包括“快捷、海量、互动、多媒体、公众化等”；而三网融合、下一代网络技术、新一代移动通信技术、智能终端、物联网、云计算等共同构成了新媒体发展的技术体系。② 新媒体的全方位渗透表现在两个方面：其一是技术层面，各种媒体相互交融、深层配合、协同创新，形成多媒体、立体化媒体技术组合；其二是社会层面，新媒体的影响深入到社会的各个层次、各个角落，个人身份、民主政治、精神生活、经济活动、婚恋交友、游戏休闲等等，无不在新媒体时代发生革命性变化。尼葛洛庞蒂在《数字化生存》的结语中说道：数字化的未来超越了人们的想象，而数字化生存之所以让我们的未来迥异于现在，就是因为它的“容易进入”、“流动性”以及“引发变迁的能力”等特征。③ 中国新媒体发展报告（2012）称，新媒体快速向经济、文化、政治等领域渗透，成为一种高度社会化的媒介。中国作为世界上新媒体发展最快、用户最多、应用最广泛的国家，新媒体的“双刃剑”功效尤为明显。2011 年，我国移动互联网的手机即时通信、手机搜索、手机网络新闻、手机网络音乐的使用率分别达到 83.1%、62.1%、60.9% 和 45.7%，手机邮件、手机网络视频、手机微博、手机在线发帖等的使用率也保持在比较高的比例。④ 据 CNNIC（中国互联网信息中心）

---

① 罗伯特·洛根．何道宽，译．理解媒介——延伸麦克卢汉．上海：复旦大学出版社，2012：279.

② 曹三省，丁一琼．全球新媒体技术前沿．胡正荣，主编．新媒体前沿（2011）．北京：社会科学文献出版社，2011：68.

③ 尼古拉·尼葛洛庞帝．胡泳，范海燕，译．数字化生存．海口：海南出版社，1997（3）：271.

④ 尹韵公，主编．中国新媒体发展报告（2012）．北京：社会科学文献出版社，2012：5.

统计,截至 2013 年 6 月底,中国网民规模达 5.91 亿,互联网普及率为 44.1%,中国新增网民中使用手机上网的比例高达 70.0%。[①] 未来学家托夫勒预言:"对于第三次浪潮文明来说,工业的基本原料是信息加上想象力。这种原料是取之不尽用之不竭的。""由于信息变化比以前更加重要,新的文明将改组教育,重新调整科学研究的方向,更重要的还是要改组传播手段,现在的传播工具……不能提供生存所需的多种文化。……展望未来,电视将让位给'个人屏幕'……最引人注目的变化,还是人们工作场所的转移,即从办公室和工厂又回到家庭。"[②]在新媒体时代,"千百万创造者的智慧却会创造出一种比最伟大的天才预见还要高明得多的东西"。[③]

(七)发展层面:大数据时代

当新媒体发展到今天,托夫勒在《未来的冲击》一书中所言的"人们现在开始接收越来越多有代号的但事先经过设计的信息"的说法已经彻底过时了。[④] 大数据开启了一次重大的时代转型,新媒体遭遇大数据而获得了它的现实性,即新媒体与旧媒体的典型区别。大数据时代的到来是数字化迈向数据化时代以后持续发展的结果。数字化把物质世界中的信息变为可供计算机运算的数字,而数据化则意味着我们需要重新审视"信息"这个概念,并且应当学会更好地吸取那些过去我们认为和信息无关的信息。[⑤] 舍恩伯格认为:人们在大数据基础上可以做到的许多事情,在小规模数据的情况下完全是没法完成的。麦肯锡研究所在 2011 年 5 月发表的一篇文章中给"大数据"下的定义是:"大小超过了典型数据库工具收集、存储、管理和分析能力的数据集。"[⑥]显然,这并不是大数据的全部要义,按弗兰克斯的说法,大数据区别于传

---

① 见中国互联网络信息中心 2013 年 8 月 1 日发布的《互联网发展信息与动态》第 90 期。

② 阿尔文·托夫勒. 朱志焱,潘琪,张焱,译. 第三次浪潮. 北京:新华出版社,1996:391-394.

③ 列宁全集. 第三十三卷. 北京:人民出版社,1985:281.

④ 阿尔文·托夫勒. 孟广均,吴宣豪,等,译. 未来的冲击. 北京:新华出版社,1996:10.

⑤ 维克托·迈尔,舍恩伯格,肯尼斯·库克耶. 盛杨燕,周涛,译. 大数据时代:生活、工作与思维的大变革. 杭州:浙江人民出版社,2013:20.

⑥ 比尔·弗兰克斯. 黄海,车皓阳,等,译. 驾驭大数据. 北京:人民邮电出版社,2013:4.

统数据而言，有如下特征：其一是大数据通常由机器自动生成，许多信息根本不涉及与人的互动；其二是大数据通常是一种全新的数据，尽管它并不排斥已有信息的收集；其三是大数据的一些数据源比较混乱，托夫勒所言的“被设计”过的信息只是很小的一部分；其四是大数据的价值并不在于信息本身，而在于数据分析，其间存在大量的信息垃圾。① 新媒体的一个重要发展趋势就是与大数据的对接。事实上，大数据时代的到来正是在新媒体发展的基础上实现的。

舍恩伯格等人的研究表明：互联网通过给电脑添加和扩展其（通信等）功能，从而改变了世界。同样，大数据也通过使人们的生活变得前所未有的可量化而改变我们生活中最重要和最深刻的方面。“大数据已经成为新发明和新服务的源泉，而更多的改变正在蓄势待发。”②由于大数据对信息的自我增殖和改进提供了前景，信息的自我繁殖不仅是可能的，而且是现实的。这一点，或许正是新媒体用户权限增加的后果之一。

可见，新媒体不是一个大箩筐，它是构成人的生产生活实践的历史背景和现实底色，在一定意义上也是人们的实践手段和改造世界的能力的体现。新媒体概念的上述特征并不是它的全部内涵，而是它的主要方面。某些特征和属性之间也许存在交错的地方，然而，它们的显著性由于达到了一定的程度而不得不在阐释的时候作为单独的特征而被强调。面对新媒体日新月异的发展，不妨借用列宁的话来说：“世界所以有这种突飞猛进的发展，其基本原因是有成亿成亿的人卷进这个发展的洪流了。”③因此，面对新媒体时代的社会变化，从人的生存境遇的改变的角度再次审视它的特征，就显得十分重要了。

二、作为人的生存境遇的新媒体

布朗和杜德奎宣称：“信息和个人必然并且永远是丰富多彩的社会网络

---

① 比尔·弗兰克斯．黄海，车皓阳，等，译．驾驭大数据．北京：人民邮电出版社，2013：6－7.

② 维克托·迈尔，舍恩伯格，肯尼斯·库克耶．盛杨燕，周涛，译．大数据时代：生活、工作与思维的大变革．杭州：浙江人民出版社，2013：17.

③ 列宁．〈真理报〉创刊十周年纪念．列宁全集．第四十三卷．北京：人民出版社，1987：175.

的组成部分。"[①]新媒体时代的到来,是信息重新构建了社会?还是信息原本就寓于社会结构之中?布朗和杜德奎的观点明显是后者。也有人从权力统治的角度否定网络社会的创新,认为媒介超越政府而获得决定价值取向的地位,从而它通过掌握话语权力而在社会中起到至关重要的作用——当然,从"谁掌握了权力,谁就能决定什么是价值"这一论断来看,上述结论就陷入了一个明显的矛盾。即政治权力就是话语权力,媒介事实上不可能超越它。因此,曼纽尔·卡斯特说,"在这个意义上,网络社会没有创新"。[②] 但是,更多的人依然相信,新媒体改变了社会的结构,使人们的生存境遇发生了巨大的变化。

"控制力革命"或许是一种有关人类目前生存遭际的重要描述。詹姆斯·贝尼格认为这个社会的人与人之间、国家与国家之间的所有层面的控制,包括生产、分配、消费等各个领域,都和信息技术的发展状况有着直接的对应关系。[③] 尼葛洛庞蒂也对数字化生存的"分散权力"寄予厚望,他认为数字化生存的赋权本质指的是"期待",因为它取消了权力的"门禁",从而对整个社会的影响将会超过以往任何时代,人们数字化生存的未来将超越最大胆的预测。[④] 而对于全球化以及个人生活的广泛影响,传播学家、社会学家和哲学家都不曾抱有怀疑的态度。凯茨和莱斯通过互联网中介通信的(一分为二的)作用——"反乌托邦的思想"认为,计算机中介通信技术与人类生活本质背道而驰,而"乌托邦的观点"则肯定了这种交往"补充和加强了离线活动"——来说明互联网使用的重要社会影响。[⑤] 在凯茨和莱斯看来,无论人们是否接受、是否认同互联网的这种影响,无论是正面还是负面,总之,互联网确实对社会产生了广泛而深远的影响。马克思说,"一个时代的迫切问题,有着和任何在内容上有根据的因而也是合理的问题共同的命运:主要的困难不是答案,而是问题。因此,真正的批判要分析的不是答案,而是问

---

① 约翰·希利·布朗、保罗·杜德奎. 王铁生,葛立成,译. 信息的社会层面. 北京:商务印书馆,2003:1.

② 曼纽尔·卡斯特. 网络社会——跨文化视角. 北京:社会科学文献出版社,2009:28.

③ 同上,390 – 403 页。

④ 尼古拉·尼葛洛庞蒂. 胡泳,范海燕,译. 数字化生存. 海口:海南出版社,1997:269 – 271.

⑤ 詹姆斯·E. 凯茨,罗纳德·E. 莱斯. 郝芳,刘长江,译. 互联网使用的社会影响. 北京:商务印书馆,2007:249 – 273.

题”。[①] 从生存论的角度来度量，新媒体时代的一系列新特征，对于人的生存（既有“如何活着”又有“如何活得更好”的意思）的影响（既有对社会环境的外在影响，又有对心智思维的内在影响），主要归结为以下七个方面（这些方面，白描多过推演、陈述多过议论——它们只是本书写作背景和论域的概括）。

（一）虚拟存在与现实存在的关系

迈克尔·海姆归纳了“虚拟实在”的七大特征：模拟性、交互作用、人工性、沉浸性、遥在、全身沉浸、网络通信。[②] 在 20 世纪 90 年代初期，海姆的研究是具有前沿价值的，尽管如今看来早已时过境迁。技术上的虚拟化已经成熟，服务器虚拟、存储器虚拟的技术已经比较完善，它对社会组织进行虚拟化运作、降低成本、提高效率的经济效用并非本书的论述重点，重点在于人在新媒体生活中的全面虚拟化。在新媒体时代，人不但可以“化身”为他人，而且可以“分身”成不同的社会角色，不但可以隐身、匿名，还可以变更 IP 地址、更改网络痕迹。在现象和本质、虚拟和实在之间，新媒体横设了种种沟通的障碍。透过现象看本质的困难增加了，人在各种虚拟信息中对事物的不信任感也随之增加了。然而，新媒体依然狂欢不止，似乎并没有因为虚拟化而导致人们对新媒体的厌弃，相反，人们只有沉浸在新媒体之中，才能获得一种存在感。这种虚拟存在的“我”到底是“本我”、“超我”还是“自我”？是虚拟环境建构了当下人的独特性，还是人们构建了当下社会的虚拟环境（或者是二者的互动，这种互动的机制又是什么呢）？虚拟自我、概念产品、虚拟财富（Q 值、论坛币）等等，广泛的虚拟化使人对社会

---

① 马克思恩格斯全集．第一卷．北京：人民出版社，1995：203.

② 迈克尔·海姆．金吾伦，刘钢，译．从界面到网络空间——虚拟实在的形而上学．上海：上海科技教育出版社，2000：113－119．海姆所谓的模拟性主要是指“数字声学空间”、外观等形成的物理形象模拟；“交互作用”在海姆这里还是受众对电脑指令的一般反应，比如清理垃圾箱；“人工性”大约指称的是“公共生活的计算机化”，然而，更多的是指计算机指涉物的大量增加；“沉浸性”就是指诸如立体声学效果产生的幻觉；“遥在”的一个对应概念就是“在场”，机器人代替人工，而无须人的亲自在场；“全身沉浸”指的是人的全部感官都在人工（计算机）环境中，获得一种真实的效用；“网络通信”强调的是虚拟世界与电话是共享的构造。总之，在海姆的那个年代，他的研究尽管不具有长远的预言价值，但是，作为一种形而上学的询问，他的研究已经获取了那个时代的较高学术价值。

(连同人自身)的认知陷入了迷离状态。这是新媒体时代人的生存所面临的首要问题。

(二)追求确定与信息过剩的关系

英国学者韦伯斯特援引罗斯扎克有关“量化信息”的论述称:“信息带有安全的中立特征;研究者堆砌的数据意味着无懈可击的事实,这既简单,又有助益。”①当人们和世界变成一堆数字以后,人们对确定性的追求似乎变得日益现实起来。确定性这个人们千百年来追求的生存论形而上学语境,在一切都数据化的时候,显然令人遐想到迎接它的未来并不遥远了:世界已然数据化,确定性还会遥远吗?进化论的线性思维模式在新媒体时代似乎遇到了阻碍。确定性并没有在大数据到来之际获得令人满意的回应;相反,大数据的混杂性、不规范性已经使原来的“样本研究”陷入了困境,在“样本即全体”的大数据时代,新媒体生存给人以一种模糊的指向:人们只能在这个模糊不清的指向中获得教益。

舍恩伯格和库克耶说道:“如今,我们已经生活在信息时代。我们掌握的数据库越来越全面,它不再只包括我们手头现象的一点点可怜的数据,而是包括了与这些现象相关的大量甚至全部数据。我们不再需要那么担心某个数据对整套分析的不利影响。我们要做的就是接受这些纷繁的数据并从中受益,而不是以高昂的代价消除所有的不确定性。”②现代性的重要特征之一就是人们对理性的推崇,对人的现世在场的确定性追求,这构成了启蒙的重要内容。大数据时代的到来,新媒体获得了前所未有的爆发,信息的获取变得如此容易,一种新的危机竟然出现了:人们湮没在大数据之中——现代人生活的重要支撑——确定性瓦解了!这该怎么办?丢失了“样本”的大数据在否定了样本选择的“偏见”的同时,也确实增加了更多的不确定性因素,以至于在大数据时代要追问事物的“因果关系”就

---

① 弗兰克·韦伯斯特．曹晋,等,译．信息社会理论．北京:北京大学出版社,2011:31.

② 维克托·迈尔,舍恩伯格,肯尼斯·库克耶．盛杨燕,周涛,译．大数据时代:生活、工作与思维的大变革．杭州:浙江人民出版社,2013:56.

显得十分冒失了。[①] 在追求确定性的问题上,如今的确遇到了信息过剩这个最大的困难。

(三)信息霸权与数字鸿沟的关系

利莎·J.塞文和兰德尔·D.萍克特在文章中指出:"信息技术除了使商业、教育、管理和通信发生巨大变化之外,它还影响着诸如贫困和不公平等社会问题的形成。正是'数字鸿沟'的存在——或者说某些阶层的人口很少能够接触到信息技术——印证了信息技术加剧了现存的不平等问题。"[②]尽管技术确实能够为远离经济文化发达地区的人们送去更好的教育和免费共享的信息,但是,数字鸿沟作为一种新的社会现象,不能不引起广泛的关注。尼葛洛庞蒂当初设想的那种数字化生存的"赋权"的本性似乎遇到了挑战:新媒体时代的普通民众(或谓"草根"阶层)能否掌握媒介革命带来的种种便利而获得更加满意的生活,这是一个值得刨根究底的问题。

技术上的垄断或许只有在利莎·J.塞文和兰德尔·D.萍克特撰写论文的那个年代(本世纪与上世纪之交)才更加明显。现在的新媒体用户已经超越了过去那种状况,移动互联网终端在草根阶层普遍被拥有(就目前而言,地域性的数字鸿沟还依然存在)。数字鸿沟必然引起信息霸权的出现。新媒体掌握了社会的"发声器官"而享有引领舆论导向,从而左右民意的重要权力。无孔不入的新媒体使得信息霸权的覆盖面达到前所未有的广度和深度,任何地方任何事件任何细节都不能逃避新媒体的干预。新媒体像病毒

① 舍恩伯格和库克耶认为,大数据时代"通过建立在人的偏见基础上的关联物监测法已经不再可行,因为数据库太大而且需要考虑的因素太复杂"。因而通过确切数据得出必然性答案的探究就成为不可思议的事情了。信息过剩就是在这样的意义上使用的:信息量达到人们在做出选择时无所适从、力不从心,因而,自由选择的余地越大,自由实现的可能性就越小,甚至陷入不自由的境地。舍恩伯格等人认为,"建立在相关关系分析法基础上的预测是大数据的核心","通过找出一个关联物并监控它,我们就能预测未来"。而这种预测,我们只需要知道机器运算的结论,而无法求解其中的因果关系。(上书第56、75、79页)

② 曼纽尔·卡斯特.网络社会——跨文化视角.北京:社会科学文献出版社,2009:349.

一样具有吸附力。[①] 数字鸿沟产生信息霸权,信息霸权维护和强化着数字鸿沟。这不仅仅是在信息技术的使用上,在新媒体的语言(话语)暴力上对社会的影响更加深入到经济、文化和社会生活的肌体中。

凯茨和莱斯的研究则表明:“与互联网的使用相比,互联网意识是一种更大的鸿沟。”[②]这项研究结论的有效性不能仅凭有限数据的支撑,更为重要的问题是:“互联网意识”又将如何产生呢?信息霸权采取的形式不可能是单一的技术控制,更多的情况在于使对立的意见趋于没落(甚至“失声”)。再者,又或许是理性采取的文化干扰(文化干扰又称文化反堵,“就是对主流文化的分裂和破坏,而且常常是出于讽刺和政治目的。由于数字媒介极易受到操控,文化干扰也涵盖了众多网络行为及另类景象,这些另类景象本身已经成熟壮大到可被进一步讽刺和颠覆了。”[③])方式,谁能说得清呢?[④]

(四)计算理性与感性生活的关系

社会现代性的重要特征之一就是德国社会学家卡尔·曼海姆所说的:“现代社会产生了一系列最高程度地预测的行动以及依赖于一系列压抑和

---

① 迈克尔·塞勒认为,在台式电脑时代,软件以“固态”存在,严重制约着人们使用的地点和时间;手提电脑改变了这种格局,软件以“液态”存在,然而使用和携带依然不是很方便;智能手机的使用,软件变成了“气态”,我们可以随时随地使用气态的软件了。(见《移动浪潮:移动智能如何改变世界》,邹韬 译,中信出版社,2013,第 11 页)这个比喻充分地说明了新媒体在应用的广度和深度上的非同寻常。据中国互联网络信息中心 2013 年 2 月 19 日发布的《第 31 次中国互联网络发展状况统计报告》称,截至 2012 年 12 月底,我国手机网民规模为 4.2 亿,较上年年底增加约 6440 万人,网民中使用手机上网的人群所占比重由上年年底的 69.3% 提升至 74.5%。

② 詹姆斯·E.凯茨,罗纳德·E.莱斯. 郝芳,刘长江,译. 互联网使用的社会影响》. 北京:商务印书馆,2007:86.

③ Tom Chatfield. 你不可不知的 50 个互联网知识. 北京:人民邮电出版社,2013:118.

④ 凯茨和莱斯认为,“从历史上看,个体和群体在获得信息的过程中会遇到文化、政治、物理和地理上的许多障碍。尽管互联网使美国和世界各地的很多人得以跨越上述历史上不可逾越的障碍,但‘太难、高花费和不能平等上网’这些持续而合法的挫折依然存在”。(见《互联网使用的社会影响》第 105 – 106 页)如今,基本普及而且变得低廉的上网费用并不能再如凯茨和莱斯所言的那样使一些人“上不起网”,相反的是,文化、政治上的障碍真的已经逾越了吗?人工“防火墙”不是一项简单的技术发明,而是文化保守主义和政治诉求的当代表达。技术意识形态化是否成为当前数字鸿沟和信息霸权的重要根源?这是值得深思的。

放弃冲动的满足的行动。”[①]这用来描述新媒体社会则显得软弱无力:一方面,人们凡事都要在网上搜索一下,以确定自己的思想和言行是否正确,这种“有理智”的网络依赖是否属于理性的行为?另一方面,特别是“微博”诞生以来,新媒体在事件的“创制”上几乎到了疯狂的程度,非理性的特征表现得尤其明显,以至于人们用“众声喧哗”、“乌合之众”这样的词语来形容网络事件的爆炸性发展态势和定格网民的属性。我们必须承认曼海姆的深刻认识:“非理性并非总是有害的。相反,当它作为一股有助于理性和客观的目标的驱力而起作用时,或当它通过升华而创造文化价值时,或当它作为纯粹的激情提高了生活的乐趣而没有因缺乏计划而破坏社会秩序时,它是人类拥有的最有价值的力量之一。”[②]

一方面,世界已然由 0 和 1 组成的字符重新解读和注释为一种新的景观,它是如此青睐人类理性的力量;另一方面,人在自己用理性重构的虚拟世界中则缺少淡定(确定性的存在感)。启蒙运动以来确定的知识标准(客观性、普遍性、必然性、确定性),在新媒体时代遇到了挑战,那是非理性对知识领域的僭越和篡权。人们通过修改知识谱系(比如对维基百科、百度百科的开放性编辑),从而从个人理性的角度出发,达到了人们对集体理性的失忆。据中国互联网络信息中心 2013 年 8 月发布的研究报告:截至 2013 年 6 月底,中国搜索引擎网民规模为 4.70 亿,与去年同期相比增长了 4177 万,同比增长率为 9.7%。中国手机搜索网民数达 3.24 亿,同比增长 25.1%。[③] 对网络搜索的热衷反映了人们对互联网的知识性依赖,并试图通过新媒体提供的信息建立思维与行动的确定性信念。然而,这与广大网民在网络上发布和修改各种未经思索的内容是如此格格不入。网民在为数据库提供信息的同时,也增加了信息库的混乱。寄希望于计算机精确运算得出的结论,而又不断为计算的展开制造不确定的内容,这是新媒体时代计算理性与感性生活的一对矛盾。“计算机把我们有关自然、生物性、情感或精神的主张置

---

① 卡尔·曼海姆.张旅平,译.重建时代的人与社会:现代社会结构研究.南京:译林出版社,2011:22.

② 卡尔·曼海姆.张旅平,译.重建时代的人与社会:现代社会结构研究.南京:译林出版社,2011:24.

③ 中国互联网络信息中心《2013 年中国网民搜索行为研究报告》,2013 年 8 月发布。

于从属地位。它凌驾于一切人类经验之上,展示它的'思考'功能胜过我们的思维能力,借以支持它君临一切的主张。"[①]然而,计算理性是人类所害怕而又十分向往的,正如当时(1989 年)罗杰·彭罗斯在提出"自然和人类思维都可以简化为数学计算"以后,立刻引起了广泛的争论、甚至愤怒。[②]

(五)后现代性与现代性的关系

计算理性是一种明显的现代性特征,而新媒体生活由于草根文化的崛起,各执一端的文化景象显得迷雾重重,特别是在大数据时代,精确性已经不再重要了(与其说是不再重要,不如说是不再可能)。权威瓦解、来自草根阶层的新的精英不断涌现,异质性的文化共处于新媒体大观园,中心和边缘的界限变得含糊不清,主流和非主流较着劲,正如詹姆逊所言,一切都被"解中心化"了。"解中心"既产生了许多新的自由,又产生了许多新的差异。[③]曼纽尔·卡斯特说道:"网络是没有中心的,其包含的仅仅是节点。每个节点对于网络来说具有不同的关联性。通过更多地吸收并更加有效地处理相关信息,节点就能增强其在网络中的重要性。一个节点的相对重要性并不取决于它的具体特征,而是取决于它为实现网络目标而做贡献的能力。然而,网络的每一个节点对网络的性能来说都是必不可少的。"[④]新媒体时代,"去中心化"作为典型的后现代特性已经获得了技术上的支持,同时在"微博"、互动空间等领域,人的生存的后现代意境如此明显,传统的意见领袖正在削弱,而各种新的"意见领袖"在草根阶层不断诞生,微博红人、精英博主、论坛红人等不断出现。

因为新媒体在意见扩散的过程中,网状节点导致受众的触点增多、解读的随意性很大,因而在网络上获取意想不到的红火(关注)是常有的事情。加之"网络推手"(专门制造网络事件的人)在利益的驱使下,不顾事情的"真相",采取各种哗众取宠、吸引眼球的方式,更加快了传统意见领袖的式微。与此同时,现代性还在我们的周围盘旋,其主导的那种带有科层制意味

---

① 尼尔·波斯曼. 何道宽,译. 技术垄断:文化向技术投降. 北京:北京大学出版社,2007:64.

② 弗兰克·施尔玛赫. 邱袁炜,译. 网络至死. 北京:龙门书局,2011:119.

③ 陈嘉明. 现代性与后现代性十五讲. 北京:北京大学出版社,2006:349.

④ 曼纽尔·卡斯特. 网络社会——跨文化视角. 北京:社会科学文献出版社,2009:1.

的意见领袖,它的金字塔结构的塔尖在新媒体浪潮中被抹平了。甚至连信息民主的口号都是来自草根阶层的呼唤。由于起主导作用的文化旗帜时常发生动摇,从而使整个新媒体受众人心惶惶,“这就是后现代意味着的一切。大多数人对消失了的(宏大)叙事已经失去了怀旧感”。[①] 另外,“混搭”也是一种具有后现代性的现象,新媒体创意作品的形式如此丰富,通过编辑和重组现有媒介形式——视频、图片、音频、文字等来创作新的“混搭作品”是数字文化的一个重要特质,比如常见的 PS 等。“混搭”意欲制造另类、破坏原有的形象和陈述,在其发散性、多样化、追求异质性、凸显个性化、滑稽诙谐等方面,具有后现代的种种特征。然而,“混搭”的现实可能性则在于数据、应用程序以及现有资源整合的内在可能性,即它们的兼容性。“兼容”在技术上带有现代性的倾向,它是标准化生产的代名词,在文化上倾向于后现代性。新媒体时代,人的生存不能回避这个双重“身份”的被给定的技术和文化环境。

(六)人工智能与人类意识的关系

尼古拉斯·卡尔曾经说:“随着我们开始依赖电脑为中介来理解周遭的世界,人类智慧正变得扁平化,变得趋向于人工智能。”[②]许多人担忧“谷歌”和“度娘(百度)”会让人们变傻,尽管这被认为是一种技术决定论的观点(即认为技术能够决定政治、经济、文化,甚至人的智力水平,认为技术在人类变迁中起到独一无二的关键作用),但是,搜索引擎的快速发展、网络公共知识库的不断壮大,一些原来需要人们认真学习和不断分析、总结的知识在新媒体时代已经不用识记了,只需在搜索引擎中发出指令就能得到人们想要的结果。在一些人看来,人会因此而变得越来越懒惰,越来越被计算机所座架,成为计算机的奴仆,其智商也会随之变得更加低下。人们已经不习惯于了解事物的来龙去脉,尤其是通过知识的累进来达到这一点,他们更多的是要获得快餐式的知识结论,那种对当下解决认知和实践问题有用的结论。于是,网络搜索成瘾便成了一种“新媒体病”。

然而,也有人不这么认为,美国科普作家史蒂文·约翰逊便表达了这样

---

① 马克·波斯特. 范静哗,译. 信息方式——后结构主义与社会语境. 北京:商务印书馆,2000:194.

② Tom Chatfield. 你不可不知的50个互联网知识. 北京:人民邮电出版社,2013:210.

的观点。他认为在新媒体时代,从电子游戏、搜索引擎、电视剧等,都越来越复杂,数字化时代的知识爆炸成为一个非常重要的拐点,在这样一个信息过量的时代,人们要获取有效的信息就需要更多的专注、更多的参与、更多的处理复杂问题的能力。[①] 实际上,在新媒体时代,知识的获取并非一个完全被动的过程。这种观点的持有者也不是独一无二的,新媒体时代用户必须有新的系统思维的方法和多任务处理的能力,必须习惯多重叙事,必须打破线性思维方式的束缚。

中国互联网络信息中心发布的《2013 年中国网民搜索行为研究报告》称:“截至 2013 年 6 月底,中国搜索引擎网民规模为 4.70 亿。”“搜索引擎作为互联网的基础应用,是网民获取信息的重要工具,其使用率自 2010 年后始终保持在 80% 左右水平”,网民通过手机搜索的内容也相当广泛。报告称,“70.6% 的网民在遇到感兴趣的信息时,会通过手机搜索相关信息;66.9% 的网民在寻找与工作学习有关的内容时会使用手机搜索;56.4% 的网民在热点事件发生时会使用手机搜索。还有 50.7% 的网民下载软件时使用手机搜索。此外,寻找衣食住行等日常生活信息、外出旅行也是网民使用手机搜索的重要原因。”[②]通过搜索引擎的广泛使用,从而说明人类智能会与人工智能趋同,这种解释似乎是牵强的。正如德国学者弗兰克 · 施尔玛赫所言:“我们这个社会,已经没有‘最能干的人’,而只有‘获得信息最多的人’。但是我们都知道,信息一旦装进大脑,它们都已经陈旧了。”[③]可见,“最能干的人”无非就是获得有效信息的能力最强的人,如此说来,人类智能依然起到决定性的作用。施尔玛赫的发问更是令人深思:当电脑开启,人脑便停止转动了吗?“如今人们在使用谷歌、施乐或者微软产品时,面临着一个几乎无法回答的问题:如何才能有效地引导自己的注意力,而不让注意力被操纵。”[④]而波斯曼则略带悲观情绪地说道:计算机把人界定为“信息处理器”,把自然定义为信息处理的对象,人变成了一架会思考的机器。[⑤]

---

① Tom Chatfield. 你不可不知的 50 个互联网知识. 北京:人民邮电出版社,2013:210.

② 中国互联网络信息中心《2013 年中国网民搜索行为研究报告》,2013 年 8 月.

③ 弗兰克 · 施尔玛赫. 邱袁炜,译. 网络至死. 北京:龙门书局,2011:94.

④ 同上,111 页。

⑤ 尼尔 · 波斯曼. 何道宽,译. 技术垄断:文化向技术投降. 北京:北京大学出版社,2007:64.

(七)全球化与民族认同的关系

新媒体时代,信息的无国界传播(或称越境传播)是一个普遍的现象。董焱认为:从信息文化的角度来看,"信息无国界传播的深层原因是由信息的势能差异所决定的"。[①] 所谓"信息的势能差异"就是指信息具有强弱之分,在信源和信宿之间会存在差异,一般情况下,信息会从富集区流向稀缺区。这也就是前面提到的信息霸权的前提,抛开这种信息霸权和数字鸿沟来看,全球化是信息无国界传播的必然结果,这正是麦克卢汉以及其他许多学者所设想的"地球村"、"四海之内皆兄弟"的美好愿景。新媒体为全球化提供了技术上的便捷,全球信息在新媒体上滚动翻涌、势不可挡。然而,它所面临的最大的障碍——民族认同——对全球化抱有天然的敌意。这在强势信息的那一端被认为是一种文明进步的阻力,而在弱势信息的这一端则认为是保存民族独立、反对文化殖民主义的基础。不分性别、民族、种族,不分阶级、地域、国别的人们相互拥抱、相互击掌问候、彼此宽宏大量、友爱和睦,这种全球化的乌托邦念想在现代资本逻辑的横扫下,显得滑稽可笑。普世价值、和平演变、文化攻势等等,在新媒体时代,促使弱势信息区域不得不防守它们最后的底线:民族认同的持有。这是新媒体时代人的生存所面临的社会环境的重大问题。

在"什么力量推动全球化"的各式回答中,有人这样作答:有四种趋势成为全球化事态发展的核心力量,即自由市场思想、经济重心转向发展中国家、通信联络等媒体技术的发展、竞争的加剧。他们认为,全球化本身是一个可以根据自身偏好任意界定的词语,而经济全球化显然是他们表面上最为认可的形式。[②] 新媒体技术被当作技术基础而在全球化进程中起到推波助澜的作用。多米尼克说:"CNN、NBC 和 BBC 以及其他广播公司,都有 24 小时新闻频道,通过卫星和有线系统在全世界播放……由于现代传播技术,国家之间的界限日益模糊起来。麦克卢汉的预言已经变成了现实:我们全

---

① 董焱. 信息文化论——数字化生存状态的冷思考. 北京:北京图书馆出版社,2003:162.

② 葛洛蒂,张治中,编著. 革命的时代——第五次浪潮. 北京:电子工业出版社,1999:119 - 135.

都是同一个地球村中的邻居。”[①]只是,“邻居们”并不都是十分友好的。波斯曼在说到“机器意识形态”时曾经指出,“说到机器时,技术垄断论最强调的是精准,可是它对机器里内嵌的理念,多半是不置一词”,“哲学家或许会苦苦思考‘何为真理?’‘何为智能?’‘何为美好生活?’之类的问题。然而,技术垄断论却没有必要搞这种苦思冥想”。波斯曼对于技术对文化的征缴感到难过,“我们对技术隐含的意识形态意义视而不见”。[②] 事实上,新媒体技术在一定程度上的确造成了新的信息传播模式和社会交往模式,人人都生活在极端临近的空间,卷入彼此的生活。[③] 正因为如此,人们对民族性的忧虑才不会显得多余,因为在信息不对称的情况下,技术本身的威胁已经降低到了极限,新的威胁乃是文化霸权的肆意膨胀。

新媒体对人的生存的全面而深远的影响是无与伦比的。尽管在媒介(技术)决定论与技术悲观主义之间存在着极大的争议,但是新媒体业已在商业、工作、思维、政治、文化、教育、娱乐、人际交往等各个方面改变着人的生活形式,挑战着传统的思想与习惯。任何时代都有属于它自己的问题。马克思曾经说:“每个时代的谜语是容易找到的。这些谜语都是该时代的迫切问题,如果说在答案中个人的意图和见识起着很大作用,从而,需要用老练的眼光才能区别什么属于个人,什么属于时代,那么相反,问题却是公开的、无所顾忌的、支配一切个人的时代之声。问题是时代的格言,是表现时代自己内心状态的最实际的呼声。”[④]马克思主义是关于人类解放的学说,人的生存问题是马克思主义最为关心的问题。时代不断变迁,尽管在马克思主义关于历史分期的理论看来,“新媒体时代”的说法并没有足够的理论根据,但“新媒体”的出现确实给人的生存问题带来了巨大的改变,人们无时无刻不在新媒体的包围之中。“数据之于信息社会就如燃料之于工业革命”,[⑤]

---

① 约瑟夫·R.多米尼克.蔡骐,译.大众传播动力学:数字时代的媒介.北京:中国人民大学出版社,2004:570.

② 尼尔·波斯曼.何道宽,译.技术垄断:文化向技术投降.北京:北京大学出版社,2007:52-53.

③ 罗伯特·洛根.何道宽,译.理解新媒介——延伸麦克卢汉.上海:复旦大学出版社,2012:318.

④ 马克思恩格斯全集.北京:人民出版社,1995:203.

⑤ 维克托·迈尔,舍恩伯格,肯尼斯·库克耶.盛杨燕,周涛,译.大数据时代:生活、工作与思维的大变革.杭州:浙江人民出版社,2013:230.

马克思对工业文明的批判具有经典的理论形态,它既立足于生产生活世界的实际状况,又着眼于未来人类生存蓝图的构建,而把这两者联系起来的,是人类的实践活动。实践总是历时性的概念,在新媒体时代,人类的生存实践遇到了与以往不同的具体环境,在坚持马克思主义理论基本原则的前提下,对新媒体时代的人类生存问题进行质问,除了在上述七个方面应有详细的论述,同样重要的是:我们不能忽视"现代性"依然是当下社会的本质属性。马克思说过:"每一个时代的理论思维,从而我们时代的理论思维,都是一种历史的产物,它在不同的时代具有完全不同的形式,同时具有完全不同的内容。"①理论的探寻不仅是一种后视镜,而且是一种探测仪,它观望的不仅仅是正在发生和已经发生的事件,更重要的在于它对未来的预期,以及对这种预期的可靠性分析。

三、新媒体研究的七条主要路径

马克思在《资本论》第1卷第二跋中说:"研究必须充分地占有材料,分析它的各种发展形式,探寻这些形式的内在联系。只有这项工作完成以后,现实的运动才能适当地叙述出来。"②揭示当前新媒体研究正在进行的工作和已经达到的程度,是新的研究得以展开的必要性前提。因而,对材料的"占有"就必须在两条道路上铺开:一是在自己的研究中要始终对当下的研究进展和结论保持清醒的认识,因而,"寻章摘句"可以允许而不至于盲目和泛滥,它的目的在于不对已有的研究结论采取剥夺式的占有,而是归功于过去的研究者;二是在研究路向上,要厘清当前理论进展的主要方向,以期明白本研究的独特性和价值。本节试图在第二个方面做一些基本的梳理,而不是罗列庞杂且无可穷尽的文献资料。就目前而言,有关"新媒体"的研究是从以下几个方面入手展开的。本书把它归纳为新媒体研究的七条主要路径。

(一)新闻传播学对新媒体的研究

新闻学是19世纪与20世纪之交在德国和美国兴起的新学科;20世纪

① 马克思恩格斯选集．第四卷．北京:人民出版社,1995:284.

② 马克思恩格斯全集．第二十三卷．北京:人民出版社,1972:23.

40年代传播学又在美国形成,二者通常统称为新闻传播学。1918年,北京大学开创了中国的新闻学教育。1978年,复旦大学在国内首次公开介绍传播学。新媒体无疑首先受到新闻传播学的关注。目前,在新媒体研究方面,新闻传播学主要从授受关系的变化与新媒体时代的舆情管理与传播机制的角度来进行研究。尽管"新媒体"这个词在1994年前后就有人使用,但那时并不指称本书前述之"新媒体",而是指"光盘机"、"数字印刷"等。1997年,张哲的《新媒体时代》[①]一文尽管也把互联网信息传播作为新媒体的重要内容,但是,他所描述的新媒体依然主要是指CD—ROM光盘技术。李展对互联网时代大众传媒所面临的挑战做了初步的介绍,尤其从"互联网的信息传输速度和传输量"来说明互联网对传统媒介的影响。[②] 朱荣根的《新媒体与报道速度》也是从信息传输速度来衡量新媒体的,因此,他把多频道有线电视、广播卫星电视、多功能媒体一概称为"新媒体",主要还是停留在"传输稿件的速度"这一层面上。[③] 1998年,吴冬梅介绍翻译了《网络化信息传播图析》一文,新媒体概念才在国内新闻传播学界有了新的认识,文章界定了新媒体的如下特征:其一是满足多样化需要,其二是信息传送者和信息接收者之间传播程序的多元化,其三是不断扩展受众人数,其四是多种目的利用晶体管,其五是多种媒体的融合。[④] 尽管本书还没有足够的证据说明这篇文章是否对后来的新媒体研究产生了多大影响,但可以肯定的是,国内研究新媒体的研究成果中,这篇"编译"的文章显然是最接近当前对"新媒体"概念的认定的(最早的)论文之一。当然,同一年还有其他几篇论文也在译介国外新媒体研究方面做出了一定的贡献,比如刘家真的《新技术的挑战:电子信息存取与保护》、刘萍等的《WWW作为广告新媒体的运用于传播特性分析》等。

2000年伊始,中国对新媒体的研究逐渐有了比较一致的认识,那就是在新媒体研究中首先认定了互联网在其中所起的关键作用。此时的"新媒体"除了个别研究者外,一般特指互联网媒体。比如周玲等的《虚拟现实:一种

---

① 张哲. 新媒体时代. 中国电子出版社,1997(2):8-11.

② 李展. 互联网对大众传媒及社会文化的影响初探. 新闻记者,1997(10):30-32.

③ 朱荣根. 新媒体与报道速度. 新闻与写作,1997(2):32-34.

④ 吴冬梅. 网络化信息传播图析. 国际新闻界,1998(4):41-47.

新媒体》、林涛的《发展新媒体的若干思考——由世界网络所想到的》等。随后，新闻传播学界对新媒体与受众、用户之间的关系有了一定程度的研究，如：张海鹰的《新媒体与受众习惯的互动关系》、张丕万的论文《新闻受众与网络用户的视角差异》等。直到2005年，肖容发表文章称，“新媒体时代即将到来”。[①] 人们无不感到惊讶：新媒体时代不是早在上世纪末就已经到来了吗？生奇志所写的《手机将成为第五种大众化媒体》一文或许能解除人们的迷惑：新媒体已然增加（亦或是“改变”）了它的内涵，那就是它除了在信息的传播与储存的数量和速度上截然区别于传统媒体之外，还有着“移动性”——随时随地、无处不在——的特点。此时，“自媒体”这个概念也已然被人们所领悟。[②]

2006年始，新媒体研究无论在规模上还是在质量上都取得了巨大的成就，新闻传播学在新媒体研究方面所做的主要贡献在于：第一，对新媒体的内容供应做了新的阐述，如吴长伟等所著的《新媒体内容供应的三个转变》、De Bruycker Iskander 等对金融危机在比利时的报道做了传播学的研究[③]；第二，对新媒体的传播路径和受众心理做了全面的分析，如邓新民所著的《自媒体：新媒体发展的最新阶段及其特点》、Pynta Peter 等对社交电视在受众参与和“沉浸”的心理成像上进行了专门研究；[④]第三，对新闻价值和舆情监控做了系统的研究，如党东耀的《新媒体场域下的社会问题新闻报道》；第四，对新媒体与旧媒体之间的融合做了细致的思考，如熊澄宇的《整合传媒：新媒体进行时》；第五，对博客、微博、微信、手机电视等具体的新媒体领域进行了深入的研究，如白贵等所作的《微博意见领袖影响力与其构成要素间的关系》等。当然，作为新闻传播学，它的特殊使命就在于对新媒体的信息传播、

---

① 肖容．新媒体时代即将到来．青年记者，2005(2)：21－24.

② 王冰．自媒体的“歧路花园”——博客现象的深层解读．学术论坛，2005(1)：165－168.

③ De Bruycker Iskander, Walgrave Stefaan. How a New Issue Becomes an Owned Issue. Media Coverage and the Financial Crisis in Belgium (2008 - 2009). International Journal of Public Opinion Research: Mar2014, Vol. 26 Issue 1: 86－97.

④ Pynta Peter, Seixas Shaun, Nield Geoffrye E, Hire James, Millward Emelia, Silberstein Richard. The Power of Social Television: Can Social Media Build Viewer Engagement? A New Approach to Brain Imaging of Viewer Immersion. Journal of Advertising Research: Mar2014, Vol. 54 Issue 1: 71－80.

接收、传播中介、信息内容、传播环境(或称传播生态)等做出科学的分析和说明,如陈航所作的《新媒体与"拟态环境"》,以便为新闻传播实践提供理论指南。①

(二)传媒经济学视角的新媒体研究

一般认为,传媒经济学构建于不同的经济学理论与分析方法之上,致力于研究经济和金融力量如何影响传媒体系和传媒组织。"传媒研究的政治经济学方法仍旧是一个基本研究方法,但是必须有所发展。"②而"伴随西方传媒产业的进一步私有化、放松管制、集中化,传播政治经济学学者从传媒产业的政治经济结构入手,就传媒制度与民主问题进行了透彻的批判研究"。③ 除此之外,本书把新媒体产业化问题研究、新媒体与其他经济管理领域的结合问题、新媒体在广义虚拟经济中的重要作用、新媒体与经济学理论发展的勾连等,都列为从传媒经济学视角对"新媒体"的研究。

其一,新媒体与广告。早在 1994 年,"新媒体"这个概念本身尚且含混不清的时候,新媒体就与广告学研究不可分离地联系在一起。2006 年,杜国清等人认为,广告业已经进入新媒体征战。④ 之后,学界在新媒体环境下对广告的内容提升、精确投放等领域多有研究。Romaniuk Jenni 在《你准备好下一个大事件吗? 新媒体死了! 新媒体万岁!》一文中对新媒体广告渠道的有效性进行了专门研究。⑤

其二,新媒体与传媒产业。新媒体的出现与迅速发展,一是对传统媒介产业提出了挑战。在这方面,既有要求传统传媒产业顺势应变、与新媒体加强融合的研究,如陈航的论文《电视产业与新媒体的对接》,也有传统媒体如何应战新媒体、获得比较优势的思考,如崔保国等作的《新媒体对中国传媒产业的影响分析》。当然,还有其他一些相关研究。二是新媒体产业自身的

---

① 这里所讲的新闻传播学研究路径,仅仅指在新闻传播基础理论方面的研究进展,而不包括新媒体的应用层面,因而可以说是狭义范围的新闻传播学研究路向。

② 展江. 哈贝马斯的"公共领域"理论与传媒. 中国青年政治学院学报. 2002(2):123-128.

③ 曹晋,赵月枝. 传播政治经济学的学术脉络与人文关怀. 南开学报. 哲学社会科学版. 2008(5):32-43.

④ 杜国清,等. 广告主新媒体征战:进入蓝海深处. 市场观察. 2006(12):58-64.

⑤ Romaniuk, Jenni. Are You Ready for the Next Big Thing: New Media Is Dead! Long Live New Media! Journal of Advertising Research: Dec2012, Vol. 52 Issue 4:397-399.

发展问题研究。如:周笑的论文《新媒体产业格局及发展趋势解析》、陈兵所作的《新媒体产业发展的现状、问题与突围》、Yoo Changsok 的《论新媒体产业创业公司的关键价值驱动因素》①等。三是某种新媒体应用平台的具体问题研究。比如董年初等的《视听新媒体与广电产业发展》。四是国外新媒体产业研究介述。如柯妍等的《欧洲新媒体产业发展和规制变化》。

其三,新媒体与其他产业。这类研究不胜枚举,是传媒经济研究中最为广泛的研究场域。如陈新梅所著的《新媒体时代韩国动漫产业发展环境构建研究》、黄德俊撰写的《新媒体时代我国数字音乐产业的发展途径》、Precourt Geoffrey 的《我们知道的新混合媒体营销》②等。这类研究主要从两个角度来展开:一是利用新媒体传播塑造产业品牌、营造新的经营环境、针对新的市场需求进行产品和服务改良;二是与新媒体密切相关的文化产业的发展,如前面所列之有关动漫产业的研究。另外,电子商务是新媒体时代崛起的重要经济形式,在新媒体时代如何发展电子商务,以及电子商务如何改变了人们的生活世界这些方面,多有论述。一方面,"由于新型的通信设备使得互动的、多媒体的、超级链接和虚拟现实成为可能",新的媒体使用机制使电子商务等出现了新的机遇;③另一方面,"电子商务的大发展标志着新媒体已经深度渗透至社会的存在方式中"。④

其四,对广义虚拟经济的全面影响。一般认为,这是从两个方面来发生作用的:一是新媒体造成全面符号化,从而使"广义虚拟经济"概念取得其合法性。林左鸣认为:"媒体建设成为虚拟经济时代的基础设施建设,正如交通是实体经济时代的基础设施一样。"⑤也有人直接把"广义虚拟经济"定义

---

① Yoo Changsok, Yang Dongwoo, Kim Huykang, Heo Eunnyeong. Key Value Drivers of Startup Companies in the New Media Industry—The Case of Online Games in Korea. Journal of Media Economics, Oct - Dec2012, Vol. 25 Issue 4:244 - 260.

② Precourt Geoffrey. What We Know About New Mixes in Media Marketing. Journal of Advertising Research, Dec2013, Vol. 53 Issue 4:356 - 357.

③ 黄育馥. 20 世纪兴起的跨学科研究领域——文化生态学. 国外社会科学,1999(11):19 - 25.

④ 朱剑飞,等. 融合趋势下全媒体发展的因应之道. 新闻传播,2012(9):11 - 14.

⑤ 林左鸣. 虚拟价值引论——广义虚拟经济视角研究. 北京航空航天大学学报:社会科学版,2005(3):21 - 25.

为“注意力经济”。[①] 但是,大部分研究广义虚拟经济的学者认为,新媒体乃是虚拟经济的“基础设施”,“要大力发展媒体网络等广义虚拟经济时代的基础设施,增强国际传播能力,掌握话语权,努力形成与我国经济社会发展水平和国际地位相适应的对外舆论力量”;“虚拟经济时代占领媒体与实体经济时代控制交通线有异曲同工之妙,这里有着综合国力竞争的深层内涵”。[②]

(三)传播文化学路向的新媒体研究

林坚认为:“法兰克福学派开启了对于大众传播与大众文化及批判性研究,在20世纪30年代就形成了文化与传播研究中一种批判的、跨学科的方法,它把对于传媒的政治经济学批判、文本分析、大众文化与传播的意识形态效果研究结合起来。”[③]付玉辉说:“作为一种当今信息社会和网络社会环境的重要组成部分,新媒介通过媒介使用对使用者所产生的影响正在趋于明显,新媒体传播文化正在逐渐形成。”[④]其实,简单地看,新媒体传播文化有两个不同的视角:

一是通常所谓的“传播文化”,即传播、媒介等本身所蕴含的文化意味,包括传播者文化(含伦理问题)、受众素养问题等。孙宜君等人认为:“新媒体在传播文化的同时也创造着各种新的文化艺术形式,建立新的文化秩序,甚至有些我们熟知的文化经过媒介技术表现和重新包装后,也需要人们重新定义、审视、理解和接受它。”[⑤]苏宏元认为:“新媒体导致传播文化的革命,新媒体的发展也早已超出了传媒的范围,而对社会文化的变迁产生了剧烈的影响。”[⑥]Tzu – Bin Lin 等人对传播文化所包括的新媒体媒介素养进行了研

① 李涛. 从“注意力经济”看传统经济理论的回归. 学海,2000(10):68 – 72.

② 胡国栋. 广义虚拟经济理论对中国发展战略的启示. 广义虚拟经济研究,2011(1):31 – 36. 吴秀生. 从广义虚拟经济看国际现代传媒业. 对外大传播,2006(7):29 – 31.

③ 林坚. 文化概念演变及文化学研究历程. 文化学刊,2007(4):5 – 16.

④ 付玉辉. 聚焦移动、融合、监管主题的新媒体研究——2009 年中国新媒体研究综述. 国际新闻界,2010(1):16 – 21.

⑤ 孙宜君,等. 论新媒体对文化传播力的影响与提升. 当代传播,2012(1):46 – 48. 周毅. 知识经济风暴中的新媒体——论第三次传播文化革命. 新闻大学,2009(9):138 – 142.

⑥ 苏宏元,等. 新媒体研究:更加关注业界、现实、网民和学术自身——2011 中国新媒体传播学年会综述. 新闻界,2011(12):3 – 5.

究研究。①

二是通常所谓的“文化传播”,即各种文化在新媒体时代的传播、流动、融合或冲突等问题。如赵彦云等撰写的《中国文化产业竞争力评价和分析》、金兼斌的《博客——个人网络出版的理想、现实与未来》以及李展的《因特网上的跨文化传播》等论著。诚如此,上面两个方面尚未涉及诸如法兰克福学派所倡导的文化批判的层面,特别是在人的生存境遇的意味上,目前国内的研究是相对不足的。尽管有些人亦试图在文化批判上做出尝试和努力,但仍以法兰克福学派的经典作家作为蓝本,比如刘思伽《从传统媒体到新媒体的华丽转型——以哈贝马斯的公共领域为理论基点》等。

另外,关于文化产业(含传媒创意产业)的研究路径,本书把它归为“传媒经济学的研究视角”,此处不再赘述。朱万曙认为,传播文化有四种基本的形态:行为形态、物化形态、制度形态、观念形态。② 由此可见,新媒体的传播文化视域研究亦可以从行为文化、媒介个性化、制度文化、观念变迁等角度来进行研究,而这些,在国内外均已取得了一定的研究成就。

(四)媒介政治学视野的新媒体研究

恩格斯在《致约·布洛赫》中说:“历史过程中的决定性因素归根到底是现实生活的生产和再生产。”③新媒体的蓬勃发展无疑给现实生活带来新的内容,从而在促进政治解放和加快民主建设方面给人以更多的期待。在这样的背景下,人们对媒介政治学产生了浓厚的兴趣。尼葛洛庞蒂在《数字化生存》中所说的“赋权”思想,在新媒体时代旧话重提,并赋予它更多的乐观主义情绪。正如尼葛洛庞蒂在书中所设想的:“沙皇退位、个人抬头”,“政府一方面变得更庞大,一方面则变得更渺小”。新媒体发展到“自媒体”、“全媒体”,人人都是传播者(“哥可是有微博的人”成为网络流行语),新媒体与传

---

① Tzu - Bin Lin, Jen - Yi Li, Feng Deng, Ling Lee. Understanding New Media Literacy: An Explorative Theoretical Framework. Journal of Educational Technology & Society, 2013, Vol. 16 Issue 4:160 - 170.

② 朱万曙. 传播文化初论. 学术界,1994(3):34 - 37.

③ 恩格斯. 致约·布洛赫(1890 年 9 月 21 日). 马克思恩格斯选集. 第四卷. 北京:人民出版社,1995:695.

统媒体相比,更加“容易进去、具备流动性以及引发变迁的能力”。① 因此,新媒体在促进民主、反腐倡廉的进步运动中,发挥了重要的作用,在理论上亦成为研究的热点之一。以下四个方面是媒介政治学视野对新媒体研究的主要领域:

其一,新媒体与民主技术。凌一等认为:“新媒体之所以被誉为一种潜在的‘民主技术’,是因为它使公众自由地穿越民族、国家、文化、语言的边界,远距离、大范围地迅速传输声音、数据、文字和图像,消弭了等级的差异,开凿了平等的渠道。”②陈潭等认为,“作为一种民主技术的简易推广手段,政治博客的存在更加能够训练公民思维、培育公民素养和公共精神”。③ 新媒体作为政府治理的有效手段受到推崇。④ Fowler Tim 对工会选举与新媒体的关系有比较深入的研究。⑤ Weiss Meredith L 则对新媒体的政治动员和它在政治发声中的作用和机制进行了初步的阐述。⑥

其二,新媒体与舆论监督。“微博”等新媒体对舆论的引导和监控起到了至关重要的作用。有人认为:“尽管微博的前景仍不确定,但随着媒介融合的加速及微博自身功能的不断完善,微博所具有的移动报道功能和舆论影响方式,将给传统媒体获取并发布新闻带来深刻变化。”⑦谢玉进认为:“网络新媒体正成为舆论新格局的重要组成部分,成为思想文化信息的集散地和社会舆论的放大器。”⑧“舆情监控如何利用新媒体”成为有关部门和研究

① 尼古拉·尼葛洛庞蒂. 胡泳,等,译. 数字化生存. 海口:海南出版社,1997(3):269-271.

② 凌一,娄悦. 政治传播生态中新媒体的优势——从2008年美国总统大选看新媒体的传播功能与效果. 当代传播,2009(2):38-40.

③ 陈潭,倪明胜. 政治博客现象及其公共治理. 政治学研究,2007(3):99-108.

④ 蔡立辉. 西方国家政府绩效评估的理念及其启示. 清华大学学报:哲学社会科学版,2003(1):76-84. 赵可金. 网络外交的兴起:机制与趋势. 世界经济与政治,2011(5):112-159.

⑤ Fowler Tim, Hagar Doug. "Liking" Your Union: Unions and New Social Media during Election Campaigns. Labor Studies Journal, Sep2013, Vol. 38 Issue 3:201-228.

⑥ Weiss Meredith L. New media, new activism: trends and trajectories in Malaysia, Singapore and Indonesia. International Development Planning Review, 2014, Vol. 36 Issue 1:91-109.

⑦ 占自华. 微博研究评述. 济南大学学报:社科版,2011(1):34-37.

⑧ 谢玉进,胡树祥. 网络思想政治教育研究的现状与新走向. 思想理论教育导刊,2011(1):92-98.

机构正在着手努力解决的重大问题。

其三,新媒体与草根维权。由于新媒体用户基础的扩大,草根阶层掌握了这种传播迅速、成本低廉的信息传播技术和手段以后,在维权方面有了新的气象。周葆华等人在《上海市新生代农民工新媒体使用与评价的实证研究》一文中对农民工微博等新媒体维权有较为详细的研究。当然,也有人提出了相反的观点,认为新媒体的利用反而降低了人们的维权意识。姚君喜在其文章中说:"显然,新媒体的使用不是提高了人们的维权意识,反而降低了人们的维权意识。"①无论是认为新媒体有利于草根维权还是认为其不利于维权(当然,一般认为它有利于维权),新媒体与普通百姓的维权运动始终是结合在一起的。

其四,新媒体与反腐倡廉。网络反腐是新媒体时代的重要"系列事件"。由于一些人往往通过微博、论坛等"爆料"或者实名举报贪赃枉法的事件,而媒体记者则对这种网络反腐事件不断"跟踪报道",以至于人们提起"反腐"就会想到"网络"、"微博"等。关于网络反腐的制度建设、价值蕴含、路径分析、改进措施等,研究者都进行了较为详细的研究。余源培先生的《新媒体与意识形态建设》一文认为:"新媒体在舆论监督、公众反腐败、传达社会温暖、关注社会公平正义和食品安全、生产安全等方面发挥了良好的作用。"②正如李立景所说的:"网络反腐主要是通过网民互动来激发广泛的参与,通过舆论的中介而把腐败事件引入到司法程序。因此它与传统的舆论监督和反腐败机构是很不相同的。"③

(五)媒介技术学范围的新媒体研究

媒介技术学的新媒体研究路向主要是从两个方面进行的:一是信息传播机制研究;二是传播载体技术革新研究。如果把IT(Information Technology)分开来看,前者侧重研究I(信息),而后者侧重于研究T(技术)。无论如何,它们的共同点在于在技术的范围内解决当前新媒体发展所遇到的问题,并

① 姚君喜.媒介接触与社会公正——以在校大学生为对象的实证研究.当代传播,2011(1):17-25.

② 余源培.新媒体与意识形态建设.河北学刊,2013(1):128-132.

③ 李立景.网络反腐:新媒体时代的反腐新闻范式——基于新闻传播学的解构.东南传播,2011(4):34-37.

且为更新的媒体基础设施建设提供指南,从而为新媒体的未来发展提供物质技术支撑。同时,这种研究路向往往把"新媒体"本身仅仅当作技术手段,从而提出把新媒体应用于其他技术和管理部门的意见(比如新媒体和现代教育技术、图书管理、医院管理等的结合问题)。前二者由于它的研究属于纯粹科学技术的领域,本书不做专门叙述;后者只是一种技术"挪用",并无更多学术价值,此处亦略去。当然,无论是前二者对新媒体基础建设的重大意义,还是后者对新媒体价值拓展的尝试,都是非常具有(实用的)现实意义的研究路径。

(六)媒介社会学对新媒体的研究思路

一般认为,媒介社会学主要探讨媒介与社会之间的关系,是运用社会学理论,分析传播过程,研究媒介(传播)和社会相互关系的规律的学科。在"新媒体"研究中,有关新媒体与性别发展、新媒体对社会结构的再造、新媒体视角的特定群体或个体分析、媒体人活动、新媒体环境下的身份认同等等问题,均纳入到媒介(传播)社会学研究的范围。例如:夏德元的专著《电子媒介人的崛起:社会的媒介化及人与媒介关系的嬗变》、李琦所著的《传媒与性别——女性媒介的传播社会学阐释》、詹姆斯·卡伦所著的《媒体与权力》等。媒介社会学主要侧重于解读特定传媒环境中的"人"的社会化进程——个人与社会的关联性,因而它非常重视媒介效果的考量,同时对诸如"性别问题"、"青少年问题"、"农民工问题"、"留守老人"等现象在利用新媒体,或者被吸纳到新媒体环境中的"效果"十分感兴趣,比如蔡玉敏的论文《媒介暴力与青少年犯罪——媒介效果的三种模式及其启示》、盛芳撰写的《从"典型"到"领袖"——媒介社会学视野中的青年形象变迁及反思》、邹琰的《现代传媒中女性形象批评》等文章。李普曼曾经就考察过"媒介现实"与"社会现实"之间的关系。当然,这些内容与前述媒介政治学等研究方法有诸多重合之处。

邵培仁等人认为媒介社会学未来的研究范式必然还包括:"风险社会下的媒介传播"、"消费社会与媒介符号"、"流动的现代性与媒介文化"、"泛媒介社会与社会变迁"等。[①] 事实上,目前已经在这些方面形成了一股很大的

① 邵培仁,等.探索文明的进路——西方媒介社会学的历史、现状与趋势.广州大学学报:社会科学版,2013(5):57-71.

研究力量,如张晨阳等的《微博空间中的女性表达:契机、问题与展望》、李莹的《微博对日本地震相关信息传播的正负效应——以新浪微博为研究对象》、肖芃等撰写的《文化与社会视域中的微博传播——兼论微博的内在矛盾》等。此外,Vaast Emmanuelle 等人在研究中对社会角色的产生进行了社会动力学的研究,[①]而 Landau Michael 的《新技术、新媒体、新市场:持续的合同和版权的重要性》则从经济社会学的角度对媒介变革视域下的市场规则变化进行了阐述,[②]Lahav Tamar 研究了网络公关策略的问题,[③]等等。总之,媒介社会学对性别、时尚、贫困、代沟、社会变迁、身份认同、符号学、消费行为、危机管理、"事件"等有着独到而深入的研究。

(七)哲学人类学的新媒体研究进展

哲学人类学有广义和狭义之分,广义的哲学人类学是指哲学上一切关于人的理论、观点、学说。狭义的哲学人类学特指 20 世纪初由舍勒创立,并由米切尔·兰德曼等人发展壮大的庞大哲学体系,它包括宗教人类学、生物学人类学、心灵哲学的人类学、文化人类学、功能主义的哲学人类学等。邹诗鹏教授认为:"马克思实际上是将先前西方哲学传统中只是作为自然主义的生成论传统,赋予了一种哲学人类学与唯物史观的双重理解:Becoming 就是指人的生成活动,这同时也是社会化与世界历史的生成过程,此二者的交互性阐释即生存论辩证法。"[④]在这里,邹诗鹏教授采用了广义的"哲学人类学"概念。

哲学人类学研究新媒体的出发点和归宿点都不是"媒体"而是"人",这是它最为显著的特点。媒介由"飞鸽传书"、"烽火台"、"官报"、"鸡毛信"、"报纸"、"广播"、"电报"、"收音机"、"电视"、"电脑"、"智能手机"、"谷歌眼镜"等等,一路发展而来,有着其内在发展的必然逻辑,那就是科学技术在人

---

① Vaast Emmanuelle, Davidson Elizabeth J., Mattson Thomas. Talking About Technology: The Emergence of a New Actor Category Through New Media. MIS Quarterly, Dec2013, Vol. 37 Issue 4:1069 – A2.

② Landau Michael. New technology, new media, new markets: The continuing importance of contract and copyright. International Review of Law, Computers & Technology, Jul – Nov2012, Vol. 26 Issue 2/3:257 – 274.

③ Lahav Tamar. Public Relations Activity In the New Media In Israel 2012: Changing Relationships. Public Relations Review, Mar2014, Vol. 40 Issue 1:25 – 32.

④ 邹诗鹏. 生存论研究何以可能. 哲学研究,2006(12):11 – 17.

的知识累进的基础上，能够不断推陈出新、创造奇迹。与此同时，媒介从旧媒体时代演进到新媒体时代，它不仅改变了现实的"物"的存在形式，而且，就其历史意义而言，它主要改变的是现实的人的生存方式。更何况，新技术的创造令人目不暇接，而社会变迁的规律性和内在逻辑却不会变得脱离历史发展的一般规律，尽管它在形式上会有各种不同的表征。就此而言，"新媒体"在哲学人类学领域的研究就显得尤为重要了。正如斯大林所说："既然自然现象的联系和相互制约是自然界发展的规律，那么由此可见，社会生活现象的联系和相互制约也同样不是偶然的事情，而是社会发展的规律。"①

目前，哲学人类学视角的研究还处于那种"预言家"式的未来学学派的"猜测"与"筹划"，如托夫勒、尼葛洛庞蒂、舍恩伯格等人的研究成果。恩格斯曾经说："甚至随着自然科学领域中每一个划时代的发现，唯物主义也必然要改变自己的形式；而自从历史也得到唯物主义的解释以后，一条新的发展道路也在这里开辟出来。"②新媒体对人类生产生活世界的改变如此巨大，它必然在一定程度上改变着人们的观念，以至于有人会认为"微博"已经决定人心向背，从而决定着一个政党和一个国家的生死存亡。还有人认为，新媒体"舆论"是社会历史进步最为重要和根本的力量，从而陷入了新的唯心主义泥坑。如果不能具体分析新媒体对人的生存环境的改变，特别是不能站在现代性的立场上去审视这种变化，那么，就会导致媒介决定论的立场，进而滑向舆论（意见）决定论，也就是意识决定社会存在。恩格斯在《致保·恩斯特》中说道："如果不把唯物主义方法当作研究历史的指南，而把它当作现成的公式，按照它来剪裁各种历史事实，那么它就会转变为自己的对立物。"③同样，如果不把人的生存的现实问题当作新媒体研究的出发点和归宿，那么，在纷繁复杂的网络景观中、在喧腾叫嚣的"微"话语和"微"生活中，人本身就会变得"微"不足道。在这个意义上，对"新媒体"的哲学人类学研究尽管会涉及其他路径的研究内容，但它以"人"为中心，并且在"类"的范围

---

① 斯大林．辩证唯物主义和历史唯物主义．斯大林文集．北京：人民出版社，1985：211.

② 恩格斯．路德维希费尔巴哈和德国古典哲学的终结．马克思恩格斯选集．第四卷．北京：人民出版社，1995：228.

③ 恩格斯．致保·恩斯特（1890年6月5日）．马克思恩格斯全集．第三十七卷．北京：人民出版社，1971：410.

探讨人的现代生活价值和发展方向，足以保证这种研究的崇高的理论和现实意义。Latonero Mark 就新媒体的伦理问题进行了阐述，[①]冷艳的《"个人即信息"，手机媒体成就新生活方式》对移动新媒体之于人的生活方式变迁有了比较系统的研究。然而，正如 Blank Grant 指出的那样，新的社交媒体作为社会科学研究的研究目标，本身是模糊不清的，要想在其研究中划定明确的学科范围显然是非常困难的。[②] 以上诸路径的划分，有其现实的局限性，即它省约了研究现状的复杂性和多样性。本书正是因为在堆积如山的资料中难于判断和取舍，才不得不在研究者已有文献积累的基础上做出上述七条路径的区分。

列宁在《青年团的任务》中说道："凡是人类社会所创造的一切，（马克思）他都有批判地重新加以探讨，任何一点也没有忽略过去。凡是人类思想所建树的一切，他都有批判地重新探讨。"[③]随着计算机通信技术、数据处理技术和软件开发技术的不断提高，"新媒体"不但成为当今世界的"物"的表现形式，也成为人们生存所面对的新的思想和实践方式。在生产、生活与个人发展的进程中，在政治、经济和文化的交往与进步中，产生了深远的影响；马克思主义理论在新的形势下理所当然要做出自己的反应。作为一门实践科学，马克思主义哲学无法"忽略"新媒体变革这一 21 世纪的显著社会变化。在试图对这一变化做出马克思主义的解读时，一个新的问题产生了：马克思主义创始人在他们的那个时代，还未曾有时下认定的"新媒体"之物，自然也不会有"新媒体"之思。1841 年 12 月 24 日，弗里德里希·威廉四世公布了一个新的书报检查令，这是一个带有很大欺骗性的虚伪的"自由"与"进步"的法令。马克思看穿了这一点，于 1842 年 1 至 2 月间撰写了他的第一篇关于传媒批判的"政论文"，并交给了《德国年鉴》。这篇文章就是《评普鲁士最近的书报检查令》。后来在《〈莱比锡总汇报〉的查封》等文章中，马克思表达了对新闻传播自由的一系列基本思想。恩格斯则在给倍倍儿、伯恩斯坦、施密特、"萨克森工人报"等的通信中阐述过他的传播思想。毋庸置

---

① Latonero Mark, Sinnreich Aram. The Hidden Demography of New Media Ethics. Information, Communication & Society, May2014, Vol. 17 Issue 5: 572 – 593.

② Blank Grant. Blurring the boundaries: New Social Media, New Social Science (NSMNSS). International Journal of Market Research, 2013, Vol. 55 Issue 3: 461 – 464.

③ 列宁全集. 第三十九卷. 北京：人民出版社，1986：299.

疑,这些思想本身是零星的,它们与马克思恩格斯关于社会主义革命、关于资本主义批判、关于自然辩证法等等的思想研究相比,是不成体系的。

恩格斯曾经说:“一个人如想研究科学问题,首先要在利用著作的时候学会按照作者写的原样去阅读这些著作,首先要在阅读时,不把著作中原来没有的东西塞进去。”①在对“新媒体”进行研究的过程中,试图在马克思和恩格斯的原典中找到“新媒体”这个词语是不可能的。然而,马克思主义的基本原理(尤其是他们的方法)则在解释“新媒体”这个新的生存环境和生存手段的过程中并不失色。更何况,马克思主义哲学要是离开了对活生生的生活现实的关注,那就是对它作为“主义”的马克思学说的真正背叛。这一点正如列宁所言:“现在必须弄清一个不容置辩的真理,这就是马克思主义者必须考虑生动的实际生活,必须考虑现实的确切事实,而不应当抱住昨天的理论不放,因为这种理论和任何理论一样,至多只能指出基本的和一般的东西,只能在大体上概括实际生活中的复杂情况。”列宁还引用诗人歌德的话说:“理论是灰色的,而生活之树长青。”②新媒体研究的七条主要研究路径,并非界限明晰的不同研究领域,在许多“问题域”和研究方法上均有重合的地方。这七条研究路径,亦非一个渐次“高明”的研究“序列”,乃是出于文献梳理的某种需要而进行的理论划分。尽管如此,本书更加倾向于采用类似于哲学人类学(当然,本书主要是一种马克思主义的现代性批判立场)的视角来分析和解剖新媒体时代人的生存境遇,这一点也是显而易见的。

第二节 研究思路与方法、主要内容、结构安排及意义

一、研究思路与方法

(一)问题的提出

新媒体是新的技术支撑(移动互联网)体系下出现的媒体形态,是相对

① 恩格斯,马克思《资本论》第三卷序言. 马克思恩格斯全集. 第二十五卷. 北京:人民出版社,1974:26.

② 列宁. 论策略书. 列宁全集. 第二十九卷. 北京:人民出版社,1985:139.

于报刊、户外、广播、电视四大传统意义上的媒体,被形象地称为“第五媒体”。美国《连线》杂志对“新媒体”的定义是:所有人对所有人的传播。还有学者把新媒体定义为互动式数字化复合媒体。随着三网融合(指电信网、计算机网和有线电视网三大网络通过技术改造能够提供包括语音、数据、图像等综合多媒体的通信业务)的进一步发展,数字技术迅速发展和全面采用。电话数据和影音信号可以通过统一的编码进行传输和交换,人们所生存的世界在一定程度上成为由“0”和“1”编码而成的比特(字符)流。世界已经变成一堆数字,人在数字化世界中生活,既是数据的制造者,又受到数字的奴役。①

传播指社会信息的传递或社会信息系统的运行。表面看来,信息是传播的内容。传播的根本目的是人与人、人与社会之间,通过有意义的符号进行信息传递并发生相互作用的活动的总称。新媒体时代不仅意味着传播媒介的变更,更为重要的是传播方式发生了根本变化。它意味着人与人、人与社会之间交往的方式发生了改变,简言之,是人的生存环境和生存状况发生了变化,进而影响到人的生存观念的变化。恩格斯说,“只有运动才具有绝对普遍的意义”,②运动既是自然界的根本性质,也是人类社会的存在方式。现代人正在经历媒介变革带来的重大社会变迁。

现代性是相对于传统性而言的。人类在工业文明阶段所形成的崇尚理性、主体性、俗性的时代属性,它在资本、自由市场和世俗价值中追求个性解放和个人自由,推崇价值通约和市民精神,等等,这一切成为历史的车轮在压过封建社会的最后藩篱之后碾下的长长印痕。现代性在时代的“运动”中经历了各种不同的面孔。而在新媒体时代,人们遭遇到的“现代性”,更是狡黠地在受众“深度卷入”的沉醉中,使人们忘却哲学批判的武器,而变得唯唯诺诺了。如今,对传统的反叛与新的时代精神的缔造正处于一个重要的战略机遇期。从现代性的视角和立场来观审新媒体时代人的生存问题,是马克思主义哲学新的研究课题。

---

① 何华征. 鸿沟还是桥梁:网络经济的道德哲学批判. 商业研究,2012(5):211-216.

② 恩格斯. 自然辩证法(1873-1883年). 马克思恩格斯全集. 第二十卷. 北京:人民出版社,1971:582.

第一，科学技术的发展为人的真正自由提供了条件。在《反杜林论》中，恩格斯说道："最初的、从动物界分离出来的人，在一切本质方面是和动物本身一样不自由的；但是文化上的每一个进步，都是迈向自由的一步。"恩格斯从摩擦生火、蒸汽机的发明来说明人对自然力的支配，以及这种（支配）能力的提高是人的真正自由的开端和发展。他说："蒸汽机确实是所有那些以它为凭借的巨大生产力的代表，唯有借助于这些生产力，才有可能去实现这样一种社会制度，在这种制度下不再有任何阶级差别，不再有任何对个人生活资料的忧虑，在这种制度下第一次能够谈到真正的人的自由，谈到那种同已被认识的自然规律相协调的生活。"[①]随着计算机通信技术、数据处理技术和软件开发技术的不断提高，"新媒体"不但成为当今世界的物的表现形式，也成为人们生存所面对的新的思想和实践的方式，在生产、生活与个人发展进程中，在政治、经济、文化的交往和进步中，产生深远的影响。新媒体的出现和发展，不但给人的自由提供了可能性条件，而且，也在自由发展的道路上出现了新的不可预测的障碍，它为人的自由发展提供了机遇和挑战，而这两方面是如此紧密地联系在一起。比如，相关信息的增量，一方面可能为人们寻求确定性提供条件；另一方面，信息过剩却湮没了人的选择自由，反而增加了更多的不确定性。

第二，马克思主义哲学应当对新的科学进步与社会发展做出哲学解释。新媒体时代的到来，首先是科学技术的发展所引起的。当然，这种科学技术的革命（信息革命）根源于人类的需要和人类理性对未知世界的无限探求。但是，在新媒体出现和发展壮大以后，相应的社会交往、信息传播、价值观念、生活方式、文化格调、教育与艺术、政治生活、等等，都发生了相应的变化。这些重大的时代变化，马克思和恩格斯未能预料到，那个时代的任何伟人都无法预料到。然而，马克思主义作为发展的、开放的科学，必须直面这些问题，并对它们做出哲学的解释。列宁指出："现代的自然科学家从做了唯物主义解释的黑格尔辩证法中可以找到自然科学革命所提出的种种哲学问题解答，崇拜资产阶级时髦的知识分子在这些的哲学问题上往往'跌入'反动的泥坑。……唯物主义如果不给自己提出这样的任务并不断地完成这

① 马克思恩格斯全集．第二十卷．北京：人民出版社，1971：126.

个任务,它就不能成为战斗的唯物主义……自然科学进步神速,正处于各个领域都发生深刻的革命性变革的时期,这使得自然科学无论如何离不了哲学结论。"[①]新媒体时代人的生存问题研究,不仅仅是要获得哲学的"结论",更重要的是通过对新媒体的全方位研究,从而获得当代人生存所系的社会批判,为新时代人们的更好生存提供理论依据和事实经验。在《卡尔·马克思》中,列宁说:"每种现象的一切方面(而且历史在不断地揭示出新的方面)相互依存,极其密切而不可分割地联系在一起,这种联系形成统一的、有规律的世界运动过程。"[②]恰恰是这种"运动过程",成为新媒体时代马克思主义哲学在生存论意义上进行现代性研究的重要出发点和归宿。

第三,生存问题总是具体而历史地呈现的,尽管它不排除对"愿景"的合理诉求。人的生存问题是一个永恒的哲学问题,它在历史发展过程中始终处于一个与时俱进的状态。就其作为特定历史问题而言,毋庸置疑,它的倾向性和侧重点总是确定的,但是,就其作为不可穷尽的人的自由全面发展的历史而言,它是一个无限求证、无限追寻的问题。恩格斯在《自然辩证法》中说:"对无限的东西的认识是被双重的困难围困着,就其本性来说,它只能在一个无限的渐近的进步过程中实现。这已经使我们有足够的理由说:无限的东西既可以认识,又不可以认识,而这就是我们所需要的一切。"[③]对新媒体时代人的生存问题的探寻,亦要遵循在有限中寻找无限、通过有限达到无限的原则。不研究具体的社会环境变迁、不研究新媒体时代的经济、政治、文化以及与此相关的各种生存所系、生命攸关、生活相联的具体问题,就不能解决这样一个特定时代的生存论问题,就不能把握新媒体时代人的生存论意义的进路。正如恩格斯所说,"要不研究个别的实物和个别的运动形式,就根本不能认识物质运动;而由于认识个别的实物和个别的运动形式,我们也才认识物质和运动本身"。[④] 正是在具体的、历史的语境中追问人的

---

① 列宁.论战斗唯物主义的意义(1922年3月12日).列宁全集.第四十三卷.北京:人民出版社,1987:30.

② 列宁全集.第二十六卷.北京:人民出版社,1988:57.

③ 马克思恩格斯全集.第二十卷.北京:人民出版社,1971:577.

④ 马克思恩格斯全集.第二十卷.北京:人民出版社,1971:579.

生存意义、探寻人的生存状况、把握人的生存未来的脉搏，在这一点上，它成为历史唯物主义的重要理论特征。

第四，新媒体时代人的生存问题的现代性解读在一定意义上预示着对新媒体社会景观的解构和批判，“问题”和“求解的方式”都含蕴在现代性自身当中。首先，新媒体构筑的社会景观如谜似幻，生活于其中的人们由于“沉浸”在这一景观之中而难以获得批判性思维。正如马尔库塞在《单向度的人》一书中所揭示的：“就连仍然存在的自由和逃避也陷入了被组织起来的整体之内。”①而马克思主义哲学最大的特点就在于其不崇拜一切现存的东西（无论是理论还是现实社会生活），它在历史运动中把握现存事物的发展和灭亡。因而，“否定性”成为与“肯定性”同在的统一的对立面。故而，对新媒体时代人的生存问题的现代性解读，就达到了一种对现实社会的“解构”，同时也奠定了“建构”的基础。其次，在理论上，马克思主义理论与实践的统一，并不是用理论“运用于”实践的教条主义，它内含着这样的道理：“马赫主义者所追随的那些博学的（和愚蠢的）哲学教授中间，没有一个人会允许自己做出这种对‘纯科学’的代表说来是可耻的跳跃（从理论到实践的跳跃）。对他们来说，要想尽办法狡猾地用文字来捏造‘定义’的认识论是一回事，而实践却完全是另外一回事。对恩格斯说来，整个活生生的人类实践是深入到认识论本身之中的，它提供真理的客观标准。”②因此，尽管西方社会学界和新闻传媒学界对新媒体研究颇有建树，但并不妨碍我们在汲取其研究成果的基础上，用实践哲学的立场对现代人的新媒体生存境遇重新解读。

（二）“新媒体时代”提法的合法性问题

王名和顾元珍研究指出：划分时代有几种不同的标准，即生产力标准、生产关系标准、产业结构标准、政治标准、意识形态标准、文明形态或广义文

---

① 马尔库塞．刘继，译．单向度的人——发达工业社会意识形态研究．上海：上海译文出版社，2008：43．

② 列宁全集．第十八卷．北京：人民出版社，1988：195．

化标准、社会主体标准。[①] 然而,马克思恩格斯的“时代”概念是有特定内涵的,并非包括上述无穷多样的划分标准;在他们看来,“时代”是人类历史发展中的一个特定阶段或时期,它包含有不同于其他阶段的基本特征和发展趋势。[②] 以生产力作为标准,马克思把人类历史划分为石器时代、铜器时代、铁器时代、大机器时代。他说:“手推磨产生的是封建主的社会,蒸汽磨产生的是工业资本家的社会。”[③]恩格斯在《家庭、私有制和国家的起源》中也承认摩尔根的历史区分方法,把整个人类社会划分为蒙昧时代、野蛮时代和文明时代。[④] 这是从整体生产力水平来衡量社会发展程度所做的大概区分。马克思也从人的发展阶段来划分历史时期,即根据人在社会中的发展程度和存在状态来划分历史阶段,它包括三个历史时期:人的依赖关系为主的时代、以物的依赖关系为基础的人的独立性阶段、人的自由全面发展的阶段。[⑤] 马克思在《雇佣劳动与资本》一文中说道:“各个人借以进行生产的社会关系,即社会生产关系,是随着物质生产资料、生产力的变化和发展而变化和改变的。生产关系总和起来就构成所谓社会关系,构成所谓社会,并且是构成一个处于一定历史发展阶段上的社会,具有独特的特征的社会。”马克思据此区分了“古典古代社会、封建社会和资产阶级社会”等。[⑥] 在《〈政治经济学批判〉序言》中,马克思说:“大体说来,亚细亚的、古代的、封建的和现代资产阶级的生产方式可以看作是经济的社会形态演进的几个时代。”[⑦]一般认为,马克思主义的时代划分有“三形态理论”(人的依赖关系、物的依赖关系、人的自由全面发展)和“五形态理论”(原始社会、奴隶社会、封建社会、资

---

① 王名,顾元珍. 关于时代划分的七大标准. 北京社会科学,1992(1):34-38. 在这篇文章中,作者基本上归纳了流行于世的几种主要的时代划分标准,比如在生产力标准中,有“石器时代-金属时代-大机器时代-机器人时代(生产工具的进步为标准)”、“人力时代-畜力时代-电力时代-核能时代(以动力或能源改进为标准)”、“自然时代—劳力时代—资本时代(生产要素关系和地位为标准)”、“材料时代—能源时代—信息时代(以物质三要素及其在技术进步中的作用为标准)”,等等;生产关系标准以及其他标准均可以再细分为多种时代划分标准。

② 秦宣,郭跃军. 论马克思恩格斯的时代观. 江西社会科学. 2009(1):53-59.

③ 马克思恩格斯选集. 第一卷. 北京:人民出版社,1995:142.

④ 马克思恩格斯选集. 第四卷. 北京:人民出版社,1995:24.

⑤ 马克思恩格斯全集. 第四十六卷. 北京:人民出版社,1979:104.

⑥ 马克思恩格斯选集. 第一卷. 北京:人民出版社,1995:345.

⑦ 马克思恩格斯选集. 第二卷. 北京:人民出版社,1995:33.

本主义社会、社会主义社会)。尽管这些划分标准不同程度地受到质疑,学界亦有分歧,但是,生产关系作为人类社会中最本质、最基本的关系,成为时代划分的标准却体现了历史唯物主义的彻底性、历史总趋势的不可逆性。

当今,其他的时代划分标准亦非常丰富,“由于时代划分的依据和标准不一,人们对时代的划分和当前所处的时代本身都难以取得统一的认识,更何况对世界基本矛盾的特点和时代基本特征的分析”。① 在不同的学科中,“时代”一词更是众说纷纭。周一良说,“在国别史的研究中,社会性质的变化仍然是时代划分的标准”;②陶火生和郭健彪认为,“不同时代的划分需要以时代主题为根本标准”;③王金玲认为,“从生殖力、体力、智能三个时代的划分标准看,中国目前还未完全实现从体力时代向智能时代的过渡”;④也有人认为,“历史时代划分的标准和基础是人的内在价值扩充体现的能力、水平和效果”,⑤如此等等。有一种观点认为,时代划分的标准具有不同的层次性,有根本标准和辅助标准的区分。⑥ 若推而广之,则现在流行的种种“时代”,均可作为现时代的“辅助说明”,诸如:网络时代、数字化时代、信息时代、后基因组时代、维多利亚时代、信息经济时代、概念时代、后奥运时代、财智时代、巨人时代、后工业时代、知识经济时代、全球化时代、系统时代,不一而足。加拿大学者麦克卢汉认为,信息传播方式的任何一次变革都引起了社会的巨大变化,因而以“媒介”变革作为划分时代的标准已经无可厚非。当然,如同马捷莎所言,这种时代划分的“媒介标准”与“生产关系标准”是不属于同一层次的。

然而,新媒体时代的合法性并不完全在于这一点。一方面,新媒体引起的社会变化足以标识一个社会的发展阶段与另一阶段的不同,这种变化是

---

① 陈岳. 如何认识时代特征和世界主题. 世界经济与政治,2002(2):76–79.

② 周一良. 关于明治维新的几个问题. 北京大学学报:人文科学,1962(4):1–15.

③ 陶火生,郭健彪. 时代主题视阈下的阶级意识:马克思与后马克思思潮. 当代世界与社会主义,2011(3):46–50.

④ 王金玲. 新农村建设:改变农村传统性别制度的新契机. 中华女子学院学报,2009(3):7–21.

⑤ 孙跃纲. 发展哲学视角下的历史分期与科学发展. 陕西行政学院学报,2011(1):72–76.

⑥ 马捷莎. 论时代的层次性与当代世界主题. 北京师范大学学报:社科版,1997(3):64–68.

如此深远，它浸透到社会的每一个方面，完全可以与“蒸汽革命”或“电力革命”等产业革命所引发的社会影响相提并论。新媒体不仅改变了人们之间的交往方式，也改变了人类的经济行为和生活与思维习惯，用它来标识一个“时代”，恰恰是对马克思恩格斯所开创的历史唯物主义的坚守——至少它为马克思主义提供一个崭新而现实的问题域，这正是马克思主义理论和实践所必须面对的新的时代课题。当然，另一方面，尽管“新媒体时代”这个词在哲学论文中使用的合法性问题，是不得不面对的一个严肃学术问题，但是，严谨的学术研究同样要尊重现实生活本身。“新媒体时代”作为一个约定俗成的概念，已经广为社会学、新闻传播学和政治学等学科所采纳，为了哲学的学科独特性而故意采取别的名称的做法是完全没有必要的。更何况，具体科学的概念演变成为哲学概念，已经不是今天才发生的事情。总而言之，“新媒体时代”这个词的合法性问题是一个可以探讨，而不可纠缠不放的问题——问题的关键在于：“新媒体时代”是否为哲学研究提供了新的问题域。

（三）主要研究方法

1. 宏观研究方法。

在新媒体时代，人们无论是在亲朋好友相遇、恋人约会，还是家庭团聚等各种场合，都会拿出自己的智能手机，听着音乐、刷着微博，或者浏览正在发生的新闻以及各种小道消息。传统的人际交往方式发生了巨大变化，在路边、地铁站、超市、办公室……手边的移动网络设备随时处于“在线”状态，电视、手机、网络等构筑的媒介空间重置了人们之间的社会交往关系。世界各地的人都成了你的网络邻居，而你的真正邻居则有可能成为一个在情感上相距“遥远”的他者。“媒介空间的社会关系是现实社会关系的映照，各种工具主义、功利主义和享乐、消费主义甚嚣尘上。”①支运波认为，新媒体装置割断了人们之间的脉脉温情，使精神处于无根的状态、欲望处于游牧状态、暴力处于虚拟状态、社会秩序处于潜在的危险状态。对于“未来学”的精神领袖们来说，新媒体时代的到来是值得欢欣鼓舞的，它代表真善美的一切可能性。而对于带有悲观主义情绪的研究者来说，新媒体社会值得“警

① 支运波．媒介空间与公共理性．福建论坛：人文社科版．2011(6)：63－65.

惕”——正如上面所讲的,新媒体对社会带来了如此这般的“破坏”。

马克思在《评弗里德里希·李斯特的著作〈政治经济学的国民体系〉》(1845 年 3 月)中说到“工业”的时候,有一段精彩的话语:“工业可以被看作是大作坊,在这里人第一次占有他自己的和自然的力量,是自己对象化,为自己创造人的生活的条件。……那就不是按照工业目前对人来说是什么,而是按照现在的人对人类历史来说是什么,即历史地说他是什么来看待工业;所认识的就不是工业本身,不是它现在的存在,倒不如说是工业意识不到的并违反工业的意志而存在于工业中的力量,这种力量消灭工业并为人的生存奠定基础。”①马克思精辟入里的分析和深邃睿智的思想再次得到充分地体现,在他看来,“工业”不仅仅是人类生产力发展的结果,更是预示着新的(蕴含着自我否定性的内在矛盾的)生产关系。而这个“生产关系”正是人的生存的基础。所以他才说,“一旦人们不再把工业当作买卖利益而是看作人的发展,就会把人而不是把买卖利益当作原则,并向工业中只有同工业本身相矛盾才能发展的东西提供与应该发展的东西相适应的基础”。② 同样,新媒体提供的不仅仅是简单的通信设备和传播装置,只有把新媒体不再看作是“新媒体”,而是从人之生存的立场来看待它,并在它的内在否定性中找到超越“媒介异化”的路径,对它的研究才真正具有哲学上的意义。

2. 具体研究方法。

首先,如何坚持马克思主义的基本观点和立场、利用马克思主义的基本方法的问题。列宁在《俄国资本主义的发展(大工业的国内市场的形成)》一文中说:“只有不可救药的书呆子,才会单靠引证马克思关于另一历史时代的某一论述,来解决当前发生的独特而复杂的问题。”③新媒体时代,是马克思恩格斯所未曾遇到和设想过的,这个时代的一系列新的现象只能在借鉴社会科学研究的最新研究成果,在立足现实社会本身的基础上,才能获得理性的审查。“马克思的整个世界观不是教义,而是方法。它提供的不是现成的教条,而是进一步研究的出发点和供这种研究使用的方法。”④这个最根本

① 马克思恩格斯全集. 第四十二卷. 北京:人民出版社,1979:257.
② 同上,258 页。
③ 列宁全集. 第三卷. 北京:人民出版社,1984:13.
④ 马克思恩格斯全集. 第三十九卷. 北京:人民出版社,1974:406.

的方法就是历史唯物主义和辩证唯物主义的方法(或统称为“社会历史辩证法”①)。可以肯定,在马克思那里,绝非简单地把辩证唯物主义“运用于”社会历史领域,辩证唯物主义正是在对社会历史的辩证运动的考察中得出的科学结论。或者反过来说,历史唯物主义的特殊性和优越性不仅在于它的“唯物”的一面,同时也在于它的“辩证”的一面。

新媒体时代人的生存问题的现代性研究,首先要把现代性本身的悖论与传媒发展的悖论结合起来考量,比如在人对确定性的追求方面,确定性的追求既是现代性的要求,也是现代性之殇。人们在统一的确定性无法获得的时候,后现代对个性、不确定性的认肯就赢得了尊重。而这在信息的有限性和无限性的双重属性中又得到了合理的验证,从而确定性与非确定性的较量,成为唯物主义的,也是辩证的自我运动过程。而人正生存于这个过程中,并在这个过程中寻求和发展他的自由。因此,在本书的论述中,并不刻意在马克思的文本中寻找求解密码,但却始终坚持马克思主义的基本原则、立场,并运用他的方法。

其次,是如何吸收利用其他学科的研究成果的问题。前面已经归纳了新媒体研究的七条主要研究路径,它们分别从各自的视野对新媒体进行了深入的研究。然而,新媒体的发展日新月异,新媒体时代的一个重要特征就是每时每刻都面临着新鲜事物的“侵袭”,以往的任何研究以及正在进行的研究都不可能穷尽这个时代的全部主要问题以及它们的主要方面。为此,在对新媒体时代人的生存问题做出现代性解读的时候,除了能够从宏观上得到解释的可能性,在细节上很难得到确切的答案,尽管这一点本身也不是哲学研究所能完成的任务。用哲学的视角对人的当下生存境遇进行现代性解读,除了借鉴马克思、恩格斯、列宁、斯大林、毛泽东等马克思主义经典作家关于新闻传播、舆论、自由等方面的具体论断之外,还要借鉴西方马克思主义,特别是法兰克福学派关于文化工业批判的一些思想,以及后马克思主义者,如鲍德里亚等人的思想。当然,传播学界和社会学研究领域中取得的重大研究成果也必然成为本书研究的重要思想理论来源,如托夫勒、尼葛洛庞蒂、伊尼斯、波斯曼、麦克卢汉、莱文森、舍恩伯格等人的一些思想,等等。

---

① 俞吾金.传统重估与思想移位.哈尔滨:黑龙江大学出版社,2007:432-466.

在这些思想的取舍方面,文章所用到的一些"引证"足以说明本书对这些话语的态度:本书并不"整体地"接受任何一个西方思想家的学说,也并非在他们的研究中寻章摘句,而是秉着坚持独立研究的前提下,对本书所认可的(正面或者反面的)论断加以适当地利用。当然,也不"整体地"反对某一学派和某一学者的思想。

再次,如何处理具体案例与理论研究的关系问题。新媒体对人的生存状况和生存观念的影响是全面而深刻的,因此,不可避免地需要对某些具体问题进行案例式的分析说明,以期获得更为深入的研究成果。本书在行文过程中,并不一以贯之地坚持"夹叙夹议"的方略,而是根据问题的不同做出不同的取舍,或从思想史的角度来探讨,或从实践(或事件)本身来发问,亦或兼而有之。因而,文章既有实证性的论述,也有纯粹理论性的探讨和推演。

最后,无论是细节分析还是整体行文,都考虑到了现实问题与理论思辨的关系。在具体的研究方法中,既用到了大量的文献资料,也曾"脱离"材料而在现实中体验这种新媒体的全方位"侵袭";既在数据和经验材料的收集整理上"大费周章",也在理论寻根上"绞尽脑汁";既有从理论结论到事实真相的演绎,也有从感性经验材料到理论结论的归纳总结;既有整体的、联系的、动态的宏旨把握,也有发散的、琐屑的、零星的细节分析,等等。以上四个方面,是为本书研究的具体方法。

(四)研究的理论基础

如果说,"新媒体"是"意识"或者精神的物质载体,那么,"精神"从一开始就很倒霉,受到物质的"纠缠"。"媒体"是一种实践的、既为别人存在因而也为我自身而存在的、现实的"意识"。新媒体,只是由于需要,由于和他人交往的迫切需要才产生的。"传播"作为一种对象性的实践活动,是在人与人之间进行社会交往、展开物质生产活动的现实基础上产生的。马克思主义的实践观,以及马克思主义关于历史唯物主义的理论阐述,是本书最为重要的理论支撑。此其一。其二,马克思、恩格斯、列宁等经典作家关于新闻、媒介、语言、人的生存问题、资本批判等相关理论,是本书的重要分析工具。当然,主要用资本现代性批判的理论(也就是历史唯物主义的角度)来分析,但还需要借鉴西方生存哲学的某些观点。新媒体时代的现代性与资本有着必然的联系,从本质上讲,资本不是具体的物,而是属于特定历史时期的社会关系,所以,分析生产关系必须透过物看到物后面的人与人之间的关系。新媒体这个新的社会生产物在它的背后是新的历史阶段人们生存可能经历的长大时代变迁的诱因或者桥梁。技术就是人类改造自然,改善生活,进行生产的方法和手段,是推动社会和经济发展的强大动力。一切科学技术的奋斗目标,需要建立在造福人类的宏旨大意中,而不是相反。第三个理论基础是西方马克思主义、后马克思主义以及西方社会学、传播学领域的重大研究成果,尤其是关于符号学、文化批判、现代性批判、社会心理学等方面的理论成果。

(五)研究的目标指向

其一,扭转当今新媒体研究见物不见人的状态。前面引述的马克思在《评弗里德里希·李斯特的著作〈政治经济学的国民体系〉》(1845 年 3 月)中关于"工业"的论述很有借鉴价值。媒体变革的重大社会意义在于社会关系的变革。而就人的生存来说,既要肯定这种变革的现实意义,又要在这种变革了的社会关系中寻找超越现代性的可能空间。以人为出发点和目的(并且立足于现代性分析)是本书进行新媒体研究与其他专家在类似领域进行研究的重要区别。

其二,对新媒体的研究,往往侧重于对"媒介"的研究,很多研究停留在新的"媒介形式"的研究上。正如前文所说,本书意欲从社会关系、从媒介引起的经济、政治、文化以及个人生活方式和思维方式的变革的角度,来描绘新媒体时代的现代性新面孔,在"传播"的"动态"、"关系"属性研究的展开中,揭示人在新媒体时代的生存境况。并由此而积极探讨媒介变革与人的生存环境变化的内在关系。

其三,新媒体传播的内容是信息、是社会关系。立足"社会关系"的现代性解读,在马克思资本批判的过程中找出新传媒时代种种社会幻象的根源,对媒介幻想进行祛魅,并且在结合西方马克思主义、传播学、人类学、社会学等学科的相关研究成果进行现实批判和理论分析的同时,丰富马克思主义哲学的基础理论并拓展它的研究路径。特别重要的是,在人类社会发展规律、媒介变革规律与自由发展理路中找寻人类更好生存的"密钥"(至少是"端倪")。

其四，本书的开放态度使得论题从开始思考之日起就不敌视任何有益的思想理论，在坚持马克思主义理论一元指导的前提下，综合利用各门学科、各家学派的有效分析方法和理论结论，从而使本书对问题的研究更加全面、深入。在挖掘马克思主义人学思想的进路中，本书坚守理论与实际的结合，并在实践中发展理论，最终从理论的高度来谋划人的更好生存理想的基本原则。

二、主要内容和结构

（一）论述的主要内容与研究思路

当今时代，无论是相对落后地区还是发达地区，无论是资本主义社会还是社会主义社会，无论是传统文化保存比较多一点的地区还是比较少一些的地区，新媒体的扩张之势都没有受到过多的压抑，除非在个别地区（比如朝鲜），新媒体对现代人的生存所造成的影响之巨大和广阔是令人瞩目的。当然，世界范围的人之生存问题的现代性解读，是一个宏大的命题，本书研究的着眼点在中国，同时不排除在某些方面会列举世界其他国家的情况，也就是说，尽管本书主要以中国作为研究对象，但并不局限于此。

本书所指的“生存问题”是在两个层面上使用的：一是新媒体时代人的现实生存境遇；二是在新媒体时代，人是否能够（或者如何）生活得更好。

首先，在本书的开头（“绪论”部分）就对“新媒体”的概念从“特征”的角度进行了阐述：技术层面的数字化、应用层面的强交互性、器质层面的智能化、传播层面的自媒体化、社会层面的虚拟化、效力方面的全面浸透化、发展层面的大数据化等，这是“新媒体”的七大主要特征。与此相应的，人们生活在技术进步和传媒革命的时代，生存问题亦面临着七个主要的困惑，在这些迷局中，如何判断和反省人之安身立命的原则，是一件十分有意义的事情。从而，这七个方面：虚拟存在与现实存在的关系问题、追求确定性与信息过剩造成的不确定性增加的问题、信息霸权造成信息鸿沟与新媒体的“赋权”问题、全面的计算理性与感性生活的关系问题、尚未充分发育的现代性中崛起的后现代性问题、人工智能与人类意识的关系问题、信息化导致的全球化与身份认同的丧失之间的关系问题等，这些都是我们不得不思考的重大时代课题。人在新媒体时代如何生活得更好？现实的生存境况是受到媒介的诱惑,还是生活本身的堕落(抑或升华)? 新媒体在旧媒体的基础上迅速发展起来,它产生的广泛而深刻的社会影响已经被纳入到各学科解释体系之中,马克思主义哲学亦需在人之生存问题上开展其对于现代性的追问,这是本书的出发点。而各种解释路径为本书的研究提供了经验材料和部分理论成果。

第二,在进行实践批判之前,本书第二部分首先对马克思主义经典作家有关媒介发展与人的生存问题的关系所作的前瞻性研究进行了适当地梳理和评述。马克思主义奠基人对报刊与人的生存与发展问题的经典论述是本书的重要理论基点;西方马克思主义,尤其是法兰克福学派在文化工业,以及电影、广播、电报等媒介方面有过专门的论述。法兰克福学派与经验的新闻传播学专家、社会学家不同的是,他们主要是从人的生存境况的角度来研究媒介问题的。后马克思主义有两种不同的倾向:或者试图在马克思主义之外构建新的理论学说,或者试图超越马克思主义,而对马克思主义进行"修补"。后马克思主义者们由于生活在电脑诞生并逐渐普及的新时代,其中有不少人专门对信息社会、虚拟空间、电脑网络进行了专门的论述。与马克思主义直接或间接相关的这些研究成果(或者经典著作),是进一步研究新媒体时代人的生存问题的理论原点或者重要学术资源。

第三,新媒体时代给人的生存问题带来的现代性之困惑,至少包含如下六个方面:一是理性暴力。新媒体统摄着人与生存环境的各个触点,声音、视图、触摸屏,全方位计算着人的言行乃至思维,生活在新媒体时代的人,偶尔感到人类理性已然冲破了伦理底线,它肆无忌惮地冲击人们的神经,左右人的决策,在看似理所当然的逻辑系统中,使人们"被逻辑化"。与此相关的网络暴力更是赤裸裸地倾向于对现实暴力的崇拜。二是过度信息。新媒体时代令人目不暇接的信息流,已经让人陷入了选择的无所适从、审美疲劳以及腻烦的状态。真假难辨的网商信息、藏污纳垢的弹出广告、伪装精致的病毒木马、被私人挤占的虚拟社区空间,等等,无不令人忧心。三是灵魂曝光。互动性使得新媒体时代的人们,特别是普通个体参与传播、参与自身生存环境的构建成为现实。人既是自己生存环境的产物,又是自身生存环境的构建者。然而,无处藏身的"人肉"搜索、十面埋伏的针眼探头,隐私已经成为历史神话,这将是早晚的事情。人的各种隐情被暴晒于光天化日之下。在一定意义上,这是一种数字异化。人们所创造的数字世界,逐渐成为役使人们的东西,压抑人们的场所。四是数字异化。典型的数字异化形态是各种被成为"控"的人。"'苹果'控"、"手机控"、"微博控"、"游戏控"……整个人类逐渐被数字所操控,"人们变成了一堆数字",并沉沦在数字的汪洋中。五是世界返魅。马克思断言一切神秘的东西都可以在实践中得到解释和解决。新媒体时代出现的世界返魅现象,已然不是大卫·格里芬所认为的那种基于人们科学认识能力的有限性所造成的状况。诸如偶像崇拜、品牌崇拜等等,其发生的心理机制与符号化生存境遇有着千丝万缕的联系。六是广义虚拟。世界返魅的一个重要显像就是"广义虚拟",即一切都可以在虚拟中生成、创造、再生。语言(符号)不再像传统社会一样仅限于描绘世界,它本身就构成了世界,构造着世界。这就是新传媒时代与以往迥异的地方。广义虚拟经济甚至成为一个专门的学科,而虚拟的又何止经济?家庭、社区、朋友、物产、人文历史、自然……一切大脑可以想到的东西都能"虚拟"成为三维仿真世界。如此等等,不一而足。简而言之,本书要探讨的问题是:新传媒时代的"新特征"如何影响人的生存。厘清传媒变革与人的生存状态和生存观念变迁的内在关联性。从现代性的角度进行解读、分析、阐发,并提出构建更加和谐、更加文明的人类生存环境的有效路径(或设想)。

第四,在文章对新媒体时代生存问题的现代性景观进行描述以后,进入到对它的现代性批判之维。而这个过程在很大程度上是与描述之维融为一体的。所以,纯粹抽象的学术理论批判并不多见。最后,必须重返马克思的研究论域,在对马克思主义新闻思想、人学思想、科技进步与社会变迁的关系问题的思想进一步解读的前提下,在对延续至今的西方马克思主义的文化批判和技术批判的合理吸收与利用的基础上,在理性地分析其他近现代思想家的一些思想精华的同时,对新媒体时代的未来愿景,在人的发展层面提出本书的意见。这就是全部内容的简要研究进路。

(二)本书的结构安排

第一章,绪论部分。从新传媒本身的特征以及新媒体时代的生存论特征的分析入手,引出研究的问题。并在引出问题的同时对问题本身的研究现状做一个简单的回顾、梳理,从现今的研究状况出发阐述论题意义,表明研究方法、思路等。

第二章，主要是梳理和论述马克思主义奠基人对报刊与人的生存问题的论述，法兰克福学派对广播、电影、电视等新的媒介与人的生存问题的学说，以及“后马克思主义”关于信息社会的有关论述。这些思想家直接或间接地与马克思主义有着某些关联，是理解媒介变革与人的生存环境变迁的重要理论前提。本部分并不对全部马克思主义思想家的相关思想做详细的摘录，只是简单地引介（有代表性的个别思想家的相关研究成果或观点），以此说明马克思主义在媒介与人的生存问题上有着长期的关注。同时，本书也不对传播学和社会学的相关研究做专门的论述。

第三章和第四章，分别从现实的个人在新媒体时代所遇到的生存问题（第三章，侧重感性描述），以及新媒体时代人类生存环境的变迁（第四章，侧重理性分析）两个层面分别进行阐述，主要对现象和具体事件进行剖析和论说。在论证、说明的同时表达新媒体时代与“现代性”之间的关联，并对个体生存与人类生存分别作与“传统媒体时代”的比较（当然，这种比较是通过新媒体特征的展演而表达出来的，并非具体的比照，在写作的过程中也并没有把旧媒体当成靶子，以此来突显新媒体之新，这种“对比式”的列举似乎并无重要意义），从而逐渐使新媒体时代人的生存状况的现代性特征明显起来。

第五章，以马克思生产批判范式作为主要批判武器。在对新媒体的资本属性进行解读的同时，合理采用其他学科的相关分析手段和理论工具，深入论证新媒体时代的一系列特征。它们既是现代性发育的后果，又是现代性进一步发育的催化剂，还可能成为现代性的隐忧。这一部分将全面深入解剖新媒体时代的种种幻象，并从根源上探因。在对马克思主义新闻传播思想、西方马克思主义媒介批评理论、西方社会科学家对传媒的批判，以及一些思想家关于人的现代生存问题所做的独特思考做学术史的追溯与回顾的基础上，识别传媒的狡计，归纳总结出媒体变革与人的生存状况变革的内在逻辑，对“传播生存”作马克思主义的追问与反思。而落脚点，则在于对新传媒时代人的生存愿景提出构想，为人的自由全面发展勾勒出现实的道路。本书既坚守马克思主义基本原理，又试图拓展马克思主义理论的论域。

三、研究的现实意义

(一)方法的现实意义

马克思在其《博士论文》中说道:“我们的生活需要的不是悬想和空洞的假设,而是我们要能够过没有迷乱的生活。正如自然哲学的任务一般是研究最主要的事物的原因一样,认识天象时的幸福感也是建立在这个基础之上的。”①马克思的上述话语表明了一个具体的研究是否有必要做下去,这种研究能否给研究者本人和读者带来“幸福感”,就要做到在方法上不是借助悬想和空洞的假设。海德格尔也曾经说过:“根据被假设的前提,一切均可得到证明。”②所以海德格尔说:“在种种熟悉的现象中,是人召唤那种疏异的东西——不可见者为了保持其不可知而归于这种疏异的东西。”③新媒体为人类新的生存环境摆布了一个迷局,尽管这个迷局尚未完全破解,在本书研究的起始阶段和结尾都不曾想象过,预先设定某种“结局”将会是何等的荒诞不经。本书试图对各种熟识的现象中隐含的“疏异”的东西做出一些有价值的解释。马克思就是在研究资本主义现状中获得伟大的理论成就的,而不是相反:由于有了伟大的理论创建,从而发现了资本主义的种种乱象。本书在方法上的现实意义就在于它不是假借某种理论预设和“先定”的结论,从而在理论中兜圈子;它试图用马克思等伟大人物以及其他思想者的研究成果和方法来解释现存的新媒体世界,从而在对人的生存问题发问的同时,获得对现代性反省的某种觉悟。

(二)理论的现实意义

毛泽东同志在1958年1月12日给刘建勋、韦国清的信中说:“一张省报,对于全省工作,全体人民,有极大的组织、鼓舞、激励、批判、推动的作用。”④一张省级报纸尚且有如此大的威力,在新媒体时代,一个微博大V的

---

① 德谟克利特的自然哲学和伊壁鸠鲁的自然哲学的差异(1840年下半年－1841年3月底).马克思恩格斯全集.第一卷.北京:人民出版社,1995:57.

② 海德格尔.孙周兴,译.人,诗意的栖居.海德格尔存在哲学.北京:九州出版社2004:245.

③ 同上,250页。

④ 毛泽东文集.第七卷.北京:人民出版社,1999:338.

粉丝动辄上千万,亦即意味着一个微博大V的言论,将可能有上千万的浏览量,这是在报纸时代所不可想象的事情。从而,在理论上,随着新媒体的不断发展,应该不断从马克思主义的立场出发,丰富马克思主义关于新闻传播、关于言论自由与舆情控制的思想。特别是,由此而在历史唯物主义(尤其是关于普通个人与历史人物的社会历史作用的)理论上,重新审视普通个人在微博时代的潜在的重要影响力。意见极其微小的事情,在“微时代”就有被无限放大的可能,一些具有时代意义的重要言论和事件则很容易被另一些并不重要的人为因素掩盖。从而,人民群众(这里指网众、博友、坛友或者其他)在新媒体时代一旦意欲有所为,则无论技术上怎样进行封锁,已不足抵挡他们的进路;而人民(或者人民当家做主的主权国家)一旦丧失了新媒体这个舆论和交往平台,在面对任何危机的时候,亦会失去全部的退路。就此而论,坚持马克思主义,就必然要求对“新媒体”这个新的时代产物有马克思主义的独到见解和深刻领悟。另外,马克思的现代性批判一般认为主要是从资本的立场进行展开的,这当然没错。而且毋庸置疑,在对资本现代性进行批判的时候,马克思的批判较之对“理性”、“主体性”等等的批判更为深刻。但是,在新媒体时代,媒介的狡计在于它能够并且不简单地反映包括“资本”在内的这些根源,它用自身的表象逻辑不动声色地把资本逻辑和“工具理性”、“主体性”、“客观性”、“齐一律”等掩饰在它的裙摆下。故此而言,马克思主义理论对现代性的批判,在新媒体时代就更加需要依循新媒体自身的进路来寻找其间的逻辑和规则,并对社会学、新闻学、群体心理学等等的思想精华的颗粒加以吸收利用。而这,恰恰体现了马克思主义理论的开放性和科学性。

(三)实践的现实意义

海德格尔说道:“人是通过贯通‘在大地上’与‘在天空下’而栖居的。这一‘在……上’与‘在……下’是共属一体的。它们的交合乃是贯通;只要人作为尘世的人而在,他就时时穿行于这种贯通。”[①]现代性的人,就是穿梭在人性与神性的“贯通”之中。尽管海德格尔借用了荷尔德林的诗歌来形容

---

① 海德格尔.孙周兴,译.人,诗意的栖居.海德格尔存在哲学.北京:九州出版社,2004:247.

那种自身并不明显的“神”乃是“人”度量自身的尺度。然而,不妨认为在这些字面之外并无特别的“暗示”,神性的,带有不可知性的、迷茫的,从而也是带着理想主义和完美主义的愿景,确实成为人的向往和更好生存的内驱力。人只有在向往“神性”的时候,才会有超脱的道德情操和种种我们称之为完美、纯粹、无瑕的东西。但是,现代性的重要特征并非人从俗性升华到神性,而是从“神性”的向往落地为“俗性”的安顿。可是,“人性”,它既“在大地上”,又“在天空下”。新媒体时代人们对各种媒介的熟练掌握已经使人们有可能成为“神”,并自己把自己供上神坛;也可能放弃作为“底线”的道德情操,在各种新媒体的传播中,为了获得利益而鲜廉寡耻。本书无意做伦理学的研究,但对某些原则和立场问题亦不作壁上观,从而对建立社会主义时期新媒体空间的公共道德、对于促进新媒体发挥正能量等亦有重要的意义。本书在实践方面的现实意义还不止于此,它对个体和社会各阶层在新媒体时代加强媒介素养、充分合理利用新媒体,而不是(由于新媒体带来的某些弊端)回避新媒体作出了解答。人的生存问题,本身并不取决于媒介的革命,而取决于(个体的以及“类”的)人自身的抉择(思维方式、实践方式以及价值观念等等),只是人在新媒体中,抉择需要更大的智慧和勇气。

第二章 经典作家关于人的生存问题简论:媒介视角

从抽象的人到具体的人,从自然的人到实践的人,是马克思对人性的科学认识。人的自由和解放是马克思哲学的主题,马克思在中学毕业的文章中就立志为人类解放和幸福生活奋斗终生。具体的人、现实的人是马克思思索人如何更好生存的基础。资本主义时代人的现实生存状况是马克思进行社会批判的历史背景,而人的现世幸福和自由全面发展是马克思实践斗争和理论批判的目标和动力。马克思在其博士论文中对人的理解主要有两点:其一是人的自我意识具有最高的神性,其二是个人在本性上应当是自由的。[①] 马克思在《福格特先生》一书中说:"这些报刊在自己的旗帜上用大字写着:安全是公民的首要职责,而且你将在这种标志下——生存。"[②]在此,马克思明确提到了作为传播媒介的报纸与人的生存之间的关系问题。在报纸作为主要传播媒介的资本主义时代,任何人既要忍受资本家在经济和政治上的压迫,还要忍受资本主义报刊在精神上的统治。马克思关于报刊的思想与其说是一种新闻传播学的论述,倒不如说是一种生存论的介入。报纸不仅是人的精神生活的重要领域,也是统治阶级维护其既得利益和统治秩序的有效途径。而对于工人阶级来说,自由进步的报纸是他们进行革命动员、鼓舞士气、团结同志、宣传革命理念的重要武器。

马克思说:"人的本质不是单个人所固有的抽象物,在其现实性上,它是一切社会关系的总和。"[③]人的丰富的社会关系,主要是建立在生产的基础上的,但无论是在生产中还是在交换、分配、消费的过程中,都离不开信息传播

---

① 王晓红. 现世的人的发现——马克思对人性理论的变革. 北京:北京师范大学出版社,2011:71-72.

② 马克思恩格斯全集. 第十九卷. 北京:人民出版社,2006:123.

③ 马克思恩格斯选集. 第一卷. 北京:人民出版社,1995:60.

与交流。只有通过信息交流,不同的人才能建立某种社会关系。就此而言,传播媒介成了研究人的社会关系所绕不开的主题。马克思参与创建了《莱茵报》和《新莱茵报》(1848—1849 年),并且曾连续 12 年给《纽约每日论坛报》撰写时事通讯。他对报刊传播媒介的属性和社会意义是十分了解的,他的革命人生与报刊杂志息息相关。写评论、出版小册子、办报刊等活动曾经是无产阶级争取解放的重要活动。马克思所从事的事业和他的革命理论影响了世界历史进程,他的报刊理论作为其革命理论的重要组成部分,亦对马克思主义的继承者产生了重大影响。

1930 年,柯尔施曾把自己和卢卡奇的学说称为"西方马克思主义",以示与列宁主义的不同。1955 年,梅洛·庞蒂在《辩证法的历险》中正式使用这一概念。在西方马克思主义各流派(和思想家)中,葛兰西的文化霸权理论和法兰克福学派的社会批判理论对传播媒介在人的生存与发展问题上所展现的作用有着直接或间接的表述。马尔库塞认为:资本主义通过满足大众的某些需求而消解了人们心中更为基本的愿望。[①] 阿多诺也指出,群氓文化是一个难于攻破的体系。文化工业使得"本真"文化所具有的批判性渐趋丧失。法兰克福学派关于"工业化规制着人的劳动时间,而文化工业也规制着人的娱乐时间"的深刻论述,无论是在传统媒介发展阶段还是当代新媒体发展壮大时期,对更好理解人的生存问题,都是一个可供借鉴的重要思维路径。而对"渴望来点刺激"的当代文化受众表面上的主动性以及实质上的被动性的深刻揭示则更加为理解新媒体时代的各种"控"提供了理论依据。

"后马克思主义"是一个更加能够引起人们争议的概念。[②] 斯道雷在《文化理论与大众文化导论》一书中指出,这个概念至少有两种含义:在拉克劳和墨菲的著作《霸权与社会主义战略:通向基金民主政治之路》中,"后马克思主义"概念在强调"后"或者"马克思主义"时,出现了两种意思——强调"后"意味着超越马克思主义,去寻找更好的理论体系;强调"马克思主义"则

---

① 约翰·斯道雷. 常江,译. 文化理论与大众文化导论. 北京:北京大学出版社,2010:77.

② 对此概念的理解还可以参看陈学明、俞吾金、张一兵、周穗明、马拥军、陈炳辉等学者的相关著作,此处不做详细说明。

主张对马克思主义进行修正。[①] 当然,拉克劳和墨菲本人是倾向于强调"马克思主义"的。后马克思主义阵营中,拉克劳、墨菲、德勒兹、鲍德里亚、利奥塔、德里达、詹姆逊、鲍曼、吉登斯、齐泽克等人被认为是重要的理论家。在这些理论家中,鲍德里亚关于符号政治经济学的批判、对仿真虚拟世界的分析无疑对当代人在新媒体环境下的生存问题具有重要的前瞻性指导意义。而詹姆逊的文化批评理论在新媒体社会中社会阶层变化以及政治话语权力重心的下移等方面多有启发意义,他对建立"文化政治"的热衷尽管并没有直接指明传播媒介在社会发展中的重要作用,却为人的文化生存环境的重建理清了头绪。吉登斯对现代性的深刻剖析为新媒体时代社会现代性发育及其忧患提供了解答的路向。

总之,从报纸到电报、电影、收音机、电视,再到互联网络(包括本书专门论述的"移动互联网"),人的生存问题始终是困扰思想家的重大主题。本书所讲的"媒介"不是一般意义上的介质、中介,而是特指传播媒介,如报纸、电报、广播、电话、电视、互联网、智能手机等。

第一节　马克思论报刊与人的生存

正如马克思在《福格特先生》一书中所讲的,人们总是在报刊等新闻媒介的环绕下生存,人的整个生活离不开舆论对他的指引和诱导,离不开传播媒介在人们的生产生活中发挥促进交流的积极(或者消极)作用。人的生存既需要物质生产为其提供生活资料,也需要精神生产为其发展创造条件。从马克思为《德意志电讯》杂志撰写《乌培河谷来信》一文(1838 年 7 月),到他通过恩格斯建议德国社会民主党中央机关报编辑部利用有关普鲁士国有矿山等企业中工人待遇问题的资料揭露瓦盖纳—俾斯麦的"国家社会主义"(1882 年 12 月),这 45 年间,马克思始终与报刊保持着这样那样的联系,或者为报刊撰写文章表明自己的立场,或者通过报刊捍卫工人阶级的利益,或

① 约翰·斯道雷. 常江,译. 文化理论与大众文化导论. 北京:北京大学出版社,2010:101.

者创办报刊以便影响舆论走向，或者参与编辑报刊表达自己的意愿，等等。在不断地同报刊打交道的过程中，马克思形成了自己的报刊传播思想，并且产生了深远的影响。

一、马克思的革命人生与报刊的关联

弗兰茨·梅林在《马克思传》中说道："从来没有人比卡尔·马克思做过更多的铲除'人间忧患'根源的工作。他在大海上的航行总是充满了风险：他的船始终穿行在恶风险浪和敌人的枪林弹雨之中；虽然他的旗帜永远骄傲地飘扬在桅杆上，但船上的生活无论对于船员或对于船长来说都不是轻松安宁的。"[①]马克思很早就建立起了与报刊的联系，他与报刊的各种联系，都不是一般意义上的对新闻事业或者出版业务的关切，而是出于革命工作的需要和对人类解放事业的执着追求。在铲除"人间忧患"的过程中，马克思与报刊的"爱恨情仇"始终都带有戏剧般的色彩。早在 1837 年 9 月到 11 月，马克思就准备出版一种剧评杂志，并且"所有黑格尔美学学派的著名代表都'同意为它撰稿'"。[②] 不过，当他把自己的一些诗稿寄给《德意志诗歌年鉴》的时候，却被退回了。1838 年 7 月中到 1841 年 3 月下半月，马克思为《德意志电讯》杂志撰写了《乌培河谷来信》一文，并在文学艺术批评方面的杂志上发表了许多书评和随笔。不过，此时马克思尚只是以"作者"这个简单的身份与报刊发生联系。1841 年，马克思开始同《雅典娜神殿》杂志周围的激进派作家交往。1 月 23 日，《雅典娜神殿》杂志刊登了马克思的处女作《狂歌》。同年，马克思还和布鲁诺·鲍威尔合作，准备邀请路·费尔巴哈一道创办一种哲学期刊《无神论杂志》或《无神论文库》。1842 年 1 月中旬至 2 月 10 日，马克思为青年黑格尔派主办的《德国年鉴》杂志撰写《评普鲁士最近的书报检查令》一文。可是，由于书报检查的限制，这篇文章并没有在《德国年鉴》上发表，直到 1843 年 2 月才在瑞士出版的《德国现代哲学和政论界

---

① 弗兰茨·梅林．樊集，译．马克思传．北京：人民出版社，1965：22－23.

② 弗·阿多拉茨基．马克思年表．北京：人民出版社，1982：8.

轶文集》[①]上发表。这是马克思首次遇到由于传播限制而不能充分、及时表达自己意见的事件。尔后,由于马克思的政论文章比较尖锐地对准了当局,更是不断受到各种检查、拦截,甚至人身受到攻击和迫害。不过,这一切并没有使马克思退却,反而激起了他的斗志,使马克思进一步认识到报刊这种舆论工具的巨大力量,这是能够让反动统治惊慌颤栗的重要战斗武器。

1842 年 4 月,马克思为《莱茵报》[②]撰写了一篇重要的论文——《第六届莱茵省议会的辩论。关于出版自由和公布等级会议记录的辩论》。[③] 这篇文章以连载的形式发表于 1842 年 5 月的《莱茵报》附刊上。同年 6 月,马克思写作第二篇关于第六届莱茵省议会辩论的论文,原计划刊登在《莱茵报》上,然而因为文章的内容与普鲁士政府和天主教会相冲突,书报检查机关禁止该文刊登。10 月中旬,马克思移居科隆,并担任《莱茵报》主编。书报检查制度令马克思震怒,1842 年 12 月至 1843 年 1 月,马克思就《莱比锡总汇报》被查封一事一口气写了一系列文章,并陆续发表在《莱茵报》上。然而,书报检查制度并没有缓和。1843 年 2 月,马克思的《摩塞尔记者的辩护》续文又被禁止发表。在种种高压下,长期刊发资产阶级进步思想言论的《莱茵报》在 1843 年 2 月 12 日召开的股东特别会议上,股东们企图放弃报纸的反政府的明确立场以换取政府取消封查令,这引起了马克思的坚决反对。3 月 17 日,马克思辞去《莱茵报》主编职务,并于次日在该报上发表声明,指出他是因为现行书报检查制度之故而退出编辑部的。

为了自由传播先进思想言论,1843 年 3 至 9 月,马克思同阿·卢格商谈在国外出版《德法年鉴》杂志的问题,马克思主张吸收德法两国民主派的先进代表人物为杂志撰稿。1844 年 2 月底,马克思和卢格主编的《德法年鉴》在巴黎出版,这一期杂志发表了马克思的两篇重要文章:《论犹太人问题》和

---

① 该杂志由阿·卢格出版。1842 年 1 月底,马克思还写了《路德是施特劳斯和费尔巴哈的仲裁人》一文,刊登在翌年的《轶文集》上。1842 年 3 月,《轶文集》收录了马克思的文章《论宗教和艺术,特别是基督教艺术》。

② 1842 年 7 月 9 日,马克思致阿·卢格的信显示,由于马克思的推荐,鲁藤堡被聘为《莱茵报》的主编。

③ 马克思原计划写 5 篇,此为第一篇,分六次连载。梅林在《马克思传》中说:“马克思用来捍卫出版自由的剑,比他以前和以后的任何政论家都更为光彩夺目和锋利。”(见梅林．马克思传．北京:人民出版社,1965:53.)

《〈黑格尔法哲学批判〉导言》(杂志发行约1000册)。令马克思始料不及的是，合作者卢格的意见并不是要为共产主义革命斗争做出任何努力。世界观的不同导致了马克思在3月26日同资产阶级激进分子阿·卢格决裂了，《德法年鉴》也因他们的决裂，加之物质条件困难以及在德国难以发行而停刊。马克思第一次自办进步刊物的实验夭折了。7月底开始，马克思开始为德文报纸《前进报》(在巴黎出版)撰写稿子，尔后成为该报的编辑。到了1845年1月16日，法国政府在普鲁士的压力下，下令把马克思和《前进报》的另外一些作者驱逐出法国。2月3日，马克思不得不由巴黎迁往比利时布鲁塞尔。

1848年4月24日左右，马克思筹划的《新莱茵报》出版计划书问世。6月1日，《新莱茵报》创刊号出版，报纸的副标题是："民主派机关报"。[①] 9月26日，科隆戒严，当局命令《新莱茵报》停办。10月1日，当局对马克思、恩格斯提出控诉。[②] 次年5月，由于马克思被驱逐出普鲁士，《新莱茵报》用红色油墨印出最后一号(第301号)。报纸的编辑在致科隆工人的告别书中说："无论何时何地，他们的最后一句话始终将是：工人阶级的解放！"马克思为《新莱茵报》的创办倾注了大量的心血。1851年8月以后的十余年时间，马克思持续为资产阶级进步报纸《纽约每日论坛报》撰写文章，以此影响舆论，站在工人阶级的立场阐明一些重要问题。1854年底开始，马克思同时为《新奥德报》、《革命》、《人民报》等报刊撰稿。

马克思长期通过报刊表达自己的观点和态度，并且充分利用报刊舆论工具来宣传革命理论。1870年4月26日，马克思建议国际工人协会与已经变成资产阶级报纸的《蜂房报》断绝关系。马克思写的决议以"声明"的形式发表在5月11日《人民国家报》上。报刊成为马克思阐发观点和意见的重要通道，也是马克思用来对付敌人的重要战场。1871年8月4日，马克思写信给伦敦资产阶级报纸《旗帜晚报》编辑，驳斥资产阶级报纸跟随《国民报》

---

① 1848年5月31日晚间《新莱茵报》创刊号问世，注明日期为6月1日，主编是马克思。由于在创刊号上刊登了恩格斯批评法兰克福国民议会的文章，相当多的股民退出了该报。(见弗·阿多拉茨基．张慧卿，李亚卿，译．马克思年表．北京：人民出版社，1982：87.)

② 原因是《新莱茵报》发表维尔特写的匿名的小品文《著名的骑士施纳普汉斯基的生平事迹》并有起草1848年9月20日科隆民众大会的决议的嫌疑。

一再散布对共产国际领导人马克思的诽谤言论。同年12月20日,他写信给《东邮报》的编辑,揭露布莱德洛是诽谤者。1872年9月12日,马克思在给《海盗报》编辑写的公开信中,驳斥了反动报刊对"国际"的造谣诽谤。马克思是熟谙新闻传播对事态发展的重要(导向)意义的,在舆情控制方面有着非常丰富的战斗经验。

1882年12月8日,马克思的身体状况已经非常糟糕(马克思于1883年3月14日与世长辞),他还(写信)通过恩格斯,建议德国社会民主党中央机关报(《社会民主党人报》[①])编辑部利用有关普鲁士国有矿山等企业中工人待遇问题的资料,揭露瓦盖纳—俾斯麦的"国家社会主义"。这是马克思最后一次与报刊打交道。马克思一生为报刊撰稿、与报刊编辑建立友谊和合作关系、亲自创办报刊、充分利用进步报刊为人类解放事业服务,可以说,报刊这种传播工具,在马克思那里具有非凡的价值。在报刊尚是最重要的传播媒介的19世纪,马克思的报刊活动经验使得他在报刊理论方面有着自己独特的见解——尤其从人的生存与解放的角度来看,更是显示了马克思的伟大之处。报刊就是战场,就是阵地,是与反动势力厮杀的重要场所,也是宣传进步理论、团结同志的重要舞台,报刊联结着五湖四海的革命义士,它在鼓舞士气、凝聚力量等方面具有十分重要的作用。当然,对马克思来讲,无论是通过报刊来与敌对势力进行论辩、驳斥,还是通过报刊宣传自己的思想、主张、团结革命力量,都是为了无产阶级的解放事业,为了人类的生存发展。

二、马克思论报刊与人的生存问题的主要内容

任何科学的理论都来自社会实践。马克思一生中有45年的时间与报刊打交道,并且他不是一般地作为"作者"或者"读者"与报刊打交道,而是在深入参与报刊编辑、创办等活动中,在历史性地改造世界的革命实践中对报刊这一传播媒介熟练运用。马克思的传播思想并没有专门的大部头著作,这并不表明马克思在传播研究领域外行。马克思一贯以来研究任何问题都是

① 弗·阿多拉茨基. 张慧卿,李亚卿,译. 马克思年表. 北京:人民出版社,1982:659.

围绕着人的生存问题而展开的，他并不是作为一个专门的传播学专家而研究传播如何进行、受众或者传播者等问题的，而是在生存论的意义上研究传播自由程度作为人类生存状况的写实性证明以及传播工具、社会舆论作为人类解放的有力武器如何在实践中得到充分利用等问题的。马克思关于报刊与人的生存关系的思想主要有如下几个方面：

其一，报刊是维护、巩固、扩大人民的生存权利，还是削弱、瓦解、压制人民的生存权利，主要看报刊代表哪个阶级。

马克思并不一般地谈论报刊的好坏。在阶级对立非常明显，整个社会被划分为资产阶级和无产阶级两大敌对阵营的时代，马克思对"报刊是压抑还是促进人的生存发展"总是具体问题具体分析的。马克思在《摩泽尔记者的辩护》中说："报刊是带着理智，但同样也是带着情感来对待人民生活状况的。"[①]一份报纸，要么属于人民大众，要么属于其对立的阶级敌人。这个二分法在当时是有一定道理的。属于工人阶级阵营的报纸会对工人阶级的解放、对资本主义的剥削进行宣传报道，从而为无产阶级革命运动造势。在营造舆论氛围的过程中发挥其对底层群众生存状况的关照。"自由报刊的人民性（大家知道，就连艺术家也是不用水彩来画巨大的历史画卷的），以及它所具有的那种使它成为体现它那独特的人民精神的独特报刊的历史个性——这一切对诸侯等级的辩论人说来都是不合心意的。"[②]而报刊一旦作为剥削阶级的舆论工具，就会充当其爪牙，挥舞它那凶恶的牙齿，放出恶狠狠的、阴毒的、狡诈的话语来。资产阶级经常利用报刊来加强对被统治阶级的精神控制，以巩固其统治。"金融贵族颁布法律，指挥国家行政，支配全部有组织的社会权力机关，而且借助于这些现实状况和报刊来操纵舆论，与此同时，在一切地方，上至宫廷，下至低级的咖啡馆，到处都是一样卖身投靠，一样无耻欺诈，一样贪图不靠生产而靠巧骗他人现有的财产来发财致富"。[③]马克思说："如果国王取得胜利，组成了普鲁士亲王内阁，那么议会将被解散，结社的权利将被取消，报刊就会受到压制，就会颁布关于选举资格的法律，也许还会像上面所说的那样，再次招回联合议会的魂灵，——而所有这

① 马克思恩格斯全集．第一卷．北京：人民出版社，1995：378.

② 马克思恩格斯选集.第一卷.北京：人民出版社，2012：448.

③ 同上。

些都是受到军事独裁、大炮和刺刀保护的。”[①]报刊若要保持中立是非常困难的,它总是代表了既定的利益集团,并为它们服务。报刊如果宣称自己的话语脱离了利益,就只会使自己丢丑。另外,为了获得战略上的某种目的,统治阶级会利用报刊为自己做宣传鼓动,以迷惑广大人民。1853 年 8 月 2 日,马克思在伦敦写的一篇文章中谈到“报刊论东方问题”时道,“天天都有大量关于东方问题的互相矛盾的消息充斥各个报刊的版面,这些消息是在维也纳和柏林制造的,其中一部分是俄国的代理人制造出来的,其目的是迷惑法国和英国的公众,使他们对俄国的行动发生错觉”。[②] 可见,报刊要是为工人阶级的生存与解放服务,那就必然表明它是人民的、自由的报刊,若报刊罔视人民生存的现状,歪曲事实、制造事端、虚张声势、造谣弄假、糊弄人民,则必然是剥削阶级的代理人。

其二,革命报刊是无产阶级的咽喉,必须全力以赴地保护。

报刊作为宣传工具,承载着社会最新的发展动态和各方面的信息,无产阶级(或者自由报刊)的根本任务是要为人类的生存与发展做出贡献。“报刊按其使命来说,是社会的捍卫者,是针对当权者的孜孜不倦的揭露者,是无处不在的耳目,是热情维护自己自由的人民精神的千呼万应的喉舌。”[③]革命报刊在宣传革命理念、发动革命斗争、倡导社会理想、揭露反动统治、激发革命斗志等方面具有巨大的作用。“革命报刊在人的生存发展中起到十分重要的作用,因此,对革命报刊的维护就是对人民‘咽喉’的维护,它捍卫着人们发表言论、伸张正义的权利。马克思和恩格斯在‘新莱茵报’审讯中的发言,捍卫了革命报刊的权利,他们认为革命报刊的首要任务是破坏现存反动政治制度的全部基础。”[④]在争取人类解放的全过程中,革命报刊所起的作用是不可低估的。从地下印刷的小报刊(甚至手抄报),到获得当局批准的正式报刊,只要它是无产阶级所掌握的,并为工人阶级和全人类的解放而努力的传播工具,就会在其所刊登的文章内容上偏向于选择那些有利于发动和推进革命进程的东西。在革命爆发之前,以隐蔽或公开的形式通过报刊

---

① 马克思恩格斯全集.第五卷.北京:人民出版社,1958:473.

② 马克思恩格斯全集.第十二卷.北京:人民出版社,1998:267.

③ 马克思恩格斯全集.第六卷.北京:人民出版社,1961:275.

④ 同上,5 页。

激发广大人民的斗志，揭露反动统治的腐朽黑暗。“自由报刊不通过任何官僚中介，原原本本地把人民的贫困状况反映到御座之前，反映给这样一个当权者，在这个当权者面前，没有管理机构和被管理者的差别，而只有不分亲疏的公民。”①在革命的特殊时期，在反动统治特别严酷的阶段，革命同志之间的联系不得不转入地下，采取隐蔽或半公开的形式。而在革命进行的过程中，革命报刊则能及时向工人群众传递革命进程的信息，以鼓舞士气。当革命斗争取得胜利以后，报刊又成了建设新社会的制度、宣传新社会的经济政治文化主张、发动群众进行新社会建设的重要阵地。可见，无论是在哪个阶段，革命报刊都起到了至关重要的作用，是革命实践不可或缺的话语平台，是表达进步阶级及其利益的咽喉。这一点，在新媒体时代，对党和国家要牢牢把握新闻媒介阵地，加强宣传、舆论工作，同样具有重要的现实意义。

其三，革命报刊的使命在于促进人和社会的发展。

马克思认为，报刊要是不能唤起人们对理想社会的向往，不能现实地促进人们追求个人解放和社会进步，那么，这样的报刊就是没有意义的。马克思在 1843 年 2 月写的《评内阁训令的指控》一文中有这么一段话：“因为合法的发展不可能没有法律的发展，因为法律的发展不可能没有对法律的批评，因为对法律的任何批评都会在公民的脑子里，因而也在他的内心，引起与现存法律的不协调，又因为这种不协调给人的感觉是不满，所以，如果报刊无权唤起人们对现存法定秩序的不满，它就不可能忠诚地参与国家的发展。”②马克思认为，报刊就是要唤起人们对现存秩序的不满，以便人们起而反抗。这与马克思哲学的一贯主张是一致的。马克思向来坚持在对现存事物的批判中发展社会，在对旧事物的无情批判中揭示新事物的发展规律。报刊也是一样，必然在对旧事物的揭发中促进新事物的成长。如果革命报刊不能做到这一点，那么反动报刊就会在这个社会发起凶猛的进攻。“坏报刊专门利用人们的热情，为了通过激发热情来达到自己的目的，它是不择手段的。”③马克思带着嘲讽的语气说道，“出卖灵魂的可敬的报刊所控制的一切诽谤的闸门一下子都打开了，卑鄙龌龊的洪流汹涌而出，要把可恶的敌人

---

① 马克思恩格斯全集．第一卷．北京：人民出版社，1995：378.

② 马克思恩格斯全集．第一卷．北京：人民出版社，1995：427.

③ 同上，164 页。

淹死”。[①] 在革命运动方兴未艾的时候，报刊能够把人们引入到现实的斗争中去，为人的生存与发展进行不屈不挠的抗争。正如列宁所说：“一个时代是封建制度和专制制度崩溃的时代，是资产阶级民主制的社会和国家形成的时代，当时民族运动第一次成为群众性的运动，它通过报刊和参加代表机关等等途径，以不同方式把一切阶级的居民卷入了政治。”[②]革命报刊在促进人的发展和推进人的解放的事业中承担着重大的历史使命。

其四，资本控制着报刊，报刊就会变成资本的代言人。

报刊代表谁的利益根源于报刊本身属于哪个阶级、哪个社会集团。正因为如此，也才导致了很多思想家认为马克思主义呈现出了一种激进的政治性。[③] 但是，报刊这种当时最主要的大众媒介，如果不是掌握在无产阶级的手中，就一定会成为资本主义的辩护者和卫道士。“现存的阶级斗争被换上了拙劣的报刊作家的空话——要‘开辟道路’来‘解决’的‘社会问题’。”[④]当两个对立的阶级尚未公开进行武力斗争的时候，舆论的风向就成为重要的挽救民众人心背向的手腕。战斗的檄文在报刊上成为主要的武器。但是，报刊为谁代言，完全取决于报刊受到谁的控制。只要报刊受到资本的控制，它就会为资本家服务，为资本攫取剩余价值摇旗呐喊。无论在民众的舆论上，还是在理论家的文章中，报刊只选取那些对自己的“主人”有利的信息。报刊对真实性并不在意，尽管新闻学界一直以来就认为“求真”是新闻的本性。但是，正如马克思所说的，“巴黎的报刊，只要是靠公众而不是靠公费支持的，就采取与人民群众完全相同的态度”。[⑤]

报刊一旦被资本控制，它就会成为资本家的走狗，除了对资本主义和资本家摇尾乞怜就是对无产阶级疯狂地吠叫。马克思写道：“这些报刊担心工人阶级现在开始明白，在单个资本家即他们的剥削者背后有(资本主义社会的)整个机器，为了消灭前者，工人阶级一定要清算后者。”[⑥]马克思在《1848

---

① 马克思恩格斯全集．第十八卷．北京：人民出版社，1964：151.

② 列宁选集．第二卷．北京：人民出版社，1995：375.

③ 约翰·斯道雷．常江，译．文化理论与大众文化导论．北京：北京大学出版社，2010：72.

④ 马克思恩格斯选集．第三卷．北京：人民出版社，1995：312.

⑤ 马克思恩格斯全集．第十二卷．北京：人民出版社，1962：420.

⑥ 马克思恩格斯全集．第四十四卷．北京：人民出版社，1982：212.

年至1850年的法兰西阶级斗争》中是这样描写资本家对于进步传播媒介的恐惧的:"金融贵族的军团在6月13日袭击了布莱和鲁镇的印刷厂,毁坏了印刷机,捣毁了共和派报刊编辑部,擅自逮捕了它们的编辑、排字工人、印刷工人、收发员和投递员,在此之后,却得到了来自国民议会讲坛的嘉奖。"①报刊能够引起资产阶级的恐慌,如果它不牢牢将其抓在自己的手上的话。相反,一旦报刊成了唯命是听的走狗,资本家就能任意妄为地放出风声,以维护其剥削地位和恐怖统治。列宁一语中的地说:"尽最大的努力来进行恐吓,这就是所有资产阶级报刊的口号。"②"多数不过是少数的追随者,而目前当权的少数维持他们的政权,是靠他们掌握的报刊,靠习惯的保守势力,靠劳动群众(天生的)消极性,靠人们的堕落。"③

其五,报刊应该承载公众最关心的问题,归根结底是人的生存与发展问题。

报刊作为大众传播媒介,不但它的内容通俗易懂,而且它所涉及的主题一般也是群众所关心的问题。在一个信息传播自由的社会,报刊上的热点问题就是该社会一定时期内的重要社会问题。"如果这样的问题已经作为报刊上的问题使公众感到兴趣,那就是说,它们已经成为当代的迫切问题了。"④当然,"如果说当局的措施能造成不自由的报刊,那么与此相反,在报刊普遍没有自由的情况下,当局却无力保证尽量坦率而公开地讨论一些专门的问题,因为即使报纸的各个栏目中充满了讨论某些个别事情的坦率的言论,这些言论也不可能引起普遍的关注,因而也就不可能具有真正的公开性"。⑤ 就是说,报纸尽管可能由于受到种种外在压力的强迫而放弃对普遍性问题的讨论,但是对个别的、偶然的现象的讨论,对那些无关人民群众生活状况的问题的讨论,终究是难以成为一个时代的"声音"的。

人们总是生活在特定的历史环境中,并被这种环境所影响。反过来,人在这样的环境中也并非完全被动的,他的实践活动在一定程度上又会促使

---

① 马克思恩格斯选集.第一卷.北京:人民出版社,1995:440.

② 列宁全集.第三十二卷.北京:人民出版社,1985:166.

③ 列宁全集.第六十卷.北京:人民出版社,1990:329.

④ 马克思恩格斯全集.第一卷.北京:人民出版社,1995:223.

⑤ 马克思恩格斯全集.第一卷.北京:人民出版社,1995:381.

环境发生改变。“在这里,需要早已普遍存在,而人们尚未认识,正是在这种地方,报刊最适当的使命就是向公众介绍当前形势、研究变革的条件、讨论改良的方法、形成舆论、给共同的意志指出一个正确的方向。”①报刊直接指向了人们的生存环境,并把这种对人的生存的希冀放在自己的核心目标之上。由此而言,报纸就会在现实社会的生存境况中揭露业已形成的生存困局,并对人们普遍关注的问题予以跟踪。只有反动的报刊才脱离社会现实,在一些无关人们生存的琐屑细节中唠叨不休,以此迷惑和麻醉人们的精神。

其六,自由报刊是一种精神向导和战斗武器。

马克思说:“自由报刊的本质,是自由所具有的刚毅的、理性的、道德的本质。”②思想一经掌握群众就将变为巨大的现实力量,思想也只有掌握了群众,它的现实力量才有可能被发挥出来。而报刊就是把思想传递给人民,让人民掌握进步思想的有效信息渠道。离开这种渠道,而依靠人与人之间的口口相传,对于大规模的革命运动来说,是一件多么不可思议的事情。而且,报纸能够在一定程度上保持口口相传所难以做到的信息保真性。在口头传播时代,信息在传播过程中会由于种种人为因素而扭曲、变形。报纸很好地克服了这一点。任何先进的理念和社会理想方案,都能通过报纸传播到千家万户,并且相互之间的转载和交流不会因为传播环节的多寡以及个人理解差异的不同而出现内容上的变样。另外,相比口头传播的情绪性宣泄,报刊更多地以理性的方式宣传自己的策略,并且在与反动派的斗争中保持始终不渝的战斗精神。马克思说:“使报刊变成人民的文化和精神教育的强大杠杆的,正是报刊可使物质斗争变成思想斗争,使血肉斗争变成精神斗争,使需求、欲望和经验的斗争变成理论、理性和形式的斗争。”③当然,报刊所使用的理性总是有限的,它只能在一定程度上保持自己的克制,指望报纸做一个客观公正的、不带任何情感因素的评论是不可能的。因为报刊总是一定阶级的报刊,它总是代表着一定阶级的利益。因此之故,就不难理解马克思的这种论述了:“报刊从理性上,同样也从感情上来看人民的生活状况。因此,报刊上所说的不仅是用来进行批评(这种批评从自己的角度来观察现

① 马克思恩格斯全集.第四十三卷.北京:人民出版社,1982:489.

② 马克思恩格斯全集.第一卷.北京:人民出版社,1995:171.

③ 马克思恩格斯全集.第四十卷.北京:人民出版社,1982:329.

存的关系）的理性的语言，而且还是生活本身的热情的语言，是官方的发言中所不能有而且也不应当有的语言。”[①]如此一来，对马克思所说的自由报纸的“理性”本质就能更好地在阶级利益的层面上得到理解。

自由的报纸除了引导一种精神的进步外（“言论自由”本身就在破除专制统治方面是一个重大进步，因此，马克思说，“不容忍自由报刊上那些令人不快的东西，也就不可能利用它的长处”。[②]“自由报刊是人民在自己面前的毫无顾虑的忏悔，大家知道，坦白的力量是可以使人得救的。”[③]），还使人们于中世纪以后能够在破除宗教和宗法制度的统治的同时，获得自由个性的全面发展。资本主义却导向了人的异化，因此，报刊的使命依然未完成，自由报刊还必须在资本主义新的专制统治现状中发挥自己的革命作用。恩格斯在《德国、法国、美国和俄国的工人运动》中讲道：“虽然法国的危机（注：反对保皇势力，包围法兰西共和国的斗争）只产生了令人很不满意的结果，但是我认为，这个危机造成这样一种形势，即使得法国社会主义者有可能通过报刊、会议和工会来进行活动以及组成工人党，——而这些就是我们在1871年大屠杀以后的今天所能争得的一切。”[④]可见，对于革命斗争来说，报刊是一个重要的战斗武器。在任何时候，人类的解放与发展，都离不开传播媒介的参与。

三、马克思报刊思想的生存论意蕴与影响

（一）马克思报刊思想的生存论意蕴

1. 群众进步观。

1941年，邓小平同志曾经指出，反共势力“压制新文化运动，摧残新文化事业，封闭进步书店，禁售进步书籍报刊，压制抗日言论，镇压与取缔人民的反帝运动”，[⑤]以此来压制人民的革命运动。这是反动报刊的本质。马克思在其报刊思想中，处处体现的是进步报刊要维护和发展好人民群众的根本

① 马克思恩格斯全集．第一卷．北京：人民出版社，1956：231.
② 马克思恩格斯全集．第一卷．北京：人民出版社，1995：179.
③ 同上。
④ 马克思恩格斯全集．第二十五卷．北京：人民出版社，2001：149.
⑤ 邓小平文选．第一卷．北京：人民出版社，1994：23.

利益。因此,无论是创办《新莱茵报》还是给其他报刊撰写文章,无论是直接论述言论和出版自由的文章还是其他革命活动,马克思都是在为争取人民群众的解放事业获得最终胜利而不懈奋斗。恩格斯在他写的《大陆上社会改革的进展》中指出:“(德意志)各邦政府消灭了自己境内的报刊,但不见效,进步派利用了瑞士和法国的新闻出版自由,他们的出版物就像在本国印刷的一样,在德国得到了非常广泛的传播。”①进步报刊的活动与群众的利益诉求是一致的。人民群众的愿望,一般地代表着社会发展的方向。而进步报刊只有朝着人民群众的整体前进方向迈进的时候,才称得上是一种进步的报刊。人民群众通常在社会“先知”(那是具有强烈自我优越感的剥削阶级)那里被理解成愚民和蒙昧落后之人,除非在阶级统治中为了获得社会相对安定而策略性地采取“亲民”的政策。唯有马克思主义坚定不移地指出人民群众是推动历史进步的火车头。因而,在马克思的报刊思想中,大众文化并非仅指传播技术的廉价和普及,亦非统治阶级(以高高在上的姿态凌驾于人民群众之上)通过报刊宣传自己的反动立场或者妖言惑众。相反,大众文化传播媒介应该是能够为大众接受并且体现大众意志和意愿的传播媒介,这样一来,马克思关于自由报刊的种种阐说就能够得到合理的理解。

2. 用时间消灭空间。

马克思在《政治经济学批判(1857 - 1858 年手稿)》中这样说:“可见,流通时间表现为劳动生产率的限制 = 必要劳动时间的增加 = 剩余劳动时间的减少 = 剩余价值的减少 = 资本价值自行增殖的阻碍和限制。因此,资本一方面要力求摧毁交往即交换的一切地方限制,征服整个地球作为它的市场,另一方面,它又力求有时间去消灭空间,就是说,把商品从一个地方转移到另一个地方所花费的时间缩减到最低限度。”②从人的生存来说,时间就是生命。因而,尽管马克思在论述资本的增殖性要求时所讲到的“用时间消灭空间”是资本追求剩余价值最大化的内在动力引起的。但是,随着人们生活质量的不断提高,人们在发展的层面上也同样存在着需要对时间和空间限制的突破。报刊媒介在马克思的时代具有传播范围广、传播速度快、传播成本

① 马克思恩格斯全集. 第三卷. 北京:人民出版社,2002:492.
② 马克思恩格斯文集. 第八卷. 北京:人民出版社,2009:169.

低廉等优点,从而在信息的传播方面,与口头传播相比具有更快的速度和更保真的效果(有效防止信息在口头传播过程中被歪曲),同时也节约了异地求证的时间。“用时间消灭空间”并非马克思的新闻传播理论,但是,它在人类的传播生存中具有重要的、先瞻性的适应性。而当信息成为社会的重要资源和财富的时候(有时候甚至是一种商品),那么,马克思关于商品流通的这个理论就能够有效应用到报刊新闻的传播领域了,从而对于人的信息化生存来说,意义是非常重大的。

3. 人类解放理论。

马克思毕生都在追求人类的解放,他关于报刊的理论应该总体地归入到其关于人类解放的理论体系之中。从(人类解放)这样的高度来解读报刊、阐述新闻传播思想和言论自由,也只有马克思这样的革命理论家和活动家才能做到。邓小平同志说:“我们希望报刊上对安定团结的必要性进行更多的思想理论上的解释,这就是说,要大力宣传社会主义的优越性,宣传马克思列宁主义、毛泽东思想的正确性,宣传党的领导、党和人民群众团结一致的威力,宣传社会主义中国的巨大成就和无限前途,宣传为社会主义中国的前途而奋斗是当代青年的最崇高的使命和荣誉。”①革命群众掌握新闻传播的媒介是十分重要的,舆论的风向往往成为事业成败的先声。舆论对人的心理所起的暗示作用和对革命群众的鼓舞是重大的。不能把报刊所彰显的言论自由问题与人类解放的大问题分裂开来,因为它本身不是一个孤立的问题。“科学是人类的解放者。”②报刊媒介的发展也是随着印刷术和印刷机器的发明和技术升级而得到普及和发展的,在根上离不开科学的进步。当然,也正因为科学技术本身并不能天然地制造人类进步的事端,从而与自由报刊对立的保守报刊和反动报刊同样在印刷技术和印刷设备不断改进的时代获得它们的发展空间。在这个意义上,人类解放事业的进一步展开,既有时代的必然性要求,也离不开人的主观能动性的充分发挥。科学技术能够解放人类于自然权威之下,③但对社会权威的解放,就需要人类自身的不断努力,需要进步思潮的引领和革命实践活动的展开。

① 邓小平文选. 第二卷. 北京:人民出版社,1994:255.
② 马克思恩格斯全集. 第二十五卷. 北京:人民出版社,2001:600.
③ 瞿秋白选集. 北京:人民出版社,1985:100.

4. 社会意识对社会存在的反作用。

自由报刊是人的精神生活更加丰富的条件和支撑，是对异化生活的反抗。列宁指出，历史唯物主义的一个基本原则就是坚持社会存在对社会意识的决定作用。[①] 虽然如此，在历史唯物主义看来，社会意识不是完全被动的东西，它能够对社会存在形成反作用：正确的社会意识促进社会存在的发展，错误的社会意识会在一定程度上阻碍社会存在的发展。马克思认为，自由报刊是更好生存的中介和武器，是革命和改革的宣传阵地。共产主义者要果断争取理论武器，以便反抗那些武装到牙齿的反动势力。也是在这个意义上，马克思一直以来都没有放弃创办真正属于无产阶级的报刊杂志的努力，他以自己的亲身实践告诫后来者珍惜和把握好舆论媒介对社会改造的重要作用，而这个作用，正是意识的反作用在社会具体方面的显现。江泽民同志指出："必须发挥社会主义制度的优越性，高度重视精神对物质、社会意识对社会存在、生产关系对生产力、上层建筑对经济基础、政治对经济的巨大反作用，不能忘记这个辩证唯物主义和历史唯物主义的原理。"[②]毛泽东同志也说过，"我们承认总的历史发展中是物质的东西决定精神的东西，是社会的存在决定社会的意识；但是同时又承认而且必须承认精神的东西的反作用，社会意识对于社会存在的反作用，上层建筑对于经济基础的反作用"。[③] 因此之故，报刊这个社会思潮的承担者，既是人类生存实况的展台，还是人类追求更好生存状态的战斗武器和阵地。

5. 媒介发展与自由之拓域。

媒介每向前发展一步，人类获得自由发展的空间就有了进一步发展的可能。然而，可能性不等于现实性，在这个意义上，"技术决定论"就只能是人们在"可能性"上摆脱自然必然性的控制。而社会不平等的根源既有自然必然性的制约，也有社会制度的约束。在社会制度方面，卢梭早就提出了私有制是人类不平等的根源。马克思对人类不平等的原因有着自己深刻的理解，他对无产阶级在剥削制度下的深沉苦难抱着极大的怜悯和同情。但是，

---

① 列宁专题文集 论辩证唯物主义和历史唯物主义．北京：人民出版社，2009：111.

② 江泽民文选．第一卷．北京：人民出版社，2006：161.

③ 毛泽东选集．第一卷．北京：人民出版社，1991：325.

社会发展的物质条件的进步不能完全代替对社会前进的现实性阻力的消除。媒介的发展是自由拓域的现实可能性的表现。从官方印制官文、发布通告,到民间创办报纸、杂志,这本身不仅是印刷业和造纸业发展的必然结果,也是人们对思想文化和其他社会信息获取的内在诉求。马克思主义认为,自由就是对必然性的挣脱。人一旦摆脱了必然性的驾驭,就会感到自由。那么,在社会信息封闭的时代,人们的一切活动都受到信息不畅所带来的思想闭塞的限制。人们生活在必然性中而不自知,他们对自身的利益缺少关注的动机和勇气。媒介的发展使人们一下子就把不同的个体联系起来了,人与人之间的联系加强了,人们的头脑得到了充实,智慧得到了锻炼,在这样的基础上,人们才更加关注自身的利益,尤其是关注自身的思想和精神利益。而这在信息闭塞的年代可能被认为是毫无意义的事情。

(二)马克思报刊思想的影响

列宁就曾经指出:“德国社会党的报刊(有时甚至是资产阶级的报刊),不管德国军营般森严的书报检查机关如何横暴,经常登载一些短评和消息,报道富人的‘菜单’,披露富人在某某疗养地(凡是……有钱的,都可以托病到那里疗养)可以无限制得到白面包,富人吃的是难以见到的珍馐佳肴,而不是大众食品。”①这种对社会两极分化现实的揭露,其主要目的不在于通过更为“戏剧化”的斗争和冲突来凸显新闻的可读性,而是基于对报刊自身之历史使命的承诺。自由报刊与专制报刊的最大不同在于它们与谁为伍。马克思主张要大量创办自由报刊,以便承担起更多的革命任务。各种社会思潮的涌动有利于全社会僵化思想的解体。马克思的这些思想为苏俄革命导师列宁所继承和发扬光大。列宁在领导俄国革命的过程中,始终重视革命舆论的重要作用。人们朝着更好的未来发展,需要社会舆论作为先导,而在当时,报刊毋庸置疑地成为最重要的舆论喉舌和精神阵地。报刊还承担着维护公众生存问题(生存权利)是否受到损害的过程检测和结果监督的责任。进步报刊对人们生产生活的核心利益始终保持着极大的关切,对那些侵犯人民利益的言行进行监督和舆论谴责。就如列宁所说的:“任何一种权力都可能被滥用,但为了防止这种弊端,可以例如通过报刊或总委员会的活

---

① 列宁选集. 第三卷. 北京:人民出版社,1995:254.

动等形式来实行监督。"[①]"大家知道,进步报刊热烈地捍卫了农民的利益。"[②]相反,反动的报刊则会损害无产阶级的利益,并为资本家和有产者的劣迹做出种种辩护。

毛泽东在"三反"、"五反"斗争中也认为报纸、广播应做大力宣传。[③] 刘少奇在《对〈中共中央关于在报纸刊物上展开批评和自我批评的决定〉稿的修改和批语》中说:"吸引人民群众在报纸上公开批评我们工作中的缺点和错误,是在实践中加强党的教育的重要手段,是密切党和群众的关系,保障党和国家的民主化,加速社会进步的必要方法。当然,在公开报刊上的批评,应该是建设性的批评,而不是破坏性的批评。"[④]在改革开放之初,人们对社会主义是否有滑向资本主义的危险表示怀疑。邓小平认为,报刊有着舆论风向标的重要作用,要在改革开放中切实做好引领先进思想文化的重要作用。邓小平认为,报刊是进行党员教育的重要基地,[⑤]是反对错误思想倾向的重要阵地。邓小平指出:"我们希望报刊上对安定团结的必要性进行更多的思想理论上的解释,这就是说,要大力宣传社会主义的优越性,宣传马克思列宁主义、毛泽东思想的正确性,宣传党的领导、党和人民群众团结一致的威力,宣传社会主义中国的巨大成就和无限前途,宣传为社会主义中国的前途而奋斗是当代青年的最崇高的使命和荣誉。"[⑥]他还以《解放军报》作为例子来说明党的报刊应该加强理论上、思想上的引导,坚持四项基本原则。[⑦] 马克思主义的革命经验告诉我们,无产阶级一旦放弃革命武器,战斗武器就会被敌人占有。随着中国革命和建设取得越来越大的成就,敌对势力也就更加着急上火,千方百计地从事破坏活动,报刊等传播媒介成为他们搞阴谋活动和策划和平演变的主要场所。江泽民指出:"在事关党的路线方针政策的重大问题上,也还存在一些不协调的声音,个别人甚至公开宣扬私有化,公开在报刊上和书籍中发表歪曲党的历史、诋毁毛主席和党的优良传

① 列宁全集.第八卷.北京:人民出版社,1986:448.
② 列宁全集.第五十五卷.北京:人民出版社,1990:523.
③ 毛泽东文集. 第六卷. 北京:人民出版社,1996:192.
④ 建国以来刘少奇文稿.第二册.北京:中央文献出版社,2005:45-47.
⑤ 邓小平文选. 第一卷.北京:人民出版社,1994:223.
⑥ 邓小平文选.第二卷.北京:人民出版社,1994:255.
⑦ 同上,380页。

统的错误文章;还有就是在一些小报小刊和互联网上,小道消息和政治谣言很多,等等。”①江泽民说,舆论导向正确是党和人民之福,新闻媒介一定要用最好的东西去武装人、引导人、塑造人、鼓舞人。尤其在用正确的舆论引导人方面有着光荣而崇高的使命。②

马克思长期从事报刊编辑工作,并且为报刊写稿。他对报刊的性质和作用的认识是深刻的。马克思也曾经受到一些反动报刊的攻击,他在文章中写道:“10 年来,德国报刊和美国的德文报刊对我的谩骂堆积如山,我只在非常罕见的特殊情况下,即在像科隆共产党人案件那样关系到党的利益时,才用文字的形式予以回敬。”③但是马克思并不一般地反对报刊,正如他并不一般地赞赏报刊一样。作为传播媒介,报刊仅仅是一种受到各方役使的工具,如果这样认为,则未免有点肤浅。马克思对报刊的本性的认识,更多地指明了自由报刊(回归其本质属性的报刊)所具有的那种维护人的生存权利的天性。报刊的存在意义就在于在现存世界中发现和揭露人的生存之弊,在张扬人的个性需要的基础上主张一种理性的生活。所以马克思主义认为,那些“道貌岸然”的、通过各种伎俩来迷惑人民大众的报刊都是反动的,而自由的报刊是具有人民性的。马克思说:“自由报刊的人民性(大家知道,就连艺术家也是不用水彩来画巨大的历史画卷的),以及它所具有的那种使它成为体现它那独特的人民精神的独特报刊的历史个性——这一切对诸侯等级的辩论人说来都是不合心意的。”④在马克思主义的学说中,自由和发展是两个重要的主题,物质财富的极大丰富和人的精神境界的极大提高是马克思所设想的未来理想社会的重要特征。而报纸具有天然的禀赋,在扩大人的自由的意义上,除非被资本所役使,否则它就能发挥无可比拟的精神力量。报刊以一种受人朝圣的姿态在旧传媒时代享受着“权威”的光环,它对人的生存的关切是吸引受众的可靠路径。当然,从另一个角度来说,进步报刊同样成为马克思主义理论宣传的重要机构,对宣传科学社会主义的生存理念也是非常有效的。并且,“报刊上经常解释的马克思主义者的纲领和策

---

① 江泽民文选. 第二卷. 北京:人民出版社,2006:566.

② 江泽民文选. 第一卷. 北京:人民出版社,2006:563.

③ 马克思恩格斯全集. 第十九卷. 北京:人民出版社,2006:348.

④ 马克思恩格斯全集. 第一卷. 北京:人民出版社,1995:153.

略决议,有助于工人群众认识运动的实质、目的和任务”。[①] 而无产阶级的运动正是改造现实的生存环境的实践活动。

研究表明,在法国大革命前夕,大约在1775—1785年,法国统治阶级及哲学家与办报人的对立已经逐渐消失。18世纪的最后15年里,法兰西学院开始首次接受记者,这标志着歧视已经消失。1789年,《人权宣言》正式宣布:“自由传达思想和意见乃是人类最宝贵的权利之一,因而每个公民都有言论、著作和出版的自由。”在法国大革命中,关于“报刊”有三种重要的思想:其一是“秘密”通常是可憎的,是特权的保护物,是专制君主政体在其周围建立起堡垒以掩饰他们所维持的不公正秩序。也就是说,信息资源的垄断是特权统治的重要根源和表现,因此,报刊体现了“公开”,体现了人民的知情权,体现了特权的渐趋衰落。其二是大革命一直就对一种统治模式怀有敬意,即在希腊和罗马城邦中存在的“直接民主”这一古老模式。人们希望通过报纸沟通市民读者之间的联系。其三是支配法国大革命时期报刊发展的观点是,报刊不仅构成了政治的一面镜子,同时也是政治生活中的中心和参与者。[②] 马克思所生活的19世纪,正是报刊在18世纪晚期的挣扎中取得胜利以后,整个报刊业飞速发展的时期;他的观点是在一个成熟的报刊发展时期的经验总结和科学归纳。中国特色社会主义正在改革的深水区和攻坚期,中国的强大、昌盛自然会引起敌对势力的眼红嫉妒。因此之故,报刊媒介的舆论导向就显得尤其重要,能不能以科学的理论武装人,以正确的舆论引导人,以高尚的精神塑造人,以优秀的作品鼓舞人,成为一个至关重要的战略问题。马克思关于报刊与人的生存问题的论述,主要是从媒介发展与人的生存(价值、自由)之拓展的角度来展开的。新时期中国的报刊媒介,尽管面临着互联网络的挑战,授受关系发生了巨大的变化。但是,无论是那种传播媒介,在发展人的权利、维护人类发展的整体利益、促进人的进一步解放等方面都有着非常重要的作用。马克思关于报刊与人的生存问题之关系的论述,在中国革命和建设的实践中得到了进一步的验证和发展,它在人类自由发展的维度上,永远代表着一种生存论的人性关怀。

---

① 列宁全集.第二十五卷.北京:人民出版社,1988:323.

② 让-诺埃尔·让纳内.段慧敏,译.西方媒介史.南宁:广西师范大学出版社,2005:50-56.

第二节　法兰克福学派论大众传播与人的生存

批判理论是法兰克福学派的理论身份标识。在20世纪30年代开始的跨学科、综合性的经验研究中,法兰克福社会研究所的理论家们开始认识到,社会经济基础已经发生重大变迁,固守早期西方马克思主义传统已经显得滞后了,从而逐渐形成了“批判理论”的理论定位。在30年代,工人运动处于低潮,而法西斯主义在欧洲大陆迅速崛起,批判理论家们对无产阶级革命潜能表现出了极大的怀疑。霍克海默和阿多诺认为,现代的实证主义思维模式使理性堕落为奴役人而不是发展人的自由权利。由此,他们断定文化具有完全的意识形态功能。这样,法兰克福学派在批判资产阶级意识形态的同时,把文化作为自己的批判对象。而他们对大众文化的批判,是与当时科学技术与传播媒介的发展紧密相关的。“大众化”成为那个时代重要的社会热点问题,[①]从经济、政治,到文化领域都是如此。

一、霍克海默、阿多诺论文化工业

1947年,霍克海默(M. Max Horkheimer,1895 - 1973)和阿多诺(Theodor Wiesengrund Adorno 1903 - 1969)的《启蒙辩证法》出版,该书旨在通过对西方文明内在机制的解析来揭示法西斯主义的根源。他们认为,启蒙向神话的倒退是文化崩溃的原因。在这本书中,“启蒙”是指随着资本主义的发展和社会理性的进程而形成的“理性至上”、“知识万能”等观念的思想运动。[②]“启蒙精神是一种以人类中心主义为核心的主体理性精神。”[③]从文化和心理上揭示法西斯的起源和实质,是霍克海默和阿多诺写作该书的出发点。在论证过程中,该书将批判的矛头指向了整个当代资本主义文明。霍克海默

---

① 伊莱休·卡茨,约翰·杜伦·彼得斯,等. 常江,译. 媒介研究经典文化解读. 北京:北京大学出版社,2011:77.

② 张一兵. 当代国外马克思主义哲学思潮(中卷). 南京:江苏人民出版社,2012:320.

③ 王凤才. 批判与重建——法兰克福学派文明论. 北京:社会科学文献出版社,2004:11.

认为：在合理化、自动化、被操控的世界中，理论已经丧失其应有的批判功能，成为为虚假的社会理想进行辩护的工具。可见，在这本书中被批判的启蒙精神，乃是那种标榜人类中心主义、工具理性至上的支配论和历史进步观。张一兵教授把《启蒙辩证法》的理论主旨归纳为两点：一是启蒙的根本意图是消除一切神话，使世界祛魅，以消除人面对的对象性图景中由古代主体投射造成的魔力。二是权力只存在于人与人之间的关系中，在工业进程中（自始至终），权力与知识是同义语。霍克海默和阿多诺认为，文化工业使艺术丧失了超越精神，并使消费者成为与其主体本质相背离的物化存在。

在《文化工业：作为大众欺骗的启蒙》中，作者指出了发达资本主义国家的文化具有大工业的特征，已经迥异于前资本主义时代个体劳动者的精神劳动，精英文化转变为大众文化。霍克海默和阿多诺把由传播媒介的技术化和商品化推动的、主要面向大众消费的文化生产称之为“文化工业”。由于科学技术的发展，文艺创作建立在机械化、自动化生产的基础之上，大规模的文化批量生产与复制成为文化工业的重要特征。商人（资本）的力量在文化中尤为突出。文化必须媚俗才能寻找更多的受众，从而使文艺失去了其超越精神。这种建立在世俗基础上的工业文化已经使人们失去了精英文化的理想主义色彩和超越意志。大众社会对娱乐的迫切需要使娱乐取代了纯粹艺术而成为文化工业的原则。文化工业必然在“程式化”中丧失其艺术价值，艺术品的仿制和批量化生产使“赝品”恬不知耻地脱掉了羞涩的外衣招摇上市。文化工业的语言浸透到社会的各个方面，从而整个民族的语言都失去了其细腻和丰富性，变得干涩而呆板。

面对文化工业的盛行，霍克海默和阿多诺是从以下四个方面进行批判的：第一，文化工业尽管表现出一种符合需求的表象，实际上仍然是由不合理的社会力量所控制的。而金钱（资本）是文化工业的内驱力。“事实上，社会权力对文化工业产生了强制作用，尽管我们始终在努力使这种权力理性化，但它依然是非理性的；不仅如此，商业机构也拥有着这种我们无法摆脱的力量，因而使人们对这种控制作用产生一种人为的印象。”[①]第二，文化工

① 霍克海默，阿道尔诺．渠敬东，曹卫东，译．启蒙辩证法．上海：上海人民出版社，2006：129 – 130.

业已经丧失其艺术的超越性精神，立足于消遣、娱乐等世俗的基础之上。“文化与娱乐的结合不仅导致了文化的腐化，同时也不可避免会产生娱乐知识化的结果。……娱乐变成了一种理想，取代了更高级的东西，它通过一种比广告商贴出来的标语还要僵化的模式，彻底剥夺了大众，剥夺了这些更高级的东西。……文化工业把娱乐变成了一种人人皆知的谎言，变成了宗教畅销书、心理电影以及妇女系列片都可以接受的胡言乱语，变成了得到人们一致赞同的令人尴尬的装饰，这样，现实生活中的真实感情便可以受到更加牢固的控制。”①“家庭逐渐瓦解，个人生活转变为闲暇，闲暇转变成为连最细微的细节也受到管理的常规程序、转变为棒球和电影、畅销书和收音机所带来的快感，这一切导致了内心生活的消失。……人类已经丧失了认识不同于他所生存的那个世界的另一个世界的能力。那另一个世界就是艺术的世界。”②第三，文化工业的产品（作品）是以技术进步为后盾的。第四，文化工业中的创作必然走向“程式化”。“尽管生产技术、社会控制以及专业化取得了进步，尽管所有产业都在永无休止地运行着，然而文化工业为人们提供的粮食却成了硬邦邦的石头。”③表面上看，大众在塑造大众文化，“通过大众传媒以及其他影响方式来形成人们的思想和感情，通过对表达思想客体以及对客体的思考方式，对能够提供丰富信息的建议和操作进行有效控制，来缩小个人思维的差别——这一切被人们不厌其烦地提到”。④ 实际上，大众正在被工业文化所塑造。呆板无聊的娱乐文化剥夺了消费者的思想，也剥夺了其主体意识和情感，使之成为一个与自身的本质相背离的物化存在。“人类之间最亲密的反应都已经彻底物化了，对他们自身来说，任何特殊的观念，现在都不过是一种极端抽象的概念：人格所能表示的，不过是龇龇牙、放放屁和煞煞气的自由。”⑤正如马克思在《关于费尔巴哈的提纲》中所言：“环

---

① 霍克海默，阿道尔诺. 渠敬东，曹卫东，译. 启蒙辩证法. 上海：上海人民出版社，2006：129－130.

② 霍克海默. 曹卫东，选编. 霍克海默集. 上海：上海远东出版社，2004：216.

③ 霍克海默，阿道尔诺. 渠敬东，曹卫东，译. 启蒙辩证法. 上海：上海人民出版社，2006：134.

④ 霍克海默. 曹卫东，选编. 霍克海默集. 上海：上海远东出版社，2004：329－330.

⑤ 霍克海默，阿道尔诺. 渠敬东，曹卫东，译. 启蒙辩证法. 上海：上海人民出版社，2006：151.

境的改变和人的活动的一致,只能被看作是并合理地理解为变革的实践。"[①] 大众文化工业与人的生存环境的重大变化,乃是环境与人的交互作用使然。

这里,不得不更为详细地谈谈霍克海默和阿多诺对电影、广播和广告的论述。他们认为:电影总是意欲制造一个观念的世界。在电影受众那里,现实的生活世界成为电影的延伸,"人们现在就越容易产生错觉,以为外部世界就是银幕上所呈现的世界那样,是直接和延续的"。[②] 有声电影强化了这一点。他们认为,电影的直白性使观众丧失了想象力,它没有为观众留下任何想象的空间。"他们所看过的所有电影和娱乐业的产品,教会了他们要期待什么。"同时,"没有人会从一个有声电影或一个广播节目中推断出社会效果,但是社会效果却为所有人共同分享。整个文化工业把人类塑造成能够在每个产品中都可以进行不断再生产的类型"。[③] 电影在其自身的发展中,在其不断地被观众所接受,抑或说在不断地获得观众的过程中,使社会变成了影片的模仿世界,而这种模仿实际上是操纵电影等传播媒介的特权阶层要求大众遵循等级秩序的一个指令。[④] 霍克海默和阿多诺指出:电话和广播具有截然不同的作用。电话还依然可以使每个人成为一个自由的主体,而广播却使所有参与者变成听众——他们必须接收相同的节目。"在官方广播中,人们从公共生活那里形成的所有自发性都受到了控制,都受到了训练有素的监听者、视听领域的竞争者以及各种经过专家筛选的官方广播节目的影响。"[⑤]不过,在霍克海默和阿多诺看来,这一切都是经济选择机制的结果。在讲到广告的时候,霍克海默说,体制已经迫使每一个产品都使用广告,只有付得起高额广告费的企业才能作为卖方进入虚构市场。一切没有广告标签的东西,都会在经济上受到人们的怀疑。"在文化工业中,广告已经取得了胜利:即便消费者已经看穿了它们,也不得不购买和使用它们所推

---

① 马克思恩格斯文集.第一卷.北京:人民出版社,2009:504.

② 霍克海默,阿道尔诺. 渠敬东,曹卫东,译.启蒙辩证法.上海:上海人民出版社,2006:113.

③ 霍克海默,阿道尔诺. 渠敬东,曹卫东,译.启蒙辩证法.上海:上海人民出版社,2006:114.

④ 同上,118 页。

⑤ 同上,109 页。

销的产品。”[①]人成为一完全异于自己的本质需要的物化存在。

霍克海默和阿多诺看到了资本力量和国家主义对媒介的“收编”,用“文化产业”一词来置换“大众文化”,旨在消除一种误会,即人们以为大众文化的特点就是从大众出发、为大众服务的。实际上,大众文化是一种控制文化(最委婉的说法就是资本实现自身增殖目的的一种“工业”)。约翰·杜伦·彼得斯认为:霍克海默和阿多诺的上述研究结论过于沮丧,有着“妖魔化”的重大嫌疑。[②] 彼得斯认为,霍克海默和阿多诺将媒介研究划分为三个层次,即:工业分析、文本分析和受众分析。相比前两者,对后者的分析显得笨拙很多。“《文化工业》既为我们呈现了一个被工具理性操纵的反乌托邦图景,又同时辩证地证明了大众文化可以为人类带来源源不断的快感。所以说,《文化工业》将两种思路‘打包’地送给读者:一边是对权力统治的批判,一边是对自由的向往和期冀。”[③]实际上,批判和希冀本身就是两位一体的东西,很难把它们做绝对的区分。

二、本雅明论机械复制时代灵韵的消失

《机械复制时代的艺术作品》(简称《机械复制》)是法兰克福学派哲学家瓦尔特·本雅明(Walter Benjamin,1892－1940)的文章,1935年发表在德国《Zeitschrift für Sozialforschung》杂志上(观点来自维基百科)。这篇文章是本雅明最受关注的作品,它对文化研究和媒介理论等领域都有极深的影响。派迪·斯坎内尔认为(他认为这篇文章写于1936年,王才勇翻译的中译本亦认为该书写于1936年),《机械复制》尽管诞生的年代久远,但意义重大,它的一些观点时常令媒介与传播学的研究者激动不已。本雅明在写作该文的时候,理论界正在探讨一个关于艺术在“大众文化”新环境中的地位与功能的问题。此文正是这场讨论中的重要理论成果。本雅明作此文的目的是用于描述一种有用于“艺术政治的革命性要求的形成”的理论。“在传统、宗

---

① 霍克海默,阿道尔诺. 渠敬东,曹卫东,译. 启蒙辩证法. 上海:上海人民出版社,2006:152.

② 伊莱休·卡茨,约翰·杜伦·彼得斯,等. 常江,译. 媒介研究经典文化解读. 北京:北京大学出版社,2011:59.

③ 伊莱休·卡茨,约翰·杜伦·彼得斯,等. 常江,译. 媒介研究经典文化解读. 北京:北京大学出版社,2011:60.

教仪式价值消退的机械复制时代，艺术的发展将以政治实践为本。”①作品指出，前代的艺术作品皆有灵韵。而灵韵讲求原真性，与传统和（崇拜）仪式密不可分；在机械复制时代，随着科学技术对艺术创作（生产）的介入，艺术作品不再保持原真性，灵韵亦已消失，艺术的仪式价值同时衰减。艺术的含义和范围在摄影和电影出现之后，一方面被它们所丰富，另一方面也更加将艺术的价值推向政治。本雅明指出：当时的法西斯主义者将政治美学化，而共产主义者则将艺术政治化。

在本雅明写作《机械复制》的年代，即20世纪30年代，西方资本主义国家已经初露如今被称为“消费社会”的端倪。前所未有的电子传播方式（电话和广播）和“大众”娱乐（电影和唱片业）大范围向社会渗透。“‘大众社会’、‘大众政治’、‘大众生产’以及‘大众文化’成了那时候一切政治、社会、文化争论的核心议题。总体上，欧洲知识分子对大众（城市产业工人阶级），以及迎合大众的新型文化充满了敌意。”本雅明的《机械复制》就是要探讨这样一种现象：“法西斯主义未遇任何抵抗而迅速崛起、大众生产对艺术文化构成强烈冲击，以及新艺术和娱乐形态（电影、广播和留声机）的应运而生。”②

本雅明的中心议题是“灵韵”在现代媒介条件下的消失。那么，灵韵是什么？本雅明称：“即使在最完美的艺术复制品中也会缺少一种成分：艺术品的即时即地性，即它的问世地点的独一无二性。但唯有借助于这种独一无二性才构成历史，艺术品的存在过程就受制于历史。”③原作的这种独一无二的即时即地性就是它的“原真性”。本雅明认为，这种原真性的原作在遇到机械复制的赝品时，它立刻就显示出了其权威性。因为技术复制比手工复制更加独立于原作，技术复制能把原作的摹本带到原作本身无法到达的境界。同时，“一件东西的原真性包括它自问世那一刻起可继承的所有东

---

① Meenakshi Gigi Durham, Douglas Kellner. The Work of Art in the Age of Mechanical Reproduction//Media and cultural studies: keyworks. Blackwell Publishing,2005:18－19.

② 伊莱休·卡茨，约翰·杜伦·彼得斯，等．常江，译．媒介研究经典文化解读．北京：北京大学出版社，2011:77－78.

③ 瓦尔特·本雅明．王才勇，译．机械复制时代的艺术作品．北京：中国城市出版社，2002:84.

西,包括它实际存在时间的长短以及它曾经存在过的历史证据。”[①]本雅明指出,艺术品在机械复制时代凋谢的东西就是灵韵(或称“光韵”)。“总而言之,复制技术所复制的东西从传统领域中解脱出来。由于它只做了许许多多的复制品,因而它就用众多的复制品取代了独一无二的存在;由于它是复制品能为接受者在其自身的环境中去加以欣赏,因而它就赋予了所复制的对象以现实的活力。这两个方面的进程导致了传统的大震荡——作为人性的现代危机和革新传统对立面的传统大震荡,它们都与现代社会的群众运动密切相关,其最有影响力的代理人就是电影。”[②]电影的社会意义在本雅明看来不排除其破坏性的一面,即对传统文化遗产的扫荡。把一件东西从它的外壳中撬出来,摧毁它的灵韵,在技术复制时代以对复制品和摹本的占有方式来取代对原作的占有和敬仰。艺术作品就通过这种方式而脱离了对原真性的宗教仪式般的仰慕和推崇。当艺术作品的灵韵消失之后,艺术作品的整个功能也就发生了变化:从仪式转到了政治上来。在照相、摄影、电影等领域,艺术品通过其“展示价值”而绝对地抑制了“膜拜价值”。在文章的末尾处,本雅明说,“目前,电影便展现了这一点(通过艺术品所提供的消遣,人们可以轻易检验属统觉的新任务在怎样的范围内能被完成)。消遣性接受随着其日益在所有艺术领域中得到推重而引人注目,而且它成了知觉已经发生深刻变化的迹象。这种消遣性接受借助电影便获得了特有的实验工具。电影在它的惊颤效果中迎合了这种接受方式。电影抑制了膜拜价值,这不仅是由于它使观众采取了一种鉴赏态度,而且还由于这种鉴赏态度在电影院中并不包括凝神专注。观众成为了一位主考官,但这是一位心不在焉的主考官”。[③] 本雅明在文章的后记指出,法西斯主义试图组织新生的无产阶级,让他们获得表达(绝不是获得他们的权力),而对旧的所有制关系进行维护。一句话,法西斯主义“一贯地使政治审美化”。而战争是在维护传统所有制关系的前提下赋予群众运动以目标的最险恶的形式。技术在战争

① 瓦尔特·本雅明.王才勇,译.机械复制时代的艺术作品.北京:中国城市出版社,2002:86.

② 同上,87页。

③ 瓦尔特·本雅明,王才勇,译.机械复制时代的艺术作品.北京:中国城市出版社,2002:128.

中的表现并不是如同法西斯所宣扬的那种审美境界的极致,而是制造了人类的灾难。本雅明不无忧伤地说:"社会并没有充分地成熟到使技术成为它的手段;而技术也没有充分地把握社会方面的自然力。……现在成了为自己本身而存在的人,他的自我异化达到了这样的地步,以致人们把自我否定作为第一流的审美享受去体验。"[①]膜拜价值的丧失或衰微与展示价值的兴起,使媒介技术发展的意义受到历史的审问。复制的艺术品与人的存在的机械化,不仅仅是一种艺术情怀的凋零,更是人类的一种(媒介)技术的异化。

哈贝马斯在《作为"意识形态"的技术与科学》中说:"从主观上说,文化是人们使用恰当的手段进行目的理性的选择的技能;从客观上说,文化是人们用技术占有自然的总和。"[②]传媒技术本身构成文化的一种内在因素,它不仅是推动文化发展的技术手段,同时构成文化的内涵。尽管在本雅明看来,诸如电影、留声机等的发展并没有为大众文化生活增添更多有利于人类朝着自由与发展方向前进的要素,反而使灵韵消失、膜拜价值衰落。当然,被法西斯主义所利用的大众文化以及大众传媒技术,都只能是极权力量的爪牙,而任何一个时代的传媒技术,一旦受到某些别有用心的特权势力的控制与掌握,不一样会走向文明进步的反面吗?媒介技术的发展使得艺术的独特性和距离感消失了(或者遭受了破坏),从而导致灵韵的消失。摄像和电影的发明使图像可以无限被复制(增殖),灵韵的消失直接导致艺术的民主化(艺术曾经是少数人的专利,如今是为大众所享有——至少在形式上如此)。大众文化通过复制"原本"而使人们对"原本"的仰视不复存在,从而在大众文化中也就潜蕴着"革命"的要素。只是"展示价值"征缴了"膜拜价值"而使人们异化为大众文化本质的对立面。斯坎内尔说道,"经典扮演着备忘录的角色,时刻提醒:我们今天所遇到的情况,他人在历史中遇到过;同时,今天的遭遇亦可成为我们解读未来奥秘的源泉,因为未来的一切奥秘都起源于当下"。[③] 这或许是对本雅明的《机械复制》一文较为中肯的评价。

---

① 同上,132-133页。

② 哈贝马斯. 李黎,郭官义,译. 作为"意识形态"的技术与科学. 上海:上海学林出版社,1999:19.

③ 伊莱休·卡茨,约翰·杜伦·彼得斯,等. 常江,译. 媒介研究经典文化解读. 北京:北京大学出版社,2011:90.

三、洛文塔尔论大众偶像的胜利

列奥·洛文塔尔((Leo lowenthal ,1900—1993)号称法兰克福学派(1926年成为其成员)对大众文化研究最广的理论家。法兰克福学派主要思想家的理论实践都秉承了“批判”的传统,无论是霍克海默、阿多诺、本雅明,还是马尔库塞、哈贝马斯,“批判”是法兰克福学派的典型标志。洛文塔尔算是一个例外,他尽管也把批判理论当作一种“意识形态的批判”,但更多的只是将其作为一个研究的“角度”、“路径”来理解,从而一般认为,洛文塔尔的批判是温和派的。当然,有些学者也认为,除了“研究视角”,洛文塔尔的大部分观点都是错误的。[①] 洛文塔尔的论文《大众偶像的胜利》发表于1944年,时至今日,学界仍然对其褒贬不一。依鲁兹认为,尽管消费的胜利标志着文化的权限崩溃在彼时也许是一种普遍的认同,但是洛文塔尔“被盛行全美国的‘娱乐伦理’吓坏了”。事实上大可不必如此惊诧。也有学者认为,“在休闲报刊、畅销小说、MTV冲击日常生活的今天,大众文化取代精英文化而占社会文化结构中的主导地位已是不争的事实。对大众文化所做的批判,大多源于对精英文化主体地位的失落而感发的”。[②] 洛文塔尔给我们很多有益的启示,比如“精英文化的主导功能在于批判、通俗文化的主导功能在于宣泄”。[③] 又比如,高雅文化和大众文化的选择要考虑到大众审美情趣的差异性,等等。

不可否认,洛文塔尔关于文艺传播研究、以及对“消费偶像”的创造性研究,无疑是文化学和传播社会学的重要研究成果。

(一)文艺传播研究

在洛文塔尔与马乔丽·费斯克合作的文章《艺术与通俗文化之争:以18世纪的英国为例》一文中,洛文塔尔对大众传媒是这样界定的:“如果‘大众’

① 伊娃·依鲁兹在其文章中就明确指出,洛文塔尔的《大众偶像的胜利》之所以依然成为“经典”,纯粹是因为他的研究“视角”,而非“观点”。参见伊莱休·卡茨,约翰·杜伦·彼得斯,等.常江,译.媒介研究经典文化解读.北京:北京大学出版社,2011:92－95.

② 陆小宁.洛文塔尔的通俗文化思想述评.哲学动态,1998(2):39－43.

③ 伊莱休·卡茨,约翰·杜伦·彼得斯,等.常江,译.媒介研究经典文化解读.北京:北京大学出版社,2011:95.

传媒这一术语意味着为大量具有购买力的公众生产的、适合于市场销售的文化商品,那么18世纪的英国是历史上能够有效使用这一概念的第一阶段。"[①]因为当时的纸张已经非常低廉,即传媒介质的成本很低,而且受众范围也极为广泛(妇女和乡村人们都已经具备了阅读的能力)。洛文塔尔认为,杂志是这一时代(18世纪)最新、最优特点的传播媒介。因为"它们中的大多数承担着'面对每个人'的角色,包括对个人生活、新闻、流言蜚语和小说等方方面面的问答。几乎所有现代杂志在那个时代都有了原型,并且大部分都办得很兴旺:妇女杂志、充满流言的戏剧性月刊、真实故事和爱情故事杂志、新闻评论、书评,甚至是书的缩写本"。[②] 洛文塔尔和费斯克指出,在整个18世纪,报刊(尤其是日报)变得独立且具有尊严,因为它们在与宗教和政治控制的斗争中取得了胜利。直到19世纪最初的几十年,知识界才意识到新闻报纸会成为操控舆论工具的问题,而这时的英国和爱尔兰已经有超过400种报刊了。报刊这种传播媒介借助文学的形式而在它的发展早期获得了成长的机会。

洛文塔尔通过文学艺术的传播来论述了受众的拓展问题。18世纪的英国尚未有现代意义上的大众化的受众。但是作家们已经可以通过向公众销售作品来养活自己。为了取悦读者,受众的可能性和倾向性就成为作家们最为关心的问题。由于通俗杂志和即时小说的涌现以及大量廉价的文学产品的出现,18世纪的英国出现了阅读人数的激增。尤其是文学产品流入市场以后,在流通图书馆、书籍分销商、出版贸易商等的推动下(当然也有一些非商业性的组织在推动),文学产品的消费与日俱增。[③] 洛文塔尔认为,无论是高雅的还是低俗的文学艺术形式都为消费者(受众)提供了不同的愉悦方式。受众从贵族、乡绅和学者扩展到大众,这是一个受众群体由同质化走向异质化的过程。

17世纪和18世纪早期的受众主要是由商人和有产者构成,因此,传播者不必为受众的兴趣而进行调整。可是,18世纪中期,店员、职员、学徒和农

---

① 利奥·洛文塔尔. 甘锋,译. 文学、通俗文化和社会. 北京:中国人民大学出版社,2012:78.

② 同上,79页。

③ 同上,83页。

民都成为了现实或潜在的受众,他们的教育背景比较原始,文化主张“非常独特”,他们不是关注理性的争论,而是关注感性的表达。[①] 在这样的历史背景下,文学的标准问题提到了一个亟需解决的日程上来。洛文塔尔认为,阻止受众成为真正的鉴赏家的,乃是对普遍标准的寻求。“谁构成‘我们’”,以及文化产品的好坏品质,这在普遍性的寻求中遭到了失败。而个体的洞察力、民族差异等等越来越惹人注目。作品的享受、乐趣、娱乐、消遣等受众体验,似乎成为研究受众“普遍”本质的新通道。越来越多的人开始认识到了消遣和娱乐在工业社会的重要性:公众需要消遣。

洛文塔尔对文艺传播的研究深深地植根于对社会历史的把握之中,在这个角度上看,他遵循了马克思主义的基本立场。他认为唯一能够认可的社会科学研究的“实验室”就是历史环境。[②] 1949 年他担任了“美国之音”的研究部主任,采取了更多调查研究的方法来研究现实的传播问题,显示了浓厚的实证色彩。

(二)论大众偶像的胜利

洛文塔尔《大众偶像的胜利》一文最早以《通俗杂志中的传记》为题发表在 1944 年出版的《电台研究:1942 - 1943》杂志上。洛文塔尔通过对一些期刊上的传记专栏进行调查(1901 至 1941 年的样本),得出了今昔大众在人物偶像上的差异。随着时间的推移,传记的数量不断增加,来自严肃领域(专业领域以及严肃艺术领域——严肃艺术包括文学、美术、音乐、舞蹈、戏剧)和重要领域(政治和商业领域等)的人士则大大减少,而娱乐界(含娱乐界和体育界——娱乐界仅指戏剧演员、歌唱家、通俗小说家等为了消遣而非为了传统艺术而从事相关职业的人)人士则相应增加了。[③] 那些“来自生产性的生活中,来自工业、商业和自然科学领域”的传记人物的主人公,洛文塔尔称之为“生产的偶像”;而诸如“爵士乐作曲家和运动员……这些人当时都被视为国家布景上的装饰品,还没有人认为他们本身就是一种需要专门关注的

---

① 利奥·洛文塔尔. 甘锋,译. 文学、通俗文化和社会. 北京:中国人民大学出版社,2012:133.

② 甘锋.“理论力场”与文艺传播研究——洛文塔尔文艺传播研究方法论解析. 东岳论丛,2009(8):65 - 69.

③ 利奥·洛文塔尔. 甘锋,译. 文学、通俗文化和社会. 北京:中国人民大学出版社,2012:150 - 151.

特殊现象”。[①] 这些人在20年来却成了数量上的最大群体，也几乎成为最受欢迎的人物。传记专栏中“来自政界、商界和专业领域的代表‘严肃方’的人物，在比例上从总数的百分之七十四滑到百分之四十五”。这些“非严肃”领域的传记专栏文章的主人公，洛文塔尔将之命名为“消费偶像”。这些“消费偶像”几乎都直接或间接地与休闲领域有关。[②] 杂志传记专栏的主人公由“生产偶像”为主向“消费偶像”为主的转变是以20世纪40年代为分水岭的。

当代(20世纪40年代)(传记)的“主人公”通向的似乎是大众的一个梦想世界，大众已经不再像过去一样把偶像当作是一种自我的心理定位和进行(示范性)教育的方式。人们在闲暇时间里似乎只阅读那些直接或间接为读者专门准备的消遣读物，从而作家亦完全抱着为了满足“消费者”需求的心态从事创作。“私生活”于是成为作家描写公众偶像的重要内容。“事实上，只要一谈到工作时间之外的习惯、娱乐和消遣，杂志的传记作家就变成了爱窥探的记者。”[③]洛文塔尔忧虑地说：“当社会分崩离析成为一个杂乱的消费者群体时，历史的真正战场从视野中消失，或者成为背景而被束之高阁。”[④]过去的那种以“生产偶像”为主导的人物传记，似乎还在告诫和启发人们不断进取，同时也把成功的要件标准化为某些关键的东西，人们似乎能够预计到，通过某些方面的努力和对困难的克服，就能取得预想的成功。以“消费偶像”为主导的人物传记，预设着人的先天的孤独，人只有通过展现自己的天赋方能进入外部世界。在现今的传记的常规分类中，对于那些可怜的“社团活跃分子”和喜怒无常的人恶语相向，而在那些大加赞赏的特性中却完全没有创造性和激情行为。传记作家似乎不得不使自己和公众相信，他的确在推销一个优秀的“人类标本”。洛文塔尔冷静地说，他所描述的消费偶像的崛起，仅仅是一个事实问题。

在有关传记的受众问题上，洛文塔尔有一些非常精致的提法。其一是

---

① 利奥·洛文塔尔. 甘锋，译. 文学、通俗文化和社会. 北京：中国人民大学出版社，2012：152.

② 同上，155页。

③ 同上，162页。

④ 同上，165页。

“伪个性的主人公对应着伪个性的读者”。[①] 个性化的修辞语言使得作者对主人公的描述总是带有某些个性特征。而个人在阅读这样的作品时，会通过对主人公细节的了解——比如饮食、消费、娱乐等——而获得个人交往的快感。每一个人都似乎有一种感觉，这个故事是为我而写的，这个主人公能与我心意相通。“特别为你”而写的传记实际上是一种新的标准化产物。事实上，“特别为你”乃是“特别为你们”。意味着所有人面对一个同质的文化产品——因为“消费”是这个时代的关键词。其二是“当大众参与到日常娱乐活动时，无聊是他们脸上的特征”。[②] 个体在大众文化工业所营造的机制面前总是无能为力的，对常态的认同、对庸俗无聊的认同，成为人们逃避现实的避难所。而“缩小自己的关注领域，参与那些大人物的快乐与不适，从而证实自己的快乐与不适，他们从中体验到满足”。[③] 在当今互联网时代，人们不断“跟随”和“分享”“大腕”、“大 V”、明星、学者等等的微博，并沉浸在他们的情绪中。洛文塔尔的上述论述对理解这些社会现象有着重要的启发作用。

法兰克福学派具有深厚的马克思主义理论底蕴和良好的政治意图。但由于其对经济决定论的矫枉过正，使得他们在文化、传媒这些领域的研究成果并不能现实地推进社会的改造。但是，在技术和文化的层面，法兰克福学派的许多观点仍然为我们提供了许多有益的思想精华。在媒介批判领域，法兰克福学派有许多深刻的论述。霍克海默的批判理论、阿多诺的否定辩证法、弗洛姆的心灵革命、马尔库塞的“单向度的人”、哈贝马斯的交往理论，等等，都为现代传播技术对人的生存问题所形成的影响有过直接或间接的论述。这里不一一罗列和陈述他们的思想。关于法兰克福学派与传统学派在媒介问题上的分歧，申凡等人在其著作中认为至少有三个方面的不同。其一是研究问题的方向不同。经验学派关心的是传播的有效性问题，因而致力于探寻传播活动自身的规律，而法兰克福学派探寻的是媒介为什么要传播，以及为谁传播，也就是说关心的是传播的意义和价值层面。其二是研

---

① 利奥·洛文塔尔．甘锋，译．文学、通俗文化和社会．北京：中国人民大学出版社，2012：176.

② 利奥·洛文塔尔．甘锋，译．文学、通俗文化和社会．北京：中国人民大学出版社，2012：178.

③ 同上，179 页。

究问题的方法不同。经验学派建立在实证的基础之上,而法兰克福学派精于理论思维,长于逻辑分析和抽象概括。其三是意识形态的倾向不同。一个站在维护现行资本主义制度的立场上,而另一个则是要揭露资本主义的不合理,从而前者对现行传播机制主要持肯定的态度,而后者则持否定的态度。[①] 总的来说,法兰克福学派是从人的生存状况入手来研究媒介的,而传统传播学研究则往往忽视了这一点。

第三节 后马克思主义论信息社会与人的生存

后马克思主义是20世纪80年代前后在西方兴起的一股新思潮,是后现代理论中一种具有马克思主义传统的批判性倾向的新思潮。[②] 正如斯道雷在《文化理论与大众文化导论》一书中所指出的那样:"后马克思主义"在倾向于强调"后"或者强调"马克思主义"的时候会有所差池。强调"后"的"后马克思主义"试图"超越"马克思主义,建构比马克思主义更加符合时代(或者事态)发展需要的理论;强调"马克思主义"的"后马克思主义"则更多的是要对马克思主义进行修订,但在基本原则和立场上依然"宣称"自己就是马克思主义者。[③] 德波的《景观社会》、鲍德里亚的消费社会理论、波斯特的信息方式理论、齐泽克的意识形态批判理论等等,似乎都对现代传播媒介条件下人的生存问题进行了(至少是间接的)论述。他们的一些思想至今仍然是媒介社会学和哲学生存论研究的重要文献。当然,对他们的思想做全面的介绍和细枝末叶的评述应该由专门的论著来完成。这里仅就信息社会中人的生存问题、对三个代表性的人物及其主要思想进行简单的介绍和评论。他们是鲍德里亚、波斯特和齐泽克。

---

① 申凡,等.传播媒介与社会发展——媒介功能理论研究.北京:人民出版社,2009:68-171.

② 张一兵,张金鹏.当代国外马克思主义哲学思潮:后马克思思潮、晚期马克思主义和后现代马克思主义.南京:江苏人民出版社,2012:151.

③ 约翰·斯道雷.常江,译.文化理论与大众文化导论.北京:北京大学出版社,2010:101.

一、鲍德里亚论人工智能与计算机对人的生存的影响

让·鲍德里亚(Jean Baudrillard,1929 - 2007)出生于法国东北部兰斯,哲学家、社会学家,无论是在学术界还是在普通大众中间,他都获得了崇高的声誉。当然,他也是当代最有影响、最有争议的社会理论家之一。[①] 他认为当下的经济领域已经与意识形态领域和文化领域融为一体;文化的产品、影像、表征,乃至人的感觉和心理都变成了经济世界的组成部分。这种状况的转变,根源于基于物质生产到信息生产的转变。“后现代”主张一种“拟像”文化。仿真是在真实或者“原本”缺席的情况下对真实模型的模仿,是一种“超级真实”,这种超级真实在当代无处不在。而对于时代文化的变迁,鲍德里亚抱着纠结的态度:既对后现代的到来感到兴奋,又担忧文化会在永无止境的复制与表征过程中渐趋枯竭。[②] 鲍德里亚在很大程度上是根据技术和媒介的变化来重新思考社会理论的。在他的早期著作中较为关注消费社会的构建,自上世纪70年代中期以来,模拟和拟像、媒介和信息、科学和新技术、“内爆”和“超现实”在他的理论建构中构成了一个新的后现代世界。鲍德里亚认为政治经济学的第一原理不再是关于劳动解放的问题,而是一种符号的强制;现代社会也不存在资本主义与无产阶级的绝对对立,他们之间的矛盾变为非主流的、次要的社会矛盾;现代资本主义的发展需要把符号作为日常的理性工具;在社会符号体系中,学生、青年成为重要的反抗力量。由此,鲍德里亚与历史唯物主义决裂。2007 年 3 月 6 日,这位思维活跃的思想家在巴黎病逝。

在《媒介的挽歌》[③]一文中,鲍德里亚通过抨击马克思的“经济还原论”或“生产力论”来展开他的媒介理论。鲍德里亚的用意是要为“马克思主义的媒介理论”写挽歌,并认为马克思的思想随着电报的出现就已经过时了。他认为马克思关于生产的唯物主义分析将生产力定义为一个被授予特权的

---

① 陈炳辉,张芳山. 后马克思主义的理论. 北京:中国社会科学出版社,2011:105.

② 约翰·斯道雷. 常江,译. 文化理论与大众文化导论. 北京:北京大学出版社,2010:229 - 336.

③ 让·鲍德里亚. 夏莹,译. 符号政治经济学批判. 南京:南京大学出版社,2009:161 - 183.

领域。而他要强化的是语言、符号等的作用。在《完美的罪行》一书中,鲍德里亚对仿真虚拟世界进行了分析。他认为技术的进步达到了至善至美的境界,由于技术的发展是如此完美,使得原来的实在世界相形见绌,从而被技术上的完美遮蔽了,我们再也看不见实在,不知实在为何物。[①]"一种幻觉只要不被公认为是一种错误,其价值就完全等同于一种实在的价值。而一旦幻觉被这样公认,它就不再是一种幻觉。这就是幻觉的概念,也只有它,是一种幻觉。"[②]而"完美"谋杀"实在"的手段,正是通过技术,特别是当今的数字技术和克隆技术,使"实在"消失、幻象丛生。"计算机仅仅标志着我们技术的回溯性的巨大力量。也就是说,是一种处理数据的无限的可能性(不过,仅仅是数据而已),而丝毫不是一种新的观点。我们伴随着计算机进入一个完美无缺的时代,是一个使一切枯竭的时代。普及化的互动活动废除了特别的行动。各种接口毁灭了挑战、激情及民族的竞赛,思想和个体的竞争,而这些始终都是最美丽的能量源泉。"[③]

鲍德里亚关于人工智能和计算机对现代人的生存的影响这一问题,并没有进行专门的、系统的研究,他的许多相关思想散见于他的感言集中,在片段式的著作《冷记忆》(Cool Memories)中零星地出现了他关于这一方面的思考。鲍德里亚自己完全清楚他所处的历史阶段,并且对新媒体的未来之社会影响有着极高的期望。他说:"在生物种群的自然选择之后,将是人工生灵的自然选择。每天都有成千上万的网站在英特网上死亡。在活着的生灵世界中已经开始的事情,将在数字假象、基因和控制论假象的世界中继续,这些假象注定要大批量地消失,以便为其中的若干假象腾出空间,或者在数字链上给他们的远房后代腾出位子。而我们仅仅处于这个严酷选择的初期阶段。在这个虚拟链上,我们大约处于生物进化顺序中的细菌阶段。"[④]但是,鲍德里亚似乎并不是在媒介技术的发展问题上持乐观态度的人。他的观点更多地体现为一种"情势所逼"和"无何奈何"。他认为:数字技术的捍卫者以一个荒谬的论据为依据,不过,这是一场革命,一次绝对的进步。

① 陈炳辉,张芳山. 后马克思主义的理论. 北京:中国社会科学出版社,2011:121.

② 让·鲍德里亚. 王为民,译. 完美的罪行. 北京:商务印书馆,2000:53.

③ 让·鲍德里亚. 张新木,李万文,译. 冷记忆1. 南京:南京大学出版社,2009:201.

④ 让·鲍德里亚. 张新木,陈凌娟,译. 冷记忆4. 南京:南京大学出版社,2009:60.

而且无论如何，我们没有选择，这个过程是不可逆的。[①]

计算机和人工智能的广泛使用不是人的智力和体力的延伸，相反，在鲍德里亚看来，这些直接导致了人的生命力的萎缩。“计算机在许多地方将代替思想的操作，让大脑处于荒废之中，就像19世纪机械技术代替体力劳动那样。人们越来越像行尸走肉。可以说他们好像已经被除去了大脑，只能依靠脊髓才能运行。”[②]“科学和技术本来可以成为人类能力的延伸，就像麦克卢汉所期望的那样。然而，事实却并非如此，科学和技术吞噬了人类的能力，它们变成了讽刺挖苦的技术。”[③]鲍德里亚甚至认为，随着人工智能的泛滥，知识分子注定要销声匿迹。鲍德里亚认为，那种对于自己拥有的知识没有任何想象的人工智能，不管这个知识有多宏伟，这种智能也只是处于猴子的水平。“有了移动电话，人们不再是嘴对嘴地说话，而是耳朵对耳朵说话。并且耳朵不再是听觉和声音的耳朵，而是感觉器官的终端。对所有感官进行电子殖民化的后续阶段：可触摸性，代替触觉的（屏幕的）数字化，代替皮肤的胶片，代替目光的显示功能，代替声音的有声指令，还有所有的虚拟触头，包括代替身体和肉感的色情触头。只有嗅觉和味觉似乎还没有遭受这种计算机式转移。”[④]

计算机的发展使得信息充分涌流，但是，“信息、传真、界面的过量犹如梗塞。梗塞之后，将是假象和假器官。在假象之后，将是口误和萎缩”。[⑤] 他认为，“信息可以告诉我们一切。它拥有所有的答案。但这是一些我们还没有提出的问题的答案，甚至是一些不成问题的问题”。[⑥] 鲍德里亚在信息的量的剧增问题上有着复杂的态度：一方面他认为，“在成堆的信息后面，人们勉强能看到现实天穹中发生的事情”。[⑦] 另一方面他又认为，“太多的信息扼杀了信息——太多的意义扼杀了意义”。[⑧] 公开信息或者信息共享是人的权

---

① 让·鲍德里亚. 张新木，姜海佳，译. 冷记忆5. 南京：南京大学出版社，2009：121－122.

② 让·鲍德里亚. 张新木，李万文，译. 冷记忆1. 南京：南京大学出版社，2009：287.

③ 同上，149页。

④ 让·鲍德里亚. 张新木，陈凌娟，译. 冷记忆4. 南京：南京大学出版社，2009：139.

⑤ 让·鲍德里亚. 张新木，王晶，译. 冷记忆2. 南京：南京大学出版社，2009：53.

⑥ 让·鲍德里亚. 张新木，李万文，译. 冷记忆1. 南京：南京大学出版社，2009：296.

⑦ 同上，119页。

⑧ 让·鲍德里亚. 张新木，陈凌娟，译. 冷记忆4. 南京：南京大学出版社，2009：73.

利扩大的表现,但是信息的过度又引起了新的选择的困难。人们必须依靠外界信息的不断增长才能做出接近于事实和需要的判断。“科学将以它的方式实现其理性的乌托邦,即将世界改变成主体。世界已经变成了主体,但是并不是像人们本来所希望的那样:科学在探索世界的同时,也唤起了世界的一种恶意的主观性。”①不过,要想从信息中寻找某种确定性的意义,那是完全不可能的,它甚至不能给我们一种基本的观点,因为这种信息本身是被出卖的。

计算机的使用导致意义的缺失,“人作为人”的意义的衰落。“用电子控制事物的梦想遭遇到质量的传统性愚蠢。有史以来,人们没有像在计算机领域中如此请求,如此强迫,如此强奸集体的要求。”②“对于我,一个人工智慧的灵长类动物,屏幕还是屏幕。在电脑屏幕面前,我搜寻着电影,找到的却只是字幕。荧屏上的文本既不是文本,也不是图像——而是一个过渡性的物体(视频就是一个过渡图像),只有将它从一个屏幕折射到另一个屏幕,变成互不连接的光谱信号时,才具有意义。”③在人们的生活中,随着新的技术媒介的介入,更多的是感觉到技术实体的狂欢,而这些狂欢的情感,也日渐远离了人的传统生活情调。

人工智能诱使人类走向幻灭,它是没人性的,因而也谈不上真正的“智能”。“整个这种人工智能,这种遥感感知,实时屏幕感知等,这是幻象的最终结束。野性思维的幻象,激情的野性幻象,智能的野性幻象——我们的奇迹,我们的神奇——世界的幻象,世界的视觉。他人、善良、丑恶(特别是对丑恶)、真实和对虚假的野性幻象——这一切都在心理感知的远距离现实中,在各种复杂的技术中挥发一空。这些复杂的技术引诱我们进入圈套,也就是说,引诱我们走向幻象的反面,走向彻底的幻灭。”④人们在人工智能创造的虚拟中失去了原件,找到了复印件,并且倚靠这种复印件带来的虚假的快感而生存。

当然,新的媒介方式会促进新的社会交往,以至于人们在电脑之外如何

① 让·鲍德里亚. 张新木,李万文,译. 冷记忆 1. 南京:南京大学出版社,2009:273.
② 同上,229 页。
③ 让·鲍德里亚. 张新木,王晶,译. 冷记忆 2. 南京:南京大学出版社,2009:2.
④ 让·鲍德里亚. 张新木,王晶,译. 冷记忆 2. 南京:南京大学出版社,2009:115.

交往都会成为问题，当电脑普及到任何人都必须使用它的阶段。鲍德里亚说："人们可以设想，计算机将为未来的社会提供一种近亲繁殖的基础，这个基础是任何团体或任何夫妻相互结合所必须的条件。个体的每个单子都因沾上电脑而变得阴阳怪气，因与电脑自由地交媾而对怪诞激情的微弱愿望进行了自动避孕。"[①]在新的媒介交往上，鲍德里亚似乎并不是一种洒脱的心理，而是显示了更多的悲叹。他始终认为："思想对计算机的排斥，恰似身体对任何外来器官的排异。正如应当抑制身体的免疫性防卫为身体移植心脏一样，为了启发人的精神通向人工智能，就应当消除它的免疫性防卫。"[②]言下之意是，如果人们一切健康，那么谁还会愿意去移植心脏呢？所以，新的媒介技术只能导致新的社会病态。他坦言道："网络人会是未来社会残疾人的典型吗？也许更应该把身体的运用强行归还给网络人，而不是瘫痪者。"[③]

鲍德里亚一直认为，为了达到目的而过分使用手段是愚蠢的行为。"现如今，人类已经沦为机器那邪恶欲望的对象，成为了它不惜工本全速运行的欲望的对象。"[④]"这些数不清的仪器装置，人类得用虚拟的力比多去供养它们，这其中当然就有计算机，人类就是计算机的无意识的手淫者，是其充满淫欲的超物体的大脑，……而人类不过是机器的无性操作员，奴隶身份的窥视者，自动的译码器。"[⑤]计算机信息只是资本流通的工具。人工智能技术的发展是客观的历史趋势，人们无法改变这种趋势，因此，人们必须不断适应这种技术对人的征服。所以鲍德里亚说："在对现实的技术性清除举动中，它（虚拟）才是真正的否定主义。"[⑥]淹没在虚拟世界中的这几代人，他们将永远见不到现实。"虚拟时代的梦想，就是使机器摆脱机械性，使它变得聪明，有感情，能够'互动'，把它变成一个组合型的类人猿，有着同样的情感、智

---

① 让·鲍德里亚．张新木，陈昊文，李露露，译．冷记忆3．南京：南京大学出版社，2009：114.

② 让·鲍德里亚．张新木，王晶，译．冷记忆2．南京：南京大学出版社，2009：109.

③ 让·鲍德里亚．张新木，姜海佳，译．冷记忆5．南京：南京大学出版社，2009：38.

④ 让·鲍德里亚．张新木，陈昊文，李露露，译．冷记忆3．南京：南京大学出版社，2009：145.

⑤ 同上。

⑥ 让·鲍德里亚．张新木，姜海佳，译．冷记忆5．南京：南京大学出版社，2009：46.

力、性和生殖功能——最后具有相同的病毒和同样的伤感。”①在虚拟世界的信息迷宫中，现代人重新面临史前人类在丛林中的焦虑。真实与虚拟的难以区分，正是新的媒体时代挥之不去的烦恼。人类认知中的任何进步都让人类的身份认定变得更成问题。电脑技术和虚拟空间的开辟，使技术朝着善的和恶的两个方向发展。鲍德里亚在人工智能与计算机对人的生存问题上的双刃剑的作用感到犹疑不决。不过，在他看来，符码化、拟像化的生活终究是这个时代不可逆转的潮流。

二、波斯特论资本的信息构建方式

马克·波斯特(Mark Poster，1941－)是美国著名的左翼学者，1968 年获纽约大学历史学博士学位。无论人们对波斯特的论述抱有怎样的态度，有一点是毋庸置疑的：波斯特在电子媒介日益成为社会的普及性传播媒介的时候，在人们还尚未对电子媒介环境下人们的生存状态和生活方式的改变的惊异中苏醒过来的时候，他主动地以马克思主义学者的身份参与了这场跨世纪的讨论，并且提出了或多或少带有马克思主义痕迹的理论，为马克思主义理论的发展和现实的社会运动做出了重要的理论贡献。不过，波斯特自己也宣称，在《信息方式》的写作中，“借用了后结构主义者的这一主题，即主体是在交往行动及交往结构中被构成的。我探讨了交往模式的变化是如何引起主题的变化的”。尽管如此，波斯特还是认为自己秉承了法兰克福学派的社会批判理论，不过他并不认为自己是传统的马克思主义学者。他说：“我在本书中还希望引入后结构主义理论，使它能更针对电子交流中的诸多现象，为社会批判理论的重建有所贡献。”②对于《信息方式》一书的批判方式，波斯特自己说：“信息方式的研究与大众文化或通俗文化的研究有某些程度的交叉……80 年代，大众文化的研究终于超越了法兰克福学派有关文化工业对大众的操纵这一论题的先入之见，这种先入之见源于他们对高雅文化的推崇，把它们看成是解放性的。……与此相反，我研究信息方式更关

① 让·鲍德里亚．张新木，姜海佳，译．冷记忆 5．南京：南京大学出版社，2009：101.

② 马克·波斯特．范静哗，译．信息方式——后结构主义与社会语境．北京：商务印书馆，2000：20.

注主体对文化经验的构建方式和形成,而不关注已经构成的主体群是如何抵制或趋同于大众文化的‘外部’要求的。”[①]波斯特认为,在对信息社会进行研究的过程中,不应该采取以行动为中心的模式。宏大叙事在行动主体的边缘化中显得苍白乏力,而预期的结果更在于使大家的注意力转移到当代社会空间结构的某些新特点上。波斯特指认后工业主义理论家、马克思主义者以及韦伯主义者的观点都有严重的缺憾,那就是遵从“总体化理论”的研究范式,局限于陈规旧见,从而使其不能对极为新异的社会机制做出恰当的反映。

在《信息方式》的第二章,波斯特认为当前的理论界对媒体的本质之认识是肤浅的。“要充分说明媒体的力量,就必须超越会话的行为侧面,超越这种剧作法的模式,在语言层面上探讨交往实践这一主题。”[②]他认为尽管现在每个人都能在任何时间与任何人交谈,但说话的意思已经发生了彻底的改变。因为电子媒介的会话取消了语境,主要是独白式的,它们通常是自指性的(“它颠倒了指涉性,使语言摆脱了对事物的表征而成为一种自我指涉系统。造成了主体建构的新方式的出现,也就是说,语言已经不再与指涉对象有任何关系,能指成为一种漂浮物,词已经成为‘无物之词’了”[③])。在一个稳定的文化中,社会关系通过对话被再生产出来。当然,波斯特立刻认识到,这种言论会引起马克思主义者的反感,因为“支配作用是在文化层面上被构建并产生作用的”,这脱离了历史唯物主义的领域,也就是生产手段所拥有的那种支配形式(或能力)。[④] 波斯特认为,“电视广告代表着信息方式下媒介领域里的极端倾向:它是独白式自指交流,其言语的语境是不同步的。其交流的手段脱离了言说者社群,被从生产方式下的物质基础中抽取出来”。[⑤]

---

① 马克·波斯特. 范静哗,译. 信息方式——后结构主义与社会语境. 北京:商务印书馆,2000:26.

② 同上,63 页。

③ 张一兵,张金鹏. 当代国外马克思主义哲学思潮:后马克思思潮、晚期马克思主义和后现代马克思主义. 南京:江苏人民出版社,2012:147.

④ 马克·波斯特. 范静哗,译. 信息方式——后结构主义与社会语境. 北京:商务印书馆,2000:79.

⑤ 马克·波斯特. 范静哗,译. 信息方式——后结构主义与社会语境. 北京:商务印书馆,2000:93.

在谈到资本主义条件下的被压迫现象时,波斯特说:“在工业社会时期,资本主义与语言的关系似乎要求某种复杂的组合方式,使语言的复制只有在它转换成沉重呆滞的物质形态时才能实现,而这些物质形态正是资本主义最擅于控制的。一旦这种安排被电子媒介的传播设备所打破,资本主义便失去了控制语言的能力,而在它丧失这种能力的同时,也就在生产(科学)、消费(广告)及控制(市场研究、系统理论、控制论、博弈理论等)过程中对语言产生依赖。”①波斯特认为传播史可以表现为总体化的、连绵不断的、进步的演化,并且印证了启蒙主义的观点:人是机器的理性灵魂,为了自己的目的逐渐控制环境和顺从环境。同样,他也指出:“数据库的话语,即超级全景监狱,是在后现代、后工业化的信息方式下对大众进行控制的手段。”②波斯特在其他地方对信息社会中人的基于语言形式的生存方式的改变有着较多的论述。

《第二媒介时代》是波斯特的另一本论述信息社会人的生存“语境”的重要著述。不过,从总体上看,这本书是对《信息方式》一书的扩展性研究或者补充。波斯特对鲍德里亚、利奥塔、哈贝马斯等诸多理论家的贡献进行了评价,他以《信息方式》为基础,进一步发展了他的信息方式理论,并以这种方法分析了影片《做正事》、《机械警察》、瓦格纳的四联歌剧《尼伯龙根的指环》,以及对伊拉克战争的电视报道。在这本书的开头,波斯特宣称:“马克思主义理论曾赋予工人阶级以很大希望,对于某些人而言,工人阶级如今在很大程度上已经因为媒介而变得毫无政治价值,而是在最广泛的意义上成为难脱苦海的芸芸众生的一部分,融入了现代社会。”③波斯特把大众媒介时代划分成两个阶段:互联网媒介出现之前的大众媒介时代称为“第一媒介时代”;互联网出现之后的媒介时代是“第二媒介时代”。波斯特认为,在第一媒介时代,“信息制作者极少,而信息消费者众多,是一个播放型模式占主导地位的时代”。波斯特对阿多诺和霍克海默关于收音机和电视的论述颇有微词。他认为,他们的批判理论的严重问题在于电台是一种没有任何回应可能的单向传输,所以电台产生一种语言命令。“资本主义文化如何从根本

① 马克·波斯特.范静哗,译.信息方式——后结构主义与社会语境.北京:商务印书馆,2000:103.

② 同上,132页。

③ 马克·波斯特.范静哗,译.第二媒介时代.南京:南京大学出版社,2005:4.

上瓦解辩证法、工人阶级又是如何从一种潜在的革命主体转变为消极被动的消费者这种坚定的政治保守力量？阿多诺和霍克海默在努力理解这些问题时绕开了文化层面，站到了技术决定论一边。”①

波斯特认为“界面”是一种介于人和机器之间的膜（membrane），使相互排斥又相互依存的两个世界（现实世界和虚拟世界）彼此分离又相互连接。高品质的界面甚至允许人们毫无痕迹地在两个世界之间穿梭。因特网和虚拟现实打开了新型互动性的可能，其结果是，“实在社群与非实在社群两相对立这一观念将不足以表示纽带形成的不同模式之间的区别，相反，这一观念却模糊了社群形式的历史构筑方式”。② 第二媒介时代的文化越发具有了拟仿性，“现实”变成多重的了。不仅如此，因特网还从根本上瓦解了民族－国家的区域性：网络空间中的音讯不容易被牛顿式的空间所限制，这使得边界变得无效。“面对全球化的传播网络，民族－国家手足无措。技术已经到了公然蔑视现代政府权力特性这一步。”③同时，当信息摆脱物质包装，信息复制和传播使得产权面临极大的挑战。

波斯特的下述论述或许是深刻的：“新技术安装了‘界面’，即面面之间的面；这种面坚持认为我们应该记住我们有‘不同的面’，我们言说时有多重侧面在场，而且不是以任何简单或直接的方式在场。”“因特网不仅是‘技术性的’，而且还是准机器性的：构筑人类与机器之间的边界，让技术更吸引人类，把技术转化为‘用剩的设备’而把人转化为‘半机械人’，转化为与机器唇齿相依的人。”④信息方式的出现，以及其电子媒介的交流系统，改变了我们思考主体的方式。在“理论再思考”的部分，波斯特详细展开了对《信息方式》中借用福柯的“全景监狱”理论所形容的新媒介环境下人的被监视的生存状态。在第二媒介时代，“隐私作为一种行动模式甚至是一种论题都被取消了。”⑤

波斯特一直认为马克思主义的生产方式理论无法解决非物质产品的价

---

① 马克·波斯特．范静哗，译．第二媒介时代．南京：南京大学出版社，2005：7.
② 同上，35 页。
③ 同上，30 页。
④ 同上，38 页。
⑤ 同上，67 页。

值问题，他跟随鲍德里亚的观点，也同样指责生产方式理论在消费社会中逐渐失语，认为媒介时代的交往更不是生产方式理论所能解释的。甚至如同他在《第二媒介时代》开篇指出的那样，对新的社会统治形式，马克思主义是无法理解的，在第二媒介时代工人阶级早已丧失政治意蕴。他认为，随着知识和权力的结合，国家、政府已经不再是统治的中心了。[①] 而当代人的异化也主要是精神上的麻木不仁。波斯特认为，从总体上看，马克思主义是现代性的批判理论，而信息方式理论则是后现代的批判话语。

三、齐泽克谈赛博空间——或者存在难以忍受的禁锢

斯拉沃热·齐泽克(Slavoj Zizek，1949 -)是当代著名左派思想家，生于前南斯拉夫斯洛文尼亚社会主义共和国首都卢布尔雅那，1981 年获卢布尔雅那大学哲学博士学位。他用拉康的精神分析理论来解读马克思主义基本概念、批判资本主义现实，在政治上表现出激进主义的色彩。齐泽克的理论基础主要是拉康的精神分析理论，并将这种理论延伸至黑格尔哲学与马克思主义理论的重新解读。当然，齐泽克并不把拉康的精神分析法用于临床治疗，也不认为自己的理论属于后现代，他将拉康的思想理论范畴用于哲学、政治领域和大众文化批判。[②] 齐泽克认为，后现代的一个重要特征是现代主义英雄的衰落，现代主义具有明晰的神话共鸣，它将日常生活搬上舞台。后现代则把神话当作普通事件来对待，不再在现实故事后面寻找神话框架。他对后现代意识形态世界观的基本界定是："具有分散的多样性身份、根本的偶然性以及无休止的戏谑式斗争、多元性等性质的新世界。其中的关键是对多元性的崇拜。"[③]后现代对多元性的崇拜表现为后现代文化多元性。在政治上，齐泽克反对激进民主提出的非中心性多元斗争的偶然性联盟，主张各种运动并存、联动，又保持各自的差异性，"反对所谓资本主义的同一策略"。他认为，资本主义内部存在四种对抗因素：生态灾难、知识产

---

① 张一兵，张金鹏．当代国外马克思主义哲学思潮：后马克思思潮、晚期马克思主义和后现代马克思主义．南京：江苏人民出版社，2012：159.

② 同上。

③ 同上，200 页。

权问题、科学技术的伦理冲突、被排除者问题。[①] 这四种对抗在齐泽克看来，是资本主义自身所不能解决的痼疾，唯有以“新无产阶级”为主体的“共产主义”才是人类的最终出路。齐泽克在西方资本主义文化在形式上占绝对优势的时候，结合了拉康、黑格尔、马克思主义的思想，批判了犬儒主义和文化多元论，并且对人类的“共产主义”未来抱着真诚的“信仰”（他本人就提出了共产主义的实现要靠信仰而不是知识），表现了坚定的理论自信和道路自信。

齐泽克对赛博空间有过专门的论述。在他的论述中，精神分析始终都是主要的方法。这里只就他的具体思想做简单的引述，以此管窥后马克思主义在新媒体时代人的生存问题上所做过的思考。齐泽克说：“如果现代性的宇宙是隐藏在屏幕后面的字节、电线和芯片、电流的宇宙，那么后现代的宇宙则是对屏幕的幼稚信任的宇宙，这个屏幕使对‘它后面的’探求显得无甚意义。‘根据事物的界面价值理解它们’涉及一种现象学态度，一种‘信任现象’的态度：现代性编程员躲进赛博空间，将它当成透明的、结构明晰的宇宙，它允许他（至少暂时地）躲开他的日常环境的不透明性；相反，对于后现代编程员来说，赛博空间基本的特征与海德格尔描述为我们日常生命－世界的构成性特征相同（有限的个体被抛进一个其坐标并没有明晰的普遍规则管理的宇宙，因此，个体不得不渐渐自行寻找道路）。”[②]齐泽克认为，界面的“诱惑”在于其自我指涉性。假如人民理解到宇宙本身也是一种界面，就不会屈服于界面的诱惑而拒斥“真实界”。人们屈从的幻想是直接与其反面相关的——与维持我们对于虚拟宇宙外部的完整现实的信仰的常识态度相关。因而，我们必须回避两种陷阱：对电脑空间之外的外部现实的简单直接指涉；认为“不存在外部现实，真实的生活只是另一个窗口”的相反态度。他认为今天人们应该对赛博空间持一种“保守”的态度，今天的转变过程允许人们感受正在失去或得到的东西——而这种“感受”在人们习惯了新的媒介技术之后将不复存在。人们对其所生存的环境的适应使他们丧失了对“变迁”的感知。

---

① 张一兵，张金鹏．当代国外马克思主义哲学思潮：后马克思思潮、晚期马克思主义和后现代马克思主义．南京：江苏人民出版社，2012：214－215.

② 斯拉沃热·齐泽克．胡雨谭，叶肖，译．幻想的瘟疫．南京：江苏人民出版社，2006：161.

在“真实生活”和机械模拟之间、客观现实和我们对它的幻象之间、在我飞逝的情感、感觉、态度和“剩余自我”[①]硬核之间，计算机影响了我们的日常经验的释义视线。技术不再仅仅模仿自然，而是揭开了在背后操纵自然的机制，“自然现实”本身成为“被模仿”的东西；虚拟现实破坏了“真实”现实与伪装之间的差异；主体的自我身份受到质疑，在虚拟空间的游戏中，“我”的身份不断被扩大、繁衍。然而，它们的背后却没有一个“真正的”人，面具下是一种虚无。含糊性决定了我们的屏幕角色。一方面，人们不忘戴上自己满意的面具（马甲）；另一方面，“面具人生”比真实的自我更加趋向现实，“更像自我”，这两者彼此交缠。

齐泽克思索了在赛博空间中“去中心化的主体”在哪里，他认为，在自我和“它的”身体之间的关系上存在四种变体，“它破坏了关于‘一个身体一个人’的标准道德法律规范”。[②] 这四种变体即：单一身体中的许多角色，单一身体之外的许多角色，单一角色中的许多身体，单一角色之外的许多身体。这些“变体”在网络空间都是存在的。外在于屏幕上的多重自我是“我想要成为的人”，是我想要成为的样子。然而，“主体的分裂不是一个自我和另一个自我之间、两个内容之间的分裂，而是某物与无物之间的分裂，是身份和空洞特征之间的分裂。‘去中心化’因此首先指涉在符号和想象身份之间回荡的含糊性”。[③] 齐泽克在《赛博空间，或者难以忍受的禁锢》中说道：“在机器里，‘所有事情都将被写下’，一个对现实的彻底的符号再现将发生。这个完美的符号描述的前景也预示了一种新的灾难形式，这就是对数码网络的一个突然干扰抹去了计算机化的大他者，却没有伤害到外部的‘真实现实’。这样，我们就遇到了一个纯粹虚拟灾难的概念：尽管在‘真实生活’中没有发

① “剩余价值被资本家无偿占有，体现着资本家对雇佣工人的剥削关系。而拉康的‘剩余享乐’指的是属于真实域的享乐，而非象征域的享乐，享乐逾越象征层，而且正是在对禁令的违反中获得的一种不堪忍受的扭曲的快乐。所以当你想克制它，它反而越强大，弗洛伊德的超我原则也有类似的特征。……剩余享乐既是欲望的对象，又是欲望的原因，而且是永远无法获得的对象，而这正是促成欲望的原因。”齐泽克的剩余自我正是在拉康的意义上使用的。（详见张一兵，林哲元．当代国外马克思主义哲学思潮：后马克思思潮、晚期马克思主义和后现代马克思主义．南京：江苏人民出版社，2012：190.）

② 斯拉沃热·齐泽克．胡雨谭，叶肖，译．幻想的瘟疫．南京：江苏人民出版社，2006：173.

③ 同上，175 页。

生任何变化,一切照常进展,但是灾难却是彻底的,因为现实被突然剥夺了它的符号支撑……”[①]对现实的“真实生活”的“救赎”将在极端的虚拟化中获得可能,齐泽克认为,整个现实都可能很快被数码化。

另外,齐泽克还对虚拟空间人们生活的“幽闭恐怖症”进行了研究。他认为符号主人(符号化的主体)功能的悬置是真实界的重要特征。在赛博空间,距离将被悬置,远距离即时交流成为现实,所有信息随手可得。不过,在与遥远的陌生人的距离被“悬置”(忽略不计)的同时,“真实的”他人的身体接触逐渐消失,真实的邻居消失了,大量的“可获得性”反而引发了一场令人难以忍受的“幽闭恐怖症”。[②] 选择内容的过剩导致选择的不可能,赛博空间开放了一种前所未有的无限选择的可能性空间,这恰好掩盖了一种“闻所未闻的极端囚禁”。不难看出,齐泽克对网络社会的未来并没有抱极大的热情。其实,这与他的革命理念是一致的:当福山、奈格里等人在网络社会到来之后“惊喜”地发表革命的前提已经丧失或者革命的条件已经发生了根本改变,从而彻底否定马克思主义的时候,齐泽克却认为“共产主义的未来正使我们对当下资本主义的对抗性斗争的投入”。[③] 齐泽克的思想为我们理解新媒体时代人的生存现实提供了独特的视角。

小　结

科尔巴斯发现,20 世纪的最后 20 年,有关“经典”的论争明显地分化为两个阵营:保守主义坚持认为经典具有永恒的伟大价值,学习经典将会对个人和社会的精神与道德产生有益的启迪和熏陶;自由主义批评家则认为,经典应该对社会的现实多样性和大范围的文化遗产有更多的代表性。然而,这两种对立的观点在科尔巴斯看来是具有相亲性的。“从本质上说,他们要么从理想主义美学方面构想经典,很少或没有参照客观历史和物质条件,要么处于政治目的或教学实用主义目的来鉴别经典。”他认为,“由于经典作品

---

① 斯拉沃热·齐泽克. 胡雨谭,叶肖,译. 幻想的瘟疫. 南京:江苏人民出版社,2006:207.

② 斯拉沃热·齐泽克. 胡雨谭,叶肖,译. 幻想的瘟疫. 南京:江苏人民出版社,2006:193.

③ 张一兵,林哲元. 当代国外马克思主义哲学思潮:后马克思思潮、晚期马克思主义和后现代马克思主义. 南京:江苏人民出版社,2012:219.

在历史上一直是模仿和再造的源泉，贯穿延续了各个时代，任何此类作品的一个必然特征将是历史持续和宽泛的文化相似性”。[①] 对“经典”的态度总是很不一致的，彼得斯就曾说：“经典化并不总是意味着‘赐福’。有些时候，经典化甚至等同于妖魔化。”[②]依鲁兹则认为，“经典就是在根本上截然不同，却又经协商达成一致、实现和平共处的一系列文本”。[③] 他还说，经典还意味着我们在接受某一“奠基人”对世界作出的解释时，不得不忽视或拒斥其他人的观点。经典之为经典，并非源于其原创性或卓越性，也并非“经典”恰如其分地预计到了将要发生的种种事端，依鲁兹认为，经典的魅力在于它提供“特殊的视角”、泾渭分明且互为犄角的概念系统以及唤起人们对某些亟需解决的困境的关注。

本章从马克思主义创始人马克思关于报刊与人的生存问题的论述，西方马克思主义尤其是法兰克福学派对报纸、广播、电话、电视等媒介与人的生存问题的论述，后马克思主义关于计算机、赛博空间等与人的生存问题的阐述，这三个方面对经典作家的相关论述作了简单的介绍和评析。在选取“经典”作品和“经典”作家的论述时，并非完全以其研究的结论是否吻合当下的实际需要作为标准，事实上每一个时代的经典作家总是有其历史的局限性。在本书的写作中，对于经典作家已经论述过的东西，在能够轻易获得文献支持的时候，会尊重经典作家对相似问题的原创性见解，而在某些似乎模棱两可的问题上，则依据本书自身的研究思路展开论述。有时候难免给人一种寻章摘句的嫌疑，因为文本的时空坐标已经发生了变化，新的时空坐标是否完全符合经典作家的原意，这是让人难以确认的。而这种情况的出现，在任何需要文献支撑的研究中都会遇到，这种源自解释的个体差异性问题无论如何难以彻底消除。尽管在本书的全部内容中，看似对经典作家的论述在引借时毫无个人偏好和选择标准，但实际上任何选择总是在一定偏好和标准下进行的，这也是任何文献都具有自己的独特性的形式上（有时候

---

① E. 迪恩·科尔巴斯. 阎景娟，贺玉高，译. 当前的经典之争. 文化研究精粹读本. 北京：中国人民大学出版社，2006：363－393.

② 约翰·杜伦·彼得斯. 常江，译. 霍克海默与阿多诺的奥义：读《文化工业》有感. 媒介研究经典文本解读. 北京：北京大学出版社，2011：59.

③ 伊娃·依鲁兹. 常江，译. 拯救消费：论洛文塔尔的《大众偶像的胜利》. 媒介研究经典文本解读. 北京：北京大学出版社，2011：93.

也涉及灵魂上)的区别。马克思主义经典作家关于报刊这种媒介的思想,以及法兰克福学派和后马克思主义思想家关于其他媒介的思想,本书并不是单纯从传播学视角或者生存论视角来进行选择和论述的,而是在媒介发展与人的生存问题之间有何内在勾连这一问题域上进行筛选的。同时,马克思主义或者与马克思主义多少有点关联的其他学派,关于对媒介与人的生存问题有过研究的作家还有很多。然而,本书并不打算在此做一个学术史的清算,重要的是对马克思主义关注"媒介与人的生存问题"这一核心思想做一个引介,以此表明本书在研究主题上并非"误入歧途"。媒介发展影响着人的生存问题(无论好的或者坏的),这是完全历史唯物主义的观点。那么,对于马克思主义毫无亲缘关系的那些"经典作家",尤其是传播学领域的专门论述,本书尽管并不能跨过它们而置之不理,但却毫无必要在此浪费口舌,新闻传播学的专家已经和正在做那方面的工作——不过,这丝毫不妨碍本书是不是冒出一两句莱文森或者麦克卢汉的话来。

第三章　新媒体时代现实个体生存的现代性景观

第一节　新媒体时代人的生命的强化与威胁

新媒体一方面是科技进步的产物，它构成科学技术和新闻传播学的研究对象；另一方面作为交往的手段、人的无形的生存环境、信息的权力化手段、思维方式重大变革的契机，是一个重大的生存论问题。从实践领域来看，新媒体是人的生活和人的活动的一部分。海德格尔曾经说，现今围绕着整个地球，“喧嚣着一种放纵无羁而又油腔滑调的关于言语成果的说、写、播。人的所作所为俨然是语言的构成者和主宰，而事实上，语言才是人的主人”。在海德格尔看来，“真正地讲来，是语言说。人只是在他倾听于语言之劝说而应合于语言之际才说”。[①] 如今，人们也不得不在“人使用新媒体”还是“新媒体操控着人”这个问题上陷入沉思。新媒体的粘附性远远强于传统媒体，甚至于使人产生如此幻觉：是人自身的全面媒介化还是媒介对人的全面浸透？这已经渐欲迷人眼了。麦克卢汉如是说：“媒介是人的延伸。”如果传统媒介能够“拉近”事件的时空距离，使人既有顺风耳又有千里眼，那么新媒体则把这拉近的事件具象化了，人们能够“体验”到事件的当下性以及参与性。新媒体还延伸了人的智慧和理想，“一切皆有可能”、“吊丝逆袭高富帅”[②]变得不再

---

① 海德格尔．孙周兴，译．人，诗意地栖居．海德格尔存在哲学．北京：九州出版社，1994：238.

② 说明：对于“吊丝”一词冯小刚导演在他的微博中认为是一种“自贱”的称谓，许多网友使劲把这个不雅的词语往脸上贴。他说，如果“草根”一词是网友的自嘲的话，那么“吊丝”一词就是“自贱”。本书不做这类是非辨认，文中任何地方出现此类词语，均不做“褒贬”之指认。其他诸如“……控”等亦如是。

不可思议。新媒体所能发挥的重要作用在人的生命之独特性上得到了彰显。与其他生命相比,人类的生命最具有智慧。新媒体的发展使有限的生命更加便于发挥无限的智慧,它在人的思维能力和思维方式上的变革使得“创客”成为一种时尚;随着虚拟空间的拓展,“穿越”逐渐从戏剧化演变到生活化;“共享”集约了全人类的才智而为新的创造带来无限可能。当然,也有研究者认为,大数据化以后,“删除”和“信息选择”同样会成为一个重要的难题。更何况,“度娘控”、“谷歌控”的流行病使人们显得日渐懒惰,它会不会最终导致人类生命力的萎缩呢?

一、创客、新媒体与想象力

马克思说:“人作为自然存在物,而且作为有生命的自然存在物,一方面具有自然力、生命力,是能动的自然存在物;这些能力作为天赋和才能、作为欲望存在于人身上;另一方面,人作为自然的、肉体的、感性的、对象性的存在物,同动植物一样,是受动的、受制约的和受限制的存在物。”人的生命表现为其能动性和受动性两个方面,马克思认为,“人只有凭借现实的、感性的对象才能表现自己的生命”。“因此,人作为对象性的、感性的存在物,是一个受动的存在物;因为它感到自己是受动的,所以是一个有激情的存在物。激情、热情是人强烈感受到自己的对象的本质力量。”[①]实际上,在新媒体时代,人的对象性存在寓于两个方面的可能性:一方面,新媒体融化为人的自身生命力,即人经由与新媒体的融汇而获得能动性的提升,或者获得工具理性的日臻完善,或者获得激情、热情等非理性的行为内驱力。另一方面,人的生命降格为新媒体的某种操作流程或环节,成为新媒体这个“智能自动机”的一个不由自主的节点,它本身的受动性甚至陷入无法自觉的境地。诚如此,新媒体在人的能动性的一面已经给人以足够的鼓动,它不仅仅是激情、热情,而且包括便利的手段和操作程序。“创客”是一个新鲜的名称,只有在新媒体时代,它才如此接近每一个人,从而印证着人的本质力量,在人的生命独特性(即智慧的)层面给人们带来惊喜。

① 马克思.1844年经济学哲学手稿.北京:人民出版社,2000(3):105-107.

(一)什么叫创客

在尼葛洛庞蒂的《数字化生存》中,他对于人机互动的想象还是祈望电脑能够对人的模糊不清的、初级的构想进行辨认,并使之清晰化。他说:“在好的人机界面设计中,电脑应该能够理解不完整的,模糊不清的想法——这类想法常常会在任何一个设计的初始阶段出现——而不只是懂得那些以比较完整和连贯的方式表达的复杂的、已成型的东西。”①他认为电脑制图在它对人的草图描绘的跟踪过程中会体现出其更强的动态性和更好的互动性。人的创作变得更加轻松如意。克里斯·安德森在2012年写有一本书叫《MAKERS:THE NEW INDUSTRIAL REVOLUTION》,中译本翻译成《创客:新工业革命》。安德森在书中对“创客运动”的变革性特点进行了归纳:其一,创客使用数字工具,在屏幕上利用桌面工具设计并制作模型样品(“数字DIY”);其二,他们是互联网一代,“在开源社区中分享设计成果、开展合作”;其三,“公众制造”有可能局部替代工厂制造,而无论是通过3D打印机直接把设计的产品变为现实,还是通过商业制造服务商提供专门服务,它们已经不是主要的问题。② 可见,尽管“创客”在原初意义上乃是指一切热衷于个人创制的人,而现在,它特指数字创意和个人制造的合体。

(二)创客改变了什么

正如安德森所言,“曾几何时,创意改变世界异常艰难”。③ 安德森在他的书里异常兴奋地说:“现在,我们已经被网络上俯拾即是的财富宠坏了。只要有想法,外加一台笔记本电脑,年轻人就能创立改变世界的公司。……网络的美妙之处在于将发明工具和生产工具大众化。”④凭借某些软件代码就能将观念中的东西变成产品(模型),并在大众化的生产工具(3D打印机等)⑤的运行中变成现实之物。创客运动的兴起,对个人的生存环境产生了非常巨大的影响。

---

① 尼古拉·尼葛洛庞帝.胡泳,等,译.数字化生存.海口:海南出版社,1997(3):124.

② 克里斯·安德森.萧萧,译.创客:新工业革命.北京:中信出版社,2012:27.

③ 同上,7页。

④ 同上,10页。

⑤ 说明:当然,3D打印机无论在技术上还是在普及上,目前还处于初级研发阶段,在“事实”上,它离“大众化生产工具”的定义还有一段距离。

第一，犹如1985年的个人电脑革命一样，“向有史以来的统治秩序发起颠覆性的挑战”。[①] 这种“统治秩序”主要是指制造业过去一直由专业人士和专门组织所垄断，因为它需要特别的专业知识和大规模的生产成本，而互联网向所有人开放。

第二，激发了“喷薄欲出的想象力和势不可挡的预测”。那个给予乔布斯以最初灵感的、名叫斯图尔特·布兰德的人，据说是从幻觉文化中走出来的一分子，和硅谷那些“幻想家们”一起致力于推动技术发展、解放人类的思维与智慧。乔布斯和他的合伙人史蒂夫·沃兹尼亚克在他们参与的创客组织“自制电脑俱乐部”中创造了第一台苹果电脑，那只是“创客运动”中如雨后春笋般出现的种种创意和制造的一个典型。

第三，“比特”世界对“原子”的巨大冲击。尼葛洛庞蒂已然思考过“比特”和“原子”的差异，[②]“比特”（字符）是数字化生存环境的最小组织单位，正如“原子”（就其字面意思，“不可分之物”而言）是人的生存的物理环境一样。而新媒体时代进一步解放了“比特”，它们的生产和传播都很廉价，“毫无重量的比特经济改变了从文化到经济的所有事物的面貌”。[③]

第四，正由于比特的廉价和开放性，从而普通大众获得了人生出彩的更多机会。创客大行其道，就是指普通民众可以通过自己的勤劳和智慧把自己的“点子”和理念转化为物质形式和财富。这样，“吊丝逆袭高富帅”也就成为可能。这正是尼葛洛庞蒂所讲的数字化生存的“低门槛”或者“赋权”，也是安德森所讲的“发明工具和生产工具大众化”。

第五，由于获得网络上的联盟的可能性，创客不再是孤独的个体，不再是喧嚣世界中的独行者。在网络社区和创客空间，创客能够依据彼此的兴趣结成联盟、分享设计所需的程序源代码，从而使得智慧产品的代价进一步降低，人在共同体中获得原子个体所不能获得的自由。

总之，随着MakerBot的语言（G编码）在制造生产线的广泛采用，现实与

---

① 克里斯·安德森．萧萧，译．创客：新工业革命．北京：中信出版社，2012：28．

② 尼古拉·尼葛洛庞蒂．胡泳，等，译．数字化生存．海口：海南出版社，1997（3）：21．

③ 克里斯·安德森．萧萧，译．创客：新工业革命．北京：中信出版社，2012：11．

虚拟之间可以随意转换。[①] 新媒体时代的创客运动，不仅是安德森所言的"一场制造业的革命"，更是人的生命力得到确证的再确认。"创新"这个词成为每一个人可以相逢的机遇和生存平台。比特世界中人的智慧的发挥，已经不再是脑海中的革命，不再是在新媒体空间进行虚拟设计和制造，随着物联网（一种对现实事物和工作流程的信息融通）的开发，随着3D打印成为时代的新宠，从空想到现实的距离就被无限缩小了。新媒体扩大（同时也是放大）的不仅是人的体力，而且更是人的脑力，归根结底是人的生命力。

（三）新媒体撬动"地球"的支点在哪里

单个人的生命力总是有限的，尽管在理论上他/她有着无穷的潜力，但是，人类的生命力是无穷的，虽然在特定的历史阶段上，人类总是不能随意选择自己的生产力。新媒体的发展，是单个人的有限生命力得到了扩容，它通过"互联"而成为一个知识与智慧的巨网，通过超强智能化而解放了人的部分体力和脑力，从而使人能够专心于某个兴趣点（专门的问题）。同时，每个人的智慧水平的扩容和充盈，在他们各自接近自己的生命力之极限的时候，不仅使人类获得了单个人累加所必然获得的量上的知识积累，更重要的是，由于他们之间在新媒体时代的紧密联系而获得的结构性力量，更是人类生命力的一个质的提升。"地球"已然被新媒体所撬动，那么，在如此广阔的空间产生如此广泛的影响，新媒体所借以"发力"的支点何在呢？在对人的想象力，以及这种想象力的"落实"这个问题上（正是这个问题，它从主要的方面体现了人的生命的独特性），以下几个方面的要素，共同构成了新媒体时代人的智力智慧的提升，以及莱文森所言的，对人的脑力的延伸。

其一，技术赋权。尼葛洛庞蒂对数字化生存的乐观主义的态度正是源自他对技术赋权的信任。他认为，"数字化生存能让我们的未来不同于现在，完全是因为它容易进入，具备流动性以及引发变迁的能力"。[②]

其二，新媒体组织的新的共同体。马克思在《德意志意识形态》中说："个人力量（关系）由于分工而转化为物的力量这一现象，不能靠人们从头脑里抛开关于这一现象的一般观念的办法来消灭，而只能靠个人重新驾驭着

---

① 克里斯·安德森. 萧萧，译. 创客：新工业革命. 北京：中信出版社，2012：31.

② 尼古拉·尼葛洛庞蒂. 胡泳，等，译. 数字化生存. 海口：海南出版社，1997(3)：271.

物的力量，靠消灭分工的办法来消灭。只有在共同体中，个人才能获得全面发展其才能的手段，也就是说，只有在共同体中才可能有个人自由。”[①]克莱·舍基有一个比较有意思的比喻说明诸如新媒体这种工具性的东西是如何成为社会的新的生活范式的组织者的。他说：“社会用来创造和维持自身的工具对人类生活的核心意义就仿佛蜂房对蜜蜂生活的意义。虽然蜂房不是任何单只蜜蜂的一部分，但它是蜜蜂群体的一部分，既被居于其中的蜜蜂的生活所型塑，也在型塑着这种生活。蜂房是一种社会性装置，一种有关蜜蜂的信息技术，它提供了沟通和合作的平台，蜂群的生存因此成为可能。单只的蜜蜂如果离开蜂群，或是离开它们共享的、共同创造的环境，根本无法被理解。”[②]就此而言，新媒体不仅是工具，而且是一种关系构建的信息传导方式，是创造个性发展和个人自由的可能方式。

其三，建立这种“无组织的组织力量”的内驱力就在于分享。分享不仅是结成新群体的基点（克莱·舍基这么认为），也是人在他人那里获得力量的重要方式。经由这种方式，人获得了互联网中许多陌生人的鼎力相助，从而“功力大增”、“利器在握”，不但能够把自我意识对象化为现实之物，并且能够通过分享而营养这种自我意识。

总之，互联网将人与“想法”联接起来，越来越多的人参与生产更多的想法与创意，反过来又吸引了更多的人参加。在这个不断攀升的虚拟社区，创客既体现了公众的力量，也在最大程度上使个体的本质力量不断地对象化，从而印证了人的生命的独特性。在《哲学的贫困》中，马克思对（传统的）“形而上学家”们进行了批评，认为他们把一切存在物，一切生活在地上和水中的东西都经过抽象而归结为逻辑范畴，因而整个世界都湮没在逻辑范畴的世界中了。[③] 创客在数字化设计的过程中当然离不开这种逻辑范畴的建构，正是通过对实在事物的数字化逻辑梳理，才有了电脑界面的设计，从而也有了联接产品制作的整个过程。然而，创客却没有沉浸在“逻辑范畴”之中，而是把这种逻辑范畴现实化为实在世界。

---

① 马克思恩格斯选集．第一卷．北京：人民出版社，1995：118－119.

② 克莱·舍基．胡永，等，译．人人时代：无组织的组织力量．北京：中国人民大学出版社，2012：14.

③ 马克思恩格斯选集．第一卷．北京：人民出版社，1995：139.

二、虚拟环境与生存时空

时间是人的生命的自然尺度,也是人的发展的空间。人类实践是在时间和空间中展开的。人的生命力的确还有一个重要的方面,那就是对时空穿越的现实可能性。人的自由的限制主要是来自时间和空间的压抑,虚拟环境极大地拓展了这一时空的阈值,从而使人可以穿越时间隧道。历史、现世与未来的边界逐渐模糊,人们也能够跨越地域的阻隔,并从过去一般认为的那种由身体迫近世界各地的时间的压缩,转变为世界由外而来地进入到"我"的生活世界的时间的压缩。换句话说,不再是我搭乘更为先进的交通工具而亲历各种自然景观和文化,而是各种自然景观和文化经由新媒体而逼近我的生活。这是尼葛洛庞蒂所称的比特所构成的新媒体世界与原子所构成的物理世界相比较的一个巨大的变化。马克思在《1857－1858 年经济学手稿》中提到了被后人称为"三阶段理论"的社会发展的基本趋势:"人的依赖关系(起初完全是自然发生的),是最初的社会形态,在这种形态下,人的生产能力只是在狭隘的范围和孤立的地点上发展着。以物的依赖关系为基础的人的独立性,是第二大形态,在这种形态下,才形成普遍的社会物质变换,全面的关系,多面的需求以及全面的能力体系。建立在个人全面发展和他们的社会生产能力成为它们的社会财富这一基础上的自由个性,是第三个阶段。"①马克思在这里明显提到了交往关系是否发生在"狭隘的范围和孤立的地点"是一个社会发展程度的重要标志,是决定人本身发展条件的重要因素。可见,"范围"、"地点"一直都是对人的生命力量发生制约的外在客观性。而马克思写道:"把商品从一个地方转移到另一个地方所花费的时间缩减到最低限度。资本越发展,从而资本借以流通的市场,构成资本空间流通道路的市场越扩大,资本同时也就越是力求在空间上更加扩大市场,力求用时间去更多地消灭空间。"②这就是经常被人们引用的马克思关于"用时间消灭空间"的著名论断。而在马克思那个年代,媒介的发展最为先进的形式当属电报,他曾说道:"电报已经把整个欧洲变成了一个证券交易所。"③不能

① 马克思恩格斯全集. 第四十六卷(上). 北京:人民出版社,1979:104.

② 马克思恩格斯全集. 第四十六卷(下). 北京:人民出版社,1980:33.

③ 马克思恩格斯全集. 第十卷. 北京:人民出版社,1962:653.

不说,这恰好是马克思“用时间消灭空间”论断的十分妥帖的例子。颇有意思的是,这种情况不是一般意义地发生在资本的流通领域,而这恰好也是本书所要论述的“媒体”的重要社会历史意义——就其在人的生命力的自我突围这一点上来说。

(一)新媒体时代的时间问题

1. 穿越。

穿越又称时空旅行,尽管由于时间和空间的不可分割性,使得穿越势必是时间与空间的同步穿越,但此处主要是从时间的角度来思考的。通俗地讲,穿越就是某人或某物因为(或不因为)某些原因和过程,从所在时空(当下的时空)穿越到另一时空(过去或者未来时空)的事件。新媒体时代的时间穿越,主要缘自两个方面:一是互联网的强记忆性造成的“历史性复原”成为可能;二是大数据时代的数据挖掘技术与分析工具的不断进步,对未来的预测大大超出了“先知们”的预言能力而对时代的发展趋势有着更加“精准”的把握。一个是回溯,一个是预言。新媒体时代,世界按照人的要求进行设计的现实可能性得到了提高,在海德格尔那里,人是在这个世界“逗留”的一个存在者,他说,“唯有人赴死——而且只要人在这片地上逗留,只要人栖居,他就不断地赴死”。[①] “逗留”的时间性是显而易见的,正因为生命“逗留”的时间性尺度,才需要人“在世”采取其他的尺度来度量自身。

媒介技术已经打破了时间性的牢笼,人可以在暂时性的“栖居”中体验到历史维度的存在感。新媒体技术就能构建这样的历史时空,因而“跨越剧”成为人们与历史的“它时代”(肉体所不能经历的时代)共在的有效手段。历史的“复原”和未来的“模拟”,既使得现在的人们获得了历史积累的经验和认识手段,也使历史的纵向比较成为可能,以至于在设定科学发展道路的过程中,人们不但可以在中西之间、南北之间进行对比,还可以在古今之间、指向未来的可能性与当下的现实性之间进行衡量。时间的穿越除了体验的丰富,从而增进人的生命感知能力之外,还由于数据化的发展,历史的生活景观不仅在电视上、在电影制作的时候给人以丰富的素材,更是在人

---

① 海德格尔. 孙兴周,译. 人,诗意地栖居. 海德格尔存在哲学. 北京:九州出版社,1994:245.

的想象力的凝炼中,以愈足丰富的历史文本刻画了现实的真实面貌,这正是“以史为鉴”的现代表述。如果说,传统社会的人们并没有认识到时间的历史性,人们把时间等同于生命的生物学延续的久暂,也就是所谓的自然时间。那么,现代社会人们已经把时间的价值放在了人的生存与发展的价值坐标之上了。新媒体无法打破自然时间对人的生命久暂的框定,但是,新媒体打开了历史时间的视窗。

2. 新媒体时代自由时间的胜利。

马克思在《资本论》中通过探讨人的生存的自由时间问题而对资本主义的压迫与剥削本质提出了深刻的批判,资本家正是通过把工人的自由时间变成必要劳动时间,从而使工人处于压抑、异化的状态。新媒体时代,由于人们可以节省大量的工作时间,从而获得了更多的自由时间,因此之故,新媒体为人的自由发展提供了时间上的可能性。当然,这种自由时间的提供,依靠的是技术进步,特别是智能化的发展所产生的后果。新媒体发展到物联网时代,信息技术与生产生活的各个部门“联网”,信息的传播更加便捷、廉价,从而节约了大量琐屑的生产生活的必要劳动时间。

由于传播技术的迅速发展,微博、微信等即时通信工具的广泛运用,地理距离已经不成为问题,空间的阻隔被新媒体传播实践(即时性)所征服,地球村也就成为麦克卢汉、托夫勒、尼葛洛庞蒂等人津津乐道的问题了。如今,就连“地球村”也不再是一个时髦的词汇,人们懒得说这些了,因为在当今,信息流通已经不再有那种不可逾越的障碍,尽管在群体的重新布局上,存在着“重新部落化”的情形,而这正是新媒体时代,即时性通信的结果:人们在全球范围由于信仰、爱好、从事的职业、迷恋的明星、追崇的某种话语、依赖的某个物件、性取向、审美的某个独特“点”,等等,相互交叉地形成了一个个新的网络社群。新媒体时代,时间对空间的征服就在于“即时性”,它为其他的生存条件创造着前提。

可见,一方面,“跨越”使历史的体验感增强,人的历史感、从而人的历史时间在工业革命以后,在这个节骨点上变得空前厚重。人是历史之存在,它拓展了人对生存的自我把握和诊断。新媒体依靠3D数码技术,可以设计、模拟人类的演进过程,而3D打印机,甚至在未来能够打印出我们所希冀的、具有丰富社会关系的景象,它能现实地存在,并且我们就生活于其中——当然,这看起来是如此荒诞不经,正如20年前人们对当今的新媒体技术和生存境遇会无从设想一样。另一方面,“时间消灭空间”的设想借诸传递的“速度”。只有生命本身的无限拉长,或者传播和传递时间的无限缩小,空间才是可以忽略的。新媒体技术在为人们争取了自由发展的时间的时候,当然会由于劳作的减轻而获得生命体时间的拉长。然而,这个生命体存在时间的拉长幅度远远不足以达到忽略空间限制的程度,所以,新媒体对空间的破解,乃是通过无限缩短传播(传递)的时间而获得的。

(二)新媒体时代的媒介空间

1. 虚拟空间的创造。

空间对人的生存与发展的重要程度,与时间是紧密相联的,但这里需要进一步探讨的是虚拟空间,即媒介空间的开辟,它使人获得了所谓的“第二人生”。2003年7月,位于美国旧金山的Linden Research(林登实验室)公司发行网络游戏“第二人生”。[①] 网友可以指定游戏里的一个虚拟人物,听从自己的意志创造自己的生活,这就是网友的“第二人生”。同时,这个虚拟的“我”还可以在游戏中经商、工作、旅游、恋爱、逛夜市、冒险等等(你所能想象到的活动,都能在这个虚拟平台中完成;你所希望得到的生活,都可以在这个虚拟世界中去建构)。该款游戏自发行以来,颇受人们喜爱。

虚拟空间首先是一种文化空间,或者说虚拟空间具有重要的文化价值。新媒体时代,由于“信息狂侵蚀了我们对于意义的容纳能力。把思维的弦绷在信息之上,我们注意力的音符便短促起来。我们收集的是支离破碎的断简残篇。我们逐渐习惯于抱着知识的碎片而丧失对知识后面的智慧的感悟”。迈克尔·海姆认为,“所获得的信息越多,可能有的意义便越少,这就

---

① 注:“第二人生”(网址:secondlife. com)中虚拟世界的特色:一是“居民”。居民是指“第二人生”的用户,在虚拟界面中以它虚拟化身的形象出现。“第二人生”的每个居民的虚拟化身可以根据个人的意愿随意改变。二是交流和交通方式。在“第二人生”中有两种基于文本的交流方式:本地聊天和全局“即时信息”(IM)。本地聊天有范围限制,只有在25米之内的其他“居民”可以听到;要想更多的居民“听到”就要“喊”(可达100米距离),当然,说悄悄话就只能10米以内的人可以“听到”了。即时信息用于私人交谈,不受距离限制。“第二人生”提供了很多“交通工具”。在“对象库”里有一种最基本的叫作go-kart的工具,居民还可以自制或购买“直升机”、“潜艇”、“热气球”等。总之,“第二人生”是基于人的现实生存环境构建的一个虚拟社区平台。

是所谓的收益递减律”。[①] 当然，海姆的这种认识不见得正确，在“超文本”所建构的虚拟空间中，最为重要的不是单位信息给予的意义的多寡，而是大数据的集成所形成的一种生存空间，这不仅是物理空间的延展，也是心理空间的拓域，那些看似碎片般存在的信息，由于超文本链接而形成一种文化框架，人就在这个意义框架中再度寻思自己的存在，从而，才能合理解释那些在现实生活中遇到挫折，就在网上宣泄的行为的合理性，也才能恰当地解释那些购买名车、名包、名表，在现实中收藏严谨而在网络上“暴晒”炫富的人的心理了。我们对“意义的容纳能力”并非在平均的信息量上人们应该获得的“所指”的范围和内容。正如网络游戏是人的生活结构与心理结构的重新布局一样，网络虚拟社区（“聊天室”、“论坛”、“第二人生”等等）策划的是人的现实欲求和祈望，它把人的需要和欲望变成一种新媒体的“拟态”，就此而言，就不会再度把信息划分为“单元”而去追寻它的价值量了。在大数据时代，这种量化分解已经完全失去了可能性。人们在新媒体空间伪装任何显像形式，都只是对人的生存空间的拓域，是对困缚人类发展的现实空间的“开疆拓土”。

2. 现实空间的挪空。

除了虚拟空间的开辟，现实的物理空间在新媒体时代亦获得了解放的可能性，更多的必然性空间被自由发展的生存空间所取代。托夫勒在《第三次浪潮》中对那些被工业革命推向工厂和办公室这些“必然性空间”的人回归到“家庭”表示出极大的热情。他认为这将是一场“革命”。过去那些认为在家里办公将会使员工松懈的种种虚妄的理由，在托夫勒看来，已经完全失去了实际的指涉作用。托夫勒说：“除了提倡较小的工作单位，允许生产非中心化和非城市化、改变工作的实质性外，这种新生产体制确实能将数百万职工从工厂和办公室里解放出来。他们是被第二次浪潮冲击到那儿去的，现在又要回到原来的地方：家庭中去。”[②]新媒体对托夫勒的这个设想提出了事实上的论证：它通过行动而不是言语。SOHO（即 Small Office Home Office，家居办公）已经成为当今的一个热门词汇。SOHO 族大多指这样一些人：他

---

① 迈克尔·海姆. 金吾伦，等，译. 从界面到网络空间——虚拟实在的形而上学. 上海：上海科技教育出版社，2000：9.

② 阿尔文·托夫勒. 朱志焱，等，译. 第三次浪潮. 北京：新华出版社，1996：213.

们在自己的家里从事自己的职业。不过，目前的职业还限定在一定的范围之内，比如：自由撰稿人、设计人员、音乐创作人、做期货、产品销售员、艺术家、商务代理、做网站、开淘宝店等等。随着个性化“定制”生产的越来越发展，亦即个人欲望和需要得到越来越多的重视和尊崇，小型化的生产将会取代大规模的生产模式，而自动化特别是物联网技术的发展，无论是大型制造企业还是小型生产厂家，“回到家里上班”的人会越来越多。那么，相对而言，人们耗费在上下班途中的时间就会被省去，①从而整个花费在必然性空间中的时间就会大大缩短（上下班交通道路、乘坐工具、办公室、工厂等，就目前来讲，依然是一种受到各种外在性约束的空间，从而姑妄言之为必然性空间），相对而言，人的自由发展的空间就会扩大。城市交通不再为必然性而存在，而大型工厂、办公大楼渐渐淡出人们的视线，成为一种历史回忆。

托夫勒认为，回到家里办公的“电子家庭”具有十分重要的意义：它减少人口的强迫性流动，从而有利于正常的社团活动；它降低能耗、减少污染，从而有利于环境，等等。托夫勒并不认为人们在信息时代会使人与人之间的关系被电子屏幕所隔绝，他认为那仅仅是科幻作家的想象。他宣称，“这些伟大的历史性变化，使我们正处于新文明的边缘”。② 可以想象，新媒体的发展，使得人们的自由空间变得越来越宽敞，但这是从可能性来讲的，可能性转化为现实性还需要一系列的条件支撑。最为典型的情况是现在许多人由于受到新媒体的操控，任何地点、任何场合都被无形地囚禁在新媒体的使用当中。如此一来，新媒体在当前的发展，也许离真正的自由空间的开辟还有一段距离。因而，特别需要强调，按照托夫勒的观点，实际上是一种比较理想的状态，信息化为人们提供了挣脱必然性空间约束的无限可能性，而这个可能性是现实存在的，新媒体的发展使这种可能性更加蔚为壮观，就此而言，对空间的拓域，无论是虚拟的还是现实的，都将是印证和强化人的生命力的重要方式。

---

① 在城市拥挤的情况下，上下班行程所耗费的时间是非常惊人的。例如，在“西祠胡同”有网友“吐槽”：“上下班途中浪费了好多时间啊，我的青春就这么滴被耗费了。”该网友说，从家坐车到公司顶多 25 分钟，每次等车时间得 30 分钟左右，上下班等车时间 1 个小时左右。（见 www. xici. net/d136941970. htm）

② 阿尔文·托夫勒. 朱志焱，等，译. 第三次浪潮. 北京：新华出版社，1996：224 - 227.

在时间上,新媒体挣脱了自然时间的限制而向着人的历史时间进发,人在技术的层面可以“进入”到历史和未来之中,从而穿越历史隧道,成为一个能够纵览历史之流的现实存在者,并在这种具有历史厚度的存在当中,驾驭现实存在之本身。同时,新媒体的发展,用时间消灭空间已经具备了物质的条件,从而地球村也变得并不时髦,重新部落化的世界已经由于各种共同体属性而联接在一起,物理空间由于新媒体的“即时性”而获得突破。在空间上,新媒体构造了虚拟社会空间,它构成复杂的社会关系网络,并不仅仅是现实社会关系的复制,而是一种“延伸”,人的生存环境获得了虚拟与实在的二元统一。[①] 由于信息传播的便捷以及信息技术的广泛运用,物联网和其他更为先进的信息技术与制造业的融合,新媒体为人从必然性空间(工厂、办公楼、交通)解放获得了现实的可能性。全部这些,正在佐证新媒体对人的生存方式的影响和对生存空间的拓展。

三、共享机制与感觉世界

新媒体已经把我们置于计算机界面或者手机屏幕之前,而时新的技术已经完成了对实在世界的恰当模拟,人们可以轻易进入那种虚拟实在的世界。[②] 一方面,新媒体视窗的神奇之处在于给人一种身临其境的感觉,而且,在获得“超验”的感觉之时,是如此逼真。把“超验”和“感觉”放在一起组成一个词语,只有在宗教的冥想中才是可能的,那种“得道”之人据说可以获得“超验”的感觉,而在新媒体时代,这种感觉几乎人人能够获得,它更加接近于经验本身——在戴着3D眼镜的虚拟游轮上,在游戏界面的交互“战斗”与“烽火”中,那血腥的、缠绵的、诗意的、心惊肉跳的、苍凉的、悲戚的、激动不已的种种体验的获得,它的素材完全超乎人们的想象,在他/她的周围未曾出现的种种离奇之事变得不再离奇。另一方面,人的经验还能通过其他简便的方式获得,各种数据平台提供我们检索的资料,而那些仅仅依靠积分即可获得的下载权限,让人们在获得下载权限的时候不得不支付在线时间,把

① 何华征.电商快递物流的伦理意蕴与制度重建.北京交通大学学报:社科版,2014(1):75-80.

② 迈克尔·海姆.金吾伦,等,译.从界面到网络空间——虚拟实在的形而上学.上海:上海科技教育出版社,2000:73.

注意力定格在某一个固定的界面，从而获得优享权。“分享”和“体验”这两个词，成为新媒体时代生命质量的认定标尺。能够获得多大的分享权限或者进入某种程度的体验，是人们进入新媒体时代的测度标尺。

海姆曾经讲道：“计算机能把问题化简，能把问题解决，但不仅仅如此，计算机还可以带来让人成瘾的超量工作和由于自动化所导致的失业。计算机在商界并非提高生产率，而似乎是使各种活动成倍地增加，可却不能带来什么实质性结果。‘年度机器’所带来的那种说不清楚的忧虑已经让位于一种更为强烈的疑心病，我们长于机器，但短于才艺。”①海姆认为，技术忧虑症已经成为一种怀疑主义。如果把新媒体仅仅当成一种机器而陷入那种被机器役使的境地，那么，技术悲观主义或怀疑主义的那种担忧就一点都不过分。然而，事情总是在二律背反中获得发展，在新媒体的那种共享机制下，一方面人们由于种种缘由而失去了更多的自主性和海姆所称的“才艺”，另一方面则使得生活的质量亦获得了某种程度的提升，尤其在前文所讲的“超验”这个极其矛盾的词汇下面所获得的那种感觉经验。这里，依然用海姆的描述来说明这种“超验”的感觉：“网络空间能够用不抵抗的符咒镇住我们的生活。……召唤我们上网的任务使我们在过程中忘记了自然力的丧失。我们透过界面观看是不知不觉的，因为我们是透过一个电子画框来窥视的，在这个画框里我们的符号——文字、数据、模拟——均得到了精确的控制，各种事物都表现出惊人的清晰。”②新媒体的虚拟实在之体验，决不是那种梦游般的恍惚，而是一种现实生活感的“真实”——它超乎人们的传统生活经验，在物质世界中不能完整找出它的“原本”。然而，它以“副本”的身份超越了一切原本的零碎性和学术性。新媒体生活中，个体经验的这种独特性，是如此令人沉浸，因而，它本身拒斥批判和各种说教，它就是生活。新媒体虚拟实在的这种“超验”感觉，来自于分享机制。它不仅分享着经验数据，而且分享着想象力和各种创意——它们是新媒体时代人的生命质量的要素。

---

① 迈克尔·海姆．金吾伦，等，译．从界面到网络空间——虚拟实在的形而上学．上海：上海科技教育出版社，2000：74.

② 迈克尔·海姆．金吾伦，等，译．从界面到网络空间——虚拟实在的形而上学．上海：上海科技教育出版社，2000：80.

四、新媒体时代的生命萎缩症

创客激发着人的创造欲望,也鼓励着人的发展热情。新媒体不仅是创客运动的发动机,更是创客运动的战场和武器。人们在新媒体时代所拥有的想象力,以及将之对象化的能力远远超过了以往任何时代。不仅如此,随着新媒体技术的提升和它被广大群众所掌握,尽管人依然在物的依赖关系上逗留,但它(新媒体)已经使这种依赖关系趋向于人的独立发展的方向——这就是新媒体对人的生存与发展的时空制约的有限度的解放。人们在新媒体时代可以总览历史,获得历史时间的经验,从而使“穿越”一词由一个户外运动的行动,变成了一个跨越时空的浪漫主义想象,新媒体使这种想象获得了在虚拟世界中实际体验的可能。当然,现实的时空限制,在即时性新媒体的开发与运用中,在很大程度上得到了缓解,马克思“用时间消灭空间”的那种深刻思想,在社会领域得到了印证,新媒体是理所当然的居功者。但是,正如前面所讲的,海姆就认为有一种技术的怀疑主义在网络世界环绕,它挥之不去地破坏着乐观主义者的热情。

(一)“技术的解码”

鲍德里亚在《完美的罪行》一书中指出:“每个人都有自己的鸡尾酒,都有其将有的生活经历,所有经历都几乎是相同的,既有差别又有微不足道的特点。每个人都被这样一种干扰系统所保护:他的声音、他的讲话、他的面容,除有个人解码器的人之外,其他人都将难以辨认,包括性关系的情节:只有掌握解码器钥匙的人才能看清屏幕中的人体。我们不久都将成为解码机器。由于所有自发的关系,所有欲望的正常变化都技术性地停止了,应该代替这种欲望技术性停止的是技术的仪式。”[①]海姆也认为,“我们甚至意识不到我们是何时陷入我们的心灵和网络系统的。我们那个活生生的基本世界逐渐消失在我们对认知的和想象的世界的注意力之中”。[②] 而我们生活的

---

① 让·鲍德里亚. 王为民,译. 完美的罪行. 北京:商务印书馆,2000:122. 原文翻译为“……所有经历都既有差别又有微不足道的特点都是相同的。……”句子不通顺,援引时做了适当修改。

② 迈克尔·海姆. 金吾伦,等,译. 从界面到网络空间——虚拟实在的形而上学. 上海:上海科技教育出版社,2000:81.

“脚本”已经有点动摇了，在这个脚本之上运行的程序还会安然无恙吗？生命力在新媒体时代确实得到了加强吗？这是一种强烈的质疑，它不是关乎技术的稳定性，而是关乎人自身的存在的稳定性。在虚拟世界中，人的存在和活动可以被解码为一系列的程序和代码，而这些程序和代码在一定程度上成为人的活动属性和目的——人不再依据代码和程序的设计而活着，并且为了这种程序和代码的稳定性和发展而介入它们。面对这种质疑，能够用“复杂化”这个词来回避对它的回答吗？心理生理机制被解码为一系列的程序和代码，这无疑是生命力的萎缩症之表现。其实，这种萎缩还包括灵肉一体的更多其他方面，比如度娘控的精神萎缩和新媒体塑造的那些宅族的身体萎缩。

（二）“度娘控”和宅族

正如凯茨和莱斯所指出的：“很多人可以从互联网上获得文化资源，而这些文化资源可能是他们通过其他途径无法看到或听到的。”[①]新媒体的便捷性使传统社会的知识垄断有了翻天覆地的改变，人们能够觊觎整个知识大厦的内部，同时也瓦解了知识垄断者的文化权贵地位，为一切个体的发展创造了条件。正如前面已经提到的，网络技术使人们“上瘾”了，新媒体创造了一个知识资源库的可能性神话，却被另一个现象所困扰。一些人患上了这样的瘾症：他们被新媒体所控制，成为“微博控”、“手机控”，他们不再热衷于对常识的学习，也不再习惯于独立思考问题，而成为搜索引擎的忠实粉丝，“度娘”、[②]“谷歌控”成为一种新的社会问题。尤其在年轻人的群体中，百事不求人，“百度”成为万能的知识来源。糟糕的并不是对搜索引擎的利用，而是这种利用可能造成的恶果。其一，对搜索引擎的依赖性的增强，使得人们改变了对知识的认识态度，认为所谓的知识无非就是一种可以随时调取的片段式的信息，在超级链接的无穷跟踪下，能够获得整个知识体系所需要的判断和结论。结果，人自身的判断力反而下降了，甚至对一些常识性

---

① 詹姆斯·E.凯茨，罗纳德·E.莱斯．郝芳，等，译．互联网使用的社会影响．北京：商务印书馆，2007：113.

② “度娘”这个词的含义有好几种：一是指百度图片的年度美女，二是指“百度搜索”，三是指“百度”公司的“吞贴”、“婆婆妈妈”的行为和品性，等等。此处指称那些对知识（包括常识）的了解完全或主要依赖于在“百度”等搜索引擎获得信息的人。

的东西都依赖于新媒体工具。其二，假设知识的实用性确实是它的唯一存在根据，那么，谁能保证网络搜索的结果的真实性（这一点，从纸质载体的知识亦无法确保它的真实性的角度来反驳显然是无力的，因为那只是一个出版管理的问题，而网络的虚拟存在环境，人们可以轻易逃避对责任的担负）。事实上，由于诸如百度百科、谷歌词条这些内容的编辑是开放性的，更改的便利以及大众参与的要求，使它们的准确性大打折扣。而建立在此基础上的认知体系，对具体实践的指导意义又有多大呢？其三，对于人类知识形态和生存的认知体系的全面认识，也会受到技术性的压迫。想象力和联想这些活动在搜索引擎中很难得到再现，尽管智能技术的发展会在这些领域获得进一步的开发，但是，思维的个别性也就在搜索中逐渐丧失。这对于繁荣新媒体时代的人类文化，是一个很大的打击。当然，也有人认为，那些统计数据和知识的庞大体系的数据化的在线共享，使人们摆脱了烦琐的劳动，从而能够致力于思想表达和智力的提升。我想，这种认识的正确性在于它看到了新媒体时代的不可逆转性，新媒体的应用决不是拒绝还是接纳的问题，而是如何利用的问题。但是，在如何利用的问题上，这种想法却约定了这样一个前提：一切（对媒介等的）使用本身都是科学而有节制的。“度娘”或者“谷歌控”一旦成为一种习以为常的瘾症，并且在此过程中不能自拔而荒废了基本知识的积累、个人性的想象、发散性的联想，那么，便利的新媒体就可能阻碍着生命力，尤其是人的智力智慧的发展。①

当然，随着新媒体的发展，弹指间可以获得人们想要的东西，从而为宅族的诞生创造了条件。所谓的宅族（或御宅族），就是生活在特定的居所而长期不愿意出门的人，他们的工作、饮食、休闲活动全部在同一个固定地点——室内完成。他们不再去户外参加社区活动，不再起床参加晨练，不再去市场购物，不再去餐厅吃饭……网上订购他们所需要的一切物品和服务。这种人，随着新媒体的发展，已经越来越多。有人认为，宅族有诸多的好处，比如节约时间、不再把时间花在车上、路上、洗衣做饭等这些琐事上；节能减排，省去了私家车；安全、省力。而汪靖等人则认为，“御宅”族具有如下一些

① 何华征．电商快递物流秩序重建的伦理要求及路径．中国流通经济，2013(4)：79－84.

特征:其一是过度沉溺于媒介而无法自拔;其二是对本族群和自身兴趣之外的领域缺乏信任;其三是满足于虚拟社区的互动而回避现实互动;其四是因为自闭、孤僻的性格,从而缺乏交际能力。[①] 当然,也有人认为把宅族等同于"猥琐"、"自闭"、"色情狂"、"阴郁"等词汇所描写的人是不应该的,认为互联网经济的发展,"宅"(待在家里)是媒介发展和经济发展的必然结果。[②] 而王云红等则认为"御宅"是一把双刃剑,一方面,从某种程度上说,它与当今的新媒体发展相适应,"御宅"是社会虚拟化的必然结果,所有人都可能过这样的生活;另一方面,"御宅"蕴含着风险性,即由于自我封闭,模糊了现实社会的责任与虚拟社会的任性之间的关系而导致一些非常态事件的发生。[③] 对宅族做道德上的界定本身是不合时宜而且专制的,但是,在人的生命力的发挥和提升上,对宅族现象却能获得基本的认知,那就是长期宅在家里会严重影响人们的健康,从而使人在身体上陷入一个险恶的处境。[④] 由于公共网络平台的发展,"宅"(待在家里)是否是一件十分有益的事情,很难一言以蔽之。正如前面所讲到的,"回到家里工作"(托夫勒所预想的)使人们从必然性空间解放出来,从而有更多的自由发展的空间。但是,随着共享机制的进一步发展,新媒体生活方式的路径依赖已经初露端倪,这时候,那种被预想的"自由发展的空间"却成了一种新的"必然性空间",而且变得更加狭隘。

小　结

新媒体赋予人类改变世界的力量的同时,也改变了人自身。阿尔贝特·施维泽在《敬畏生命》一书中说:"受制于盲目的利己主义的世界,就像一条漆黑的峡谷,光明仅仅停留在山峰之上。所有生命都必然生存于黑暗之中,只有一种生命能摆脱黑暗,看到光明。这种生命是最高的生命,人。只有人能够认识到敬畏生命,能够认识到休戚与共,能够摆脱其余生物苦陷

---

① 汪靖,顾晓晨."御宅族"现象——新一代媒介依存症.当代传播,2008(5):41-44.

② 王薨."御宅"词源释义及宅文化之演进.武汉理工大学学报:社科版,2013(3):401-404.

③ 王云红,王树义.从交际角度看日本"御宅族"文化现象.河北师范大学:哲社版,2009(2):151-155.

④ 赵聪."宅"族体育文化现象的调查与应对——空间社会学视角的解说分析.当代青年研究,2011(4):65-69.

其中的无知。”[①]新媒体所提供的人类生存的契机真是令人眼花缭乱，在新媒体为人们提供了丰富的想象力的时候（创客），又潜藏着钳制人的智力发展的危险（对搜索引擎的过分依赖）；当新媒体把人们从必然性空间解放出来（“电子家庭”），以为能够获得更多的自由发展的时候，新的问题又出现了，“宅族”的壮大正在威胁着人的生命机能的正常发展；当新媒体的共享机制使文化权贵趋于崩溃，而草根阶层获得了更为低廉的文化资源以后，知识的可靠性却面临着风险，如此等等。新媒体时代人的生命的强化正在这一系列的二律背反中获得发展。海姆说：“技术的危险在于它能改变人类，它能使人类行为和希望彻底扭曲。不是机器能发狂，而是我们错误地与机器进行比较后把我们自己给误解了。技术则相反，它进入到人类的内心深处，改变着我们的知、思、欲的方式。从本质上讲，技术是人类实存的一种方式，然而在计算机成为一大文化现象之前，我们是不可能察觉它的精神渗透作用的。”[②]新媒体是否能够促进人的生命力的强化，我想，我们必须记住施维泽的话：“敬畏生命促使我们去想象由个人和人类能实现的一切进步，并立志去实现它。”[③]对生命的敬畏理所当然要高于对媒介的敬畏，尽管媒介的确在很大程度上已经改变了生命的活动方式。

自由是对限制的突破，在生产力的维度上是对时间与空间限制的突破；在生产关系的维度上，是对异质性时空占有关系的承认。新媒体在“生产中介”的意义上成为消灭空间的工具，空间被快捷化的新传媒所忽略，从而空间对生产生活的约束力无限下降，人们的自由生活得以可能；新传媒在信息生产关系的错综复杂的网络中，成为劳动的新的工具，劳动本身的丰富性已经使人们可以在家庭、旅途、办公室、娱乐场等不受限制的场所从事生产和经营活动。然而，个体拥有的异质性的时空关系并没有得到现代资本的承让，他们被简约为可计算的资本，从而使得时间被空间化为同质的、可测量的东西，人的自由依然受到来自现代价值测量工具的统治。可见，一方面，

---

① 阿尔贝特·施维泽．陈泽环，译．敬畏生命——五十年来的基本论述．上海：上海社会科学院出版社，2003：20.

② 迈克尔·海姆．金吾伦，等，译．从界面到网络空间——虚拟实在的形而上学．上海：上海科技教育出版社，2000：62.

③ 阿尔贝特·施维泽．陈泽环，译．敬畏生命——五十年来的基本论述．上海：上海社会科学院出版社，2003：32.

在新传媒时代,用时间消灭空间的障碍成为现实,人的自由阈值增加;另一方面,自由的可能性受到了时间空间化的严重制约,人的自由全面发展的潜在机遇被现代工具理性通约而严重弱化。

第二节　媒介空间的扩张与人的生存困惑

海德格尔曾经说:"世界时代之转变的发生,并非由于什么时候有某个新上帝杀将出来,或者,有一个老上帝重新自埋伏处冲出来。如若人没有事先为它准备好一个居留之所,上帝重降之际又该何所往呢?如若神性之光辉没有事先在万物中开始闪耀,上帝又如何能以一种合乎神之方式的居留呢?"①新媒体时代的到来,使我们置身于这样的世界:现实空间与虚拟空间的边界在人们的感觉中变得模糊不清,鲍德里亚甚至在上个世纪末就曾感叹,"世界是一个根本性的幻觉"。他悲观地说:"最新、最微妙的再生世界是人工合成的世界。对再生世界的幻影问题,只有我们世界的高级幻觉才能答复。"②鲍德里亚认为,"完美的罪行是通过使所有数据现实化,通过改变我们所有的行为、所有纯粹信息的事件,无条件实现这个世界的罪行——总之:最终的解决方法是通过克隆实在和以现实的复制品消灭现实的事物使世界提前分解"。新媒体的确构筑了一个"再生世界",它使人们获得了"第二人生"的新鲜体验。而这个虚拟的,或者姑且说是虚幻的(它并不指向虚无)世界,是人的生存所面临的新的环境和真切体验。鲍德里亚无奈地叹息:"在实时尽情地生活吧——直接在屏幕上生活和受苦吧。"③这种略带忧伤的嗟叹带着一种混杂的情感令人如此不安:在媒体变革尚处萌芽的那个阶段,哲人们已经看到了未来的一般景象,这是让人既爱又恨的一个时代。原始的、物质的东西一定程度上退出了现实的在场性而让位给符号世界——那种虚无缥缈的感觉世界。表象世界的延续和膨胀引起人们对物质

---

① 海德格尔.孙兴周,译.人,诗意的栖居.海德格尔的存在哲学.北京:九州出版社,2004:153.

② 让·鲍德里亚.王为民,译.完美的罪行.北京:商务印书馆,2000:33-35.

③ 同上,28页。

世界之确定性的眷恋和怀旧。然而,问题并不完全在于此,这些虚拟实在的生存世界,它以自己的方式改变着的是人的全面的生存空间(这里指的是人的全面的生存环境和交往关系的集合,在那里,人的现实本质得到完整映现)。

新媒体时代的来临在感觉上有点仓促,然而它并非从天而降。新媒体带来了人们认识和改变世界的新的工具和途径,甚至思维方式。同时,新媒体也改变了人自身。在技术上对这种新事物的评价,不妨用胡塞尔的话来直接说明:“我们从上个世纪(注:18 世纪)末出现的对科学的总评价的转变开始。这种评价的转变所涉及的不是科学的科学性。而是科学,科学一般,对于人的生存过去意味着以及现在可能意味着的东西。”①新媒体技术在“技术”上的更新与发展,已经令人叹为观止,“谷歌眼镜”的问世已经让人们体验到了人与新媒体之间的亲密相融已经渐至“一体化”的效果。科学的科学性已经不再能够作为引起人们形而上学之思的问题而引人瞩目,对人的生存问题的迷幻般的影响才是新媒体的哲学之思的因由。邹诗鹏教授认为,“生存论应当看成是生存方式与生存观念的巨大转变在理论上的自觉反映”。② 而观念总是在生存实践中获得,就此而言,对新媒体时代人之生存问题的关注,除了在人的社会性和生物性力量的发展和确认上进行生命哲学的探究外,还要在社会关系网络中寻求人的生存之域。新媒体时代人的生存所面临的“关系”问题,除了海德格尔所言的“在……(大地、世俗等)之上”与“在……(天空、神性等)之下”的这个“之间”,还有在这个“之间”进行“逗留”的时候,人们所面临的一系列现实的困惑。比如,网络公共空间被一些世俗“名流”所挤占,公共性空间被私有化;社交软件的发展与普及导致了新的交往方式的出现,生产关系的根本性地位是否发生了动摇?如果没有,它又以怎样的新方式出现?交往方式的多样化与多元化,使人的“一切社会关系的总和”变得扑朔迷离,人在虚拟社区中还能表现人之为人的本质吗?如此等等,构成了新媒体时代人的生存问题的空间忧思。

---

① 胡塞尔.王炳文,译.欧洲科学的危机与超越论的现象学.北京:商务印书馆,2001:15.

② 邹诗鹏.生存论研究.上海:上海人民出版社,2005:157.

一、新媒体的公共领域和私人领域

(一)公共、公共性与公共领域概念

公共与私人的划分是一件非常困难的事情,这里不仅牵扯到“公共”概念的界定,还要区分出“私人的”与“个人的”之间的关系问题。陶东风教授在《“公共”/“私人”的几种划分模式及其反思》(简称“陶文”)一文中对这个古老的概念进行了清理。陶文研究指出,“公共”等同于“可见的”、“集体的”或者“政治性的”;与之相反,“私人”则等同于“不可见的”、“个体的”、“非政治性的”。而这些区分并不能很好地界定“公共”与“私人”概念之间的“一般区别”。西方理论界曾区分了三种“公共”与“私人”之关系的模式,即自由主义经济学的“国家－市场模式”;共和主义的美德模式;女性主义模式。前者相当于国家行政管理与市民社会的划分,次者从政治共同体和公民身份的角度来区分公私领域,而后者则大致相当于家庭与社会事务的区分。陶东风教授认为,“公共”与“私人”的二元划分存在着种种问题,一旦在社会生活中进行比照,就会发现这种区分难以适应当今社会的复杂性,因而这是一对常变的范畴。[①] 尽管确实存在着公共领域与私人领域的不断对流、交融、错位、挪位等现象。但是,对“公共”与“私人”之间的区分还是应该做出较为清晰的界定,尽管这种界定需要加上一系列的限定性话语来构建它们的历史或者现实的语境。阿伦特认为,“公共”一词首先意味着“可以为人所见、所闻”。[②] 王晓升教授认为,“在社会生活中,当我们说,某个东西是公共的,那么这就意味着,它是可以被许多人共同看到或听到。从字面意思上说,‘公共领域’是指人们可以自由进入的领域”。[③] 王晓升认为公共领域是发生在一定的生活世界的基础之上的,生活世界是文化、传统和习俗等构成的世界。因此,在他看来,哈贝马斯的把公共领域从私人领域和公共权力领域剥离出来,并认为它是价值中立的、单一的、超越生活世界的,这样一种理想模型,只是用所谓的商谈程序把现实的问题“悬置”起来而已。生活世界

---

① 陶东风.“公共”/“私人”的几种划分模式及其反思.福建论坛:人文社会科学版,2009(8):80－84.

② 阿伦特.人的条件.上海:上海人民出版社,1999:38.

③ 王晓升.“公共领域”概念辨析.吉林大学社会科学学报,2011(4):22－30.

不是纯粹抽象的理论预设,在新媒体时代,这一点尤其难以做到。本书认为,公共领域并不是一个拥有固定边界的实体空间,它是一个公共性的场域,它是开放的,人们可以通过公开的程序获得进入的许可。公共性包含着可见性、可闻性或者(作为可能性的)可认知性。公共领域不对大众采取回避的态度,但并不排除它为自身的固有身份设定一些保护措施。

在新媒体时代,公共性获得了那种实体空间的狭隘视野,把公共领域扩展到了虚拟社区。微博、QQ动态、博客、大众论坛、聊天室等,都具有了公共领域的属性。私人话语的空间显得越来越小,因此,对公共性的追问也就越来越强烈。新媒体公共领域是指由新媒体所建构起来的舆论场、公开的话语表达体系和虚拟社区的集合。新媒体的公共性是指新媒体信息的(有偿或者无偿的)共享性、社会责任性和行为自决性。第一,共享并不意味着一定免费,尽管在新媒体发展的早期会存在以免费换取点击量的事态,但是随着新媒体社会的发育成熟,"有偿"会与"共享"紧密关联,实际上这种"有偿"只是打破了现行的"隐性有偿"(网络免费一般附带着广告点击和强制性等待的要求,甚至弹窗广告,或者用在线时间和积分兑换浏览和下载权限,等)的迷局而已。共享成为"公开兑换条件(免费也是其中一种)"的代名词。第二,公共性意味着社会责任的在场,而社会责任的缺场正是非公共性的伦理指标。新媒体所构建的虚拟世界,只要是能够在社会道德领域发动影响的场所,就属于公共领域。这似乎是一种武断的结论,比如,"人肉"就是一个特别的问题,由于"人肉"本身尽管指涉的是个人的隐私,而正是因为把个人的隐私置于一个可见、可闻的环境而引发道德上的指责,从而成为一个公共性的问题。人肉事件是一个公共性的事件,但是它指涉的是私人性的领域。由此而解开了公共性向私人性的侵蚀,即把私人性的东西转化为公共性事件。第三,公共性还意味着行为者的自决,即作为新媒体布景者的人是一种自觉的行为主体,同时这个布景的受众也是具有信息选择和认知自觉的主体。这两重主体是缺一不可的。当然,在浅层看,这是第二个条件的前提,只有具有自决能力的人才能有道德意义上的可能性。但是,从深层看,自决性构成了新媒体虚拟世界的行为、界面、信息等公共性要素。"他决"或者"受制"本身就限定了行为的自由,从而(这样的领域)不是一种"可以自由进入"的场所。这是新媒体公共领域的三重基本要素，它们是不可分割的三个方面，单凭任意一个条件都是不足为据的。

(二)私人、私人性与私人领域

在表现上，公共性的空间必然是“所有人可以进入”，与所有人相关，与共同的善或者共享利益有关。当然，哈贝马斯的私人概念等同于私有，而“公共领域主要是指人们之间思想交流的领域”。[①] 因而，市场领域在哈贝马斯那里属于私人领域(可参见王晓升教授的研究)。谢明在谈到公私关系的时候，曾说：“一般而言，建立公共理念的先决条件是：日常生活中存在一个不是私人或纯粹个人的，而是需要大家共同参与和处理的领域及范围。”[②]由此观之，所谓的“私人”就是指纯粹个人的、不需要大家共同参与和处理的领域及范围。或者更进一步来说，私人领域是个人有权拒绝大家的参与的领域及范围。谢明认为一元化的途径和方法不能够厘清公私之间的关系问题。他从经济学、政治学、公共管理以及公共职能的角度分别谈了公私之间的关系问题。在生活中，这种细分研究当然是有效的。但是，公私之间的一般性区分就被湮没了。显然，私人与公共一样难以捉摸。就女性主义来讲，私人领域意味着家庭，而哈贝马斯把经济交往的领域界定为私人领域，主要缘于代收商品的“私有”，而市场参与者一直是以“私有者”身份参与交易的。[③] 廖申白教授认为哈贝马斯的“私人领域”概念的科学性在于他划分了交往中是否具有“私人经验”的两种不同私人领域。比如在前资本主义家庭中，家庭成员彼此依附，这些“私人”是未经解放的，在这里没有发生同公共事务相关联的“私人经验”；而在资本主义家庭中，家庭摆脱了它的经济功能，家庭中公共使用的空间越来越小，每个成员的独立空间越来越大，个性得到了保护和伸张，这样的“私人”是有着“私人经验”的。[④] 任剑涛教授在《论私人与私密性》一文中，在与公共比照的基础上，提出了分析“私人”的四

① 王晓升.“公共领域”概念辨析.吉林大学社会科学学报，2011(4)：22－30.

② 谢明.透视“公共”概念——“公”“私”关系分析.国家行政学院学报，2004(3)：70－72.

③ 王晓升.“公共领域”概念辨析.吉林大学社会科学学报，2011(4)：22－30.

④ 廖申白.私人交往与公共交往.北京师范大学学报：社科版，2005(4)：74－79.

个向度。其文章中,私人紧连着私密性。[①] 私人性指的是某(事)物的私人所有、私人所用或者(信息的)私人所守(私密)。

新媒体号称是“自媒体”,即每个人都成为媒体,成为传播者和受众的二元统一,或者在不同的场合充当传播者或受众的不同角色。而“自”本身具有个人的意味,但是个人不完全等同于私人(含有对某事物的私有、私用、私密特征的个人),个人也同样可以充当公共事务中的角色,并在某些方面充当公共领域的一个要素(对自己来说,具有私人的体验,于他人来说,具有公共性)。事实上,这种混杂而含糊的定义越是逼近事实本身,也就越是失去了它的价值,因为它对于模糊不清的事实无论在认知还是在实践上都毫无教益。因此之故,对新媒体时代人的生存空间,特别是新媒体空间本身的私人领域做出一个并不完全精确的界定是非常必要的。其一,私人即时通信工具(如:QQ、微信、微软 MSN、ICQ、AIM、新浪 UC、网易泡泡、雅虎通),电子邮箱、加密私人空间、设置浏览权限的博客等等,都属于私人媒介领域。其二,比这个范围更广的是新媒体时代的信息私密性问题,也就是那些个人不愿意分享也有权进行保护的信息内容的防扩散问题。其三,私人正在浏览和感受(但没有进行修改或参与其中的活动)的公共网络空间也属于私人领域,这是新媒体时代的一种行为的私人性。上述三个方面是新媒体时代人的私人空间的三个主要领域。如果从特征上进行分析,新媒体私人领域具有如下特征:第一,内容上具有私有性。它不属于新媒体分享的公共资源,或者持有人掌握知识产权而不愿意进入流通市场的技术、创意等。第二,行动上具有简单的点对点性质或者自我性。即是说,行为者的行为并不是面向公众开放的,而处于“私聊”(不针对交流双方之外的第三方)和“自主阅读”或者“自我娱乐”(不针对任何其他人)的状态。第三,在形态上,私人领域处于冬眠状态,不具有活性,亦即它不会主动扩散至其他场所而引起公共事件的发生。

(三)新媒体时代个人生存空间的公私之争

新媒体时代由于传媒技术的发展,新的生存空间给人们带来了更为广

---

① 任剑涛从私人自身的结构、私人与私人之间的关系、私人领域的显现形式、私人的作用形式这四个向度分析了私人概念。此处从略。见:论私人与私密性.贵州社会科学,2011(9):4-9.

阔的想象和创造空间，以及更为丰富的人生体验。人在新媒体时代所能感受到的不仅是快捷的通信方式，最重要的是生活方式的全面改变。然而，随着新媒体空间逐渐成为人们生活的真实对象，人把自身的能力、喜好、希冀、创造、交往、精神财富等等陈设于新媒体空间而获得真切的生活体验时，在注意力成为稀缺资源而各种信息资源的抢夺对其充满热情的时候，新媒体虚拟空间的公私领域的争夺便开始了。一方面，人们以个体的方式加入到新媒体界面中，成为其中的虚拟实在，并在某种组织机制的联合下成为一个个虚拟社区中的“居民”，这些由个人自愿集合而成的共同体，构成了新媒体公共领域的主要阵营，这是有确定成员的公共领域；除了这些有组织性的共同体之外，某些不具有共同体特征的用户界面，由于其互动性和参与平台的开放性，成为由不确定成员组成的公共领域；还有一些个人使用的，具有发散性扩张机制和无门槛进入机制的新媒体用户（比如微博）也同样是一种新媒体的公共领域。另一方面，作为受众，人们在接受大众传媒的灌输式信息输入的时候，也为自己留置了一些私人领域，针对特定对象的通信工具（即时的聊天软件或者非即时通信的电子邮件等）是主动输出的私人领域；个人手机或电脑视窗浏览的界面，是主动输入的私人领域；个人拥有的私人网络空间则是一种信息寄存和信息化的个人休憩之所。然而，这些私人领域与公共领域的明争暗斗已经到了需要引起注意的地步了。

第一，私人领域的公共化。特别是在主动输入的私人领域，已经逐渐被动化了，从而便成为公共领域。比如，当你打开电子邮箱的时候，你正进入到一个私人的领域，你需要在这里获取你需要的资讯，由于工作关系或者日常交情而引起的信息往来，或者读取一些自己存放的信息资源。然而，在你的邮箱里，不仅有着各种营销广告，还有拒之不尽的垃圾邮件、商业推广计划，甚至病毒邮件。而在腾讯软件的弹出窗口中，你的桌面就变成了淘宝网店的展示厅或者其他营销广告的展位。你无法拒斥这些应接不暇的广告，他们在你的“自留地”里疯狂传销。

第二，公共领域的私人化。只要时常逛论坛的人就会清楚这个事实，或者只要稍微在网络上关注各种新闻和事件的人也会发觉这种事情：在一些开放平台上，大家都在相互交谈、发泄（吐槽）、发帖（盖楼），然而，这时候，你会忽然就看到一些你根本就不愿意看到的私人信息，这些私人信息并非由于内容的肮脏而令人反感,主要是它已然侵犯了公共的领地。因为具有公共性的虚拟社区或者大型门户网站,它必然承载着某些社会责任在其中,这在前面已经有所阐述。或者,一些私人的鸡毛蒜皮的琐屑事情,反复在人们厌烦的情绪中"复制—粘贴"。

第三,公私领域的交融。除了公共领域的私人化和私人领域的公共化,还有一个公私之间的关系趋势,就是公私领域的合融。QQ空间算是一种典型的公私合融的新媒体空间。QQ空间是一个有着日志、游戏、动态、相册等内容的虚拟空间。在QQ空间中,人们既可以关闭它的访问权限而成为一个纯粹私人的空间,也可以开放或者部分地开放它的访问权限;既可以把消息设置为"仅自己可见",也可以设置为"公开"状态;既可以互动地在虚拟的农场、牧场、商店与其他网友互动,也可以仅仅把它当作一个私人记事簿来使用;既有用户自主设置的各种可能场景,也有强行介入的广告和新闻动态,等等。

在新媒体时代区分公私之间的领域,特别是在虚拟社区中要做到这一点,是非常困难的。然而,当公私之间的界限日渐融合而变得更加模糊的时候,辨别公私之间的领地范围,它的意义却并没有减弱,反而更加重要。因为只有清楚地辨认了公共领域和私人领域,才能使人们在公共领域从社会责任的角度来行使自己的角色行为,也才能使公众不至于侵入别人的私人领域而冒犯他人的隐私或者忌讳。前辈学者关于"公私领域"以及"公共"与"私人"概念的研究,对于我们认清网络时代人们的自我身份有着重要的意义。尽管诸如虚拟"房间"、"社区"等领域已经不能泛泛而论地称之为私人领域或者公共领域,但是对私人邮箱、即时通信、加密空间等私人领域的保护,却是不容置疑的。而微博、新闻评论、论坛等具有公开性的新媒体平台则应该承担起相应的社会责任,遵循有原则高度的自由准则——这个原则,就是社会责任。

私人与公共之间并非天然具有不可跨越的鸿沟。在马克思的三个历史形态的理论中:人与人的依赖关系占主要地位的社会历史阶段,私人领域占主导地位,个人在私人领域中缺少"私人经验",他们是私人领域中的一个个相互依赖的个体,个性受到血统和宗法制度的压抑;在人对物的依赖关系阶段,个人在私人领域获得了"私人经验",个性得到一定程度的张扬,私人领域与公共领域势均力敌（或者不断地进行此消彼长的争夺）；在人的独立性阶段，个体的私人经验得到高涨，而这种私人经验的获得不再是出于对私人领域的保护，而是因为公共事务的广泛开放。在新媒体虚拟社区中，如果虚拟实在的公共性与私人性获得了人的独立性阶段的那种理想境界，当然是令人欣慰的；而当下，与现实的发展阶段一致，正处在第二个阶段。然而，仍然必须坚信新媒体环境的私人体验的获得是公共事务的广泛开放和展开的结果，这是我们始终不渝的目标。

二、新媒体时代的人际交往

当前的社会现象之一就是新媒体的出现对人们的交往方式产生了巨大的影响。一方面，新媒体的发展改变了人际交往的范围和方式。从面对面的交往（交谈、演说等）到飞鸽传书、邮件往来，再到电报、有线电话、无绳电话、网络即时通信、移动电话等等，媒介的每一步发展，都使人们之间的交往发生重大的变化。新媒体的出现，与以往的媒介变革相比更是全面影响着人的交往关系。另一方面，人的交往需要也促使媒介发生变革。麦克卢汉曾经提出过媒介的四定律或者四效应，即放大、过时、再现和逆转。[①] 对此，何道宽教授认为，这指的是新媒介的诞生和强化、新媒介取代旧媒介并使之过时、媒介的推陈出新、媒介的逆转。[②] 对这个定律的理解放在媒介本身是有道理的，而且麦克卢汉也不曾设想一种哲学的因果关系和内在逻辑的建构，更不用说从人的生存论视域来观察和思考媒介的变迁。麦克卢汉的学生莱文森鲜明地指出：麦克卢汉“尽量与逻辑、哲学保持距离”。[③] 但是，莱文森的“补救性的媒介”理论[④]把人的需要和理性选择作为媒介进化的根据，从而为在人学的角度研究媒介变革的社会影响提供了学术上的支撑。当然，

① 麦克卢汉. 何道宽，译. 麦克卢汉精髓. 南京：南京大学出版社，2000：567 - 568.

② 何道宽. 媒介革命与学习革命——麦克卢汉媒介理论批评. 深圳大学学报：社科版，2000(5)：99 - 106.

③ 莱文森. 何道宽，译. 数字麦克卢汉——信息化的新纪元指南. 北京：社会科学文献出版社，2001：274.

④ 莱文森认为，任何一种新出现的媒介都是对“旧”媒介或某一种先天不足的功能的补救和补偿，媒介的进化是人的“需要”不断发展的结果。（见：莱文森. 数字麦克卢汉——信息化的新纪元指南. 何道宽，译. 北京：社会科学文献出版社，2001：254.）

人无法自由选择媒介，媒介的进一步发展只是人根据自身的需要而在原来的基础上进行的修补和改正。事实上，新媒体的不断发展，的确印证了莱文森理论的正确性，尽管这种理论很难用“深刻”来形容。自从斯密的《国富论》发表以来，“欲望（需求）支配世界”的论断就已然深入人心，这正是现代性发育的原因和表现之一。在这个意义上，不是新媒体改变了人际交往的方式，而是人际交往的需要改变了新媒体。而在这里，我们主要谈谈新媒体对人的交往方式的影响。

（一）几种常见社交网站的介绍

社会性网络（Social Networking）是指个人之间的关系网络，这种基于社会网络关系系统思想的网站就是社会性网络网站（SNS，即 Social Networking Services），早期在互联网上多提供用户互动支持的服务，例如 BBS、新闻组等。在 2005 年前后，MySpace[①] 成了世上最大的社交网络服务类网站。社交网站为我们提供了保持熟人之间联络的渠道，并且扩展了交际圈子，通过用户查找功能还能够探访多年不见的故友。ChinaZ. com 网站提供了我国当下的一些主要社交网站的排名，位于前十位的分别是新浪微博、豆瓣、腾讯微博、人人网、QQ 空间、开心网、世纪佳缘、51. com、淘米网、大街网。这里，以“合并同类项”的方式简要介绍几种类型的新媒体社交工具（注：并不完全参照电脑网络的应用来进行阐述，在下面的表述中默认为各种社交工具同时具有“移动社交工具”[②]的功能）。以下主要从微博、网络个人空间、论坛、游戏娱乐社区、交友网站等几个大的领域来介绍一下它们各自在新媒体时代所充当的角色，以及它们在应用过程中的特点。

1. 微博。

2010 年以来，微博流行并普及，它已变成了一种生活方式，既具有记录

---

① MySpace 是一个在线社区：朋友之间在此交谈，单身人士在此寻找“偶遇”，名流与自己的“粉丝”互动，家人在这里保持联系，专业人士在这里拓展人脉，老友在这里遥想当年，还有各种久别重逢之类的事情。现在，MySpace 仅仅代表个人主页、个人空间的意思，国内社交网站均有此种应用。

② 人人网、新浪、网易、各大论坛、网络即时通信软件都开发了手机客户端，移动智能手机拥有了社交网站的一般功能，并开发出了一些新的补偿性、替代性功能。（可参阅《社交网站移动时代来临 人人网开通 12114》，http://net. chinabyte. com/454/12598454. shtml 比特网，2013 - 9 - 10）

日常生活的简短“日志”的功能，又具有“发布”消息和“展示”心情、事件、感想的功能，还具有“交流”与互动的功能。微博确证了现代社会“小的才是好的”的重要命题。“大而全”随着现代人们生活节奏的加快、个性化需求的增加，已经不适应人们简洁、直接、快捷的消费要求。微博的诞生一下子把人们带入到一个“微世界”，而网民也一下子就成了“微生物”，从此过上了“微生活”。“刷微博”、“织围脖”成为一时的流行语，甚至产生了一批“微博控”（他们每时每刻都拿着手机，查看着微博上的动态，发表着对这些即时传递的讯息的评论和意见，同时，他们甚至也以同样的方式告诉自己的“听众”，在什么地方、做什么事情。图文并茂、绘神绘色）。电视剧《微博达人》[①]中，“V 风时代”公司的诸葛涛总裁用三个词来形容“微博”的特征，那就是：“简单”、“迅捷”、“便利”。剧中“秦家仁”因为忘带厕纸而微博求助获得成功，以及“护士郑岩”通过微博帮朋友找到了在公园丢失的“香猪”，这些情节都是对微博的使用特点的描画。现实生活中，微博的作用可能更加强大，它对人们之间交往方式的改变产生了重大影响。留意一个人的动态，可以“追随”他的微博，实时了解他的行踪和心理变化等。微博通过“添加听众”的方式而确立自己的交际圈，以简短的言语（一般在 140 字以内）交流或者用照片等形式来发布实时信息。微博作为人际交流手段和工具的优点在于不受时间地点的限制，而且由于其内容的简短而极大地凝聚了人们的注意力，是一种节约时间的有效交流工具，并且通过超级链接还能在自己感兴趣的地方进行“延伸阅读”。微博还有一个重要的特点就是它的公共性，微博始终是一个公共的产品和平台，它不仅面向大众免费开放，而且它的内容不涉及保密义务，任何人通过“收听”都能获取（正因为这一点，以至于那些并不熟悉微博性质的网民，把一些私人讯息发布在微博上，产生了一些他们意想不到的结果。比如，江苏溧阳卫生系统某局长以为微博与 QQ 等实时通信工具是一样的，从而在微博上与其情妇发布了大量互动的不堪言论）。概括起

---

① 《微博时代》是由蓝志伟导演，2012 年由北京世纪博英影视传媒倾力打造的首部微博商战电视剧。它是作为第一部聚焦于当前最热门的网络社交平台——微博的商战剧，剧情展示了“V 风计划”的产品“微博”改变了人们的交流方式和生活方式的一些重要特征。主要角色有韩子靖（陈键锋饰演），“微博的发明者”；欧阳过（陈司翰饰演），“计划的推广者”；楚若琳（章龄之饰演），“计划的重要组织者”；秦家仁（梁家仁饰演），“微博的体验者”，等等。

来,微博作为交流平台和交际工具有五大基本的特征:简单、迅捷、便利、公开、互动。

2. 个人空间。

虚拟个人空间是新媒体时代的个性化展示平台。尽管从微博(当然,这里并不包括那些因为商业目的而注册的微博)的收听者和被收听者一样可以基本判断一个人的交际范围和交流平台,并由此判断他的社会地位和文化水平、兴趣爱好,甚至道德情操、审美态度、信仰等,但是,微博对个人的交流而言是一种应用工具,从而它对人的全面判断是从侧面来“推测”的。“空间”则是一个人的自我展示的平台。QQ 空间、搜狐博客等,都是这样的交往平台。“空间”经过“主人”的精心装扮,设置个性化的页面,还可配上音乐,形成一个具有三维动态的虚拟环境。走进“空间”就像走到了一个人的家里,里面有“主人”存放的相册、视频播放、文章浏览(主人自撰的或者转载的),还提供游客或者好友进行评论的场所,等等。当然,正像自己的家一样,主人也可以对其中的任何一项(或者一些)内容保留私人享受的权限,甚至是否允许游客参观浏览也是任凭主人的意愿。因而,QQ 空间是网民的一个虚拟化的现实场景或者理想居所。

3. 论坛。

网络论坛就是允许高谈阔论的公共场合,在论坛中,就像在城市的花园广场一样,活跃着各种不同的人群,他们因为共同的话题、爱好或习惯而聚集在一起,这与在还保留有传统情调的地方的火车站候车室有着相似的景观。一些人在围绕着新近发生的事件你言我语地发表着评论,阐发着自己的观点;一些人在对某个人的高谈阔论“围观”,偶尔插句嘴,或者一言不发;一些人在为了某个意见争论不休;也有些人在猎色相同志趣的人,称朋道友;还有一些人在发布着一些小道消息,等等。当然,在这些喧嚣的场合中,总免不了有人打出一些寻人启事,还有人顺便兜售各种商品(尽管一经发现是要受到处罚的)……这就是网络论坛。论坛具有公开性、互动性的特点,它与微博相比,最主要的特点就是它允许网民“长篇大论”,而且,信息的发布也不仅限于“收听者”或者“好友”。就像广场演讲和论辩一样,就像在大路上高声说话一样,“坛友”只有被言论的内容所吸引的时候,才会有进一步接收信息的行动和互动的可能。在论坛中,很容易形成某种话语(意见)领袖,正如在公共场合的激辩与演讲的过程中,总会有人崭露头角。这些意见领袖一方面由于其认同者众多而形成一个方队;另一方面,由于其反对者亦众多而形成一个反方团队,并且还可以依次再分成更多的意见分支,而网民很容易就能在这些争论中“归队”。

4. 游戏。

人的家庭之外的最早的人际圈的建立,很多是从游戏开始的。儿童在“过家家”中开始寻找自己的伙伴,结成“死党”。游戏有智力游戏和活动性游戏之分,网络游戏一般兼具这两方面的特点。网络游戏的吸引力在于其仿真性,即场景的全面模拟。它以游戏者的深度参与为特征,游戏者通常在游戏中役使(或者扮演)某个角色,并在其中完成相关任务。如今,网络游戏已经从单人游戏转向了在线多人同时参与的游戏。在游戏过程中分别扮演不同角色,在特定的规则下进行互动。从形式上看,网络游戏也具有“过家家”的性质,不过它是在虚拟平台完成,从而突破了人与人之间地理条件和交往基础的限制。儿童在做游戏时总是模仿成人世界的社会关系和交往法则,热衷于扮演爸爸妈妈或者老师的角色,游戏内容是他们所看到的而未曾经历的事件的拟态。“百度推荐 2013 年最高人气最酷游戏排行榜”前七名分别是:《热血战纪》、《问剑》、《大闹天宫 OL》、《游仙》、《武斗乾坤》、《冒险契约》、《天地伏魔》。其中涉及的内容主要包括狐仙鬼怪、武侠情仇、冒险等内容。当然,一方面可以认为游戏仅仅是一种娱乐活动,但是另一方面也不难看出,游戏之所以令人上瘾,还有深层次的原因,那就是对现实生活的逃避以及对理想生存状态的向往。网民通过游戏活动重新确定自己的交往范围和活动方式,从而在虚拟世界中获得一种理想身份的确立。由此而言,网络游戏亦是人的重要交流工具和型塑自我的重要手段。

5. 交友。

网络交友的专门网站是比较常见的虚拟社交平台,有以兴趣爱好为中心的交友网站,包括专业性很强的一些论坛,也有面向大众的交友网站。这里以婚恋网站(比如“世纪佳缘”)为例进行简单的说明。世纪佳缘的注册需要进行认证,然后才能在上面发布征友消息。当然,也有一些不需要正式身份认证的交友网站,但是因为缺少可信任感而不被网民看重。这些交友网站为快节奏时代人们难于在恰当的时候和恰当的地点进行“偶遇”提供了新的机会,从而增加了拓展交际面的可能性。当然,这种征友网站在功能上并没有超出传统的“媒妁之言”,只是它提供了更为广泛的交往范围和更加便捷的交往方式。也正是在后一种意义上,这些网站在人流如潮的现代社会才依然显得人气十足。

当然,还有以资料分享等为主要内容的一些交往场所等,这里不做一一列举。总而言之,新媒体时代,人们的交往方式发生了重大的变化,交往的手段丰富多样,变化无常。这些新的交往工具的出现,是交往方式发生变革的重要原因。在一定程度上,交往方式的多样化,也促进了社会关系的进一步发展。由于新媒体以及因此而引起的人们之间的交往关系和交往方式的改变是现实的个人的活动以及“他们的物质生活条件,包括他们已有的和由他们自己的活动创造出来的物质生活条件。因此,这些前提可以用纯粹经验的方法来确认”。马克思说:“个人怎样表现自己的生活,他们自己就是怎样。”①人自身的确立正是通过生产和交往的全面展开而得到保证的。人自己创造了自己的历史,正是通过人自己时代的物质生活条件和精神条件,在生产实践和交往实践过程中得到实现的。上述各种新媒体交往平台,是当下人们生活的具体的历史的背景,用马克思的话来说,是“用纯粹经验的方法来确认”的。

(二)媒介革命与人际交往方式特征的变化

1.参与性。

随着媒介的发展,人们之间的交往在线上线下表现为两种不同的趋势:一方面,在现实中,人们越来越孤单,越来越从自己的共同体中游离出来,成为一个个孤独的人群,近在咫尺的人们相互之间变得陌生起来;另一方面,在虚拟空间,人们之间的交往越来越容易抱成一团,集结成各种“社区”、小组、“圈子”,人们在虚拟社交平台的参与性越来越便捷和主动,但是“共同体”的稳定性却变得越来越失去保障,人们在自己的“圈子”中充满着怀疑和猜忌,从而不得不把虚拟与现实两个世界彻底割裂开来,以确保自身生存的安全感和确定性。从参与性的角度来看,一方面,媒介的变革导致了参与积极性的场所转移,更多的参与积极性被转移到新媒体互动空间来,人们在日

① 马克思恩格斯选集.第一卷.北京:人民出版社,1995:67.

常生活中与邻居、亲戚、朋友、同事等的关系变得越来越冷漠,而对于网络上的一条有关异国他乡事情的微博却充满热情,争相评论和转载。另一方面,新媒体带来了前所未有的参与热情,它已经超出了日常生活所能容纳的热度。在新媒体空间,人们的参与意识和互动性非常强烈地表现了出来。一条普通的新闻评论就能“盖上几十层楼甚至几百层楼”(指“跟帖”回复的次数),这在传统社会是难以想象的。

2. 开放性。

古希腊的智者们时常集聚在广场进行演讲、论辩,人与人之间是面对面进行交流的。传统社会人们之间走门串户更是司空见惯,但是,一般而言,交流的双方范围是相当狭隘的,一般在熟人之间进行交往,也就是说,这种交往是封闭性的。在报纸、广播和电视出现以后,这种封闭性被打破,逐渐走向了开放性,用传播学的话语来说就是从“人际传播”转向了“大众传播”。但是,这种大众传播是单向性的,信息权力被信源一方所掌握,媒介本身掌握着巨大的社会操控权。人们之间的日常交往并没有由于这种大众媒介的诞生而发生巨大变化。英特网的诞生改变了这种单向性,媒介成为人际交往的互动性工具,这种互动性加速了人际交往的开放。而网络平台的开放注册和免费共享,使这种开放性更加明显。如今,人们之间的交流不再停留在熟人之间,在不同民族、不同地区、不同阶层之间的人们都可以由于某种兴趣、想象、话题,甚至诸如“漂流瓶”等偶然性而有了联系和交往。

3. 无限制性。

广场演讲和走门串户要受到自然条件和物理空间的制约,而电视、有线电话改变了这种状况。但是,电视和有线电话也没有脱离一对一或者一对多的简单传播方式,同时,信息授受双方依然受到场地的限制。移动电话改变了这种局限,但是,移动电话的原始作用却并未增进人的交往范围,人们仍然主要在熟人之间进行交流。电脑的广泛使用,使熟人社会破天荒地被破坏得如此彻底,但是,使用者本身却禁锢在电脑桌前,手握鼠标、眼睛注视着前面的屏幕。使人们从电脑房解放出来、并且完全能够免于一般社会关系的限制的,是智能手机的运用。随着智能手机上的各种“补救性”(莱文森用语)软件的开发,人们之间的交往显得更加随心所欲。手机短信已经打破了“占线”的限制,而智能手机的各种补救性软件的开发,已经使时间、空间、人际网络等等的限制归零了。人们似乎无限自由地获得了相互交流的可能性。

4. 不确定性。

人的社会关系必须建立在相互之间的交往之上,马克思认为人的生产关系是最主要的关系。由于劳动生产而引起的社会交往所形成的人们之间的关系,即经济关系,它是整个社会最为根本的关系,人类历史的发展已经证明了它(这个论断)的科学性。但是,在传统社会,习俗所形成的民族共同体、血亲所形成的家族以及官僚体系所形成的社会阶层,都是比较稳固的社会单位。甚至,人们受到习俗和传统教化的影响,人们之间由于信仰而形成的宗教团体和拟血缘的结拜关系,也是相对稳定的。人们之间很容易获得认同感和归属感。在新媒体时代,这种确定性被瓦解了。任何一个"铁杆粉丝团"都不能与传统社会的家族稳固性相比较,特别是在各种社交论坛所自动形成的群体组织、由于对某个名人微博的"收听"而结成的粉丝团、对某个话题的争辩而自然形成的"队伍",等等,都很容易受到各种因素的干扰而离析。

5. 隐秘性。

有研究表明:"对大多数人来说,电视世界和电视屏幕之外的世界的界限已经变得模糊不清。我们看电视的时候,有时候会轻信,有时候又表示出我们的怀疑。"①这就是角色的模糊性。新媒体的全面浸透(或者"深度卷入")使人们的这种角色认知更加模糊。而模糊的角色认知来自于他们缺乏一种可以监督其(自身)身份的社会关系网络。在网络社区中,人们以虚拟的身份从事各种活动,扮演不同的角色,其真实身份隐而不显。隐秘性是新媒体时代人们之间交往的重要特征。除了身份的虚拟外,网众在不同场合还能够以不同的"马甲"出现,甚至直接用"匿名"的方式进行互动(当然,与"马甲"相比,"匿名"的社交能力明显会下降)。无论是在"私聊"还是"群聊"过程中,话语本身所代表的真实内容受到了人们的质疑,有些人会以一种完全迥异于日常形象的姿态出现在新媒体空间中。因而,尽管人们不可

① 苏特·贾利,贾斯廷·刘易斯.罗杰迪金森,等,编.单波,译.大众化时代的非大众化讯息.受众研究读本.北京:华夏出版社,2006:52.

回避地会通过新媒体来扩展自己的交际范围,但是对这种社会关系的牢固性和可靠性却一般都会存有怀疑的态度。隐秘性不得不让人疑虑重重。

6. 网状结构。

互联网上的每一个终端客户都是全网上的一个节点,他们之间盘根错节,处于一种不均衡的网络结构之中。任何一个节点都能通过相关性程度而在不同的层级上找到相互关系。在QQ“好友管理”中就能自动画出关系图谱,顺利厘清两个原本互不熟悉的人之间的关系,尽管有些关系的搭接需要许多的中间环节。网状社会关系的一个优点是其中某个节点的断裂不会影响整个网络结构的持续存在。在新媒体时代,把持和独占某个信息节点而试图倚此获得特权或者换取其他利益的垄断地位是难以为继的。新媒体时代不乏各种应时而出现的媒介达人。尽管受到资本操控的被制造的事件和达人时常出现,但新媒体时代确实凸显了偶然性在人的生存与发展中的重要意义,这对于普通网众而言,也是挣脱必然性牢笼(命定)的重要机遇。

(三)马克思的交往理论与新媒体论域

交往范畴在马克思那里是一个涵盖了经济、政治、文化等各个领域以及他们之间相互关系的整体性范畴。[①]“交往是个人之间的交互作用和相互往来,是人们之间的物质、能量、能力的交换和活动、关系、信息的交换。”[②]交往包括物质交往和精神交往,是一个极其宽泛的社会历史范畴。祝大征等认为,作为哲学范畴的交往包括人们社会生活中的一切交互作用和相互关系。“交往”这个词在马克思恩格斯的《德意志意识形态》中的含义十分广泛。它包括单个人、社会团体、国家等等之间的物质的和精神的交往。马克思和恩格斯指出,交往是生产的前提。“这种交往的形式又是由生产决定的。”[③]新媒体时代人们交往方式的变化,是由生产本身所决定的,是生产发展到一定程度的结果,它随着现代计算机技术和智能传播技术的发展而发展。反过来随着新媒体时代人们交往方式的变化,势必带来由于交往方式变革而引起的整个人类思维体系和价值体系的变化,这种思维体系和价值体系直接

① 范宝舟. 论马克思交往理论的基本特征. 武汉大学学报:人文科学版,2003(5):529-534.

② 祝大征,赵中健. 论交往价值. 人文杂志,1994(2):19-23.

③ 马克思恩格斯选集. 第一卷. 北京:人民出版社,1995:68.

决定着人类(进一步)的生产在技术上的进程以及在价值上的抉择。

马克思和恩格斯说:“思想、观念、意识的生产最初是直接与人们的物质活动,与人们的物质交往,与现实生活的语言交织在一起的。人们的想象、思维、精神交往在这里还是人们物质行动的直接产物。……人们是自己的观念、思想等等的生产者,但这里所说的人们是现实的、从事活动的人们,他们受自己的生产力和与之相适应的交往的一定发展——直到交往的最遥远的形态——所制约。”①显然,马克思和恩格斯这里的“交往”就包含了通常所讲的生产关系,以及与一定生产力相适应的政治交往、文化交往等。新媒体不但改变了这个意义上的整个人类交往活动,还改变了人的对象化生产能力。祝大征在其文章中说道:“生产是人以自然为客体的实践,交往是人以社会为客体的实践。因此,交往本质上是人们创造和变革社会的实践,即交往实践。”②只有经过一系列的交往,主体才能从事生产、流通、消费、交换,新媒体时代各种现代媒介的应用,使这些交往更加趋于快捷、便利,同时也加快了交往的进程并扩大了交往的范围,整个社会的生产、流通、消费、交换获得前所未有的繁荣景象。在精神文化上,由于学习资源的共享和公开化,各种有利于促进人的智力开发和技能提升的知识很容易通过新媒体而获得,从而为人的全面发展提供了契机。

信息交往是当今社会的重要交往形式。诚如前面所言的,新媒体虚拟社区交往具有深度参与性、资源开放性、时空非限制性、信息不确定性、行为主体可隐秘性、交往结构网状化等特点。新媒体时代交往方式的变革在为社会文明进步带来促进作用的同时,也存在极大的风险,需要社会(在一定核心价值观的指导下)有意识地引领。马克思和恩格斯一直强调交往主体的(社会生活的)“现实性”以及交往本身的(社会历史的)“现实性”。那么,新媒体时代的虚拟社区交往,能不能适应马克思恩格斯的交往理论范畴。这一点是毋庸置疑的。原因在于:其一,虚拟社区中,人们以“化身”、“隐身”的形象进行交往,但是,在化身和隐身背后总是潜藏着一个真实的交往主体,他的交往行为体现着主体的意愿和利益诉求。其二,交往平台的虚拟场

① 马克思恩格斯选集.第一卷.北京:人民出版社,1995:72.

② 祝大征、赵中健.论交往价值.人文杂志,1994(2):19-23.

景只是现实场景的媒介延伸和技术幻化的结果,这种拟真的场景甚至比“真实”本身更为真切(鲍德里亚语)。在虚拟场景中的一些事务,可能在社会现实中会遭受人们的诟病,而在虚拟社区则是允许的;在虚拟交往中的一些言行,在现实生活中也许会被认为是放荡不羁的,而在虚拟空间则可能仅仅是一种普通的个性化行为,等等。虚拟和现实在表象上看存在着非常明显的差异,但就交往而言,虚拟世界乃是人的社会化空间的扩大。人从实在世界的交往延伸到虚拟世界的交往,正是人的本质力量不断加强、生成和得到确证的过程。新媒体在交往过程中的作用明显地表现出它的马克思主义理论属性:新媒体交往促进了人们对客体属性和价值的认识,从而也以此认识了人自身的需要;新媒体促进了人与人之间的交往,从而也把人与人之间的依赖关系进一步解体为人对物的依赖关系,并在对人的独立性发展阶段进行启蒙,人的自然必然性约束日益松弛,而自由获得了进一步的承诺(可能性层面上的技术承诺);人的现实交往被弱化的同时也获得了整个交往范围和力度的强化。事实上人们对新媒体的依赖程度日渐加强,与此同时对现存事物(虚拟交往)的批判也开始兴起。在这些二律背反中,唯一确定的是新媒体时代人们交往方式的不确定性,唯一不变的是人的现实生活方式的流变性。

三、虚拟社区人的本质力量的生成和确证

波德莱尔在《现代生活的画家》中是这样来描绘现代性的,他说:“他就这样走着自己的路,急急忙忙,寻寻觅觅。他究竟在寻觅什么呢?我所描述的这个人,孤身一人,具有活跃的想象力天赋,总在做横穿人类沙漠之旅。他的目标比任何悠闲的纯粹旁观者都要高。他的目标更带有总体性质,不同于因情势而产生的那种转瞬即逝的快乐。他所寻觅的这种‘不同于因情势而产生的那种转瞬即逝的快乐’的东西,就是那种或许能被我们称为‘现代性’的东西。这是因为,没有更恰当的词能够表示这个词里包含的意思。他的事业,就是从当代时尚中,把包含在历史里的诗意分离出来,就是从变幻无常的东西当中,把那些永恒不变的东西提炼出来。”①波德莱尔所描述的

① 波德莱尔.肖聿,译.我心赤裸——波德莱尔散文随笔集.北京:中国广播电视出版社,2000:15.

这个“他”,使生活在新媒体时代的人们具有了如此确切的身份认同感。新媒体为个体保存了一块“自留地”,但是却在更加宽阔的公共领域使人不断处于“寻寻觅觅”的状态中。并且,新媒体的普及已经使“纯粹旁观者”完全退出了历史的舞台。在这里,所有的受众都成为了授众和信源。新媒体开启的“现代剧”正在全面放映,而人们既是“剧作者”,又是“剧中人”。在这些纷乱的新媒体镜像中,有一种不是因情势而产生的东西,借用波德莱尔的话来说,就是现代性。从人的生存问题的整体性来看,是人在特定历史阶段存在的对象性力量。波德莱尔认为:“现代性乃是一种建立在情势上的东西,它十分短暂,转瞬即逝,带有偶然性。现代性是半个艺术,艺术的另一半则是那些永恒的、不可改变的东西。”①波德莱尔的视角是巴黎城市艺术化存在的现代景观,是以艺术的形式对现代社会的批判和揭露。而在新媒体全面浸淫的社会,易逝的、经常变形、无有定居和定型的要素始终是令人捉摸不透地存在着,正如前面所提到的那些网络交际平台、那些对物理时空的存在表示“无视”的新媒体的魅惑力、那些对虚拟社会中人们交往关系造成种种迷雾的“隐身”、“化身”等等,都在显示着新媒体时代人的生存空间(这里指一般意义的环境、条件等)的巨大变化。离开人对新媒体的具体运用和新媒体对人的具体影响,就必定会落入一种抽象的技术决定论的真空。新媒体对人的生存空间的全面“造型”使我们见证了人的本质力量的强大,而人的这种本质力量的张扬,尽管是从文艺复兴开始就已经得到了强调,但是,新媒体却在个人理性至上的基础上,赋予人类更多的通道来生成和确证自己的本质力量。

(一)私人空间和公共空间的同步扩大

在新媒体尚未出现之前,人类生存空间的范围在物理时空的限制下是局促不安的。人们尽管在“上天入地”(航天事业、海洋和地下探测等)的方向耗费了巨大的力量,并且也证明了人类所具有的实践能力的潜能是巨大的,然而,在一个较为短暂的时间内,这种对人类公共实践领域的扩容的计划却并没有能够在短短几年内出现翻天覆地的变化。而在相对有限的物理

① 波德莱尔. 肖聿,译. 我心赤裸——波德莱尔散文随笔集. 北京:中国广播电视出版社,2000:16.

时空范围之内,人们的生存空间总是有一个公私之间此消彼长的拉锯战。当个人的私人空间扩大的时候,会自然地缩小人类的公共空间;而当公共领域的触角伸到了更多的地方,人的私人领域就会受到骚扰和压缩。因此,在传统的物理时空限制下,公私之间的矛盾和对立是不可回避的重要难题。新媒体时代的来临,在一定程度上改变了这一现状,至少为这一现状的改变提供了现实的可能性。随着大数据时代的到来,网络资源的稀缺性逐渐变得缓和,甚至在某些地方能够忽略不计。私人在网络虚拟空间的扩容,并不影响人类公共领域在同质领域的扩展。也就是说,私人领域和公共领域能够在同一虚拟平台竞相壮大而彼此并不妨碍对方。尽管这种事实在理论上会遭到保守主义者的讥笑,他们会认为现实生存空间的(相对的)日益狭小的现状在虚拟世界获得的这种补偿仅仅是一种精神上的安慰。这样的认识再肤浅不过了。新媒体时代所提供的虚拟空间,不但能够成为个人交往的可靠平台,而且能够为人类的物质生产和精神生产提供条件,更对商业流通产生不可忽视的重大作用。因此之故,虚拟空间的公私领域并行壮大,也是人的本质力量在网络虚拟空间生成的重要通道和表征。

(二)作为工具理性的新媒体

马克思曾说:“人的存在就是他的现实生活过程。”[①]实践究其本质来说就是人的本质力量的对象化过程。“人的类特性的根本特征,是自身本质力量的对象化,也就是说,人的本性就是在自觉的实践中将人的目的、计划、蓝图变为现实的存在。”[②]人们要通过实践而把自身的本质力量对象化,并在这个过程中改造对象世界和人自身,这就需要掌握和使用适宜的工具。在这个意义上,才能够说明人是能制造工具并使用工具进行劳动的高等动物,并因此而高于其他动物。新媒体作为有理性的人的工具,主要有如下两个方面的作用,并通过这些作用而强化和确证人的本质力量的存在。

1. 认知手段。

新媒体作为一种认知手段,在很大程度上拓展了人们认知社会事件的空间。电子媒介作为一种新的传播手段,某一时间发生的事件瞬间就能传

---

① 马克思恩格斯选集. 第一卷. 北京:人民出版社,1995:73.

② 李明华. 和谐社会中的人与自然. 学术研究,2004(11):5-9.

遍世界各地。以多种新媒介工具作为认知手段,不仅可以增长人们的见闻,还能提升人们的专业知识,促进专业化的知识交流。在相互交流的过程中,新媒体的使用还可以训练批判性地获得和处理信息的能力。显然,新媒体是信息时代人们必备的认知工具。

所谓认识,就是对事物的现象和本质的理解和认知,是对事物之间的"关系"的把握。新媒体空间的扩大以及交往方式的革命变革,使得各种"关系"更趋复杂化,反过来,新媒体又提供了人们认知这类关系的技术条件,比如大数据处理系统的数据分析工具等,对一般事物和比较复杂的事物的精确化的数字化解码,以及远程同步信息高清晰摄取能力的增强,等等,都使得人们在获取认识的过程中得到了许多的便利。在认知活动中,新媒体日益发挥着心理认知工具和智力工具的作用。莱文森认为,"所有电子媒介都是延伸人类感官和中枢神经的认知工具"。[①] 新媒体一方面提供了认知的工具,另一方面还营造了一种认知的环境,使人们置身于"新媒体"这样的特殊时代。"视觉媒介也不再仅仅是一种认知工具,而是构建起一个人类浸润于其中的媒介环境,当今的人们就生存在由这些多重视线所编织的全景敞视的囚牢之中,并由此步入到一个视觉化生存的多媒体时代。"[②]再一方面,它还搭建了人们之间的认知关系,认知主体之间的相互作用(比如协同创新),或者作为主客体关系的相互影响(互为认识对象)。"当代信息技术改变了人的认识图景远不止提高处理信息的能力这一方面",[③]肖峰教授认为,信息科学的发展使事物和人本身的存在转变为"数字化存在",而信息技术的出现,通过人际互动改变了人类的思维方式,并且认识的"中介系统"也发生了技术性变化。就目前而言,主要是新媒体这个实体性的中介要素全面整合进了人的认识过程。

2. 信息平台。

新媒体是一个大有可为的公共信息平台,专业数字知识合作公司、图书

---

① 李曦珍,楚雪,王晓刚. 媒介是人的进化式延伸——达尔文"进化论"视阈下的麦克卢汉"延伸论"透视. 甘肃社会科学,2011(4):139-141.

② 肖伟胜. 论近代旁观者眼光与透视法. 西南大学学报:社会科学版,2010(6):125-130.

③ 肖峰. 信息主义:从社会观到世界观. 北京:中国社会科学出版社,2010:358.

馆、机构知识库以及其他社会(或者个人的)信息资源共同组成了一个有机体,成为当今人们获取信息的主要来源。由于新媒体在信息传输时效上的即时性,以及它的超强记忆和知识互动的有利条件,新媒体成了现今信息平台的新贵和支柱。新媒体信息平台的开放性和互动性使每个人都可能成为新媒体信息的传播者。当前崛起的以互联网和手机信息平台为主体的新媒体是人们获取信息的关键手段之一。新媒体不但以其独特的功能和魅力吸引着年轻学子,在人们的日常生活和工作当中也成为必不可少的信息获取手段和来源。随着三网融合时代的到来,新媒体作为先进信息平台已经完成了技术上的搭建,在传递信息时的速度和质量方面,传统媒体已经无法望其项背。

"以网络为代表的无限宽广的信息平台横空出世,以手机为代表的移动通信个体化信息流通平台的迅速普及,互联网和电信网将成千上万甚至上亿台电脑和手机连接在一起,……致使各种信息在人际间的随意沟通理论上没有了障碍,并打破了传统媒体话语监管系统的壁垒。"①有目共睹的是:"新媒体首先是技术上的突破,例如有了接受上传图片、音频和视频的平台,……而新闻链接和搜索功能的拓展,则是传统媒体无法比拟的,这就向受众提供了新闻报道以外的大量附加信息,如更新和添加有新的细节和经过辨正后的新闻信息。"②掌上办公、掌上图书馆等已经成为不再令人感到新鲜的事情了。

当然,也正是因为"新媒体将'信息平台'和'意见市场'融为一体"③在网络传播和微博相当普及的今天,新媒体信息平台必然带来一些麻烦,这就是信息的泛滥以及人们对新媒体信息平台的整体信任程度的式微,尽管人们片刻也离不开它的存在。

人的本质力量的生成正是利用了新媒体的信息平台和认知手段,从而能够在更大的程度和更广的范围印证人对环境的调适和改造能力,尽管这

---

① 蒋宏.新媒体传播技术发展趋势研究.上海交通大学学报:哲学社会科学版,2008(6):31－38.

② 吴澄,吴晓明.新媒体新闻的演变与社会舆情表达.徐州师范大学学报:哲学社会科学版,2011(5):142－148.

③ 党东耀.新媒体场域下的社会问题新闻报道.华中科技大学学报:社会科学版,2009(2):114－118.

种“利用”本身就是人的本质力量,而这种(新媒体)“工具”则正是人的本质力量的对象化。这些无法回避的螺旋式上升的循环体系,正是人在朝向更加文明开化迈进的路径。当然,除了认知工具、信息平台之外,新媒体本身也是一种实践手段和实践平台,这在网络反腐、电子商务、技术开发等多个领域能够得到合理说明。此外,新媒体还是有效的舆论工具和便捷的通信设施,它的这些优点由于其昭然若揭而不足为道了。

(三)作为交往方式的新媒体与人的信息化在场

人的存在通常要以自己的“在场”来表明,而人的地位和作用则通常以“如何在场”来实现。人们在新媒体虚拟空间中的交往方式乃是人之在信息化时代的重要在场方式,而人本身在数字化存在中成为一种信息化的在场。肖峰教授认为:“自从有了信息手段以后,人的在场方式就出现了信息化在场,人们可以以符号、影像等信息方式展现出来,使符号所指称的对象和影像所依托的实体即使不在场也能使观察者对它们产生一种在场感,某种意义上就是一种虚拟在场。这样的在场是从接受者的角度去看,是被‘认为’在场,具有在场的基本效果或某种特定效果,尽管不能与实体性的在场具有本体论上的等价,却具有认识论上的等价。”①因此之故,肖峰教授认为信息化在场乃是人的“影子”、“投影”,因而属于波普尔所说的“世界3”。如果单纯从认识论的角度来看待人的虚拟存在,并且把人的这种在场转述为一种“在场感”,对于新媒体时代人的生存的解读则依然不能进入它的根本。人在虚拟环境中的在场并非一种完全虚幻的在场,也不同于一种类似知识客体的存在形式。新媒体时代人的信息化在场的拟真性并非仅仅停留在“感觉”上,而是实际地改变着人的现实生活。或者进一步讲,人的虚拟存在已经成为人的现实生活的重要组成部分,这恰恰是新媒体深度卷入的重要内涵。在这个意义上,用波普尔的“世界3”来解释则显得有点牵强。正是这种“深度卷入”,人的本质力量才有可能在虚拟世界获得着陆的地基。

首先,从信息传播方式看虚拟交往的几种类型。虚拟交往并非一种知识论的存在,在信息的物化形式之外,有着直接的属人的认知方式和实践活动。信息传播方式有“人－人”方式、“人－物”方式、“人－机－人”方式、

① 肖峰. 信息主义:从社会观到世界观. 北京:中国社会科学出版社,2010:482.

"人－机－物"方式,这是人类生产交往与社会交往的主要形式,在这些交往的过程中,"机"是一种重要的媒介,它的意义不仅在于实际上的功用,而且在于它本身就是人的对象化存在的产物,人们借此而获得更为深入的自我认识和社会认识,并在付诸实践的过程中强化和提升人的本质力量。

其次,新媒体交往方式对人的本质力量的影响。新媒体是一种借助移动通信技术、智能技术和信息网络的现代科学发明,对它的役使成为这个时代的人的一种标志性行为。虚拟平台的各种交往行为,并不完全沉浸在诸如肖峰教授所言的感觉世界,它以全面的影响力改造着现实世界和人们的现实交往,从而塑造了新媒体时代人的独特生存方式和在场形式。不断有人从网络世界中游离出来以后,在"现实生活"(事实上,网络生活已经不再是与现实生活相对立的另一种生活方式,它就是现实生活本身)中延续自己的行为和价值观念,这在新媒体全面爆发之前却是走了相反的路子。

最后,正如马克思所言,在其现实性上,人是一切社会关系的总和。而这个总和已经离不开人的虚拟交往及由此而产生的多元化的社会关系,尽管在当今社会,生产关系依然还是这个"总和"中最为核心的部分。正是这个"总和"的社会关系,印证了人的文明程度和人自身的本质力量的发育程度。这既可以在类的意义上得到说明,也能在个体的能力开发上得到佐证。

小　结

马克思曾经在《1844 年经济学哲学手稿》中对人同自己的劳动产品和自己的生命活动相异化的论述中这样说:"人越是通过自己的劳动使自然界受自己的支配,神的奇迹越是由于工业的奇迹而变成多余,人就越是会为了讨好这些力量而放弃生产的乐趣和对产品的享受。"[①]新媒体作为人的劳动的产物,人的对象性活动的结果,在成为他的进一步的对象性活动的手段和环境的时候,它的"奇迹"也会使一些人感到迷离,从而不但使人"放弃生产的乐趣和对产品的享受",反而成为它的奴隶,或者连同最先进的媒介手段一起堕入到罪恶的边缘。最近,网络上有消息称,"秦火火"因为造谣而被公安

① 马克思.1844 年经济学哲学手稿.北京:人民出版社,2000(3):60.

机关逮捕。① 并且相继捉拿了若干类似的网络谣言的始作俑者。“秦火火”是秦志晖在微博上的“马甲”。根据公安部门调查,2011 年“7 · 23 动车事故”之后,“秦火火”发布微博说在事故中遇难的意大利籍旅客家属获赔 3000 万欧元。此外,他还发布微博称雷锋穿着奢侈、某明星的孩子不是亲生、张海迪是日本国籍等。另一个造谣的人,网名“立二拆四”,也被逮捕,他是一个网络推手。据交代,他曾炒作了“别针换别墅”、“郭美美”、“干爹门”等事件。这些事件都曾轰动一时。此外,还有上海警方抓获的傅学胜,他涉嫌的两起案件,影响已经不限于国内。傅学胜承认,自己发布了上海某副区长贪污 20 个亿,包养十几个情妇的帖子,以及制造了“中石化非洲牛郎门”。有媒体日前统计了各地“抓谣”的不完整数据:河南批捕 131 人,山西刑拘 49 人、治安处罚 29 人、批捕 23 人,陕西批捕 22 人。② 这里姑且不做有关舆论制裁和谣言防治的说明,只是藉此说明这样一个道理:人们创造了新媒体,新媒体为人们创造了人的数据化生存世界,而在这个世界中,人依然可以通过新媒体而发挥自身的作用,并沉浸在新媒体中以寻求自身的价值和社会历史作用。但是,新媒体的役使并非人们随心所欲之物,正如人所生活的传统世界一样,它受到整个社会的文化制约,尽管这种文化在新媒体时代亦发生了重大的变化。人的生存空间的不断扩大,是随着人的私人领域和公共领域的扩张为前提的,是以人的现实的交际手段和交往通道发生变化为契机的,是以人的信息化在场为主要特征的,等等。这一系列生存发展的机遇,暗藏玄机,也暗藏祸端。正如新媒体所能提供的快捷、便利、共享等信息传播机制一样,它的全部效应(正的或负的)都在它的实际存在中得以展现。

第三节　生活视界中的“媒介化”生存

马克思在《关于费尔巴哈的提纲》中说道:“环境的改变和人的活动或自

① 2014 年 4 月 17 日,北京市朝阳区人民法院官方微博发布消息,网络推手秦志晖(网名:秦火火)犯诽谤罪,判处有期徒刑二年;犯寻衅滋事罪,判处有期徒刑一年六个月,决定执行有期徒刑三年。

② 腾讯新闻. 网络谣言定性将出司法解释 官方称打谣并非报复[EB/OL]. http://news.qq.com/a/20130909 /000730.htm? pgv_ref = aio2012&ptlang = 2052,2013 - 9 - 9.

我改变的一致，只能被看作是并合理地理解为革命的实践。”[①]新媒体型塑了人的现实的生活环境，并使人们的日常生活发生巨大变化，这种“环境的改变”（新媒体环境）与人的“生活”（数字化生活）的“一致”的革命的因素只有在新媒体生存景观实践中才能获得。“现代哲学尤其是马克思的生存实践观点……打通了‘经验’与‘超验’、‘形下’与‘形上’，将被人为割裂即‘二元’化的世界整合为统一的生活世界，并为人们在这一充满矛盾的生活世界中的合理生存提供了‘正常思’。”[②]法国社会学家德波就是通过“景观”的碎片重构来映现现代生活的变革的。德波“通过‘景观’这一新概念，强调了当代人生活的全幅内容，包括消费、休闲、娱乐、媒体导向乃至心理体验在内，……这种无所不在的‘景观’成了现代性的感性显现方式”。[③] 马克思主要是从现代人的物质生产生活实践的角度出发去理解商品的普遍性，进而理解整个资本主义社会。马克思和恩格斯在《德意志意识形态》中指出：“全部人类历史的第一个前提无疑是有生命的个人的存在。”“个人怎样表现自己的生活，他自己就是怎样。”[④]马克思和恩格斯进一步强调：个人“不是他们自己或别人想象中的那种个人，而是现实中的个人，也就是说，这些个人是从事活动的……意识在任何时候都只能是被意识到了的存在，而人们的存在就是他们的现实生活过程”。[⑤] 新媒体时代人的生存境遇不是一个纯粹思辨的问题，因而正如马克思所曾经提到的，只有在现实生活面前，才能“终止”那种无端倪的抽象思辨。新媒体改变了人的日常生活的诸多样式，使它成为一个时代的显著特征。

这里，主要从三个方面阐述新媒体时代个人的日常生活所遭遇的冲击，它形成了新媒体时代个人生活的主要视界。这就是：新媒体时代所营造的全媒体景观与人们的日常生活之改变；个人在虚拟网络中的“隐身”与“在线”的随意性；水军、五毛、谣言、网络暴民等数字化隐忧。这三个方面的内容正如一切现代媒介所展示给我们的视窗一样，它有三个方面的显著特征：

---

① 马克思恩格斯选集．第一卷．北京：人民出版社，1995：55.

② 张曙光．生存之维：经验视域与超验视域的分化与融合——关于建构生存哲学的思想史研究．天津社会科学，2000（1）：31－38.

③ 俞吾金．马克思对现代性的诊断及其启示．中国社会科学出版社，2005（1）：4－11.

④ 马克思恩格斯选集．第一卷．北京：人民出版社，1995：67.

⑤ 同上，71页。

其一,它是零碎的、平常的、看上去并没有什么特别和重大意义的,它就是日常生活本身;其二,它是随意的"取景",未经艺术加工的、白描的,它是日常生活的平铺直述;其三,在可能性上,新媒体在技术上能够获得人们日常生活的全景,在现实性上,镜廓的内容始终受到一定"视窗"的限制,同时也受到受众信息摄取能力的制约。

一、全媒体景观与日常生活

(一)全媒体时代的到来

丁柏铨说:"网络促使'地球村'由理想成为现实,带来了全媒体、媒体融合、'全民皆记者'等景观。"①言下之意,在他看来,全媒体就是指网络媒体,或者进一步说,是基于网络的普及而带来的"全民媒体"。而刘星河则认为:"由传统媒体与互联网、手机等新媒体构成的全媒体景观,是各种媒介形态、表现形式、构成要素和传播手段的集合体。"②他认为,全媒体概念是一种"全面媒体",亦即传统媒体与新媒体的融合。李昌文在《全媒体时代的传播语言研究》一文中也有类似的说法,他说:"由于报纸、广播、电视、网络等媒体的相互融合,构成了一幅全媒体的景观。"③"全民媒体"指的是人人都是传播者,是从信息传播信源的角度来说明新媒体时代的特征的;"全面媒体"指的是媒介之间的融合与共生共存,是从信息传播介质的角度来对新媒体时代的特征进行描述的。前者讲的是授受关系的变化,后者讲的是信息载体的变化(这两种说法仅仅是侧重点不同而已)。

新媒体理所当然地包含着"全面媒体"和"全民媒体"这两个层面(而新媒体在全媒体时代是最为重要的媒介形式,或者从本质上讲,正是由于新媒体的全面发展,才有了"全媒体"这个概念。从这个意义上说,全媒体又是新媒体时代的一个"特征")。在此基础上,还有人们生活的"全程媒体"和"全局媒体"。所谓"全程媒体"指的是基于移动媒体的发展与广泛运用,特别是

---

① 丁柏铨.时代变迁与中国对外传播理论和实践的发展.中国地质大学学报:社会科学版,2011(4):96-103.

② 刘星河.全媒体时代广告教育新模式建构.中国广告,2012(2):138-142.

③ 李昌文.全媒体时代的传播语言研究.现代传播(中国传媒大学学报),2012(6):118-120.

“手机从人们日常生活中的通信工具发展为全媒体信息终端融合的利器”，①“手机可以上网，笔记本可以打电话。这些都是全媒体化在日常生活中的具现”。② 移动通信的智能化使人们的生活全程处于新媒体的介入之中，在这个介入的过程中，新媒体既是一种生活环境，又是一种生活工具和手段，还是塑造一种新生活态度的原因。“全局媒体”也是从人的生活方面来说的。李文冰认为，“当前，全媒体形态已经成为我们日常生活的仪式和景观。全媒体的价值原点是人文，全媒体的发展必然以承载人类文明、追求人性价值为皈依”。③ 还有人认为，“全媒体时代成了新一轮的话语景观和权力图腾”。④ 如此等等，新媒体对人的生活的全面干预，可以说是传统媒体所未能做到的。

（二）新媒体时代的日常生活

1. 家庭劳动。

恩格斯在《家庭、私有制和国家的起源》中曾讲道，“妇女解放的第一个先决条件就是一切女性重新回到公共的事业中去；而要达到这一点，又要求消除个体家庭作为社会的经济单位的属性”。⑤ 家庭劳动向来被马克思主义的经典作家视为“不自由”的、需要解放的领域。列宁也认为妇女应该从那种充满油烟味的厨房解放出来。这里撇开妇女问题不谈，单就家务劳动，或者家庭劳动来说，它是一个受到外在必然性统治的领域，而这种处于不自由的必然性之中的家务劳动，由于其与“公共事务”相比，在“意义”上显得“卑微”而得不到社会的尊重，人们在维持肉体生命的过程中耗费了大量的时间。无论男人还是女人，在家务劳动上耗费的时间越多，他/她在社会事务中所能支出的时间就会缩短，从而从事改造世界（和改造自身）的实践活动的时间和机会就会下降，人的本质力量的发挥和提高就会受到限制。新媒

---

① 杨文艳. 通信终端凸显三从效应 深挖潜力须谋内容——手机电视促进手机与传统媒体相融合. 中国传媒科技，2011(5)56－59.

② 何志钧，孙恒存. 数字媒介转型与文艺消费的全媒体格局. 中州学刊，2013(1)：160－163.

③ 李文冰. 全媒体语境下传统伦理价值的解构与主流价值观的重塑. 浙江传媒学院学报，2012(4)：32－36.

④ 霍俊明，徐志伟. 当代诗歌：困境及其可能性. 文艺评论，2011(11)：61－66.

⑤ 马克思恩格斯选集．第四卷．北京：人民出版社，1995：72.

体时代，人们足不出户就能享受到各种美食和家政服务，它立刻就产生了两个巨大的社会影响：一是家务劳动因为社会承揽而获得了社会性劳动的性质，家务劳动的职业化既解决了现实的劳动就业问题，也使这种劳动本身获得了自己的表现价值；二是新媒体终于把人从家务劳动中解放出来，除非个人对家务劳动具有特别的嗜好，否则它就不再成为束缚人们行动的障碍。前面提到过的新媒体时代的宅族就能很好地表现他们的时代特性，在互联网上浏览一下每日的美食推荐，根据个人的喜好选择好食物种类、份量、配送时间，只要轻轻点击"提交订单"就能完成家庭宴席的订购和配送服务，甚至需要什么酒水、什么餐具和餐桌摆设也同样可以自由搭配。"点击"即意味着已经完成了家务劳动的全过程(当然，它最终是通过货币来兑现这种服务和享受的)。胡斯认为，"人类社会到目前为止应用的科学技术并没有帮助女性摆脱家庭工作者的身份，没有让女性从繁重的无偿家务劳动中解放出来"。[①] 但是，胡斯并不是一般意义地直指新媒体技术对家务劳动的影响。她认为，科技不是从正面而是从负面给妇女造成影响，因为电话、冰箱、电视等众多的设备会增加妇女劳动的强度和开支。当然，胡斯也认为，"那是一个可以想象的社会——女性的一切家务劳动都被自动化，都被转变为有偿服务"。[②] 在胡斯看来，这主要是资本主义制度的根源，是资本主义制度导致了女性解放的遥遥无期。她认为，新技术的影响在资本主义社会中依然是恶劣的(胡斯认为私有制度是妇女解放遥遥无期的根源的说法是深刻的，因为资本主义制度下，公共事务领域对妇女的"挤出"，或者资本家始终不放弃把妇女作为私有财产，那么，技术的进步就不会改变妇女的命运。本书并不讨论这个问题，这里只是想要说明技术进步为整个家务劳动的解放提供的便利条件，并不把家务劳动限定为妇女劳动)。

新媒体时代，已经不再需要在男女之间如何分配家务劳动方面斤斤计较了，全媒体已经武装到了人们生活的最细微的地方。不但餐饮问题能够做到送货上门(当然，如果愿意的话，也能做到厨师上门现做食物)，其他一

① 乌苏拉·胡斯．任海龙，译．高科技无产阶级的形成——真实世界里的虚拟工作．北京：北京大学出版社，2011：11.

② 乌苏拉·胡斯．任海龙，译．高科技无产阶级的形成——真实世界里的虚拟工作．北京：北京大学出版社，2011：14.

切家庭服务事项都能在新媒体上找到最近的或者最优的服务者。那种贴满整个墙壁的小广告在新媒体时代会渐出市场，消失得无影无踪，而转移到互联网阵地的家政服务会因为服务质量比对的方便（通过用户在线反馈）而优胜劣汰。家庭终于解放为一个自由发展和个人休憩的场所，而不是再生产人自身生命力的（单一性质的）地方。

2. 休闲。

“互联网为强大的迷思提供了基础，因为它极大地满足了这些特性。它描绘了这样一个故事：更小、更快、更便宜、更好的计算机和传播技术，如何轻而易举地实现了那些有关民主和社区的似乎不可能的梦想；并且在实践中，它没有对自然环境产生任何压力。根据这种观点，计算机传播给人们带来力量，实现了哲学家和图书馆长们长久以来的梦想，将摆脱到达信息库存地点所需的时间、精力、金钱的限制，而使立刻进入全球信息库变为可能。”莫斯可认为，“本质上，通过超越时间、空间和资源的限制，即相当于卡尔·马克思所说的‘时间消灭空间’，互联网在象征层面上带来了曾经失去的联系，给这个处于极度渴望中的世界带来真正的、持久的民主和社区”。[①] “限制”或者“必然性”的一定程度的解除，为人们的休闲生活提供了条件。而休闲时间和自由劳动时间一道成为人的自由全面发展的前提。托夫勒在《未来的冲击》中也说，在物质匮乏的社会，人们主要是需要满足自身直接的物质需求，而在物质比较丰富的社会，人们的需求就变得多样化了。[②]

新媒体时代人们的休闲生活变得更加丰富。其一，传统的休闲方式更加便利。人们旅游、出行在新媒体的指引下能够减少很多麻烦，同时还能在任何时间和地点与亲朋好友保持联络，并且实时发布行踪图文，还可以远程与他们视频通话，分享所见所闻。当然，这也使得旅游等休闲活动更加安全。其二，休闲时间与工作时间边界的模糊化倾向。一般而言，休闲时间与工作时间是截然分开的，在传统的办公室和工厂车间是绝不允许员工玩游戏或者做其他与工作无关的活动的。然而现在，新媒体的广泛应用“将数百万职工从工厂和办公室解放出来。他们是被第二次浪潮冲击到那儿去的，

---

① 文森特·莫斯可．黄典林，译．数字化崇拜：迷思、权力与赛博空间．北京：北京大学出版社，2010：28.

② 阿尔文·托夫勒．孟广均，等，译．未来的冲击．北京：新华出版社，1996：186.

现在又要回到原来的地方:家庭中去"。[①] 在家办公不仅仅是办公空间的位移这么简单,它宣告着人的自由选择的范围增大,人可以靠自己的决断从事劳动和休闲。其三,模拟与非模拟体验以某种方式结合起来,[②]向人的现实的休闲方式提出挑战。新媒体空间的立体化,使得拟真空间更加令人感到仿佛亲临其境。这种"临场感"(或谓亲在感)在一定意义上取得了与"在场"感一样的信任。当李敖还在凤凰卫视说他喜欢对着照片"神游"各地的时候,新媒体使这种"神游"更加逼近每一个人,哪怕是一个非常缺乏艺术想象力的人也同样能够感受到不同时代、不同地方的风景民俗。其四,休闲方式多样化的同时也存在被同质化的危险。新媒体的确为人们的休闲方式的多样化带来了可能,因为虚拟休闲场所的开辟使得原先处于想象的意识状态的东西可以具象化为一种视觉和听觉的"场景"。而工作向家庭的回归也使人们的自由休闲时间更加充裕,但情形并没有想象的那么美好和纯粹,就如家里办公所实际导致的许多忧虑一样:人们在虚拟和现实之间被困了,在工作和休闲的选择上无法做出理性的安排。更多的情形是人们把智能手机或者其他新媒体设备当作唯一的消遣工具和娱乐"场所",甚至由此而使自身淡出现实生活的交往和沟通,造成了休闲的工具性奴役。曾经在一个"网上这些事"的空间看到这样一组图片:一群人出去旅游,结果到了目的地,全部各自玩着随身携带的手机;在一个亲朋好友聚会的场所,每个人都在简短的交谈以后便掏出手机自顾娱乐,如此等等。不用说那些偶得空闲的淘宝掌柜们,他们更是随时随地与客户保持联络,休闲一点都"不闲"。新媒体似乎在朝着"高清晰度"发展,而生活却变得不那么清晰了。工作和休闲的边界模糊不清,如果到达了马克思所讲的"自由劳动"却也令人振奋,而现在,似乎被一种新的必然性所统制。

3. 阅读。

莱文森在《数字麦克卢汉》一书中说,"Everyone is a publisher"(人人都是出版者),他对"上网经验"对出版、写作和日益增加的网上读者的影响做了深刻的分析。莱文森认为,在传统的出版业,就算像《纽约时报》这样自诩

---

① 阿尔文·托夫勒. 朱志焱,等,译. 第三次浪潮. 北京:新华出版社,1996:213.

② 阿尔文·托夫勒. 孟广均,等,译. 未来的冲击. 北京:新华出版社,1996:194.

刊发“一切适合印发的新闻”的报纸也是一个不符合实际的妄言，因为有限的“版面”会要求“把关人”的存在。而过滤了的文本实际上是对人的表达权的掠夺。因特网的出现改变了这种状态，“凡是有网页的人都成了出版人。在因特网创造的环境中，纸张、装订、发运和广播的成本，全都消失了。因特网拉开架势，要把‘把关人’的门砸烂”，“凡是拥有网页的人都可以在网页上发表自己的故事、文章和书籍。”越来越多的文本在网上发表，“网上的‘门’不再把文本关在门内不让读者看，而是把这些门幻化成有人的蝴蝶。否则，即使精明的读者也可能注意不到什么书籍，这些书就羞于见人、深居闺房、难找到婆家了”。尽管也存在网络编辑，但“网上编辑成了支持者而不是凶恶的门神”。[①] 这一方面是人们的表达欲望得到了满足，另一方面也使网络成为知识集聚的地方，新媒体承载着开放性的、面向一切作者和读者的阅读内容。而且，这些内容为了在浩如烟海的信息海洋中获得关注，它们会主动“幻化成蝴蝶”来诱惑读者的眼球。这与传统的出版相比，“物”的亲和力加强了，读者面对的是“扑面而来”的讯息，而不像图书馆根据“指南”检索文献那般费劲。然而，也正是阅读物的进攻性呈现，人们也可能在一些庸俗而平淡的读物上浪费时日。在形式上，更为直观的阅读方式出现了，立体的书本向人们展示着书中所描写的内容，文字转变为图画和视频，在一个叫作“读图时代”的标签下，人们过着惬意的“浅阅读”的生活，阅读变成一种近似娱乐的活动。由此之故，“深阅读”的丧失已经使“我思”降格为“我看”和“我感”。表面看来是读屏时代人的外在理解工具的不断推陈出新，深层看来却是人的主体性在程度上的渐退的过程，是人们被迫放弃理解的差异性而对图像（文本）的一致性的默许，从而在个性化理解上带来障碍。

如今，一些书籍已经包装成各种各样的多媒体软件，图文并茂，声色俱佳，电影般地给人以场景。就是那些带有深邃意蕴的经典著作和佛学典籍，也能在网上下载到柔美女中音的配乐朗诵。视觉和听觉的充分调动与引诱就像是荒郊野外的花丛中偶尔飘来的美妙箫声，就算是一丛罂粟花也会让人忘却它背后令人着魔的东西。一味地沉浸在现代阅读的感官刺激中，理

---

① 莱文森．何道宽，译．数字麦克卢汉——信息化新纪元指南．北京：社会科学文献出版社，2001：180－187.

性是多余的,需要的只是一种感觉。这种回到古典浪漫主义的情调与现代新媒体技术本身的严谨理性逻辑是格格不入的。然而,这就是大众阅读的趋势和已经初露端倪的景象。当然,阅读的便利性是不容置疑的。洛根在他的书中曾讲述了"智能书"(Smart Book)的美妙之处:一种通过"智能标签"的嵌入而具有"聪明"、可搜、可读、可在网上加工的书籍的互联网网站,搜索功能和强大的超文本链接使这种网络在线阅读变得轻松、惬意。[①]

4. 教育。

教育功能是新媒体的重要功能,这是从一般的意义上而言的。也就是说,教育在型塑现代人的意义上具有非常重要的作用,包括对个人认知能力、价值判断能力、审美能力的培养和人格的塑造等方面。因此,有人把教育功能与政治功能、经济功能、娱乐功能等并列视为新媒体对社会的全面影响。[②] 余源培教授也把教育功能作为新媒体的重要功能。他认为:"新媒体的文化、娱乐、教育功能稳步拓展,网络阅读、网页游戏、网络教育进一步发展,新媒体已成为重要的大众文化与娱乐、教育平台。"[③]新媒体的教育功能引起了教育界和哲学界的广泛关注。而新媒体对教育的影响,的确是全面而广泛的。它不仅渗透到学校教育的各个方面,且对社会教育(尤其是远程成人教育和终身教育)起到了非常重要的作用,在建设学习型社会的过程中正在发挥积极作用。"云教育"是新媒体在教育领域发展的最新业态。[④]"近年来国内数字化教育资源建设有诸多新动向,包括教育部组织的高校精品开放课程建设项目、区域试点的电子课本开发行动、公共媒体兴起的公开课行为、企业兴建的辅学助考资源,以及个人社群贡献的生成性资源,这些都

---

① 罗伯特·洛根. 何道宽,译. 理解新媒介——延伸麦克卢汉. 上海:复旦大学出版社,2012:297.

② 白燕燕. 浅议新媒体发展态势及对社会影响. 中国出版,2013(9):32-34.

③ 余源培. 新媒体与意识形态建设. 河北学刊,2013(1):128-132.

④ "云教育"实质上就是"云计算"在教育领域中的应用,它将各种教学软件推向云端,用户只需一个账号便可登录到一个虚拟桌面,享受全部应用。各种移动终端设备的普及,使得学习者通过浏览器登录云教育平台,随时随地进入学习环境,开展个性化自主学习。[李桂英,马力,等. 基于云教育平台的自主移动学习模型研究. 现代教育技术,2011(11):76-79.]

有力促进着教育在更高层次上的均衡发展。”①

新媒体对教育的重要作用，就学校教育而言，主要有以下几个方面：其一是“QQ、飞信、微博、人人网、手机报等已成为大学生常用的新媒体工具，高校可以充分利用这些创新型工具，借助新媒体载体”，实施对学生的隐性教育，开辟第二课堂。② 除了课堂教学之外，学生心理辅导、思想政治教育等内容可以通过这种新的第二课堂开展，也可以在新媒体上即时解答学生的疑难，从而使学生可以享受到全程教育。其二是新媒体集文字、声音和图像为一体，声色俱全，图文并茂，把视、听、读有机结合，又能够即时互动，能充分感染和激发人们的求知欲和想象力，让人们积极、主动地参与到新媒体形象、生动、直观的情境中，极大地增强了教育的感染力。③ 其三是云教育使优质教育资源实现了网络共享，从而发挥最大效用。同时，相对落后地区的学生也能够通过远程系统分享到发达地区的教育资源，比如，上海市最为优秀的中学教师的课堂教学只要其融入到云教育系统的开发，就能使新疆（或其他边远地区）任何一个地区的系统端口接收他们的同步课堂，并且参与课堂互动。这对促进（全国甚至全球性的）教育公平在技术上无疑是一种巨大的进步。当然，在技术上为教育公平所提供的条件，实际上是否能够发挥其真正的作用，这就需要社会的全面协调。网上曾多次报道了学校要求学生购买某品牌的平板电脑，而家长表示无财力支持这些额外费用；也有学生家长对学生在新媒体的各种成人化界面内容的引诱下是否真能促进学习效果的提高表示担忧，更不用说落后地区的学生能否享受到已经在技术上共享了的教育资源了。

社会教育在利用新媒体方面似乎更为迫切。“家里蹲大学”就是一个提供各种网络课程的网站，个人只需在线注册，就能分享网站上的全部课程。“家里蹲”是国内第一所虚拟大学，网站的口号是“让每一个中国人，都能上大学”。网站的内容涵盖了自学考试、考研、成考、职业技能考试等多种考试类型，以及各名牌大学的课程视频录像，这些都是完全免费的。类似的还有

---

① 《教育研究》编辑部. 2012 中国教育研究前沿与热点问题年度报告. 教育研究，2013(2):9－20.

② 周宏伟，谢钢. “90 后”大学生隐性教育途径创新研究. 高校教育管理，2013(2):106－109.

③ 刘大宁. 社会主义核心价值体系大众化的策略研究. 人民论坛，2013(8):50－51.

“网易学院”,它提供新媒体技术的各种学习资料,等等。各种有偿服务的网络远程教学网站更是琳琅满目。新媒体移动学习端口使人们在任何时候都能够获得学习资源,进入学习环境,在虚拟社区获得专业人士的答疑和参加专门性的论辩。在终身学习、远距离学习等方面,新媒体做出了巨大的贡献。更为重要的是,新媒体使学习的方式发生了重大变化,现在,“信息工业使分割的工作学习模式发生逆转;口语社会里学习和工作整合的许多模式随之再现”。边干边学是当今学习的一个显要特征,因而,对于网络信息的掌握,重要的是获取信息(路径和方法)而不是占有信息(结果)。洛根还指出:“今天的工人不仅花时间谋生,而且在追求终身的工作,在‘学习谋生’。”[①]学习型社会的构建,一旦离开新媒体的全面支撑,就会艰难很多。

5. 健康。

当麦克卢汉把媒介视为人的延伸的时候,是对媒介的“赋能”(enabling)作用抱着美好愿景的。传统媒介延伸了人的肢体,而新媒体延伸了人的大脑(当然,也延伸了人的肢体)。洛根还特别列举了麦克卢汉所未能详细罗列的新媒介的“赋能”技术本质。他认为:新媒体(电子技术)再现人的记忆,从而“切换”为信息超载;(鼠标和图形用户界面)再现桌面,从而“切换”为虚拟现实;(超链接、超文本和超媒介)再现脚注和尾注,从而“切换”为情节的缺乏或多头情节;(光纤)再现管道,从而“切换”为信息交通堵塞;(通信卫星)再现神话里长翅膀的墨丘利信使,使地球“切换”为一个小小的村落;(无线保真 WiFi、蓝牙 Blue Tooth 与火线 FireWire)再现稳定程序,使人“切换”为游牧式的知识采集人;(开源代码技术和维基)再现一切社会成员自由共享部落信息的局面,“切换”为知识产权的丧失。[②] 而当信息社会初露端倪的时候,尼葛洛庞蒂就认为信息技术具有“赋权”的重要作用,它使一切“进入门槛”变得轻松自如,人们获得了平等享有和采集、利用数据的公平环境,因而赋予个人以社会公民的基本权利,它由此反对信息权利的集中和专制。可见,无论是“赋权”还是“赋能”,新媒体时代的到来确实令人们欢欣鼓舞。

---

① 罗伯特·洛根. 何道宽,译. 理解新媒介——延伸麦克卢汉. 上海:复旦大学出版社,2012:71.

② 罗伯特·洛根. 何道宽,译. 理解新媒介——延伸麦克卢汉. 上海:复旦大学出版社,2012:301-311.

不过,在个人的健康问题上,新媒体带来的却似乎是一个彻底令人不安的局面,尤其是网络成瘾成为一个重大的社会问题,长期在手机、电脑等机器的辐射下生活和工作的人逐渐产生了许多新的疾病,无论身体还是心理上的变异都让人感到担忧。新媒体的广泛使用对人们身体、心理以及人格的形成所造成的各种负面影响不断地被研究者和媒体所揭露出来。

黄悦勤等人的研究结论指出:“网络成瘾①对身体健康的影响有:脑疲劳、视疲劳、斑疹、腱鞘炎、胃肠病及其他疾病、亚健康状态。”②姚荣英等通过大量的调查数据和临床病例揭示了网络成瘾对躯体亚健康状况的影响。③研究还表明,“当移动终端随着载体晃动时,人们通过移动终端观看视频时,眼睛需要不停地适应和调节,这种调节的强度要比正常时大得多,因此在移动的公交或出租车上观看视频,眼睛更容易疲劳,且会致人产生晕眩感,并伤害视力”。④ 新媒体的过度使用对人的心理健康造成的影响更是广受诟病。网络造成了现代人新的孤独感,使人成为喧嚣虚拟社区中的孤独者,⑤影响健康人格的塑造。⑥ 尽管李卉等人认为,“网络使用对心理健康产生的影响依赖于用户先前的人格特征”,⑦但是,新一代新媒体用户从小就以新媒体作为他们全面接触社会的第一个阵营,已经跳过了主要依靠“人-人”直接接触的发育阶段,而直接被抛入到“人-机-人”接触的社会网络。新媒体对这些青少年的心理健康的发展所造成的负面影响更是持久而深远的。当然,也有人认为由于新媒体的“赋能”与“赋权”而使现代人有更多的时间

① 沈冯娟和黄少华认为,“凡是过度使用、误用或滥用网络,导致个人社交与身心健康受到影响的网络行为,即属于网络成瘾行为”。[青少年网络成瘾影响因素分析. 兰州大学学报:社会科学版,2011(5):52-59.]

② 黄悦勤,张新乔,刘肇瑞. 高中生网络成瘾的社区健康教育. 中国心理卫生杂志,2011(5):328-331.

③ 姚荣英,李霞,陶芳标. 网络成瘾对大学生亚健康状态的影响. 第三军医大学学报,2011(13):1416-1418.

④ 许峰. 电视小栏目与新媒体结合的路径. 南方电视学刊,2013(2):87-89.

⑤ 蒋艳菊,李艺敏,李新旺. 当代西方孤独感研究进展. 河南大学学报:社会科学版,2006(5):157-162.

⑥ 段兴利,刘敏. 关注新“社会病”——网络成瘾研究综述. 甘肃社会科学,2005(4):25-30.

⑦ 李卉,王福兴. 中学生网络依赖和自尊的纵向比较. 心理研究,2008(3):29-33.

从事休闲活动与锻炼,参与更多的社交活动,促进人的全面社会化。但是,医学和心理学研究的结论令人对这些美好的想象感到沮丧。而改变这种状况的出路在何方呢?在理性的制度设计,还是新媒体技术规则的改进?在截堵防范,还是疏通理顺?在法律治理,还是道德情操的提升?总之,这是一个十分令人困惑的事情,也十分令人焦心忧虑。新媒体传播了健康知识,人们却在各种卫生广告中难以驾驭取舍;新媒体为人们节约了知识积累和搜集的时间,却并没有提供更为广阔的自由而惬意的有规律的生活;新媒体总是标榜绿色上网,而事实上"中毒"的却不仅仅是机器,人也跟着"中毒";……健康,一个时尚而令人纠结的词语,在新媒体时代将以何面目示人?健康,一个永恒而带有"劝诫"意味的话题,在新媒体时代,却可能成为一个生存论的哲学话题。

新媒体时代的日常生活是丰富多彩的,它所涉及的内容是全方位的,它的一切形式的总和除了在基本特征上找到某种共性之外,要想在多元化的新媒体世界的个人生活中寻找几种典型的模式显然是力不从心的。譬如"闲聊",这在传统社会中比较容易找到一些基本的思路,从而在学术的意味上对其进行必要而接近事实的描述。但在新媒体时代,一个最为普通的词语"呵呵",或者"尼玛",要解读出它的场景和意蕴,却也显得非常困难(华东师范大学的汪奎同学2012年以《网络会话中"呵呵"的功能研究》获得硕士学位;无独有偶,2013年吉林大学的翟晓佳同学亦以《手机短信语言中的叹词》一文而获得硕士学位)。新媒体时代的人们,只能以碎片化的"场景再现"去反映他们生活的主要特征,而拷贝"生活"这个复杂的过程,似乎变得困难起来。按照张雄老师的说法,传统社会那些惯常的、稳定的、缓慢的生活特质已经被易变的、传奇的、纠结的生活特质所取代。而"一言以蔽之"所"蔽"去的将是整个新媒体时代生活视界的丰满与流变。

二、隐身与匿名

(一)隐身与匿名的概念

"自由是网络的灵魂"。[①] 现实生活中,隐身是指一件物体,其反射的光

① 王晓霞."虚拟社会"的人际交往及其调适.南开学报,2002(4):88-94.

不被人眼吸收(而是把所有光都吸收或绕过该物体继续向原方向照射),从而使其不可见。在科幻作品或者神魔小说中时常有隐身术的说法,它是一种使身体隐形从而看不见的幻术。据说我国的隐身术可以追溯到秦王朝时期,那时的游方道士就将其作为神仙变化之术招摇于世。在新媒体时代,隐身有了新的内涵:从狭义来说,它是指对网络用户真实在线状态的隐瞒,这种隐瞒不是通过言辞描述或者幻术作伪,而是通过技术的手段使用户的在线状态不被他人或者特定的人所察觉;广义的隐身乃是对在线用户的真实身份的隐藏,既可以采取匿名的形式,也可以通过"马甲"而达到隐身效果。所谓匿名,就是用户不以注册的用户名来发表言论和在虚拟社区从事其他活动,而是隐匿用户名(或者以网络 IP 地址)。所谓"马甲",就是指特定的网络用户,出于某种考虑,注册或使用新的用户名、新的网络个性形象,以避免别人将他的发言和原用户名联系起来,这个(些)新用户名和个性形象就被称作马甲。

(二)对隐身与匿名的不同观点

一般认为,"在'网络制服'的隐身作用下,网络传播者容易脱离社会现实,出现暂时摆脱社会角色和道德责任束缚的现象",[①]从而使一系列不良现象得以在新媒体时代产生,网民个人、某些社会组织甚至国家都可能在网上匿名隐身。在国家层面,赵可金在讲到网络外交的时候曾说道:"网络外交的主体虽然多元,但其身份具有隐蔽性,在网络上,它可能只是网民甲、乙、丙,现实社会中的真实身份和意图很容易被隐去,即便是一国首脑,也可以通过匿名隐身在网络空间中煽动一场波澜壮阔的民意潮水,丝毫不会被察觉。……在此种网络外交形态中,政府已经完全隐身为非官方的行为。"[②]对于个人来说,匿名和隐身更是习以为常。一般认为,"网络的虚拟环境和匿名性特征,能够使网民轻松地由现实人变为'隐身人',使网民能够以'隐身人'的身份在网上随意操作。……大大降低了现实社会政治参与的风险成本"。[③] 由于隐身与匿名的大量存在,维权的风险得到了降低,因此,在现代新媒体社会,个人对权利维护的意识得到了加强,但同时却对义务和责任的

---

① 陈潭,黄金.群体性事件多种原因的理论阐释.政治学研究,2009(6):54-61.

② 赵可金.网络外交的兴起:机制与趋势.世界经济与政治,2011(5):112-126.

③ 张亚勇.试论网络政治参与的无序性及其规范.求实,2007(12):71-73.

意识相应淡化了。个体出现对自己的言行不负责任的倾向，某些恶意的破坏活动、侵犯他人隐私、盗窃他人成果、炮制谣言、人身攻击、散布虚假信息的行为随之出现。网络匿名和隐身状态的发展成为一些学者看来是极端危险的隐患，从而大力主张进行网络实名制改革。

当然，网络匿名也有很多被人们视为珍贵“属性”的东西，那就是它对个体言论自由和权益诉求的保护。在新媒体时代，媒介并非为某一人或者某一阶层所拥有，而是被广大人民群众所掌握，因此，从尼葛洛庞蒂开始就有人认为这是一次非常值得珍惜的“赋权”运动。新媒体技术赋予每个人以言论自由的权益，人们可以通过匿名举报单位领导而不用担心被报复，可以对某些相左的言论进行激辩而不至于陷入遭受人身攻击的危险境地，可以为个人的合法利益而振臂高呼，并在微博等媒体上找到响应者，可以匿名或者隐身（甚至修改网络 IP 地址）的方式揭露某些社会阴暗，如此等等，以至于网民们对于能够匿名和隐身的网络给人带来的便利感到无比欣慰。匿名和隐身还使一些先天禀赋相对逊色的人，可以在虚拟世界中获得认同感和成就感，而不至于在外貌、身高、口齿、家庭背景、地域、民族、性别、肤色等方面遭受不合理的歧视和侮辱。在匿名和隐身状态，他们回归到他们的本真心态和平和的生存环境中，公平地参与网络活动。

与此相比，网络匿名和隐身的危害似乎令更多的人担忧。第一，正如前面所讲到的，网络成为个人维护权利的有效工具，可是“隐身”的不仅仅是普通百姓，在实践中也的确有一些“官员”同样采取匿名的方式在进行舆情查阅，由于被隐身和匿名的当事官员采取匿名方式参与这些网络互动，从而重新带来了网络反腐和维权的风险。第二，“网络空间中的主体具有一定的隐身性，人们可以随心所欲地塑造自己，将自己伪装成另一个人，或是描绘成理想中的形象”。① 各种违法犯罪分子极易伪装成各种类型的人而从事违法犯罪活动。还有一些人不惜通过诋毁他人，不择手段造谣生事来成为“网络红人”以获取利益。第三，陈柏峰研究发现，由于网络行为主体真实身份的不确定性，因此，“只要掌握相关技术，就可以恶意炒作，操控网络民意，使网

① 刘守芬，孙晓芳．论网络犯罪．北京大学学报：哲学社会科学版，2001(3)：114－122.

络上充斥着单方面声音，‘真实的民意’则隐身于网络技术之下”。[①] 海量的信息和匿名隐身所导致的信息真实性更加难以把握，真伪判断成为广大网民一个重大的媒介素养考验。第四，匿名和隐身导致一种新媒体时代的特殊的非理性狂欢，集体陷入非理性的疯狂之中不能自拔，从而使个体丧失应有的独立思考的理性思维能力。网络推手正是利用这一点来兴风作浪、混淆视听。“网络空间的虚拟性直接导致了网络传播的隐蔽性。‘隐身人’正是对网络传播行为的一个最佳比喻。”[②]第五，这个“隐身人”还不时侵害知识产权，一种没有身份的网民（他只有一个身份就是不确定的“网民”，就等同于一个非定在的“某人”）抄袭会造成问责的困难。第六，匿名和隐身使人们通过技术革命而获得的“第二人生”变得诡异多变，并在这个第二生存环境中失去安全感。匿名和隐身使一切人都变得陌生化了。整个网络社会俨然成为陌生人的社会，因为个体交往对象是否穿着马甲以及马甲背后的身份是无从确定的。如此一来，各种亲密交往都显得虚情假意，人际关系越发冷漠无情。

（三）技术决定论会获胜吗

尽管各种关于匿名和隐身的效用问题的争论始终难分胜负，但是，另外的说法却让这些为隐身和匿名感到兴奋或者担忧的人丧气。大数据分析技术使得匿名用户难以藏身，分析师可以通过匿名用户的媒体使用习惯和痕迹以及个性化的发言等来分析出用户的身份。这是用户在多个终端联网行动以规避网络追踪所难以逃避的斩杀绝招。而对于一般的用户而言，IP 地址就会泄露个人的行踪，身份的确认在技术上易如反掌。“但很多起‘跨省追捕’事件却告诉人们，在一个公权力没有边界的地方，所谓的‘匿名’其实并不存在。”[③]这样，越来越多的人就会意识到，“由于信息技术的复杂化，网络时代的民意表达可能会陷入技术官僚操控的危险，而‘真实的民意’则再次隐身于网络技术下”。[④] 如此一来，匿名与隐身给人们带来超级自由的那

---

① 陈柏峰. 传媒监督权行使如何法治——从“宜黄事件”切入. 法学家，2012(1)：27－41.

② 张静，周三胜. 论网络传播条件下党的意识形态建设. 毛泽东邓小平理论研究，2005(6)：61－66.

③ 雒有谋. 2012 微博反腐——舆论监督的春天?. 编辑之友，2013(3)：55－57.

④ 梁幸枝. 网络民意：“沉默的螺旋”不再. 检察风云，2008(17)：9－11.

种迷梦,也就与它们给人们可能带来的种种"祸害"同时烟消云散了。技术至上重新占据着统治的地位,露出了得意的冷笑。人如果只有在匿名的状态下才能取得自由,那么这种自由本身就是不自由的。可是这种匿名的状态也让位于技术的占有者对用户的态度,除非有一种制约"技术官僚主义"的举措,否则就不可能试图通过匿名和隐身而获得话语权。更何况,就算离开了技术的这种揭发身份的权威,也未必就能获得网络上的完全自由。以狂欢的身份和狂欢的心态在网络上尽情发泄,除了造就一批网络暴民和网络愚民,不明真相的网民被媒介权威(意见领袖)所操控而不自知。"尤其是网络的匿名性、隐身性,使得表达的自由成为一种幻象,不具有正常理智和情感的意见与激情问责,让人们无法相信名人和崇拜者们互动的真实性。"①如此这般,新媒体时代的这些特征似乎并没有表象的玄幻那么迷人了。"所有者隐身幕后、人人均可参与、形成社会网络、用户创造内容、化内容为'源''流'、不同社会性媒体之间网络化与融合",②这些特征用来形容社会媒介只能是表面的。当然,在某些论坛上,是可以通过购买"狗仔卡"来查看马甲背后的真实身份的。那样,技术决定论就受到资本的役使了。

尽管如此,"网络信息传播的广泛性、低成本性、低门槛性、匿名性、互动性、迅捷性、即时性、全时性、多元性、自媒体性、多媒体性、海量性、几何增量性、难控性等特点",③在显像上却完整构成了人们形而下的生活。人们在匿名的狂欢与惊喜中体验着话语自由的畅意,尽管这种畅意无论给个人还是给社会都将带来风险。研究者还发现,"虚拟化的网络交流平台,匿名及自由的交往形态,使人们的个性化表达得到了前所未有的尊重与释放,在无厘头搞怪、群体自嘲等酣畅淋漓的体验中,传统、经典文本的权威不断被消解,新的网络语言与角色被不断重新建构,同时也诞生了各具特色的网络亚文化社区和群落"。④ 新媒体的匿名性与隐身所导致的一系列道德失范和信息污染,以及民意绑架等行为,是新媒体时代个体生存的重大负面影响,尽管根治它,在技术上会比较简单,但是,技术决定

① 郑亚楠.名人博客塑造的媒介文化奇观——兼谈网络自由的幻象.新闻记者,2012(6):48-49.

② 付玉辉,王韵,苏林森,等.重新认识新媒体.互联网天地,2010(8):50-54.

③ 李国青,杨莹.网络反腐研究:主要问题与拓展方向.理论与改革,2013(1):205-208.

④ 李超民,李礼."吊丝"现象的后现代话语检视.中国青年研究,2013(1):13-16.

论注定要失败。之所以注定要失败,不仅是因为资本会在更高的层面上操纵者技术的使用,更重要的是,新媒体已经成为一种生活的环境,这种生活环境正是人民群众所创造的,正是在这种带有疯狂印记的新媒体躁动中,才使现在的"技术成就"成为一种历史的必然性。如果新媒体在介质上就成为人们生活多余和累赘的部分,那么,技术本身就走到了尽头。因此,谁会最终把新媒体葬送呢?这种历史的倒车没有哪种力量能够开动。只要新媒体已然还存在于世,并受到人们的青睐,那么,它就是一个矛盾的集合体,正如前面已经提到的种种相互矛盾的态度都在它身上能够得到合理的解释。并且,历史正是在这些悖谬的意见中逐渐走向文明和成熟。这不是一种期待,而是马克思所讲的纯粹经验方法上的确认。①

三、更多的数字化隐忧

(一)水军(五毛)与网络推手

1."水军"。

"水军"又称网络水军,是指由网络公关公司或者其他组织和个人雇用的、在互联网上对某个话题或人物进行集体炒作,以达到宣传、推销或攻击某些(个)人或产品目的,或者为了达成其他目的而对某个事件、某篇文章、某条博客进行大规模转载、评论、跟帖、附和的网络人员的总称。网上水军(或者"五毛党")现象原指网络评论员以普通网民的身份在网上发表评论,以此来实现对网络意见发展趋势的扭转和控制。目前,网络水军的含义发生了较大的变化,但至今尚无定论。网络水军的定义来自各研究者从不同视角而得出的不同描述,目前尚未形成权威的定义。王君超等人认为:"网络水军是指受雇于利益集团或网络公关公司,以炒作网络热帖,谋求经济利益的专业性网络造势人员。"②陈力丹教授等人认为:"'网络水军'指的是那些隐蔽自己,代表利益集团的身份,在互联网上制造虚幻舆论来浑水摸鱼的群体。……(它)已经演变为一种调动网络'舆论',宣扬或贬损个人、公司、

---

① 马克思恩格斯选集.第一卷.北京:人民出版社,1995:67.

② 王君超,郑恩."微传播"与表达权——试论微博时代的表达自由.现代传播(中国传媒大学学报),2011(4):80-85.

品牌等等的‘行业’。”[①]网络水军的规模化、商业化、产业化,已经严重影响到了网络民意的真实性。[②] 最为简单的描述是:网络水军是指受雇于他人或组织,并专门为其在互联网上发帖(炒作)造势的网络人员。“网络水军将自己在网络上的传播权力‘让渡’给受雇者,是一种商业行为。”[③]方付建认为,“网络水军指潜隐于网络之下,通过编帖、发帖、顶帖、回帖、转帖、删帖等方式影响、改变甚至操控网上议题、观点倾向和话语数量的组织化或半组织化群体的总称”。[④] 麦买提·乌斯曼认为网络水军是一种出卖“话语权”的行径,即用资本操纵言论。[⑤] 任莺认为网络水军可以制造施暴式的从众心理,使网众为了迎合外在舆论力量而在言行方面表现出“从众”的姿态,极大地限制了公众自觉的知觉、判断和认识。她认为,事实上,网络水军的行为是一种语言暴力。[⑥] 水军在网络上往往自导自演地制造某种事端而不顾及事实真相,甚至故意歪曲事实、捏造事实,从而使网络论坛的公信力下降。

可见,网络水军至少具有如下特征:其一,其活动的动机是获取利益(商业的或政治的);其二,活动方式主要是发帖、回帖、顶贴、删帖;其三,一般而言,活动主体是有组织的(分散的)个人的集合体;其四,水军的直接目的是获得报酬,由于在一段时期内,每回帖一次获利5毛钱,故称“五毛”[⑦]或“五毛党”(尽管后来的报酬水平可能高于或者低于5毛的标准,但此称谓已约定俗成了);其五,活动的主要目标是要制造一种声势,吸引网众的关注;其六,“水军”既可兼职,又可专职;其七,“水军”的雇主既可能是专业的网络公关公司,也可能是其他社会组织或个人;其八,雇主的利益诉求是“水军”活动发起、壮大和终止的根本动因,“水军”本人并无特定“意见”和观点,其所

① 陈力丹,董晨宇.2010年我国新闻传播学研究的新鲜话题.当代传播,2011(2):10-16.

② 杨枝煌.网络水军类型、多重信用及其治理.广东行政学院学报,2011(4):16-22.

③ 李彪,郑满宁.微博时代网络水军在网络舆情传播中的影响效力研究——以近年来26个网络水军参与的网络事件为例.国际新闻界,2012(10):30-36.

④ 方付建.网络水军的发展动向.学习月刊,2011(8):40-41.

⑤ 麦买提·乌斯曼.自生自发秩序与刑事规制——微博话语权滥用规制为视角.求索,2012(9):90-92.

⑥ 任莺.网络语言暴力现状及对策分析.东南传播,2012(12):91-92.

⑦ “五毛党”最初指“官方网络评论员”,最早出现在南京大学官方BBS上。[见杨再飞.公关圈里的奸雄.新财经,2011(1):93.]

发帖子的内容完全根据雇主的“授意”而定；其九，“水军”活动不顾道德底线，一切为“造势”服务。

经典案例之《假新华社记者力挺世奢会》[①]：以“鉴表”（网查陕西“表哥”杨达才）和“装腔指南”闻名的网友“花总丢了金箍棒”于2013年9月17日被北京警方拘传，罪名是涉嫌敲诈勒索，受害人是世界奢侈品协会欧阳坤。次日深夜开始，实名认证为“新华社高级记者”的网友“老王看江湖”对这个事件频频发表意见，指斥“花总”是水军，贬损欧阳坤、质疑警方的言论是想为花总脱罪。这位自称新华社北京分社记者的网友“老王看江湖”连发数条微博，为世界奢侈品协会“说公道话”，并称“花总丢了金箍棒”和几位记者都是水军。

这位“高级记者”的言论迅速引起人们的质疑，被几番“扒皮”后，微博管理员认定其实名认证的材料系伪造，新华社北京分社澄清该社没有此人。20日晚7时许，“老王看江湖”发微博称：“我不想以新华社记者身份与这些水军组合们斗嘴，为顾及单位形象，我刚在后台自己取消了认证……事后认证再恢复！”记者调查发现，这位“老王看江湖”，留下的手机号码与“世奢会”一位工作人员的手机号码一致。

这个案例非常生动地告诉我们，网络水军“老王看江湖”是如何通过伪装自己，混淆视听，采取各种不法行动获得网民信任，进而强奸民意，制造“权威话语”。时至今日，“水军”已成为一支庞大的“语言雇佣军”，他们在互联网虚拟性特质的掩饰下肆无忌惮地扭曲信息的真实性，并且以“意见领袖”的姿态左右着公众的信息抉择。“水军”成为资本奴役下的一个话语机器，对新媒体信息的真实性实行粉碎性的打击。因此，在伦理学领域，“水军”备受指责是理所当然的。

2. 网络推手。

随着“水军”（五毛党）的种种劣迹被人们所揭发和指责，网络推手在今天也成为一个贬义的名称。谢阆说：“网络推手这个词通常是指这样一种人，他们利用网络操作规则和大众接受心理，利用互联网资源，以事件策划

---

① 见《南方都市报》2013年9月21日A10版.

和舆论引导手法让受众知晓、关注某些特定信息。”①曾润喜等人则认为,“网络推手是指在互联网上围绕某一事件大批量发布信息或有针对性地进行炒作,最终影响或改变舆情发展趋势的组织”。② 目前,网络推手从“推人”到“推企业产品”,逐渐行业化、产业化。它是借助新媒体平台进行策划,推动特定个人或事件,使其产生影响力,吸引网众关注或者操控舆论发展方向的个人或组织。就其总体而言,网络推手主要有如下特征或者内涵:第一,网络推手是个人,或者由个人组成的组织机构,与“水军”相比,网络推手的动机不在于获得发帖的报酬,而在于获得整个事件带来的全部利益(或它的主要方面);第二,网络推手致力于“推”动某人或某事走向媒体前台,受到广泛的关注,与“水军”活动的零碎性相比,它一般不参与争论性的活动,而意欲通过一揽子活动而获得预期效果;第三,与“水军”相比,网络推手是一个中性概念;第四,网络推手可能是“水军”的雇主;第五,网络推手主要在于策划事件,而把事件的传播通过新闻爆料交由大众传媒去完成,或者雇用“水军”来造势;第六,网络推手所策划的“事件”既可能是即将发生或者已经发生的真实事件,也可能是虚构、捏造的虚假事件,这完全取决于网络推手本身的媒介素养和自我约束;第七,网络推手是实际上的意见领袖或者冒充的意见领袖;第八,网络推手是网络事件的策划者、组织者、受益者(之一)、经营者和统帅,而“水军”是这种策划的执行者(之一);等等。

网络推手其实又可以谓之“网络策划师”,指的是借助新媒体进行策划、实施并推动特定对象,使其在互联网上产生最大限度的影响力和知名度的人。当然,也有人认为这种不含贬义成分的定义只适合于“推客”这个词,而不适应于“推手”这个词(这是一种无谓的咬文嚼字)。之所以认为网络推手是中性的,正是因为它一方面在网络事件的策划中确实存在着颠倒是非、指鹿为马的现象;另一方面也存在为草根阶层脱颖而出、为优秀产品开拓市场造势呐喊的现象。前者是对新媒体社会公平正义的践踏,它的全部价值让位于资本的盈利;后者则促进了公平正义,为普通民众(草根)的人生出彩创造了机会,也为优质新产品的市场认可提供了便利。网络推手是一个人、一

① 谢阆. 网络推手的商业模式. 互联网周刊,2009(3):22-23.

② 曾润喜,徐晓林. 国家政治安全视角下的中国互联网虚拟社会安全. 华中科技大学学报:社会科学版,2012(2):121-123.

个团队或者一个组织,而“水军”则是一群人(也许是同属于某个组织,也许是分散的)。“网络推手有组织、有预谋地参与网络事件,并使之产生更大的影响,现阶段网络推手参与的事件越来越复杂,他们介入的事项既包括公益行动、监督公权、产品宣传、个案炒作、危机公关,也包括制造传播谣言等等。”[①]网络推手本身并不是以“舆论力量”的组织出现在新媒体世界的,其主观目的是通过制造事件或者为事件造势而获取利益。但是,客观上它给新媒体时代的社会舆论造成了巨大影响。因此,社会有必要对网络推手进行规范管理,使其成为一般意义上的“新媒体传播策划师”,由此而最大限度地发挥新媒体传播“成本低、速度快、影响广、互动性强”的优势。就目前的情势而言,网络推手正在被物质欲望所吞噬,它不断破坏公平的竞争环境,并且不惜制造谣言、扭曲舆论,已经远离了网络公关的职责范围。由于新近一系列不负责任的事件策划,“网络推手”已经变成了“兴风作浪”、“招摇撞骗”、“利欲熏心”、“猥琐丑陋”的代名词。作为一个行业,网络推手的彻底堕落完全是咎由自取的。

(二)黑客和病毒

新媒体的风险包含了技术层面的网络“黑客”、追查 IP 地址或手机号码、病毒攻击、利用远程协助盗看使用记录、盗取账户密码等。[②]“黑客”这个词现在是网络和系统入侵者的意思,是对别人的网络空间和公共网络空间进行故意侵犯的人,很多人甚至把黑客等同于“互联网犯罪分子”。其实,黑客(Hacker)的原意并非如此。在牛津高阶词典中,它的解释是“person whose hobby is programming or using computer”,也就是我们通常所讲的“计算机迷”。江雨燕认为,黑客的原初意思是“熟悉某种电脑系统,并且具有极高的技术能力,长时间将心力投注在信息系统的研发,并且乐此不疲的人”。[③]黑客在当前已经蜕变为一个动机和行为十分复杂的群体,他们为新媒体社会的人们带来了不安和恐惧。“防火墙”是每个新媒体用户不得不安装的抵抗

① 张义庭. 网络舆情的暴力倾向及解决对策研究. 情报杂志,2012(12):86-90.

② 季海菊. 高校思想政治教育“载体合力”的动态生成——以新媒体语境为视域. 南京社会科学,2009(10):120-125.

③ 江雨燕. 计算机网络黑客及网络攻防技术探析. 计算机应用与软件,2003(3):56-58.

黑客攻击的软件,在防火墙下小心翼翼地行动,是每一个新媒体用户必须谨记的。当初网上冲浪的热情在黑客的随时入侵中不得不变冷。在技术上,防范黑客攻击的主动性防御系统(如陷阱网络系统)和应激性防御系统(如防火墙)在新媒体时代也未能保障阻止黑客进攻。黑客技术在防御系统的升级中魔高一丈,甚至一些防御系统的研发不得不在黑客技术的变迁中不断改变自己的策略,整个局势的被动状态难以改观。当然,对于一般的用户系统,并不能引起黑客的兴趣,因为技术上的轻而易举而使其不屑于这种行为,但很难确保所有的黑客都能在"兴趣"范围内进行活动。这就给普通网众在新媒体使用上带来一些顾虑。赵廷光认为,"黑客已经不是先进生产力的代表,其中很多人具有反传统文化的色彩和反社会的病态心理,从而蜕化为信息时代的一股逆流"。①

如今,黑客俨然变成了新媒体的破坏者,是对新媒体时代人的生存的基础设施进行专门破坏的人。而制造网络病毒也是一些不良黑客的重要活动。如果黑客的存在尚不足以使普通新媒体用户担忧的话,那么网络病毒的流行却使任何一个人都会感到厌恶。病毒是指"编制或者在计算机程序中插入的破坏计算机功能或者破坏数据,影响计算机使用并且能够自我复制的一组计算机指令或者程序代码"。这是《中华人民共和国计算机信息系统安全保护条例》中关于"病毒"的明确定义。计算机病毒的特点是"人为的特制程序"、"具有自我复制能力"、"很强的感染性"、"一定的潜伏性"、"特定的触发性"和"很大的破坏性"。随着新媒体传播速度的加快,病毒的危害性就更加大,影响范围也更加广。病毒的传播性、隐蔽性和可触发性的特点使得人们在不经意间就可能使自己的电脑、手机、移动存储器或者在线系统"中毒",从而无法继续正常使用,甚至导致硬件传播介质的损坏。可以说,黑客和病毒正成为新媒体时代人们生存的主要威胁之一,它们的存在,就如同现实生活中的环境污染和资源破坏一样,是对网络社会可持续健康发展的一个极其严重的挑战。

(三)"人肉"

"人肉"是"人肉搜索"的简称。人肉搜索这个概念一般认为其最早来自

---

① 赵廷光.论"黑客"及其刑事责任.网络安全技术与应用,2001(3):56-60.

“猫扑”网站。陈朝晖认为，人肉搜索就是汇聚网民的力量来寻知答案的一种搜索方式。它依靠人工参与来提炼搜索引擎提供的相关讯息，从而获得准确答案。他认为，人肉搜索的“人肉”二字主要是用来区别与传统的“机械”搜索。[①] 刘晗研究发现，人肉搜索并非新媒体时代的专利，尽管人肉搜索这个词在2001年微软“陈瑶事件”以后才得以广泛传播。他认为，在前互联网时代，人们就一直从事着类似于人肉搜索的行为，比如人们会对流言和小道消息津津乐道、再三打探，传统社会中的媒婆就是在四处打探、明察暗访中了解确认男女双方的详细背景资料，是比较典型的“人肉”方式。刘晗认为，互联网时代的人肉搜索，只不过增进了“人肉”的技术条件：其一是“在信息网络时代，人类生活痕迹留下的数字化信息大幅度增长，并被长时间地保存下来，且可供日后不特定的任何人检索。”其二是“参与式互联网大大减少了人们的交往成本，因此大大增加了社会网络关系的密切化和扩大化。”[②]可以明显地感觉到，这两种关于人肉搜索的概念都过于泛化，并非新媒体时代“人肉搜索”的确切含义。陈朝晖把“人工参与”作为人肉搜索的根本特征，而刘晗则把“信息搜寻”作为“人肉”的根本属性。他们都抓到了“人肉”的某个性质或某些特点，但并不适应于当下人们普遍认可的“人肉”概念。刘南男等人认为，“准确地说它（人肉搜索）应该是一种‘基于网络空间的人工搜索’”。[③] 也有人认为，“广义上的‘人肉搜索’泛指一切由信息‘征集者’提出问题、信息‘应征者’回答问题的信息搜索与提供方式”。[④] 更为详细的概念界定是从特征与内涵两个方面来展开的。韩蕾认为：在特征上，“人肉搜索引擎是指利用人工参与来提纯搜索引擎提供的信息的一种机制，实际上就是通过其他人来搜索自己搜不到的东西，与知识搜索的概念差不多，只是更强调搜索过程的互动而已”。而在内涵上则是“与现有的、基于在线数据库技术的机器自动搜索不同的，更依靠真正的人和人际关系，通过人工查找方式，发现

---

① 陈朝晖．“人肉搜索”的发展演变．传媒观察，2008(7)：22－23.

② 刘晗．隐私权、言论自由与中国网民文化：人肉搜索的规制困境．中外法学，2011(4)：870－879.

③ 刘南男，郝宏奎．论网络“人肉搜索”在侦查工作中的运用．中国人民公安大学学报：社会科学版，2009(6)：9－16.

④ 陈晓航，李锦域．试析互联网中的“人肉搜索”现象．重庆邮电大学学报：社会科学版，2009(2)：35－39.

并提供所查对象真实情况的方式机制或行为活动”。[①] 如此等等。归结起来，“人肉”具有如下一些属性或特征：其一，它不是完全自动化的新媒体信息检索，人的线下参与使它区别于机器自动搜索；其二，它是一种重要的互联网互动行为，必然由某个特定的人在网上发起，而其他人积极参与（线下或线上形式），帮助原信息发布者搜集相关信息以支撑或反对某种猜测和怀疑；其三，搜索内容一般为他人不愿公开或者尚未公开的信息，信息内容一般围绕“人”或者与人相关的某个事件；其四，它使虚拟存在者还原其真实的身份，使虚拟或虚构的事件还原为事件本身的真实性，这是人肉搜索的一般目的。

在新媒体时代，“人肉”就像一个紧箍咒，它使得虚拟社会的肆意妄行将有可能被其他同样隐藏身份的人盯梢，而成为人肉的对象。在此意义上，人肉是一种网络民主的手段，是网民自发形成的相互监督和舆论约束机制。但另一方面，人肉搜索揭开了民众隐匿的身份，使其囿于互联网一般行为活动的匿名性和隐身性也难以得到保障。“虚拟我”、“隐身人”被消解，从而使互联网上充满了恐怖和焦虑。特别是当“人肉”成为一种窃探隐私的手段而被心术不正的人所利用时，它的危害性就立刻变得非常令人担忧。就目前的情形来看，“人肉”对于普通民众的私人生活并没有带来不可思议的毁灭性打击，相反，却在一些震惊网络的虚构事件和恶性事件的舆论“包抄”中起到了十分重要的作用，比如“虐猫女事件”（2006 年）、“钱军打人事件”（2007 年）、“华南虎事件”（2007 年）、“李铭佳侮辱周总理事件”（2008 年）、“晕机女事件”（2009 年）、“钢管男事件”（2010 年）等，人肉搜索事件不断出现，被网友形象地称之为“网络通缉令”。当然，不能忽视它作为最恐怖的“社会搜索”给人们带来的弊害，个人隐私被窥探将变得更加容易。纵使在一些不良社会事件中（比如“虐猫女”），涉事人的信息在网上公开发布，并且受到线上线下的各种骚扰和打击，这种舆论的强力干涉，也未必符合基本的法律规范和人的基本良知。

小 结

生活的秘密其实十分简单，那就是：用双眼警惕地审视。[②] 在电影《黑客

---

① 韩蕾．选择·缩略·转喻——谈网络词语“人肉搜索”．当代修辞学，2010(3)：71－79.

② 文森特·莫斯可．黄典林，译．数字化崇拜：迷思、权力与赛博空间．北京：北京大学出版社，2010：9.

帝国III》(好莱坞科幻大片)中,“祭师的眼睛”(the eyes of the Oracle)正是喻含着人类审慎的理性。在各种程序面前,被困在虚拟和现实之间的尼欧(Neo)尽管急欲发挥理性的功能,但最终还是与斯密斯的一场决斗中(机器与人类,两个世界的命运都取决于这一战的结果)一同被杀毒程序删除。电影似乎预告着人类在新媒体时代的窘况:人们总是“被困”在现实和虚拟之间。挣扎难以获得真正的自由,因为“Every program that is created must have a purpose”(每个程序都有存在的目的)。由智能技术营造的新媒体生存环境总是显示出其存在的高度理性化,以至于人们对计算机程序的命运和自身的命运看上去得心用手,而实际上却受到某种必然性的操控。在胡斯看来,现代的高科技无产阶级对自身的“控制权”已经完全流失,首先是劳动力的原子化强化了控制。工人被隔离在自己的家里,越来越难以“抱团”维护自己的权益;其次是针对家庭工作者的新技术的开发,密切监控着机器和系统操作者的表现;再次是更加隐秘而险恶的监视活动,人们的活动被数据化记录以后被政府和商家保管、利用。[①] 这与尼葛洛庞蒂兴致勃勃谈论的“技术赋权”的理论有着天壤之别。

多米尼克在《大众传播动力学》中说到“人们如何使用大众媒介”的时候,曾经有过很好的总结,尽管新媒体时代的媒介既有“大众”的成分,亦有“小众”和“私人”的成分,而且新媒体时代也鲜有纯粹的受众。他说:“最简单地说,使用和满足模式断定受众成员有着某些需求或欲望,这些需求与欲望通过非媒介及媒介得到满足……被媒介满足的真正需求被称为媒介满足。……把各式各样的使用和满足分类为四个重要的范畴体系:认知、转移、社会效应、逃避。”[②]多米尼克分别讲述了这四个重要的范畴,这在新媒体时代也是同样适应的:第一,认知是了解某事的行为。既有对时事资讯的满足的需要,又有获取常规知识的愿望。前者如在互联网上对各种新闻事件的关注,后者如在互联网上获得知识性搜索和帮助的需要。第二,转移。其一是寻求“刺激”,以便从无聊或者日常生活的常规活动中解脱出来。其二

---

① 乌苏拉·胡斯.任海龙,译.高科技无产阶级的形成——真实世界里的虚拟工作.北京:北京大学出版社,2011:23.

② 约瑟夫·R.多米尼克.蔡骐,译.大众传播动力学:数字时代的媒介.北京:中国人民大学出版社,2004:54.

是“放松”，或者逃避日复一日的压力问题。其三是被压抑的情绪和能量的释放，“情感宣泄”。第三，社会效用是一套社会整合的需求，包括加强我们同家庭、朋友、社会中其他人的接触的需要。这种社会整合的需要似乎来自于个人建立社会关系网络的需要。新媒体的使用、某种游戏的玩家、某个新闻事件的共同关注都会使人们之间立刻具有了“共同的”话语基础。第四，逃避。多米尼克还认为，人们会“使用大众媒介在他们和其他人或活动之间制造一道屏障”。在使用新媒体的时候，看似直接的会面，却被“图像”和“文字”等数字化符码所“中介”，从而为新媒体的使用者划分自己的“势力范围”提供了条件，它“在他们与其他人之间制造一个缓冲地带”。① 这四个重要的范畴，也正是新媒体时代人们对媒介倚重的重要缘由或者心理基础。而在这些心理基础之上所践行的新媒体时代的活动，却营造了整个社会的时代气息，这是一种在一系列看似悖谬的对立物之间进行的现代性对撞与抉择。这些对撞与抉择通过本章的“写实性”的描摹，多少得到了一些感性思维的冲击，这是新媒体对个人生活的全面影响的片段式说明——它不是景观的设计，而是景观的镜廓。生存论哲学正是植根于这种生活世界的。马克思说：“在思辨终止的地方，在现实生活面前，正是描述人们实践活动和实际发展过程的真正的实证科学开始的地方。”②马克思的生存论哲学正是在人的生活层面开始他的探源、寻根和建构活动的。而对于以改变现实社会和现实生活为己任的马克思来说，对于相信“对现实的描述会使独立的哲学失去生存环境”的人来说，再没有什么理论的抽象能够超越这种描述的力量。③

新媒体时代个人的生活景观正在进一步的型塑当中，而我们所能看到的只是当下的一些镜况，我们所能描述的乃是这些镜况中的一些局部和细节，它的全体，只能是现实生活本身。但碎片化的镜像和经过剪辑的内容，也足以对新媒体时代映现出的种种生存悖论做出合乎逻辑的说明，从而在生存论的视域中把捉到一些现代性的气息。现代性就是一系列悖论的历史

---

① 约瑟夫·R. 多米尼克. 蔡骐，译. 大众传播动力学：数字时代的媒介. 北京：中国人民大学出版社，2004:59.

② 马克思恩格斯选集. 第一卷. 北京：人民出版社，1995:73.

③ 张汝伦. 马克思的哲学观和“哲学的终结”. 中国社会科学，2003(7):44－54。同时参见马克思《德意志意识形态》中的有关论述。马克思恩格斯选集. 第一卷. 北京：人民出版社，1995:73－74。

的和逻辑的统一。正如本章尽可能予以充分阐述的那样,在新媒体时代人们的生存条件下,一方面是人的生命力的强化。通过想象力的丰富和现实化、虚拟空间对人的生存空间的扩大、时空受限性的减少、共享机制对人的经验世界的扩容本身所蕴含的新媒体的"赋能"作用,等等,这些都在现实性和可能性上对人的生命力的强化起到了非同凡响的作用。另一方面是新媒体为人们提供了一些便利的同时也使人们热衷于分享而疏于创造,热衷于宅居在家享受虚拟世界的浪漫和激情而疏于现实生活的多样化等,人的机体和心智在新媒体时代面临着萎缩的可能性和忧患。一方面是新媒体丰富和扩大了人们的私人领域和公共领域,使人们的交往范围不断扩大;另一方面是新媒体不但模糊了个性化空间的生存意蕴,更是在公私之间不断挑发侵略"战争"。一方面是人们的本质力量在新媒体时代得到了更为广泛而多层次的确定和激发;另一方面是新媒体也使一些人在虚幻中丧失了人的本质力量而物化为新媒体的一个节点,或者异化为新媒体的奴隶。一方面是新媒体的各种应用开发使得人们的生活更加丰富多彩,新媒体赋予草根以话语权;另一方面是新媒体为"意见领袖"所统治,资本的力量超越了网众的心理预期,使人感受到现代社会的压抑。解放的和压抑的、自由的和必然的、希望和失望、理性和非理性、"被赋权"的欣慰和"技术决定论"的威胁、实在世界生活景观的延伸和新媒体时代不可避免的种种理性暴力……这一切悖谬,正是现实的新媒体景观的写照。它是现代性的展演。

第四章　新媒体时代人类生存环境的现代化转型

全球移动互联网用户数已经从2006年的3.4亿户发展到了2013年的17亿户。[①] 掌上交易和支付已成新媒体时代人们经济生活的新宠。新媒体对经济生活的影响远不止在使用移动智能媒介这方面，更重要的是它对整个经济结构和经济运行的方式产生了重大而深远的影响。传播与经济形态演变有着难以割舍的亲缘史，在传播媒介尚未正式出现之前，经济交往主要依赖于人们在交换过程中直接对所交换之物的目测和凭借经验而获得的一般观念或者感官知觉，并凭借这种直接的经验进行物品交换。传统媒介的诞生促进了经济交往，人们可以通过报纸等媒介获知远距离的物资供应和商品需求状态，从而为贸易繁荣提供了便利。而新媒体对经济的影响似乎不再停留在为商业经济提供"供需信息"这一浅层意义上，它还在更为广泛的意义上影响着广义虚拟经济的形成，使人们在满足基本物质需求的前提下，向着满足人的心理需求和文化需求迈进，从而使丰盛的社会保留其不可遏止的"匮乏"，[②]为新的经济增长和永续前进创造机遇。

时尚经济是一种现代文化经济，时尚经济成为普通受众经济生活的一部分，从而脱离了权贵的垄断，是社会现代化的重要的标志。这在波德莱尔的著作中就已然解释了传统社会"自然爱好者"的愚蠢（时尚品多是一种非自然的东西，或者如波德莱尔所言，"是对自然的一种升华"）。波德莱尔对化妆品的赞誉是对那种更加倾向于心理满足的现代人的欲望的描述，显示出它们（化妆品）对人自身进行"修饰"的"某种坦诚"。现代人不需要对"化妆"进行隐瞒，它是人的一种欲望彰显。波德莱尔还认为，"时装就应当被看

---

① 中国移动互联网发展报告（2012）. 北京：社会科学文献出版社，2012：190.

② 丹尼尔·贝尔. 后工业社会的来临——对社会预测的一项探索. 北京：新华出版社，1997：500－520.

作与某种理想有关的表征，在人的头脑里，这种理想位于天然生命的一切粗糙、低俗和龌龊的聚集物之上。时装应当被看作对自然的一种升华，或者可以说，应当被看作是改造自然的一种连续不断、永远更新的尝试”。[①] 时装，更进一步（宽泛）地说，时尚，已经在现代社会深深扎根，而它正随着新媒体的渲染而扩张自己的势力，并且在新传媒的瞬息万变中求得自己瞬时性和短暂性的真谛。在波德莱尔看来，这正是现代性最为深刻的特征：“它十分短暂，转瞬即逝，带有偶然性。”[②]电子商务的发展更是让人们惊叹新媒体时代经济生活的便捷与无微不至。还有“知识经济”、“符号经济”这些耳熟能详的词汇，恰恰都在反复证明新媒体对整个人类生存现状的经济背景的全面及深刻影响。

不但人们的经济生活随着新媒体的发展而向现代转型，那些被一般人认为是现代性基本内容的“个人价值的尊重和人性的张扬”，或者“主体性的全面开启”，在新媒体时代的政治生活和文化建构中都得到了反映。在政治上，传播媒介的发展促进了社会阶层结构的变迁，这种变迁的发生要归功于前面已经反复提到的新媒体的“赋权”与“赋能”的作用。新媒体激活并增强了人们的权力，从而获得自由平等的表达权，从而在新媒体时代大众媒体的“发声”足以影响到政治文明的进程和政府治理措施的改变。微博维权、网络反腐等等，也只有在新媒体时代才使传统的社会权力结构发生了悄然的改变，草根民众开始有了一定的舆论控制权力，从而对民意的鼓动起到了重大的影响。新媒体不仅仅是一种一般意义上的传播工具和传播手段，在当前形势下，它还是一种民主技术手段。从更为广泛的意义上来说，由于新媒体的发展，国际政治舆论的全网链接，也同样在不同程度上影响到各国的外交策略和行动，由此而在政治多元化的发展进程中起到了非同寻常的作用，以至于那些富于想象力的浪漫主义思想家认为信息时代将会导致“全球共同体”[③]的诞生。

新媒体对文化的影响是多层次和多方位的。新媒体的泛化，使得各种

---

① 波德莱尔．我心赤裸——波德莱尔散文随笔集．北京：中国广播电视出版社，2000：43.

② 同上，16 页。

③ 葛洛蒂，张国治．革命时代——第五次浪潮．北京：电子工业出版社，1999：114.

文化交融激荡的程度提高了。新媒体既为文化大发展大繁荣带来了契机，也为腐朽文化的肆掠提供了土壤，文化的进步和它的代价同样引人瞩目。新媒体时代的文化结构发生了一系列的变化，文化体制也必然在新媒体时代进行改革，以适应当前多元文化与一元文化的较量。社会主流文化与非主流文化总是在历史进程中走向各自的对立面。新媒体对文化的最大影响，莫过于那种被称为亚文化的东西的诞生。当然，网络文化并不坚守自己的亚文化地位，正如草根阶层在文化权利上得到的诸多收益一样，新媒体也使亚文化不再处于永久的边缘地带，非主流与主流的合流，甚至走向全面非主流化（在哲学上表现为“去中心化”），这才是新媒体对现代文化生活的深刻影响。“环顾世界，我们看到了个人力量和责任的复活。”①

第一节　新媒体与当代时尚经济

一、新媒体时代人类经济生活引论

美国施乐研究中心主任约翰·希利·布朗和加利福尼亚大学伯克利分校的社会理论家保罗·杜德奎在他们的专著《信息的社会层面》的导言中提出：“忽视信息以外的线索，不仅会导致一个狭隘的受骗的世界，它还会导致一个我们称之为视野狭隘的设计的世界，这种设计乃是一种闭门造车的设计，最终我们全体都将深受其害。”②他们认为对信息的依赖需要更多的信息来支撑，因而“信息越多反而意味着信息越少”。在新传媒时代，人人都是自媒体（从能动性来说），信息的过度开采意味着人们能够确切把握的信息越来越稀缺。信息世界的空洞与迷茫需要在具体的事件中找寻理由和某种带有普遍意味的东西，只有这种特例中“寄居”的“普遍性”才能使人们在“信息过度”的时代不至于陷入迷茫无措。或许，在布朗和杜德奎看来，这仅仅是人们遨游在互动传媒日渐兴盛的时代所不能缺少的“线索”和“暗示”。

① 葛洛蒂，张国治．革命时代——第五次浪潮．北京：电子工业出版社，1999：58.

② （美）约翰·希利·布朗，保罗·杜德奎．信息的社会层面．北京：商务印书馆，2003：4.

布朗和杜德奎把信息时代人们的生存之路形象地比喻为"一辆由视野狭隘的司机驾驶的汽车"。[①] 司机对最短路径的选择只是一味地向前冲,他目不斜视,而乘坐在汽车中的乘客则由于看到了司机所不能看到的四周的景象而陷入惶恐。人生的旅程——在新传媒时代信息膨胀的情况下——越发显得扑朔迷离。然而,布朗和杜德奎的比喻还有一个我们所难以忽视的身份确认,那就是这位视野狭隘的司机究竟是"谁"? 布朗和杜德奎并没有给出答案,大概在他们看来,这仅仅是比喻的完整性所不能缺少的"主词",而这个"主词"的不确定性,正是信息人生惊秫胆颤的重要原因。

这位"视野狭隘"的"司机"决不是一个不在场的东西,更不是"虚无"本身,然而它造成了一种虚无缥缈的感觉,一种游离于现实世界的幻相。在新传媒时代的经济生活中,它是一种外在的"属性"还是"实在"? 社会名流的一次社交出场,就能创造一个关于时尚和潮流的新话题:人们似乎对时尚的本质更加予以关注,而更为关注的是在这样一个信息深度发展的时代,时尚的形成为什么会如此迅速,会如此铺天盖地? 而当事件趋于平静,新的潮流又将涌动,这时候,时尚还是一个时代崇尚的标杆吗? 淘宝网作为一个为人所熟知的电子商务平台,已经成为时尚的重要"制造者",它不仅仅是倡议和示范,它直接从事时尚的制造活动。消费者在"淘宝网"上"逛街"所带来的眩晕感,不就是对过度信息的无所适从所造成的吗? 当然,还有那种习以为常的对网购的依赖和上瘾,它一方面造成了人们对这种网络购物的沉迷的反思和困乏,另一方面又在不自觉中受到某种神秘力量的牵引不能自拔。这位视野狭隘的"司机"将要把人们引向何处呢? 它的意图是什么? 人们无法猜测,只有在时尚的"消费"过程中,才找到了自己与这辆"汽车"中其他人的归属感。

时尚的意义是个人"赋予"它的,新媒体不仅成为一种时尚价值"赋值"的重要手段,更重要的是,新传媒时代的信息过度繁荣,以至于主流与非主流的关系变得更加复杂。"时尚"的辩证逻辑不但是厌俗与媚俗之间的简单竞争,也不仅是非主流与主流的双向流动,而且在资本普遍性之殇(资本的

---

① (美)约翰·希利·布朗,保罗·杜德奎. 信息的社会层面. 北京:商务印书馆,2003:3.

普遍化导致资本的灭亡)的总体性历史进程中,时尚的普遍性之殇(特定时尚的普遍化导致该时尚的消失)却只是一个历史循环的阶段:资本的普遍性之殇是马克思所设想的推翻私有制度的最后“事件”,而时尚则在这个“必然趋势”的演进过程中,保留了自己的独特性,它不是在普遍性之殇后走向寂灭,而是获得重生,这就是时尚的狡计,这个“狡计”只有在传媒发达的新时代才是现实的。新传媒以信息权力的多元化铸造着这种格局:时尚走向多元化,审美情绪在资本意志的统治下渐趋瓦解。因而,重要的问题在于:资本的普遍性之殇后,时尚的审美情绪能否合理回归?而这只能是一个实践的问题。

鲍德里亚说:“真相就是人们必须尽快摆脱的东西,必须将它传染给别人。就像疾病一样,这是治愈疾病的唯一方法。谁能保留真相,谁就是输家。”[①]新媒体时代,“公开真相”已经成为人们在对信息过度感到惶恐之后的理性诉求。真相给人以安定感,它能消除不确定性造成的各种忧虑。然而,鲍德里亚错了,在互动传媒时代,真相早已湮没在海量的信息流中。况且,与政治生活中人们对真相的渴求不同,在经济生活中,网众拒绝真相。[②] 因此,各种各样的style(风格、款式)恰恰能够在心理上满足差异化的需求,它在信息公开的情况下又重新拾掇起了一层外衣,保留着有关生活品质、情趣、格调的种种个性化隐私。在新媒体时代,信息的意义赋予具有一定的个人属性,它在时尚的追求上印证了这一点:主流与非主流共舞,厌俗与媚俗同台。

网络经济的繁荣既是新传媒发展的结果,也是新传媒进步的动因。网络经济是基于互联网应用平台的经济模式,有人称之为新经济。这种新经济涵盖了IT产业在内的众多产业群,而对传媒受众影响最为广泛的,莫过于

---

① 让·鲍德里亚. 张新木,李万文,译. 冷记忆1. 南京:南京大学出版社,2009:5.

② 这里需要说明两点:其一是在政治生活中人们对“真相”的渴求在于对“阴谋”的各种不信任,破除因信息不对称而造成的“阴谋论”的流行病,只有公开真相才能取信于民。其二是在经济生活中,新传媒时代更加趋向于广义的虚拟经济,它对“真相”的忽视恰恰是鲍德里亚关于象征消费、符号消费所论述到的,物的物理属性的价值之外的东西,比如时尚,它的“真相”在很大程度上正是消费者所不愿意知道的,这与地沟油、毒胶囊、转基因食品等基本经济生活中人们对“真相”的执着大不相同——符号化的生活世界中,新传媒只是创造了一种“魅力”,它勾引人的地方恰恰在于它的神秘性。

电子商务，特别是像淘宝网、亚马逊这些网商巨鳄，它们借助新传媒发展的东风，已经改变了许多人的生活消费习惯。它的意义，在当下表现为两个相反的方面：一是慢节奏生活的消失，"宅"成为一种社会病，它的长期的发展有可能使人们的体格趋于羸弱，同时还在某种程度上消解了生活的情趣，使人们不得不为了"休闲"而"休闲"；二是便捷和"服务到家"使得人们满足基本生活需求的必要时间减少，从而用于发展其他方面能力和素质的时间相对增多，有利于人的自由全面发展。这两者是如此对立而又如此统一。或许这也是网络经济同时遭受着褒扬和诟病的重要原因。

当然，网络经济是建立在新传媒对信息重新处理的基础上的，消费者对商品和服务的内涵信息不再是"自由提取"的（在商场购物的时候，尽管有可能面对推销人员的鼓动，但消费者的理性能够在直接面对商品和服务的时候进行信息提取，这种信息提取的能力正是消费者成熟程度的重要指标），而在网络经济中，信息提取是不自由的，受众也是传播者，一个人的犹豫影响到他人的犹豫、一个人的赞誉影响到他人的裁判、一个人的诋毁影响到他人购买的决策。个人对信息提取的自由程度不是上升了，而是下降了。这种下降，就在于特定信息的确定性需要另外的信息来支撑，因而造成无限庞大的信息域。在网商"掌柜们"人为制造（筛选）的各种支撑信息中，网众的决策能力进一步下降（如"淘宝"上的"刷信誉"）。

如果试图在商品和服务的有用性上来鉴定和参考当今的经济现象，那就会完全找不着方向。随着现代传媒的发展，不但"没有信息的输入，'战斧式'的巡航导弹就不能体现它的威力"，[①]而且整个经济的发展也会在产能过剩中发出绝望的怪叫。信息的输入，使得虚拟经济广义化，它不再限于金融证券这些经济部门。我国广义虚拟经济的研究专家林左鸣和吴秀生把人类的对象化活动之"劳动力"与"文化力"做了区分，认为前者创造了商品的使用价值，而后者创造了商品的文化价值（或者称之为广义虚拟价值）。他们认为，"生活，在最广泛的意义上即是人为了自己的生存和发展所进行的一切活动，它涵盖了人们的经济生活、政治生活、文化生活、物质生活、精神生活。劳动则是人为了获得物质资料而进行的劳作活动，它包括体力和脑力

① 晓林，秀生．看不见的心．北京：人民出版社，2007：95.

两种形式”,并认为,“马克思实际上坚持的是生活价值论”。[①] 这种论述的合理之处在于它重视到了“文化力”对现代经济生活的影响,特别是在新传媒时代,信息作为文化的重要载体,已经渗入到了经济生活的各个方面。过去对“吃饭穿衣”这样的生活内容往往从“质量”(材质)的角度来衡量,显然,时下早已不是这种状况:“品质”(包含文化、品位、符号化象征意义的广义虚拟价值)在越来越广泛的领域替代了“质量”。这不能不说是传媒发展的重要影响。这种论述的不合理之处在于把“生活”当成财富的源泉(尽管他们认为要包括劳动在内)而容易导致人们对“生活”本身的质疑和奇思怪想。生活在何种意义上能够成为财富的源泉?用名人穿过的旧衬衫来说明“生活是财富的源泉”,这种错误在于用一个非常特殊的现象来说明一个普遍的问题。那种由于不可再生、不能复制等稀缺性而具有的心理价值畸高的现象,尽管在新传媒时代,随着信息的扩散和衍生,会强化它在经济生活中的活性,然而并非新传媒时代的特性。

广义虚拟经济的主张者宣称,满足生理需求的是实体经济,满足心理需求的是虚拟经济;“看不见的手”主宰着实体经济的发展,看不见的心主宰着虚拟经济的发展。如果品牌问题、时尚问题都能归结为一种广义虚拟经济(因为它们在一定程度上依赖消费者的心理需求)的话,那么,随着新传媒的发展,传统的实体经济就具有可广义虚拟化的重要趋势。文化因素已经成为经济增长的重要内驱力,文化产业化和产业文化化是当今文化大发展大繁荣的重要路径:既要形成文化的产业化,又要有产业的文化化。产业借诸文化而升级转型,文化借诸产业而扩大影响。在新传媒时代,人们对文化品位的追求促进了这一潮流,并且,信息传播技术的变革,使得品牌、时尚以至于诸如艺术品等非物质文化产品的消费市场不断扩大。德波断言,“在现代生产条件无所不在的社会,生活本身展现为景观的庞大堆聚。直接存在的一切全部转化为一个表现”。[②] 张一兵教授认为,支配德波“景观”概念的是一种“二元性人本主义价值悬设逻辑,其眼中的社会景观与社会的真实存在

---

① 林左鸣. 吴秀生. 虚拟价值的人类活动论依据. 北京大学学报,2006(2):43－50.

② 居伊·德波. 王昭凤,译. 景观社会. 南京:南京大学出版社,2007:3.

二者处于一个对立的"实然与应然的批判张力弧之中。[①] 丰盛社会(或者说发达工业社会)已经把人与人的关系由"商品关系"拖进到了"景观社会"。"如果说资本主义生产方式在人的生存方式上已经从存在堕落为占有,那么景观社会则进一步把占有转化为外观。"[②]这种"生产阶段"到"景观阶段"的演进,在新媒体时代表现得淋漓尽致。然而,与德波所谓的景观相比,新媒体的互动机制已经改变了那种由"少数人"导演,而"多数人"充当观众的格局。"景观"的基本材料,也早已超越了物质实体的存在,丰盛社会对商品堆砌而成的景观的越界,形成了当今更为虚拟化的、朝着内心世界回归的经济场景。如果发达工业社会的符号世界还停留在以"杂货铺"的形式展示自己的丰盛,以"景观性演出"来操控人们(大多数的、观众),那么,新传媒时代的广义虚拟经济则在形式上获得了更多的"民主"成分,每个人都参与到信息的制造和传播中,新的"景观"不是以"不干预"为特征,而是以"全面渗入人心"为路径。

互动媒介的发展,使信息的复杂性不断增强,从而人们对寄居于其中的世界有了一些莫名其妙的恐惧和忧虑。近代以来,人们对理性的至上功能表示了高度的信赖,可是,不仅科学世界的探索使人们感到理性的有限性,在信息高度发达的今天,那些每日萦绕着我们的海量信息,也已经使人不得不惊叹人的理性的局限。人在新媒体时代的经济生活中,被一个视野狭隘的"司机"带上了一条人们并不熟悉的大道。每一个在这辆"汽车"里的人,由于坐的位置不同,注意力的投射方向不同,纷纷发出了自己的感叹和见解。而这个"司机",除了"神秘性",还带给人们什么呢?惊讶和新奇,不同的风景总是令人意想不到地来临,这就是新传媒时代人们经济生活的镜像。新传媒的发展,使人们走进了"屏时代",人机互动成为交换信息的重要途径,信息在"自媒体"(每个人都在制造信息)环境下获得了前所未有的爆炸力。信息权力成为现代经济生活的统治者,"制信息权"成为统治或者被统治的命运之终结因。如果"注意力"已成为重要的稀缺资源,那么,在新媒体时代,是资本支配信息,还是信息已然成为"资本"?大概这两者兼而有之

① 居伊·德波. 王昭凤,译. 景观社会. 南京:南京大学出版社,2007:10(译序).

② 居伊·德波. 王昭凤,译. 景观社会. 南京:南京大学出版社,2007:7(译序).

吧。可见,新传媒的发展,人们生活于其中的社会经济生活环境越来越复杂化,社会结构有可能出现较大的调整,谁说这是不可能的事情呢?

二、新媒体与时尚经济的繁荣

(一)“淘宝”赶上新闻人

现代社会与传统社会的重大不同之一表现在人们对于形式美的追求。在当代社会,行走在大小商场,人们似乎对商品的质料好坏不再敏感,而对外在的形式更加认真。新媒体的即时传播使每一个时尚元素都可能成为一时的风景,但它绝不会以雷同的形式成为一种时代的标志,它的生命力就在于它与其他款式的差异性。新媒体时代,人们惊呼“淘宝”赶上“新闻人”,一个特定的事件、一位知名人士的社会活动,都有可能创造出一种时尚的服饰、一种带着网民审美意志的告勉——你必须按照时代的典范搜罗各种有利于表达个性的东西。

人们对即时传递的品牌信息感到非常欣慰,这似乎是新媒体时代快节奏的一个同步的曲调。一夜之间,一些新的时尚诞生,正如一夜之间就会使旧的款式成为明日黄花。新的时尚品牌立即在网络的搜索栏目中呈现一种灰色的主动呈现①——不仅在专业的电商网站上它是一种商品的展示形式,就是一般的浏览器上它也成为网络推广的有效路径。② 这些在搜索栏目自动出现的品牌名称和款式,成了网络搜索的热门词汇。它就像文本阅读中的关键词一样,把时尚的“主题”直接灌输给新媒体受众。

(二)时尚与时尚经济

1. 时尚的生成与创造。

(1)“路易跟”的传播局限。

在媒体尚不发达的时代,“潮流”是自发生成的,并且,它蔓延的速度是如此慢,范围是如此小,若是放在新传媒时代,那简直已经不能叫作时尚了。“路易跟”就是高跟鞋,它源自那个以“朕即是国家”闻名的太阳王——路易

---

① 在一些购物网站和名品推荐网的“搜索”框中,经常以淡灰色字体自动显示出某些品牌商品的名称。

② 何华征. 网络经济运行机制的伦理反思. 华东经济管理,2012(5):28-31.

十四。这位喜欢耀武扬威的国王的肖像中总是有着一双红色的高跟鞋——这可不是出于嘲讽或者幽默的需要，主要原因是路易十四个子不高，穿上高跟鞋以后能够显示出比较高大的形象（当然，美国的诺昂·德让认为那是因为路易十四有一双完美的腿[①]）。可是，当路易十四穿着这样的鞋子的时候，那些宫廷的人们，纷纷仿效，以至于现今的人们还可以依此来鉴赏某些人物画像：那些穿着红色高跟鞋的几百年前的男子，大概就是路易十四王朝的王公贵族了。[②] 这优美的“路易根”在同样几百年前的中国，甚至在（法国的邻居）德国都是极少能看到的。而且就算在法国，也只是“王公贵族”才可能引以为时髦，至于其他民众，则生活在自己的习惯中。从最早的直观的学习，到报纸新闻的广告宣传，再到户外广告、电视、广播等媒介的积极参与，时尚已经完全改变了那种贵族俱乐部的形式了。在古代中国，服饰标志着一个人的身份地位，“名正才能言顺”，若是僭越了身份等级而向着某个优雅的、威严的，或者其他富有魅力的形象看齐，轻则受人诟病，重则受到严厉处罚。当然，这并不是说在现代媒介之前就不存在时尚，在歌妓舞妓及文人骚客之间（当时戏院和舞台成为重要的民间时尚诞生地[③]），也会有着一些小范围的时髦装扮，它成为周围人模仿的对象；时尚的自发生成是缓慢而狭小的。流行的途径限于亲眼所见的观摩，而道听途说的时髦终因没有“依据”而陷入想象力缺乏的境地，抽象的言辞表达的“美”对群众的影响是微乎其微的。

(2)媒介的发展与时尚的繁荣是基本同步的。

“时尚”与“繁荣”两个词混搭在一起，就有点“时尚”的味道了。在很长的历史时期，时尚是不繁荣的，乃是因为它是小众的而不是大众的。在报纸成为主要的传媒介质的阶段，纸质广告成为制造时尚的重要手段，而广告篇幅的大小和连载的时间长度则说明了这种“时尚”的力度，在信息比较稀缺的年代，报纸的权威性压倒一切，它象征着有文化的、有品位的、符合某种政

---

① 诺昂·德让．杨翼，译．时尚的精髓：法国路易十四时代的优雅品位及奢侈生活．上海：生活·读书·新知三联书店，2010：61．

② 中野香织．赖庭筠，译．时尚方程式．天津：天津教育出版社，2009：99．

③ K．莫微，M．查理德斯．流行：活色生香的百年时尚生活．北京：中国友谊出版公司，2007：14．

治或文化要求的话语表达。而在自由商业广告诞生之前的某些时候,甚至人们会依据报纸上的“精英人物”(正面人物)的形象来评价群众的装扮是否得体。自由广告之前,时尚的生成与古代的时尚生成在“自发性”、单向性方面是一致的。只有“自由广告”出现以后,时尚才成为能够“制造”的东西。被商业广告驱动的时尚潮流具有完整的经济意义,它对审美的需求是退而居其次的。

(3)传播方式的变革使时尚走向了大众化和去中心化。

在传统的媒介传播方式下,信息单向流动,信源是单一的,从而构成一种“万众景仰”的形式。媒介的信息独裁地位无法撼动,社会精英的审美情绪被描绘和宣传成整个社会的一种标志,这种标志的形象与新媒体时代的差异性恰恰相反,它需要一种同一性的形式和内容。而在同一的形式下,质料的差异本身就代表了一个人的身份和地位。因此,与传统社会相比,新媒体时代的时尚经济更代表了一种现代性的情绪。形式美已经取代一切,而对质料的诉求会显得莫名其妙的反动。在传播方式上,新媒体时代已经成为一种网状节点之间的信息交互传播。这种交互式传播的最大特点是受众的自我意识得到了一定程度的解放,尽管解放的程度受到个体禀赋和教化程度的影响。“中心”的去离正成为新媒体时代经济解放的重要的特征。在这样的时代背景下,新的理论和实践都告示着这样一种讯息:小的才是好的、小的才是美的。规模生产的大部门被小型化定制的倾向所扳回。时尚经济就变成了一个异彩纷呈的自由创造的经济现象,这是受众权力在经济领域的重大胜利。因此,在下文中,一旦谈到时尚,就有了这样一个预设:它一定是小众的,并不代表大多数;“大多数”正是旧有时尚解体的标志(至少是端倪),随之崛起的小众化时尚立刻就发出对普遍性形式的嘲笑。这就是时尚的自我否定的内在逻辑,也就是时尚的辩证法。

(4)关于时尚的辩证法。

“时尚”真是一个很奇怪的词汇,一方面,时尚总是小众的,它代表着前卫和时宜;另一方面,时尚又总是号召大众,成为仿效和推崇的样板。这也正是时尚的动态性,它在变与不变之间、在多与寡之间、在定格与生成之间。时尚为一时之“尚”,相对于时代变迁而言是变化的,因而时尚总是灵活地反映了时代的精神。文明社会以来就有时尚之实,而时尚之文化研究,特别是商业的应用则是晚近的事情。在古代,时尚以对华丽和富贵的昭显为特征,因而时尚直接表示着人们对物质财富(特别是稀有物件、宝石等)的向往,从而隐含着对上流社会的向往,对成为统治阶级的向往。古代的时尚充其量是等级制度的金字塔中,居于上层的人对下层人的一种基于外在形象和生活风尚的荣耀。近代开启的机械工业化潮流对统一的“标准件”的追求,开创了一种步调一致的时尚,它迈向了“大众时尚”这个别扭的词汇。尽管一种时尚在它刚诞生时总是为少数人拥有,而大多数人却只能紧随其后,等到这种时尚为大众所占据的时候,原先的时尚却不再成为时尚,而新的时尚又会在小众中诞生。这是近代工业社会的重要文化特征,对齐一律的无限追求。那时候,“落伍”才是不时尚,亦即落在整体审美着装的后面而成为异类。现在的情形不同了,无论是在整体的前面还是后面,它都有可能意味着一种时尚。这是后现代初露端倪的表现,是现代社会生活的重要特征。而现代(指当代)的这种小众时尚与古代的小众时尚又有着不同的形式:古代的小众时尚集中在上流社会及其生活圈子(如艺妓)之内,是一定时期的时尚标杆;而当代的小众时尚带有后现代去中心化的趋势,它是多元时尚的组合,因而无中心。草根和精英、中老年和青少年、东南部和中西部等不同划分的人们可以形成不同的时尚,而这种时尚不仅仅在圈子内流动,而且在圈子与圈子之间流动。个性化正是这种时尚的重要标签。叶秀山曾经写过一篇文章《没有时尚的时代?——论后现代思潮》,他对“非主流”的、小众的时尚对大众时尚的僭越多少有点忧虑,担心这“原子个人”对社会整体性有着某种不可预测的破坏。叶老说,“‘没有时尚’、‘没有大气候’的时代未必是好的时代,当人们感觉到这个时代的不幸和悲哀时,也必定会欢迎他们自己的苏格拉底、柏拉图、亚里士多德的到来”。[①] 显然,叶秀山先生这里所讲的“没有时尚的时代”指的就是小众化的时代,而在老先生看来,这种“小气候”是不成气候的。然而,正如思想领域中的各种思潮相互交融激荡,时尚界亦在诸多小众圈子中创造了整体繁荣的景象,这不能不说是一个矛盾而又实在的场景。而在国内,与思想文化具有同构的时尚结构也彰显出了主流与非主流的合理共存。在世界上的任何一个国家,众多小众化的合力指向,不

---

① 叶秀山. 没有时尚的时代?——论后现代思潮. 读书,1994(2):4-11.

正是社会风尚的大众趋势吗？时尚由小众走向大众，再迈向新的小众，它不但就某一时尚而言是如此，就整个时尚的历史发展而言，亦具有相似的辩证运动的发展脉络，这种特征本书称之为时尚在个别性与历史性上的同构性。

2. 出卖“时尚”。

(1)小众化的“时尚体”是策划出售的前提。

小众化的“时尚体”(比如“哈韩族”、“哈日族”，甚至某名人偶像的粉丝对其效仿所形成的粉丝团，其他非主流、“异类”等)看起来似乎是后现代时尚的重要特征。其实，在任何一个时尚产品(或形态)成为时尚的初期，也就是说某种时尚初露端倪的时候，它总是小众的。小众化的时尚体是营销策划的重要契机，而这种营销策划又推动了小众化时尚体的解体：崩溃或者走向大众。成功的商业策划使小众化的时尚体不断“升级”而崩溃，在“升级”中延续利润的源泉，而看上去极为成功的时尚体大众化的努力，最终因为时尚的辩证运动(大众时尚→不时尚)而丧失经营优势。“时尚”作为卖点，总是保持着“小众”(避免差异性的丧失)的实际地位，而表面上则要力图把这种审美情绪当成普适的观点，以求获得潜在的顾客。各种网络热词引发的时尚品牌走红了，但是，大街小巷并没有看到清一色的同款手包、清一色的黑色风衣，这在大工业刚刚兴起的那会儿，也许是可能的。然而，今天的大街上，依旧有喜欢简单朴素的、雍容华贵的、花哨的、流线的、耐用的、标志明显的、内敛含蓄的等等，各种喜好反映着个性化的趋势是如此不易改变，尽管淘宝网的掌柜们是多么愿意造成一种空前的气氛，从而在脱销的基础上，有更多纷至沓来的订单。谁叫这是一个“中心”逐渐被剥离的时代呢？

(2)发现“时尚”。

重赏之下必有“勇夫”，也有“智夫”。在利润面前，淘宝网的掌柜们对“时尚”的敏锐把握远远超过了主流媒体的宣传广告。难怪人们不得不唏嘘“万能的淘宝”已经赶超“新闻人”了。时尚的吸引力对于传播者而言在于利润，对于受众而言则在于一种自我展示的心理需要，尽管这种“自我展示”所包涵的内容是如此复杂：炫耀的、跟风的、自恋的、攀比的，等等。淘宝网的掌柜们发现时尚就等于发现了商机，就意味着一种可供商业开发的潜在财富。新闻在真实性和可读性、耀眼性之间暧昧地徘徊，而淘宝网的掌柜们则轻装上阵，一味以利润作为唯一目的。他们所能洞察的时尚，与其说是一种时尚的存在,不如说是一种时尚的文本解读。因而,淘宝网的掌柜们便急匆匆地把时尚强行植入到了各种“事件”之中,从而发现了时尚。“时尚”思维的对象化生成,就是时尚本身。而各种有关时尚的层出不穷的描述就成为一种具有意识形态性(或情感的外在强迫性)的观点。发现时尚就是把自在存在的事物,变为为我而存在的事物,而这个“我”在当代更多地表现为具有资本能动性(财富、剩余价值的创造力)的商流主体——“淘宝掌柜”们。

3. 新媒体引领的“热词”时尚。

(1)名词崇尚还是时髦崇尚。

鲍德里亚说,“形式将自身不断地掩盖在内容之下,这是形式的狡计。符码的狡计在于将自身掩盖在价值之下,或者通过价值而产生自身。正是在内容的‘物质性’之中,形式消解了自身的抽象性,并将自身再生产为一种形式。这就是它所特有的魔力。它同时产生了内容以及接受这种内容的意识(就如同生产同时产生了产品和对这种产品的‘需要’)”。[①] 种种带有偶然性的新的时尚的诞生,映现着现代性审美情调的突发性躁动,这在波德莱尔那里早有论述,他在《现代生活的画家》中曾经多次提到现代性的“偶然性”特征。那些时尚的名词(或名称)的产生的突发性昭示了这种时尚的在民众的期待中蓄谋已久,而预谋并非以特称的名词而出现,它作为一种“饥渴”(异质性引起的时代匮乏)而存在于群体的欲求之中。热词能够引领时尚,这不是言词本身的天赋魅力,而是人们对这个名称的渴望,它的蕴意被忽视了,从而对淘宝网的掌柜们,我们亦失去了那种切实的感激或憎恨,只当成一场新的促销手段罢了。而在冠以“时尚”的头衔以后,我们需要寻找它的存在究竟“为何”?

(2)寻找意义。

一个“热词”就是一场时尚的风波。传播媒介的“取景框”对准了谁,谁就是这个时代的美善典范(或者相反)。“取景”决定着受众可接收的信息量和信息的品质,因此对待舆论的咽喉,向来是提倡以塑造良好形象、灌输正面能量为首义的。“取景”本身就寄寓着人们的(欣赏的)着眼点和(实践

---

① 让·鲍德里亚. 夏莹,译. 符号政治经济学批判. 南京:南京大学出版社,2009:140.

的)着力点。但是,任何时尚总是联系着一定意义的,这种意义就是时尚的创生途径和驱动力。“取景”仍然是寻找意义的重要方式,取景框决定着画面的构成,它是意义的符号体系。而取景框的大小和形状不正是利益范围的阈值吗?中性化的着装,牛仔裤、黑色短袖、白色衬衫、手腕一串佛珠链、一条黑色而带有白亮金属卡壳的牛筋皮带,一个女孩,——这是多么不可思议的画面!然而,取景框中的景象,其意义的生成不在于景致本身的信息量,而在于取景者对信息的解读和诠释。正如前面所述,“发现”既是时尚本身的生成之路,又是对时尚之意义的挖掘。于是,有人在中性化的装束前面加注“女权主义”,有人加注“阳性化”,也有人加注“异类”、“个性化”,等等。特定景观的意义不但与“众”不同,就是同一景观的不同视读者,其意旨也是各有千秋。因而,在同一时尚面前,并不存在一致的意思表达,时尚是实践它的人的存在方式,它的“物质性”的外衣已经缺乏普遍而有力的表达能力,只有(作为形式的)时尚本身,还依然活跃着。时尚的意义于是大白于天下:寻找意义的“人”本身就是时尚的意义。

这种寄生在个体价值寻找过程之中的意义,与鲍德里亚所指称的意义有着较为明显的差别。鲍德里亚认为,“意义从来不存在于一种经济关系之中,即一种被理性化了的选择和计算之中,从来不存在于那些既定的、被预设为自发的、有意识的主体之中,也从来不存在于那些依据理性的目的而被生产出来的客体之中,而是向来存在于有差异的、被体系化了的一种符码之中,与理性化的计算相对立。意义是一种构建社会关系的差异性结构,而不是主体本身”。[①] 而新传媒时代人们关于时尚的意义寻求,一方面固然有着与社会认可的符码体系不可分割的观念背景;另一方面,正因为理性化了的计算和选择已经不能解释时尚和差异性需求之间内在的辩证关系。那种被普遍认定的时尚与个体之间的差异性需求竟然悄无声息地结合在一起,这只能从人的社会关系存在中得到合理的说明,马克思说:“人的本质不是单个人所固有的抽象物,在其现实性上,它是一切社会关系的总和。”[②]时尚的个体认定和社会认定之间存在着一种二律背反:一方面,时尚的个体认定在

---

① 让·鲍德里亚. 夏莹,译. 符号政治经济学批判. 南京:南京大学出版社,2009:59.

② 马克思恩格斯选集. 第一卷. 北京:人民出版社,1995:56.

于时尚之意义的个人属性，在于其对差异化需求的满足程度；另一方面，时尚的社会认定建立在一种普遍的观念之上，它以符码体系的形式存在着，即有着广泛社会支撑的认知体系，它构成时尚的社会基础。人在“一切社会关系”中并没有湮没其个性，因为时尚的意义在于具体的对时尚进行展演的个人；人在“一切社会关系”中又能够确认其社会属性、那种烙下了时代印记的精神气质，因为时尚的“意义”的特定性建立在共同的认知基础之上。可见，鲍德里亚在后一方面的坚持，与他对前一方面的反对态度相比，就要显得明智得多。

(3)无限搜索。

意义的无限膨胀、扩大，只要人们持续不断地寻找意义及其载体，时尚的东西便从来也不会离我们而去了。新的传播介质的发展为我们提供了便利的延伸意义的手段。GOOLE、百度、搜狐、搜狗、搜搜，等等——“意义”在搜索中为所欲为。这是一个荒谬的结论！为什么是“意义”的为所欲为呢？首先，人在搜索中并不能为所欲为。技术上已经不再成为搜索者的障碍，但信息量的无限大并没有让理想的信息就一定会出现在搜索结果之中。其次，搜索本身并非为所欲为。不但这种行为会被“敏感词汇”所过滤，而且搜索不当会遭受病毒的攻击。因而，在主语缺少搜索自由的前提（有效的、可信的、充裕的信息量），以及在谓语（搜索）受到传播的人为限制的时候，只有宾语（意义）具有自由的可能。而这种可能，是在有限信息中人们阅读它而重建它的意义系统的可能性——这种意义重建，始终是无限广阔的。“意义”在搜索中为所欲为！这就为同一信息被不同意义“附体”提供了解释的话语体系。“意义”随着解释者的意愿和禀赋而纷繁复杂，各不相同。互动媒体中的经济生活，总是伴随着这种集成的搜索而不断获得“升级”的条件。在淘宝店铺闲逛的时候，一次鼠标的点击就烙下了一种生活风格的痕迹，于是，在非常令人恐怖的信息窃取者那里，个人已经失去了隐私的空间，你的眼里会充塞着各种曾经浏览过的商品的同类产品或者替代品的推广信息。对浏览痕迹的跟踪，使人们在精确广告定位的强大统摄力之下显得毫无隐私可言。但掌柜们要想顺利地解读出某种时尚的（由意义出发的）内在逻辑，似乎是不可能的，——当然，掌柜们不需要对时尚意义的正确理解，资本增殖性要求只强调事实上对时尚之形式的把握。

三、时尚经济的否定辩证法

新传媒时代的时尚占据着两个看似不同的区位:私人性的和社会性的。私人性是赋予时尚以意义的根源,意义的为所欲为是传播有可能导致荒谬舆论的原因之一。解读的私人性质使各种一时之尚都具有五味杂陈的意味。“意义”不再作为单一的参考答案陈列在任何一个权威的位置,时尚俨然是一种物我的私人关系。鲍德里亚认为的那种“在符号的肯定性价值之下,产生了功能性的、带有恐怖主义色彩的意义操控”①的说法或许过于夸张,但符号不应该被“燃烧”,反而,符号才是维系统一的社会结构的基础,而意义的多元化已经超越了符号体系对人的操控,至少这种操控已然不是“意义”维度上的了。

(一)差异性的毁灭与重生

时尚的差异性总是短暂的。如前所述的时尚辩证运动的规律注定了时尚在差异性上总是流动着的。尽管这一点与费希特所讲的本真生活与假象生活在本质上没有雷同的地方,但是,费希特认为本真生活是人们对永恒的东西的追求,是固定不变的,永远的自相同一;而假象生活则是对可变的、转瞬即逝的偶然事物的爱和眷恋。时尚正具有后者的特征,没有一种时尚是常驻不变的。正因为假象生活追求的是不断变化的东西,仅仅生活在可变的东西之中,从而“假象生活变成了一种不断的死亡,它只是生活在垂死和死亡中”。② 极速互联网更是使这种死亡的忧患加重了许多,新的时尚尚未确定下来就已经走向了瓦解的过程了。这种一时之尚的不断消亡与重生,是个性化、差异化的不断演进、变异、裂变、更改、升级的结果。“刷新”这个技术上的词汇较为清楚地表达了人们对时尚的态度以及时尚的存在方式。并非一定需要一种新的东西充斥、排挤才能使时尚变为不时尚。刷新只能说明新的信息成为可能,而并非成为必然。因此,刷新的结果,可能不是新信息覆盖了旧的信息,而是陈旧的信息被“顶”上来了,新信息反而沉下去了,这种沉下去了的时尚就是早夭的时尚,而被顶上来的东西,人们以“怀

---

① 让·鲍德里亚.夏莹,译.符号政治经济学批判.南京:南京大学出版社,2009:160.

② 费希特.于君,译.极乐生活.北京:光明日报出版社,2009:8.

旧”来标识它,亦以时尚的姿态展现自身。时尚的差异性特征反映了个体内在的属性,它们的共性则构成一种潮流,尽管这种潮流只是表面的、肤浅的形式,然而它充当了普遍性而使时尚所内涵的差异性处于一个和谐的共同体中(简言之,差异性是普遍的、永久的,而同一性是偶然的、暂时的)。风行于世的各种时尚,它们曾以一种集体狂欢的形式掩盖了个人精神需要的差异性。

(二)时尚的媚俗与厌俗

时尚的(意义的)个体差异性与(形式的)集体裁定竟然如此狡黠地扭在一起了,这居然不是有意而为,乃是出于信息选择的无奈(前文已述)。意义的个体差异性倾向于厌俗,而形式的集体裁定决定了媚俗是不可避免的。“意义”是客体之于主体的价值、有用性、愉悦感等正相关的因素,在互动媒体使人们能够比较充分地表达自己的欲求和思想的时候,在“互动性”中不断矫正自身思想和欲求对于社会的重大偏离,从而获得一种自我圆满感以后,个人对时尚的意义已经看得高于时尚的外在表现——这在多元时尚共存的今天是可能的。如果在大工业尚早的时期,齐一律试图征服一切,零件化是人的生存的主要特征。那么,信息社会人们似乎看到了新的曙光:个性化、差异化能够在某种有着一定范围适应性的符码系统中生存。多元时尚以宽容、容忍、包容等特征容纳了同一时期的不同流行色、不同的时尚主题。然而,这没有也不可能阻碍个性化的进一步发展。对差异性的追求始终是人类前进的重要动力,它使个体为凸显自身而不懈奋斗、为张扬个性而锐意创新。从本质上讲,时尚意义的个体差异性使得人们厌恶“随大流”、厌恶被时尚所淹没、厌恶被潮流消解了自己的独特性。这是人的自我确认的需要,是人用以赢取尊重和独特地位的内在要求。

然而,时尚的裁定是一种社会认可机制,没有社会的承认就不能称其为时尚。时尚本身就建立在社会化的话语体系之中,因此,叶秀山先生认为现今世界正在走向“没有时尚的时代”(就是因为群众对差异性的过分追求所造成的表象)。时尚在形式上的“集体裁定”(或“社会裁定”)使得它不得不借由一套公认的符号体系(时尚元素的集合)组成。在外在的社会裁定机制下,时尚得以存在和生成的重要路径就是走向“媚俗”,即在大众化的语境中寻求认同。由此观之,时尚总是如此令人不安:把差异化坚持到底、从里到外,就会受到社会时尚话语体系的排挤而成为异类,除非"成为异类"本身正是时尚展示者所追求的本意,否则,个性化就不再具有时尚的属性了。厌俗和媚俗成为"时尚"这一矛盾体的两个方面,或许正是它们(厌俗→个性化,媚俗→大众化)推动着时尚不断走向不时尚,再走向新的时尚的辩证运动的历史。现代性不正是这样的二律背反么?

(三)时尚:一种消费的姿态

1. 复杂性的消解。

鲍德里亚认为,物若要摆脱"消费物"的命运,就必然具有如下的特征:其一,它能够摆脱作为一种象征的心理学界定;其二,它能够摆脱作为一种工具的功能性界定;其三,它能够摆脱作为一种产品的商业性界定。"作为一种消费物,它最终被解放为一种符号,从而落入到时尚模式的逻辑,亦即差异性逻辑的掌控之中。"①也就是说,物要避免被消费就必须是边际效用几乎可以忽略的,它既不能在心理上予人以愉悦和满足,又不能在功能上予人以方便和益处,同时它的存在或产生还不消耗人的劳动。这种对"能够用来进行交换的劳动产品"的限制未必完全,但是它揭示了一个这样的情况:"消费物"因为其在心理上、功能上的有用性而获得差异性;并且相反的情况也同时存在,即由于差异性而获得心理上、功能上的有用性。然而,这种理论上的分析并非十分重要,在淘宝的掌柜们看来,它已经超出了经营的目的。不过,差异性和有用性还不能完全代表一个商品能够流通的全部价值特征,只是淘宝的掌柜们已经满足于这些了。

在淘宝网上,复杂性已经消解殆尽,只有消费物的差异性和有用性的渲染,而这是吸引网民注意力的重要诀窍,在"浏览"胜于"研读"的网络时代,"抢眼"的只能是直观可得的信息。因此,商品本身的意义不需要深入细致的关注,它们在购买和消费的过程中由网购者自己去填充,这也就是前面已经分析到的,"意义"为所欲为(甚至连"货比三家"这样的事情也已经由专门的网站去做了,例如"比价网")。长篇累牍的解读在淘宝网上完全寻觅不到,它们只需要一个简单的称呼(例如:"第一夫人包")就足以吸引广大网

① 让·鲍德里亚. 夏莹,译. 符号政治经济学批判. 南京:南京大学出版社,2009:49.

众,而时尚的意义则由人们自由想象去吧。

2. 时尚与资本的“普遍性”之殇。

资本的普遍化倾向是其自身否定力量的来源。随着现代工业文明的进一步发展,生产社会化的趋势不断扩大,资本的贪婪意欲使其在社会的各个领域占据绝对优势地位。资本越是渗入到更为广泛的领域,资本最大限度地榨取剩余价值的本性就更为裸露。然而,资本的本性所要求的资本普遍化,潜蕴着资本自身的颠覆力量:一方面,普遍的资本化把社会简单区分为资本家及其对立者两个阶级,社会矛盾一旦激化就将彻底颠覆资本的统治;另一方面,资本的普遍化要求在全世界配置资源、生产要素自由流动。但是,任一单个资本的本性又使其尽量避免优势资源的共享,生产的持续稳定发展要求打破这种隔离而达到全球共享,从而实现了资本私有化的破产,最终导致资本的破产。可见,“普遍性”是资本走向自我否定的一般路径,“最大限度地攫取剩余价值”的本性使其竭尽全力试图达到资本的全球统治,而资本全球统治的内在矛盾(私有制和社会化大生产)的激化又迫使资本彻底破产,是谓资本之殇。

时尚之殇亦在于它对“普遍性”的追求。一种时尚之所以成为自身,必定是具有可扩散性的,没有可扩散性的一时之奇异现象称不上“时尚”,因为它完全没有“尚”的特征。“尚”即是崇尚、风尚、向往、榜样、眷恋等相同或相近意思。正如前面已经分析过的,时尚是一种差异化生存的准则,“差异化”是时尚的灵魂,差异化在于“意义”赋予的不同,这是新媒体时代的独特现象。但时尚在形式上有着自动扩散和蔓延的趋势,并且,在被资本把持的新传媒时代,时尚已经对“普遍性”觊觎良久。一旦普遍化成为事实,“时尚”亦自我毁灭,因为它已经丧失了作为标杆和榜样的力量与地位,新的时尚随之而起。由此看来,普遍化既是时尚天然的魅力,也是它消亡的根据。一切主流时尚皆由普遍性而亡(通过人们对新的差异性的追求)。

3. 只有利润。

时尚的普遍性之殇若与资本的普遍性之殇存在差异,则最大的差异莫过于资本在普遍性之殇后将被列入历史展厅,以后的人们仅仅能够作为一段故事来凭吊这创造了“比过去一切世代所创造的全部生产力还要多,还要大”①的统治工具;时尚的命运则与此截然不同,它除了普遍化了的特定时尚风格被一定的历史群众所抛弃外,整个时尚界则由于这种“普遍性之殇”而获得繁荣兴盛。一种时尚因为普遍性而坠入寂灭,另一种时尚又会悄然兴起;一种悄然兴起的时尚又会带来一场普遍性的运动。“资本的普遍性之殇”是一种慢性病,一旦病入膏肓就无药可救,“时尚的普遍性之殇”则是一种“季节病”(从“周期较短”这个角度来看),不断复发而又不断获得免疫力(变异出种种非主流的“时尚”),从而增强“时尚的普遍性之殇”的复杂性(当然,正如前面所说的,在“掌柜们”那里,这种复杂性是可以简化、甚至忽略的)。对于传统工业文明所引起的“一致性”、“批量化”的时尚而言,新传媒时代的时尚具有与之不同的个性化色彩。

四、新媒体推进了经济的广义虚拟化

特纳认为,“迄今为止,新型互动与参与的发展,不仅改变了某些场所生产者与消费者之间的权力平衡,而且模糊了生产和消费者两大功能之间的区别。事实上,这一转移是如此显著,以至于出现了像‘生产者用户’这样的新词,来指称那些自制内容并通过视频聚合网站(如 YouTube)、社交网站(如 Facebook)或博客传播出去的消费者”。② 新传媒时代,“在线用户制造内容”已经不是稀奇的事情了。新的信息传播机制为新的经济形态的出现提供了契机。新媒体受众意见表达的自由给信息的增量发展带来了彻底的革命变革,信息的爆发力超越一切历史时代的信息扩张力度。信息的无限聚合增加了商品和服务的神秘性,它使经济载体的物理性质逐渐被精神属性所超越,从而使人类进入到一个叫作“广义虚拟经济”的新时代。

(一)广义虚拟经济时代的到来

1. 对广义虚拟经济的概念澄清。

林左鸣和吴秀生两位教授在研究虚拟价值的时候,认为“被马克思扬弃

① 马克思恩格斯选集. 第一卷. 北京:人民出版社,1995:276.

② 格雷姆·特纳. 普通人与媒介——民众化转向. 北京:北京大学出版社,2011:104-105.

了的劳动价值论其实就是生活价值论”。唯有如此，对刘翔、李宇春作为广告代言人获得的高额收入才能得到合理说明，唐伯虎的画之所以能卖天价也才能得到说明。① 因而他们认为满足生理需求的是实体经济，而满足心理需求的是虚拟经济，并且仿照亚当·斯密关于“看不见的手”的形象比喻，认为“看不见的心”才是主导着虚拟经济发展的根据，从而把传统的虚拟经济泛化开来，成为广义虚拟经济。这种称谓本身不存在对错之分，有人认为是制造词汇，从而使研究工作进入更加烦琐晦涩的境地。其实不然，新概念体系成为新的研究工具所体现出来的是一种思维方式的变革，它非但是必要的，而且有效的概念体系能够使研究工作少走弯路。这里借用“广义虚拟经济”这个概念，是基于对这个概念的开拓者的这些认识的认同：“今天构成财富的价值是由信息态所组成，财富的生成过程即是信息的产生过程。……物本经济仅仅强调物质财富，因此对产生财富的真正因素——人类生活的‘全过程’给忽视了。今天人们拥有的货币财富甚至不需要纸质的载体，只需要在网络上有一个符号就够了。我们至此可以知道，今天大量并不稳定的凝结人类生活过程的信息态就是真正的财富。它和人们的心理时空息息相关。”“被‘看不见的手’所引导的物质产品的生产和流通体系并不是经济活动的全部，也并非经济活动的本质，而与实体经济并行的另一个与之相对的虚拟存在着的信息流、信心流的生产和流通体系才真正主导着经济乾坤。”②

当然，对于那种“非此即彼”的简单划分的方式，笔者并不认同。尽管信息、信心等的确在新传媒时代成为经济活动的重要的驱动力，但还不能说它已经完全取代了实体经济，事实上也不存在取代的可能。因此，本书讲“广义虚拟经济”，指的是实体经济的文化化、虚拟化倾向，而非照抄晓林、秀生两位研究者关于虚拟经济取代实体经济而成为“主导乾坤”的经济形态的那种过于渲染的虚拟经济。在新传媒时代，人们的经济生活越来越虚拟化，这一趋势是不可阻挡的，尽管它的结果或许会遭到一些人的诟病。腾讯公司开发的即时通信软件 QQ，关联着一系列的虚拟产品，人们对其进行消费是

---

① 晓林，秀生．广义虚拟经济论文集 1．北京：航天工业出版社，2008：31.

② 晓林，秀生．看不见的心．北京：人民出版社，2007：14－15.

要付费的,几十种虚拟产品为腾讯带来的巨额利润令人瞠目结舌。2013 年 3 月 20 日,腾讯发布了 2012 年“财报”,该公司上一年度的净利润达 123.32 亿元,每天的利润超过 3000 万元,年度总营业额将近 450 亿元,年增长率超过 60%。事实说明,没有人能够怀疑经济虚拟化的趋势(如果对网络虚拟货币和“概念产品”的现状做一番研究,那就更加容易使人感觉到经济虚拟化的趋势之强烈程度。关于虚拟货币的研究,孙宝文、王智慧等人合著的《网络虚拟货币研究》已经有全面系统的研究,如 Q 币、Q 点、豆瓣、金豆、“金币”、新浪 U 币、isak 积分、盛大点券、论坛币、魔兽币等,广泛流通于虚拟社区。虚拟货币不但充当一定的经济功能,而且也对人们的生活方式产生重大的影响,特别是那些无法与传统货币互换的虚拟货币的出现,它能够使人们在精神与物质上的财富状况发生一定的分离。“概念产品”在淘宝网上比较多,现在受到一定的制约,但不能不说它的前景依然是广阔的。概念产品并不需要任何实在的物质载体,它以“信息态”存在着,并在虚拟社区发生交换,而出售概念产品可以获得实际的财富。比如一个发财致富的点子、一项城市美化的创意、一个经营策略的“秘笈”,等等,均可以作为概念产品而出卖。而这些产品的价值“赋值”远比物质产品的价值衡量要复杂。本书对这两个方面均不作更多阐述)。更不用说有关品牌的价值生成在当今实体经济发展中的重要作用,这与人的心理需求是息息相关的(对产品和服务美誉度的关注,不就是消费者的心理期望吗?)。

用“知识经济”来指称新传媒时代的经济形态具有不准确性,“广义虚拟经济”突破了“知识经济”对“知识”、“技术”的过于倚重,甚至像腾讯公司这样的科技企业,也谈不上掌握了最为先进的科学技术,但它的财力的确在网商大户中是首屈一指的。而其他的实体经济,亦在走品牌路线,品牌不但成就了企业的梦想,也创造了消费者的梦想。日本学者片平秀贵认为,“谈到经营资源,一般会列举出人、物、钱、信息这四个。实际上,梦想正是第五个经营资源”。[①]“梦想”是一种心理期盼,它构成了当今消费时尚的重要内容,是个性化消费立足的基点。“广义虚拟经济”这个概念,就人们经济生活更多地关怀“心理诉求”而言,无疑是正确的,它是一种趋势,一种潮流。而这

① 片平秀贵.林燕燕,译.品牌的本质是发现梦想.北京:东方出版社,2010:58.

种趋势和潮流，只有在新媒体时代才能取得如此显著的效果。

2. 传媒在经济虚拟化进程中的作用

不过，片平秀贵是否定信息技术对品牌发展的重要作用的，他认为信息技术的负面作用太大了，由于信息的充分交流，顾客的惊喜就少了，因而减少了消费者购买的冲动。[①] 他的这种担忧在一阵接一阵的网购热潮中得到了彻底的否定。品牌的发展，乃至整个广义虚拟经济的发展，在信息技术不断发展和普及的今天，已经取得了传统媒体时代所不能达到的高度和丰度。德国的品牌专家认为："品牌即信息，在一个多元化的信息世界中，品牌于我们的意义是：可以信任，可以依赖。"品牌的生成就是信息加工筛选的过程，"在数不胜数的信息中筛选出重要的、有利于自己的概念，再加以巩固，达到发展自己的目的"。[②] 新媒体时代的信息更加繁荣、复杂，然而它却为品牌的生成和传播提供了基础。无论是品牌的象征意义还是品牌的实际功能（比如西蒙就认为品牌的最大资本是诚信），新媒体的功绩是无可替代的。在互动传媒的信息交互生成过程中，品牌"形象"已经不是简单的自我"树立"，而是在信息交流中所取得的令人信赖的口碑。而单向度的"树立"形象的品牌创建已经无法跟随消费者的需要了，更多的个性化需求在自媒体时代得到有效的表达。信息的畅通是前所未有的，与此相应的是伴随着信息的乘数增长所带来的品牌效应更加令人陶醉：好的或者差的品牌都将在无缝隙的信息交流中得到广泛传播，从而使好的越来越好，差的越来越差，甚至于那些强大的信息群（消费氛围）完全能够左右人们的消费取向。

广义虚拟经济在实体经济虚拟化的意义上，指的是实体经济在产品和服务上的文化附加值不断攀升，亦即实体产业的文化化。新媒体对传统实体经济的意义，就不仅仅是把"品牌压缩在一个超级符号中"，[③]这个超级符号的"意义"正如新媒体时代的其他语词表达一样，是因人而异地赋予的。前面已经探讨了时尚的逻辑，而品牌的逻辑具有极大的相似性。在某种程度上，一定的品牌可以承载着一定时期的时尚，而一定时期的时尚亦会创生出一定的品牌。毋庸置疑的是，时尚和品牌都是人的"心理"欲求的表达，从

---

① 片平秀贵．林燕燕，译．品牌的本质是发现梦想．北京：东方出版社，2010：128.

② 西蒙．陈兆，黄畅，张晓虹，译．品牌的奥秘．上海：文汇出版社，2003：24.

③ 同上，84 页。

而是广义虚拟经济的重要组成部分。这些虚拟经济的组成部分(实体经济虚拟化的结果——此处非指证券化,而是指心理功能对物质功能的某些超越),借助新媒体(信息扩散和筛选)的无限可能性而获得完满的格调塑造,人们只能在各种信息中,在移动电视、掌上电脑、智能手机、“谷歌眼镜”等新兴媒介上,通过微博、弹窗广告、悬浮广告、各种解说和宣传,潜移默化地改变以往的消费习惯,并形成新的品牌印象和消费意愿。“品牌”从一种经营的诺言变成资本的预言。作为经营的承诺,它旨在树立口碑、提升美誉,而作为资本的语言,它在信息受众的膨胀中膨胀了财富自身。当品牌成为一种预言的时候,它就可能成为一种时尚。当然,这是需要媒介的参与才能获得成功的。“品牌故事”随着传媒的深入发展而栩栩如生,即时创造的“现身说法”在互动媒体时代取得了巨大成功,它完全“秒杀”了消费者的抗拒心理。新媒体加剧了这种广义虚拟经济,即时性、交互性、创造性是新媒体时代信息传播与扩张的重要特征。这些特征使“文化”和生活品位的界定有了新的标准。

(二)新媒体时代广义虚拟经济的三个掩体

1. 品牌化生存。

广义虚拟经济时代是伴随着新媒体对旧的传媒工具和传播方式的改造和替代而到来的。品牌化生存在新的舆论制造和控制体系下获得全面发展。“媒介越来越参与到生产身份中,并在朝着定制个体化消费体验的方向发展。”[①]著名经济学家、诺贝尔奖获得者赫伯特·西蒙曾说:“信息的丰富导致了注意力的贫乏。”[②]商业氛围指的是一系列的商业信息和心理期望所构成的经营环境,它对人们发生作用是通过信息传播的手段来完成的。注意力(受众)集中于哪一个点上,则意味着这一个点的商业价值的增加。在互联网上,这种注意力的集中程度表现为点击量的多寡。“点击量”和“关注的持续性”是一个商品或服务的品牌传播有效性的重要表现,只有在信息充分展示给受众的基础上,商品(或服务)才能获得受众的理解和认同,从而有可能增加“转化率”(即从一般的信息接收者到购买者,再到忠实客户的转化比

① 格雷姆·特纳. 许静,译. 普通人与媒介——民众化转向. 北京:北京大学出版社,2011:141.

② 马克·布朗斯坦,爱德华·莱文. 潘卫民,等,译. 网络品牌. 北京:新华出版社,2003:3.

例)。新媒体尽管不是品牌的“热源”,但是,信息的有效传播则是品牌保持一定热度的可靠途径,而且它的作用已经无法用“旧媒体”来代替。布朗斯坦和莱文认为,一个品牌能够领导潮流、保持吸引力是至关重要的。[①] 那么,这个“吸引力”从何而来呢?

布朗斯坦和莱文把品牌的理论简化为这样一个公式:(H+P)×T=BD,即:(热量+压力)×时间=品牌深度。[②] 资本不断生产剩余价值的本性使得商业信息的流动方向与财富的集中方向具有如此惊人的一致性。为了获取最大限度的剩余价值,资本就需要一个“掩体”来完成自己的使命,而这个掩体在新传媒时代,就是一种品牌化的经营策略组合而成的消费时尚。布朗斯坦和莱文的公式表明了资本尽可能多地占有剩余价值的要求,“品牌深度”(BD)代表的是特定的资本掩体所能发生作用的强度和持久性。人们越是受到品牌的影响,“深陷”品牌的符号操控,那么,资本就越能到达自己的目的。然而,在这样一个过程中,品牌的“领导力”并非一种外在的强迫力量使受众变得服服帖帖,而是通过媒介的作用,以信息传播的形式使人们对某种产品和服务产生一定的心理依赖。这种心理上的依赖看上去是多么富有主见和自由,是信息决策“民主化”的化身。品牌的热量(H)是品牌自身的“吸引力”,是“品牌”符号体系对受众的诱惑力。而品牌压力(P)则是指“由公司所有众多营销与销售战术整合后对品牌所施加的集合力”。[③] 在一定程度上,时间(T)对品牌深度的意义尤为重大,它是一个品牌黏性强弱的标志。在互动媒介时代,产品的“品牌热量”等价于注意力的强弱,等价于“点击量”。而品牌压力等价于信息的丰度和有效性,等价于信息的可读性和交互性程度。品牌压力来自资本占有者自觉地“制造”事件和新闻的能力,它无限可能地勾引着人们的心弦,使点击量不断攀升,注意力集中于其上。

品牌深度成为新媒体时代传播效力的代名词。而人们在各种传播手段(移动电视、智能手机、平板电脑等互动媒体端口)接收来自陌生人的商业信

---

① 马克·布朗斯坦,爱德华·莱文. 潘卫民,等,译. 网络品牌. 北京:新华出版社,2003:27.

② 同上,44页。

③ 马克·布朗斯坦,爱德华·莱文. 潘卫民,等,译. 网络品牌. 北京:新华出版社,2003:42.

息,并在持久的“挤入”眼帘、霸占视屏的过程中,养成了一种思维习惯和消费倾向。品牌就在批评、赞扬,甚至表示遗憾和愤怒的同时获得了传播。这些获得传播的品牌能够及时修正它在人们心目中的坏印象,这一点如果需要怀疑,那么从“脑白金”的各种传闻以及它的实际销售状况就能窥得一斑:当这种成本极其低廉的产品依靠广告的大肆宣传而深入千家万户的时候,事实已经雄辩地说明了传媒在交互中对坏印象的修复能力。其实,与其说是对坏印象的修复能力,还不如说是在新媒体的信息交流过程中,强势信息的传播会不断挤压弱势信息的传播(因为诸如“红桃 K”这样的产品已经从反面证明了一旦传播失败,品牌热量则将即刻消散)。之所以经济在广义上“虚拟”了,就是因为信息传播的魔力已经使产品和服务的“真实价值”变得并不重要,现实的价值在信息包装中获得了自动升级的魅力。人们始终受到各种品牌信息的诱惑,而当他/她被某种品牌成功引诱的时候,他/她又通过微博、博客、电话、即时交流、评议等,使这种品牌的影响进一步扩大,从而在这样一个人人“暴晒”自己的消费品位、热衷于张扬个性和陈列隐私的信息社会,每个人都成了品牌的代言人。他们受到资本的控制,但是心甘情愿、自告奋勇;他们创造了品牌的想象力,并把自己“寄存”在这种想象力中。

2. 概念化生存。

概念产品(Conceptual Product)在过去是一种不可思议的东西。当然,时至今日,对概念产品的理解依然有很大的分歧。一种观点认为概念产品指具备独特的销售主张的产品或是具备独特消费观念的产品。这种概念产品实际上是现实存在的商品,只不过在商品之上附加一些“概念”(或者说“理念”)。这个概念指的是产品生产的理念,它向消费者表明产品的独特之处是什么、消费这种产品能够带来什么(利益、身份、象征性)。这种概念性产品实际上就是前述之品牌战略的一个重要组成部分,是对实在的商品世界的想象力之发挥。它通过对“概念”的传播、解释、再造(互动媒体时代的重要特征)等而使受众产生心理认同。另外一种观点解释则认为,概念产品是指目前尚未正式生产出来的、在未来某一阶段可能实现的产品模型和设想。比如“概念车”(Concept Car)就是指未来的汽车,设计师利用“概念车”向人们展示新颖、独特、超前的构思,反映人们对先进汽车的梦想与追求。这种概念产品往往是处在创意、试验阶段的设计和构想,也许永不投产。与大批量生产的实际商品不同，概念产品可以摆脱生产制造工艺的束缚，尽情地展示自己的独特魅力，这种概念产品往往以模型的形式存在着。概念产品是一个时代的梦想。除了这种“设计”和“蓝图”意义上的概念产品，还有一种概念产品，就是创意、点子、策划、方案等等没有实际外形和质量的思维结晶，它仅仅是某种行动方案的指南。

概念产品也许就是德波认为的那种不在场的商品。然而，他认为，“伴随工业革命时期制造的分工和满足世界市场的大规模生产时代的到来，商品作为一种拓殖进(occuper)全部社会生活的力量，最终变得成为完全可见的。……景观就是商品完全成功的殖民化社会生活的时刻。商品化不仅仅是可见的，而且那就是所见到的全部：所见到的世界就是商品的世界”。[①] 新媒体的发展使得“行动指南”到“金玉良言”(它成为可以交换金钱的语言描述)成为可能。当3D打印机能够在提供必要素材的基础上打印出人的耳朵和心脏的时候，人们不会怀疑“流程再现”的景观刻画的真实可靠。概念产品极大地丰富了人们的想象力，并激发了人们的创造欲。个性化的产品服务在概念产品盛行的时代才是完满的。概念产品能够在虚拟世界中带给人们以消费体验，它在声像景观制造的幻觉的控制下使人们如临其境。甚至，在交互式的媒介中，还能实现体验过程中消费者对产品的自主改造，消费的主动性不断得到增强。德波写作《景观社会》的时候(1967年)，今天的传媒发达状态是不可思议的，但是，他的先见之明在于吐露出了这样的一种人类生存困惑：“景观是一场永久性的鸦片战争，是一场根据自己的法则不断扩张的、精心设计的、强迫人们把货物等同于商品，把满足等同于生存的鸦片战争。”[②]德波当然不知道在“货物”之外，如今只要一个“念头”就能引发一场交易，只要一些数据的激活就能创造满足人们欲望的一些场景。“概念”尽管没有、也不可能完全代替“货物”，但是，“概念”的商品化使得人们的精神圣地装满了各种古怪的赚钱的想法，它在虚拟社区就完成了它的“模型”，也完成了它的交易。在“指示”完成的时候，银行的账户就增加了或多或少的收入。

---

① 居伊·德波．王昭凤，译．景观社会．南京：南京大学出版社，2007：14－15.
② 同上，15页。

德波把景观比喻成一场鸦片战争,是因为"伪需要"迫使"异化劳动永远处于服役状态"。如果进一步把心理需要推广为一种伪需要,那么,时下和将来的社会发展只能在"伪需要"上大动干戈。这是何其壮观而又悲伤的事情!一方面,景观的全场虚拟化倾向使得人们的需要进一步心理化和虚拟化,平静世界中的人们在各自的狭小空间狂欢——在虚拟社区则获得无限广袤的交往范围。一些概念产品的生产和消费都在交互中即时完成。另一方面,消耗巨大的体力和智力所得的概念产品,并非都能转换为实际存在的物质商品,在这个意义上,有可能生产、需求、消费都是"虚假"的,站在地球(指地理的和历史的场所)之外旁观,(这是多么怪异的想法?!)也许会发现人类"辛勤劳动"和"绞尽脑汁"之后什么也没有改变。然而,随着新媒体的持续发展,难道这不是一个必然的趋势吗?在人的生存的意味上,造成了消费自由、欲望伸张与境遇发展的矛盾。新传媒的吊诡之处正在于它给人们带来了丰裕的信息,激发了人们的表达欲望,铺开了民主的大道,然而,在这种"自由"的展开过程中,人们日渐感到"自由"的可怕:还有什么比无所适从、无所依托、无所指望、无所归依更为可怕呢?寄希望于"搜索"已经不能解决问题了,尽管"搜索"会集中信息的确定范围。然而,广义虚拟经济借助于概念产品这个掩体使人们进一步服从资本的统治。要是没有制造诡异信息体系的新媒体的出现,这恐怕是不可能的。

3. 情绪化生存。

市场的碎片化是新媒体时代的重要特征,"由于互联网上的每一扇门后隐藏着无数的门,所以这一环境就变得不再让人那么熟悉了。在网上,随着一个个节点的不断打开,以及繁杂的网上狡计通道的不断开通,在你手中的浏览器也会随之迷乱和疯狂起来。在平均上网阶段上,使用者每 12 秒便转换一个页面,平均每个网站的访问时间不到 5 分钟,因此,一小时的点击就可能提出约 300 面网页的容量,而其中大部分是零乱的片段,与第一次入口处的内容毫不相干"。[①] 商业的普遍化使互联网充满了千奇百怪的消费诱惑。然而,在互联网上,通过有限的理智很难把握经济的动态,信息化超越(注:而非取代)了物的生产,信息本身的生产构成了当今时代经济生活复杂性的

① 马克·布朗斯坦、爱德华·莱文《网络品牌》,潘卫民等,译. 新华出版社,2003:3.

源泉。然而,“在真实的世界变成纯粹影像之时,纯粹影像就变成真实的存在——为催眠行为提供直接动机的动态虚构事物。为了向我们展示人不再能直接把握这一世界,景观的工作就是利用各种各样专门化的媒介,因此,人类的视觉就自然被提高到以前曾是触觉享有的特别卓越的地位;最抽象、最易于骗人的视觉,也最不费力地适应于今天社会的普遍抽象”。① 这里表明了两个问题:其一,新媒体信息传播和接收的随机性、复杂性以及市场的碎片化,使得人们无所适从,理性难于把握;其二,信息媒介构建的商业景观极力接近虚拟化,虚构的景观变成人们真实的生存世界。

无论是影像加上声音,还是新媒体对人的各种感官的综合利用,视窗、触摸屏和声控系统等等,甚至在不久的将来可能广泛生产的人机互动的(拟人)机器神经系统的开发,人们只需一个意念就能操纵机器,实现信息交流的更大规模、更快速度、更短距离、更全贯彻。这些都不是问题,问题在于:在更多的信息包围之下,在真假难辨、良莠难分的信息包抄下,人们还能镇定自若地做出行为决策吗?

如果说物质商品世界的景观建筑还是一个能够通过理性分析辨明其成分和构造的魔殿,那么,在新媒体时代,各种信息的搅合,在这个建筑物的每一个缝隙中都填满了信息的强力胶水,在每一个物件的外表都涂上了五彩斑斓的信息外衣,这个魔殿就更加迷幻、更加坚不可摧了。人们置身于这样的信息宫殿中,“人与人之间和阶级与阶级之间关系的真正特征”②就彻底被掩盖了。人们在外部世界找不到方向的情况下,回归内心的情感观照就成为一种再自然不过了的结果。这是导致情绪化生存的重要根源,或者如前所述,是“过度信息”导致的盲从和任性。情绪化生存成为广义虚拟经济的第三个掩体,在情绪化的掩盖下,新媒体仿佛带给人们的是消费的自觉和自由。

工业社会向信息社会的跨越是文明的一大进步,亦是情绪化生存的重要拐点。这种跨越至少从三个方面影响着消费者的思想与行为:一是符号化生存。信息社会已经使一切讯息化为一堆数字。在能指与所指之间设置

① 居伊·德波. 王昭凤,译. 景观社会. 南京:南京大学出版社,2007:15.
② 居伊·德波. 王昭凤,译. 景观社会. 南京:南京大学出版社,2007:7.

关联性和意义,是信息社会人们生存状态的重大改观。符号系统已经建立了自己的社会体系,在表征意义世界的功能上,它超越了传统社会物质实体的价值。激情消费的一个重要改变是,那些符号功能强大的奢侈品赢得了社会的普遍尊重;预示着身份地位与自我价值实现的符号(以物的形式而存在)取代了物质(以物的功用而存在)的统治地位。二是传媒泛化。微博、网络空间等互动电子平台已经使传媒立体化、全方位地渗透到消费者的生产生活当中,"交互式"是新媒体生命力量的源泉。"郭美美事件"的余音还在回响,"连体钞票礼服"的炫耀帖子又开始疯狂。一方面人们(或者某些人)批判着奢侈浪费的肇事者,另一方面(或者另一部分人)却艳羡和效仿着她们的种种行为。炫耀性消费作为"面子文化"的现代翻版,它在新媒体时代愈演愈烈。新媒体的全方位渗透(广告)功能,使人们对各种新鲜、前卫、异样的东西司空见惯,同时也触发着随时可能发生的购买冲动。三是人际的隔离。宅族已经是城乡(特别是城市)的一支庞大队伍。信息社会生产的必要劳动时间不断缩短,提供了"宅"的时间条件,而信息沟通的普遍化与流畅,则提供了"宅"的技术支撑。传统工业社会人们之间的劳动交往减少,更不用说农业社会的睦邻友好关系的消失。而消费——在宅族看来——却成为生存之确证和人际交往的方式。"淘宝体"已成为很多人的习惯性语言。一切固有的东西都烟消云散了,"消费"可以炫耀、可以感染、可以移情、可以模仿……这世界,"消费"既是一种生存状态,也是一种话语方式。从景观"虚构"到激情消费,新传媒时代真正"照顾"着每一个人的情绪,它"购"(构)成了"群氓盛宴"的网络世界。① 而情绪化生存是否是"伪造的生活"的"虚假的理由"?② 恐怕不能"一言以蔽之"吧?!

(三)广义虚拟经济背景下新的生存意蕴

1."物本"向"人本"的转变。

从表面上看,新媒体时代的经济虚拟化倾向无非就是"信息生产—信息传播—信息消费"的过程。正因为信息附加值才使得原来的实体经济具有了虚拟化的趋势。时尚、品牌、个性化电子商务等等,如果说它们在人们的

---

① 何华征. 激情消费与营销愿景. 现代经济探讨,2013(5):33-37.

② 居伊·德波. 王昭凤,译. 景观社会. 南京:南京大学出版社,2007:17.

经济生活中起到了革命性的变革的话，那就是经济本身从“物本”到“人本”的转变。“物本”经济以商品对人的生理满足程度为依据，而“人本”经济则以商品或服务对人（在满足生理需求的基础上）的心理满足为重要特征。这种由客观的“满足”到主观的“满足感”的转变，正是社会在渐趋丰盛之后，越来越关注人的内心世界、关怀人的现世幸福的重要表现。经济发展的“目的性偏差”造成了一定程度上的经济发展与人的幸福感下降的背离，正是一些守旧的人纠缠于“物本经济”而敌视“人本经济”的结果。

2.“生存”向“发展”的转变。

实体经济的文化化，是在人们已经取得温饱的基础上，随着新型传播工具的日臻完善而兴起的经济发展形势。丰衣足食已经不是人们的梦想和期望，如果说，“物本”经济注重的是传统“物质文明”的发展，那么，如今的“人本”经济则关注于精神文明、物质文明、政治文明、社会文明、生态文明的协调发展和融合。实体经济追求物质财富的增长，主要是为了解决人的生存问题，或者说是解决人能否活下去的问题；而广义虚拟经济则是为了增加社会的整体财富、综合财富，它的要义在于使人更好地生存下去，或者说是人的发展问题。它把政治、经济、文化等要素融于一体。马克思曾经说过，“以宣布人是人的最高本质这个理论为立足点的解放”是“（德国）唯一实际可能的解放”。[①] 广义虚拟经济从“发展”的立场来观审人，正是人与其他生物体主要关注“生存（活着）”的明显区别。与那种追求“免于匮乏”的经济相比，实体经济的虚拟化、文化化正是对经济、文化“全面丰盛”的追求。

3.“单向度的人”向“全面发展的人”的转变。

法国哲学家、神学家德日进曾经说：“在这些现在与未来交融的含糊不清而又紧张不安的地带，在一个沸腾的世界里，我们直接面对人的现象的全部伟大，面对它至今尚未尽臻完善的伟大。”[②]广义虚拟经济正因为其处在“趋势”、“倾向”的位置，而不是已经占据着全部的生产领域，因而，它在历史的转接点上给人以“含糊不清”和“紧张不安”的感觉。然而，毋庸置疑的是，人们将会发现它的伟大之处，那就是使人们从传统工业社会中“单向度的

① 马克思恩格斯选集．第一卷．北京：人民出版社，1995：16.

② 德日进．范一，译．人的现象．南京：译林出版社，2012：169.

人”解放为“自由发展的人”。现代工厂制度使人们处于“零件化”的生存状态，这是工厂制度“躯体化”（鲍德里亚用语）的结果。被新媒体所激活的广义虚拟经济，由于关注生产和消费的文化过程，使消费者和生产者都在它们的位置上（生产或消费的过程中）获得了它的需要的全面性，从而为人的自由全面发展准备了条件。如果传统的新闻媒介还在充当着进行社会控制的工具的话，那么，新型互动传媒已经使信息的单向流动转变为网状交互流动。信息的自由流动难以控制，尽管一些保守主义者试图对其进行完全的掌控。在传统的“工业文明的最发达地区，社会控制已被潜化到这样的地步，甚至连个人的抗议也在根本上受到影响。拒绝‘随大流’的思想情绪显得是神经过敏和软弱无力的”。[①] 新媒体时代已经没有了过去那种“信息接收机制”了：人人都是“麦克风”，受众与传播者之间没有了绝对的界限。因而，时尚的多元化、品牌的自由选择、物质满足之后的精神诉求……它们越来越挣脱了传统工业文明“标准化”社会生产的羁绊。

小　结

“时尚”这个词，在文化和经济之间制造着难以割舍的关系：时尚文化是新媒体时代广义虚拟经济的重要载体和契机，它借助于新媒体传播而获得更为广泛和深入的发展；“经济化”的时尚文化又推动着时尚本身走向现代性的融合——波德莱尔所谓的那种暂时性、偶然性和瞬间性——它们在不断变化中印证一些永恒的理念（古希腊哲学家赫拉克利特认为只有变化才是不变的，无物常驻、万物皆流。新媒体时代的时尚经济正是这样一种变化不息的经济形态，不过，赫拉克利特认为，变化是有章可循的。然而，新媒体时代时尚经济的瞬息万变更加令人眼花缭乱）。[②] “从当代时尚中，把包含在历史里的诗意分离出来，就是从变幻无常的东西当中，把那些永恒不变的东西提炼出来。”[③]这种经济和文化的融合，在新媒体时代取得的完备形式就是

---

① 马尔库塞．刘继，译．单向度的人：发达工业社会意识形态研究．上海：上海译文出版社，2008：9.

② 张志伟．西方哲学史．北京：中国人民大学出版社，2002：33.

③ 波德莱尔．我心赤裸——波德莱尔散文随笔集．北京：中国广播电视出版社，2000：15.

时尚经济的空前繁荣。因此，本节主要从经济的角度来阐释时尚在经济领域的重要意义和作用，以及它的发生发展机制，并在这种分析中对电子商务做出一定的说明。而时尚经济本身就具有广义虚拟经济的属性，不过，本书对广义虚拟经济的论述并不是对前者的“补充”，而是对新媒体时代人的生存问题的语境在经济层面的一种深化。旧媒体时代，“景观是指由少数人演出、多数人默默观赏的某种表演”，[①]所谓的少数人，是指占有生产资料而在幕后操纵芸芸众生的资本家、“社会精英”；而多数人则是被操纵的普通群众，他们是跟随在操控者的背后，入迷地观看和欣赏“景观性”演出的观众。这些“沉默而痴迷”的观众不善于行动，在整个演出中缺乏互动性，充满着奴性。因为饥饿已经远离他们，从而导致他们行动力量的缺失。然而，在新媒体时代，这些曾经被认为失去“行动能力”的人们重新活跃起来，不是因为他们再一次陷入到“信息无产阶级”的境地，而是因为他们获得了自身发言的便利手段和条件。经济的广义虚拟化，正是在网众的热情中高涨起来的，新媒体的经济景观发生的显著变革是：以前的“大多数”人们，如今既是演员，又是观众；而以前的“少数人”，现在也许依然在“导演”整个戏剧的进程。然而，在演员缺场的情况下，整个新媒体世界就会寂静无声，再也喧腾不起来了。这种权力的转移，在政治领域就更加明显了。

第二节　新媒体与当代网络政治

新媒体的发展对于政治环境的构建起着十分重要的作用，这个作用在尼葛洛庞蒂那里得到了乐观主义的评价：“数字化生存所以能让我们的未来不同于现在，完全是它容易进入、具备流动性以及引发变迁的能力。”“50 年后的政府一方面变得更庞大，一方面则变得更渺小。”“分权心态正逐渐弥漫于整个社会之中，这是由于数字化世界的年轻公民的影响所致。传统的中央集权制的生活观念将成为明日黄花。”沙皇退位，个人抬头。“无论是通过法律还是炸弹，政客都没有办法控制这个网络。”当然，尼葛洛庞蒂也对政客

---

① 居伊·德波．王昭凤，译．景观社会．南京：南京大学出版社，2007：11（译序）．

和政府的控制欲求表示担心,认为这是“唯一的危险”,“全世界都有人高举着为儿童净化网络环境的旗帜,试图检查网络通信的内容。更糟的是,包括美国在内,不少国家希望能确实找到办法来‘窃听’网上讯息”。[①] 尼葛洛庞蒂“料想在全球的电脑国度掌握政治领空之前,民族国家根本就不需要经过一场混乱,就已经消逝无踪”。很遗憾,(1995 年 10 月,尼葛洛庞蒂完成《数字化生存》一书并付梓)19 年以来,一方面,由美国国家安全局和联邦调查局联合执行的“棱镜计划”的曝光,使得人们惊恐万状,电子邮件、聊天日志、电话记录、搜索记录、存储数据、文件传输、视频、网络社交、语音通信等等,成为政府电子监控的目标。它印证了当初尼葛洛庞蒂关于政府“窃听”网民讯息的说法。另一方面,民族国家消逝的迹象一点儿也没有发生。未来 30 年要发生这样剧烈的变化显然也只能是臆想罢了。电脑空间对物理空间的边界的突破(按照尼葛洛庞蒂的说法就是“比特”世界对“原子”世界的全面胜利),每个新媒体终端用户之间的“等距”最终也只能让地球村计划的造梦者空喜一场。

在尼葛洛庞蒂看来,个人在数字化时代已经挣脱了政治权力的束缚,自由和平等在数字化时代是经常而必然性地赋予人们的权利,当然,这在马克思看来,通过一种技术上的创造而顺利实现个人的解放(在自由竞争的社会里,摆脱自然联系),“这种个人只是曾经在过去存在过的理想”。[②] 通过对生产力的影响而推动经济社会发展,新媒体技术也只能是推动社会进步的一个重要而非根本性的力量。指望媒体技术的变迁而获得全部必然性的解放是一个纯粹的“错觉”(马克思曾经在《政治经济学批判导言》中说过,18 世纪以来的个人摆脱了过去历史时代的那种自然联系而使其不再是“一定的狭隘人群的附属物”)。然而,政治依然统摄着个人,游离于政治之外的个人终究还不是现代社会的实在状态。按照马克思的说法,“孤独的个人在社会之外进行生产——这是罕见的事情”。新媒体使人们更加深入地卷入到政治生活中去,而不是相反。不是新媒体把人的自由引到一个不受政治影响的领域,而是新媒体正在把政治生活传播给每一个人。个人固然可以在这

---

① 尼古拉·尼葛洛庞蒂. 胡泳,范海燕,译. 数字化生存. 海口:海南出版社,1997(3):269 - 275.

② 马克思恩格斯选集. 第二卷. 北京:人民出版社,1995:2.

个过程中抬头，而政客和政党亦能通过新媒体而扩大自己的影响。网民固然可以通过网络而获得一定意义上的话语权，在参政议政上获得便利的途径，但新的话语控制也通过网络过滤机制能够更加有利于现实利益的既得集团维持他们的统治，并且美化其形象。

当然，如果政治斗争演变为一种技术斗争，这本身尽管符合一般意义上的对新媒体迷信的人的那种臆测和梦想。但是这种臆测和迷梦忘了基本的事实——技术仅仅是生产力的一个重要方面，或者一种重要的驱力，而不是生产力本身。因此，新媒体技术对上层建筑的影响，并没有直接的决定作用，它必然通过现实的生产力而起作用。更为重要的是，不但存在生产力对生产关系和上层建筑的决定作用，也存在着上层建筑和生产关系对生产力的反作用。这个反作用表现在新媒体技术上，就是政治的和文化的上层建筑对新媒体技术的应用起到了促进或者阻碍的作用：政治和文化的保守主义使新媒体的技术发展趋于缓慢的状态，而激进主义又会使这种传媒技术的应用过于激烈而失去理性。把社会存在对社会意识的作用无限夸大就会陷入技术决定论的泥潭。有学者认为，“技术决定论限制了人们的视野，让人们往往忽视了技术使用的社会背景”。[①] 在此着重申明新媒体对民主和政治发展的局限性不是要否定新媒体的重要作用；恰恰相反，在对新媒体的政治影响和新媒体对民主进程的积极意义的深刻领悟方面，它为我们带来的是一种健全的心智，它不至于使人们在本书即将展开的论述中丧失信念。新媒体时代的各种政治改良的可能性来自于技术的赋能和赋权，但更重要的是，它本身是社会进步的显著标志，是现代社会个人发育和理性张扬的重要特征。各种来自反动立场的阻碍作用，对新媒体社会的民主进程而言，其阻力是现实存在的，但它的能量是有限的。

马克思在《新莱茵报·政治经济学评论》中指出：“全部问题在于确定民主的真正意义。”[②]虞崇胜教授在《民主与政治文明研究丛书》总序中说：“就民主的本质而言，民主所解决的是国家权力归属问题……国家权力属于人民，这是民主的最本质的特征。就民主的实践过程来看……如果领导人和

① 田进．网络行政研究．武汉：武汉大学出版社，2012：4.

② 马克思恩格斯全集．第七卷．北京：人民出版社，1959：304.

公共决策是根据多数人的一致产生的，那就是民主。……就领导人和公共决策产生的原则来说，凡是按照‘服从多数和保护少数’原则的，就是符合民主精神的。”[①]民主是政治文明的重要理想前进方向，但是，网络民主不会走向“追求全体一致和绝大多数一致”、“过半数表决”这样的新的“独裁”。尤其是在微博等新媒体应用平台的开发和广泛采用之后，这种一致性的追求被异质性的认肯所取代，从而本书认为，从政治文明的视域来看，新媒体开启了与传统社会截然不同的现代性政治生存环境，那就是对个体、异质性的尊重，在权力重心下移和社会阶层扁平化的过程中体现政治文明进程中对差异性存在、多元化价值、多样化表达、多层次需求的理解和认可。

一、新媒体与社会阶层结构的分化与重构

(一)社会阶层结构

在中国古代传统的农业社会，“民”被划分为“士民、农民、工民、商民”四民。《汉书·食货志》曰：“士、农、工、商，四民有业；学以居位曰士。”社会民众被划分为不同的阶层，其中农工与商贾是从事各种具体职业的人，而备受封建统治者看重的，当然是农民。在《增广贤文》中，一开头就说道，“农工与商贾，皆宜敦五伦”，“农”一直都是社会阶层中最为重要的成分。当然，“重要性”与社会地位并没有必然的关系，这种重要性主要是相对于农业经济占主导地位的社会历史阶段的统治需要而言的。马克思的学说是革命的实践的学说，他的阶级理论认为，随着大工业的产生和推进，“它使阶级对立简单化了。整个社会日益分裂为两大敌对的阵营，分裂为两大相互对立的阶级：资产阶级和无产阶级”。[②] 马克思在《路易·波拿巴的雾月十八日》中说：“在不同的占有形式上，在社会生存条件上，耸立着各种不同的、表现独特的情感、幻想、思想方式和人生观构成的上层建筑。整个阶级在它的物质条件和相应的社会关系的基础上创造和构成这一切。通过传统和教育承受了这些情感和观点的个人，会以为这些情感和观点就是他的行为的真实动机和

① 虞崇胜《民主与政治文明研究》总序．郭小安．网络民主的可能及限度．北京：中国社会科学出版社，2011：3．

② 马克思恩格斯选集．第一卷．北京：人民出版社，1995：273．

出发点。"[①]这是马克思对社会阶层的形象说明。在马克思那里,社会阶层不但意味着生产资料的占有方式的不同,也在于各种阶级情感的存在。当然,马克思主要使用"阶级"的提法,这是与其革命本性息息相关的。列宁对阶级曾有一个著名的论断:"所谓阶级,就是这样一些大的集团,这些集团在历史上一定的社会生产体系中所处的地位不同,同生产资料的关系(这种关系大部分是在法律上明文规定了的)不同,在社会劳动组织中所起的作用不同,因而取得归自己支配的那份社会财富的方式和多寡也不同。所谓阶级,就是这样一些集团,由于它们在一定社会经济结构中所处的地位不同,其中一个集团能够占有另一个集团的劳动。"[②]在列宁这里,区分阶级的根本标志是看其与生产资料的关系:是否占有生产资料?是否占有其他集团的劳动?一句话,阶级就是基于对生产资料占有关系的不同而形成的不同社会集团或人群共同体。而在现代的社会理论中,"阶级"或"阶层"都是指按一定标准(这个"一定标准"的范围极其广泛)区分的社会群体(social group)。显然,"阶层"一词的使用,"斗争"性和革命性相比"阶级"就变得微乎其微了。但是,它们的共同之处在于,都是根据一定的标准而对社会群体进行的一种区分,尽管不同理论和不同的研究目的,会形成不同的划分标准和方法。马克思主义研究过程中往往把在生产资料占有关系中的不同集团称为阶级,而把由于教育、职业、收入差距、特殊的生活圈子以及各种依赖于情感、信仰、趣味等形成的共同体称为阶层。

阶层结构是指各个不同的社会阶层在社会中的比例、相互关系、构成因素、地位、形象等级,等等。从传播技术变革的角度来看,不同的社会发展阶段,会形成不同的社会阶层结构。这种基于传播变革而形成的阶层结构的变迁,既有政治层面的影响,也有文化方面的根据。就政治层面而言,传播的发展使社会阶层中掌握政治权力和获得政治权利的社会阶层发生了一系列的变化。在传统传媒时代,信息传播从点到面,是集权式的传播方式,对应着集权式的政治权力(也包括权利)阶层结构,金字塔结构是这种阶层结构的典型样态。社会阶层之间无法逾越,权力(权利)由下而上越来越集中。

① 马克思恩格斯选集. 第一卷. 北京:人民出版社,1995:611.

② 列宁全集. 第三十七卷. 北京:人民出版社,1986:13.

随着新媒体技术的发展,信息传播路径越来越直接,授受关系变得越来越扁平化,民众也就在政治参与、权力监督、权利分享等方面获得了越来越多的利益。政治上的阶层结构在表面上变得越来越扁平化了。网络世界中,人们似乎能够完全突破过去“上达天听”的种种局限,而获得了普遍“发声”的权力。这就是本书多次提到的,尼葛洛庞蒂之谓信息社会的“赋权”。

在新媒体社会,简单的阶级对立变成为复杂的阶层关系,阶级的对抗固然存在,但在表面上它已经变得温和而富于策略性了,而阶层的关系则在更为广泛的地方发挥着重要的作用,并对国家治理和政治改革、民主进程产生重大影响。新媒体时代的一句口头禅“哥是有微博的”,已经使过去可能存在的趾高气扬的上层社会的人不得不表现得含蓄委婉。互动和多向的网络传播使得“微博”等新媒体工具成为现代人的重要参政议政方式。对事件的深度卷入和对政治与法律的深层介入,已经超出人们的传统想象。社会阶层在新媒体时代表现为掌握着媒体工具的人们在信息传播过程中的“赞”、“顶”和“踩”,表现为“转发”和“评论”,表现为“关注”和“热议”,表现为这些过程中的“站队”(对事件和事态的或此或彼的态度)。

表面上看,新媒体时代的社会阶层,在虚拟社区的阶层化与现实生活中的阶层化是两个互不相关的过程。实际上,虚拟社区中的社会阶层与现实生活中的社会阶层却表现出难分难舍的情结。以职业为例,“老师”(教师的称谓)在虚拟社区中往往成为一个对他人的一般性尊称,无论对方是否是教师,只要找不到更加合适的称呼,就可以用“老师”来替代,而在现实生活中,“老师”的称呼也发生了同样的意义泛化。职业作为社会阶层的划分的单一标准正成为一件十分困难的事情。一方面是职业名称指涉的范围越来越宽,另一方面是同一职业内部的阶层化分越来越细。如果职业曾经在某个历史阶段代表着一种共同的利益和价值观念,那么,当下这种利益和价值观念就变得更加复杂化了,新媒体时代的社会阶层划分,并不能由于人在虚拟社区和现实世界中的相互关系的复杂性,而说明虚拟世界成为独立于现实人的他在。此处并不特别强调虚拟社区或者现实世界中的阶层变化的差异(事实上这种差别是存在的)。然而,正因为虚拟和现实的共在,基于职业、收入、教养等而形成的共同(或相似)的生活体验,以及在网络虚拟空间中生存所获得的共同的幻觉,它们在不同的场合被单独或者综合起来成为现代社会阶层区分的重要标准。法国学者鲁尔·瓦拉格姆所谓的“幻觉”显得十分重要,他说:“只有有了共同的生活幻觉,才能有身处人群之中的感觉。”①这为新媒体时代社会阶层的划分提供了启发。

(二)新媒体时代的社会阶层结构变迁的趋势和原因

1. 社会阶层变迁的趋势。

(1)阶层流动性加快。李培林认为,网络等新媒体的产生,使得20人以下的小企业为人们提供了更多的就业机会,网络经济组织的小型化发展,使从事网络虚拟社区的各种经济活动和职业的人的需求量不断增大,“网络、生物、文化等新型产业的快速发展提供了大量新的社会阶层流动机会”。②网络经济的发展使职业流动性加快的同时,也使一部分人由于新技术和新创意而获得财富的可能性提高了,更好的工作和更高的收入使人们向上流动的机会增多。③“社会阶层流动的顺畅是促进社会结构开放的关键环节。而网络草根文化的发展为社会阶层流动开辟了新的自下而上的社会阶层流动渠道。”④网络经济的瞬息万变,改变了生产结构的固化,使产业结构的变化加快,从而导致人们的职业流动和收入水平的不断变化。同时,由于新媒体在信息传播方面改变了以往完全“受动”的状态,信息的授受关系变得更为复杂,阶层固化所赖以支撑的信息的密不外透的状况不复存在,进入某个职业和行业所需要的知识和信息的垄断性(即行业壁垒)在一定程度上被打破。也就是说,“网络的出现打破了这一阻碍社会阶层流动的循环结构,使信息获取变得十分容易,社会地位的改变变得相对容易,个人了解信息、发表观点有了更好的工具”。⑤当然,在纯粹虚拟的社区,社会阶层的变化更是巨大,获得各种虚拟勋章的论坛“元老”与其在现实生活中地位毫无关系。

---

① 鲁尔·瓦拉格姆. 张新木,译. 日常生活的革命. 南京:南京大学出版社,2008:28.

② 李培林. 社会冲突与阶级意识当代中国社会矛盾研究. 社会,2005(1):7-27.

③ 董运生,王岩. 网络阶层:一个社会分层新视野的实证分析. 吉林大学社会科学学报,2006(2):45-50.

④ 苏映红. 博客所推动的草根文化及其社会影响. 中国传媒科技,2010(2):47-49.

⑤ 刘朋. 网络政治舆论主体的特征:乌合之众的反叛. 现代传播(中国传媒大学学报),2010(11):167-168.

然而,在整个政治生活中,这些人却可能掌握着舆论信息的重大权力,从而对政治制度与民主议程施加各种影响。

(2)阶层区分度降低。有学者认为,由于数字鸿沟的存在,“新媒体技术的出现,正逐步加剧‘阶层塑成型媒体’——即强调阶层分化、服务群体利益的媒体在社会中的主导地位,从而加剧社会的隔绝与分裂”。[①] 周葆华把阶层分化的问题作为两个不同的视角来加以考量:一是主观阶层认同,二是客观阶层地位。他认为,由于新媒体时代人们的选择性和自主性的增强,“品位的自我显现”(即在使用新媒体过程中所表现出来的使用者的品位)或者“象征资本”(意味着较高的经济地位和更高端的生活品位)一方面使社会阶层的区分更加自动化,另一方面也增加了上述的流动性。媒体对阶层的型塑从表面上看,是社会阶层的更加明晰化,然而在其深处却是社会阶层的模糊化。其主要原因在于新媒体所划分的社区越来越细,依据不同受众组成的虚拟社团或共同体越来越小型化。同时,由于人们身份的多重性,他不但在现实生活中充当不同的角色,在虚拟社区也同样穿着各种“马甲”,角色定位的模糊使得其阶层定位摇摆不定。同时,前述的阶层流动性的加快,也使得那些始终处于过渡中的人们的阶层角色的属性边界变得模糊不清。特别是各种假想的、主观的阶层认同的不确定性,更加剧了这一特征的显现。阶层分化得越来越细,也证明了现代社会个性化利益诉求的多元化崛起。由于阶层细分的深度进展,个人在不同的阶层中承担着(相应的)不同的社会责任和使命,并在不同的(虚拟的或现实的)社会共同体中有着不同的“皈依”根据(或相互渗透),以至于社会阶层的区分度被一再降低。

(3)阶层结构扁平化。张孝德早在20世纪末就曾经指出:“从时代的高度看,在发达国家出现新的社会阶层结构时,可以得出以下启发性的推理:以知识人为主体的中间阶层的出现,使社会阶层结构出现了扁平化趋势。”[②] 什么是社会阶层的扁平化,简单地讲,就是“使社会结构从现在非典型的‘金字塔型’,即底层很大但中间阶层仍未发育起来,演变成为‘扁平化’的理想

---

① 周葆华.新媒体使用与主观阶层认同:理论阐释与实证检验.新闻大学,2010(2):29-40.

② 张孝德.知识经济社会与中产阶层.甘肃理论学刊,1999(5):47-49.

形态,即两头小中间大的‘橄榄型’”。[①] 中国社会科学院课题组提出了以职业分类为基础,以组织资源、经济资源和文化资源的占有状况为标准,把社会成员基本划分为十大阶层:国家与社会管理者阶层、经理人员阶层、私营企业主阶层、专业技术人员阶层、办事人员阶层、个体工商户阶层、商业服务业员工阶层、产业工人阶层、农业劳动者阶层和城乡无业失业半失业者阶层,等等。[②] 新媒体的发展,各种新型职业层出不穷,就业和创业机会不断增加,而新型行业和部门的准入门槛相对较低,受惠人群尚未完全对该行业形成垄断,这些为新兴商业和技术精英的诞生提供了条件。就新媒体提供的话语权而言,这更是有利于一般群众分享政治权利,在各种“事件”中发表“意义等值”的评论和态度。在这个意义上,新媒体时代的到来,无论是从职业的多样性、人生出彩的机会大小,还是从信息权力的平民化等角度来说,社会阶层趋向于扁平化已经成为一个不争的事实。当然,在新媒体为扁平化的社会阶层结构积极创造条件的时候,并不排除由于机会积累和传统产业利益固化而导致的两极分化进一步拉大的部分事实。

(4)阶层关系复杂化。如前所述,新媒体在促进经济发展的同时,为普通个人提供了多方面的发展契机,在原有社会阶层的基础上,新的社会阶层不断出现。“新的阶层关系还处于不断磨合和建构当中。阶层关系呈现多样化、复杂化的特征”。[③] 新媒体时代社会阶层关系的复杂化主要表现在以下几个方面:一是新的社会阶层不断产生,新生阶层与传统产业部门和传统文化体制下形成的社会阶层关系复杂;二是新媒体时代社会阶层的流动性很大,瞬间性和暂时性等现代性特征在新媒体时代的社会阶层中得到了全面的体现:一个社会阶层来不及固定下来,就被新的社会阶层所取代或者演化为其他的社会阶层;三是随着普遍的政治参与意识的增强,人们对政治之于个人的命运所形成的重大影响非常重视。在网络社会,“围观”不再是一个消极的观望态度的显现,而是一种积极的政治参与行为;在政治权力的诉

---

① 杨红英.贵州民族地区社会关系的发展与和谐社会构建.贵州社会科学,2006(6):65－68.

② 仲逸智.当代中国社会阶层结构的嬗变与和谐社会的建构.前沿,2006(11):205－208.

③ 赵慧珠.协调阶层关系:构建和谐社会的重中之重——访著名社会学家、中国社会科学院荣誉学部委员陆学艺研究员.中国党政干部论坛,2007(10):5－10.

求上，普通个人的自我阶层意识不断提高，从而为具体的利益而斗争，这是临时性社会阶层形成的主要原因（因为这种临时性的社会阶层主要是根据政治行为对具体的社会资源分配、利益分享、权利集散等而形成的，所以，一般地将其称为临时性社会阶层，而不是称为共同体或利益集团），利益的不断分化必然导致社会阶层的复杂化。① 当然，并不排除新媒体在信息透明度上所做出的巨大贡献，以至于原先就存在的社会阶层之间的矛盾，在新媒体时代显得更为剧烈，有些人甚至对这种“故意”的“渲染和夸大”表示极大的担忧。② 不能否定，新媒体的广泛应用既使隐性阶层关系（尤其是矛盾）显性化，也使简单阶层关系复杂化。

（5）阶层利益多元化。纪忠慧研究发现，“阶层利益的多元化与碎片化，首先表现为舆论的分化、碎片化。换言之，从舆论的分化、碎片化这一表象中，我们才可以得出阶层利益的多元化和‘碎片化’这一理论判断”。③ 新媒体时代，人人都是麦克风，每个人都是一个信息发布者，在传播过程中既是受众也是授众。因此，新媒体时代网络舆论的多元化、碎片化，正反映着主体利益的多元化。利益多元化对阶级结构形成的影响是多方面的。首先，“社会阶层多元化与不同阶层利益的多元化，使人们思想大一统的同质化状态不可能再继续”。④ 既定的利益模式和惯常思维被打破。社会利益的多元化“使社会形成了不同层次的社会阶层和利益团体，这些阶层和利益团体自觉地或不自觉地以不同方式影响着公共政策的制定和实施”。⑤ 其次，个人的个性需求得到一定程度的张扬，具有现代性意味的个人概念得到一定程度的发育。李强认为，这是社会分层变迁中的积极因素，“个人努力的因素在地位上升中的作用逐步增加、出现了相当部分的人整体社会地位上升的

---

① 张晓妍. 社会转型时期的利益分化与政治认同. 甘肃理论学刊，2011(4)：105－109.

② 晓元. 传媒的霸权与社会责任——兼评《传媒与犯罪》一书. 湖南科技大学学报：社会科学版，2006(4)：129.

③ 纪忠慧. 构建和谐社会的舆论观. 现代传播，2005(4)：55－58.

④ 萧功秦. 困境之礁上的思想水花：当代中国六大社会思潮析论. 社会科学论坛，2010(8)：57－77.

⑤ 徐湘林. 以政治稳定为基础的中国渐进政治改革. 战略与管理，2000(5)：16－26.

现象、利益的多元化缓解了社会矛盾、社会团结指数上升、中间阶层比例扩大”。[①] 再次，尽管利益多元化反映了阶层结构的巨大变化，为底层民众提供了更多人生出彩的机会，但是也从侧面说明经济社会发展的极不平衡。利益多元化会在一定程度上增加社会阶层矛盾的复杂性。最后，新媒体时代的阶层“利益”除了经济利益之外，更有民众对政治权利、价值观念、自我认同、精神需求等的全面诉求。

2. 社会阶层变迁的原因。

(1)信息权力对政治权力的影响加深。刘少杰认为，“在农业社会和工业社会中具有权力作用的信息，主要是由各种政治、军事、工业企业和意识形态机构发出的信息，这些信息所具有的权力的基础不在于信息本身，而在于这些政治、经济、军事和意识形态实体。……这种权力的社会运行机制，在今天发生了深刻变化，……信息权力不再仅仅掌握在政治领袖、思想家或神职人员手中，百姓也有了信息权力，并且，由于百姓人数众多，他们通过快捷的网络形式发出的信息权力，常常显得阵容庞大甚至气吞山河”。[②] 信息权力在新媒体时代对传统政治权力提出了挑战，现在的信息权力与传统的信息权力具有本质上的区别：传统信息权力的根源在于信息发布的组织所具有的权威，而新媒体时代的信息权力根源于信息本身对政治、经济、文化的全面影响。徐翔认为，这是传统权威方式的转变，是直接的政治权力逻辑向信息权力逻辑的转变。[③] 托夫勒在《力量的转移》一书中，对现代权力体系进行了说明。他说：“由于创造财富的新体系的出现，旧的力量(权力)体系的每一支柱都遭到破坏，从而到头来改变了家庭生活、企业、政治、单一民族国家以及全球力量结构本身。争取控制未来的人利用暴力、财富和知识。”[④] 托夫勒认为，“掌握知识是明天在全世界范围内进行的争夺每一机构中的权力的斗争的关键”。“除非我们懂得知识如何流动以及知识流到谁那里，否则我们既无法保护自己免遭权力之害，也无法建立明天的技术有可能带来

---

① 李强. 社会分层与小康社会. 北京师范大学学报：社会科学版，2003(2)：13 – 19.

② 刘少杰. 网络化时代的权力结构变迁. 江淮论坛，2011(5)：15 – 19.

③ 徐翔. 异化的“去中心”：审视电子乌托邦. 南京社会科学，2010(10)：120 – 126.

④ 阿尔文·托夫勒. 刘炳章，等，译. 力量的转移. 北京：新华出版社，1995：12.

的更好、更民主的社会。"[①]托夫勒这里说到的"知识的流动",在一定意义上讲就是信息传播,就是知识作为信息内容在不同主体之间的流传。从而有人认为,"信息能力是一种不亚于政治权力的,能够通过吸引力和传播力而不是控制力达到国家、集团或个人目标的能力"。[②]信息权力对政治权力的影响加深,从而使得通过政治权力的垄断而获得世袭权力的可能性降低,社会阶层结构的分化和变迁的速度加快成为新媒体时代的必然结果。

(2)新媒体的赋能与赋权功能。新媒体的赋能与赋权的理论,尼葛洛庞蒂和莱文森已经分别对此做出了详细的阐述。尼葛洛庞蒂把信息社会"准入门槛"的降低作为平权的重要契机,而莱文森则认为新媒体延伸了人的体力和智力(麦克卢汉也曾经指出,"媒介是人的延伸")。这种能力和权利的延伸,使新的社会阶层不断出现,旧的社会阶层结构面临着技术变革带来的各种挑战。新的社会阶层成分和新的社会发展因素,使一切陈旧的东西都在暂时性中获得了腐旧的恶名。传统的"必然性"延诞的命定论,是传统社会阶层固化的惯用伎俩;而以瞬间性和偶然性为特征的新媒体社会,给人们带来了新的希望。一个新的社会阶层能够在较短时间内崛起,一个较低层次的社会阶层能够在较少的时间里突破原有阶层的局限而成为更高级的社会阶层中的主要力量。"网络公共空间使社会公众获得更为开放、透明和紧密的生活视野,过去由政治权力和上层精英所垄断的信息权力开始回归到社会公众的手中,公民对公共事务和官员行为的知晓程度与监督意识大为提高。"[③]"网络社会的信息权力成为一种不亚于传统社会政治权力的力量而存在,并形成某种全新的公共理性。"[④]甚至有人认为,"在人对国家的意义上,信息科技成了社会的统治因素,而不再仅仅是传统的国家政治权力统治社会,原本的政治权力失去了话语权,国家信息政治覆盖和统治着传统的权力政治,使传统政治权力不能释放出权力本身的力量和服务功能,权力本身

---

① 阿尔文·托夫勒. 刘炳章,等,译. 力量的转移. 北京:新华出版社,1995:22.

② 唐魁玉. "信息共享"与网络社会公正. 哈尔滨工业大学学报:社会科学版,2002(4):94-97.

③ 陈兆仓. 治理理论视角下的中国廉政建设:经验、挑战与创新. 河南社会科学,2011(4):56-59.

④ 唐魁玉. "信息共享"与网络社会公正. 哈尔滨工业大学学报:社会科学版,2002(4):94-97.

的生活因信息的介入而变成信息主导下的权力生存”。[①] 这种信息的“绝对力量”似乎令人难以接受，但是，在信息技术的全面赋能与赋权的过程中，在这个过程接近成熟阶段的时候，信息本身所具有的权力的确是非常巨大的。尤其整个信息链所形成的利益链条，它完整地再现着媒介的意识形态性。肖峰教授认为，“在政治生态上，信息在政治中权重的加大，决定了会产生一批‘信息精英’，使得拥有信息资源和不能理解与使用信息的人之间的鸿沟会越来越宽，形成基于信息差别的新的‘阶级分化’和权力结构：信息优势者占有权力，并利用权力以及技术信息链谋取利益”。[②] 新媒体时代，特别是智能手机客户端的广泛应用，肖峰教授所言的那种信息鸿沟并不完整地存有了。事实上，新媒体技术把权力和能力“赋予”了每一个（实际的和潜在的）用户——他就是我们每个人。也正因如此，新媒体时代的社会阶层结构的变化才出现上述巨大的变化。

（3）新媒体时代的碎片化生存。新媒体时代，人们的生存状态越来越趋向于碎片化。在形式上，这是由于个人对新媒体的掌握和使用具有个人的品位和习惯，个人随心所欲地在媒体上开展自己的活动。网络虚拟世界的互动性让每一个网民都能在全网范围上蹿下跳、无所顾忌，他的本真的行为不受外在力量的强行干涉，在理想的状态下，这种行为使人感到个人自由度的不断提高；而在非理性被个人欲望激发的状态下，个人的网络行为往往让公共管理倍感困难。从而，网络虚拟空间的活动，以及在“线下”的延伸活动，或多或少都必然受到某种原则的约束。即便如此，个人在新媒体时代所获得的自我展示的机会也大大增多了。黄升民等认为，“人们生活方式、态度意识的多样化趋向是社会阶层‘碎片化’的直接原因”。[③] 新媒体给个人的碎片化生存带来了便利，在技术上提供了个人单独从事某种职业或者参与某些陌生环境（和团体）的条件。由于这种碎片化的个人存在，以至于过去一直作为个人的归属感的集体和社团在某种程度上被解构了，正如尼葛洛庞蒂所言的：“个人抬头”了。不同个人的利益需求和价值观念得到了不同

---

① 杨英．信息政治中的权力现象分析．法制与社会，2008(7)：171－172.

② 肖峰．信息政治与政治信息主义．中国青年政治学院学报，2010(1)：62－68.

③ 黄升民，杨雪睿．碎片化：品牌传播与大众传媒新趋势．现代传播，2005(6)：6－12.

程度的尊重,不同个人的智慧和技艺得到了不同程度的开发,不同个人的自由和意志得到了不同程度的伸展。在这样的情况下,社会阶层的多样化、阶层利益的多元化、阶层之间边界的模糊化、阶层关系的复杂化便成为必然的趋势。

(三)新媒体时代社会阶层结构变迁的政治意义

1. 促进社会和谐。

社会和谐包括人的内在和谐和人与外在环境之间的和谐。人的内在和谐又称为人自身的和谐,即人的生理与心理、德与智、物质与精神、知识与能力、理性与信仰等的全面和谐。① 人与外在环境之间的和谐包括人与社会、人与自然之间的和谐。人与社会的和谐,即人与他人、群体、阶层、民族、国家等的配合与协调;人与自然的和谐,即人与自然环境、生态资源等的协调统一。

首先,新媒体时代社会阶层结构变迁有利于人自身的和谐。新媒体在赋权与赋能于民的时候,人的自我实现和自我满足感得到一定程度的提高;个人在社会各阶层中流动的可能性增大,社会流动性增强,情绪和情感发泄的通道增多,这些都有利于个人的内心和谐,有利于人们在物质与精神需求的满足与调和上找到平衡点。同时,新媒体社会对知识和信息处理能力的倚重,让更多的人可以进入更高的社会阶层,获得更多的社会利益和认可。

其次,新媒体社会是一个开放型的社会,网络的开放性是社会阶层相互开放和平等进入的重要机缘,任何阶层都难以在虚拟社区设置障碍,阻止和排斥其他阶层的社会成员进入(当然,纯粹从技术上讲是非常容易的)。"社会的和谐与稳定在一定程度上首先取决于社会各阶级、阶层、党派、利益集团以及社会个体之间的平等对话、相互协调和宽容共存。"②而新媒体为这种平等对话和宽容共存创造了条件。"从社会互构论的角度看,和谐社会意味着多元社会主体,包括个人、集体(群体、组织、阶层、阶级等)、社会,以及作为整体社会的代表——国家,经由行动意义效应的互构过程,在认同和共识

① 郑永廷,张静. 思想政治教育:建设社会主义和谐社会的内在需求. 思想·理论·教育,2005(9):4-7.

② 苗连营. 和谐社会的宪政之维. 法学评论,2006(1):3-14.

的基础上,形成的相对稳定持久的行动协同。"①网络世界中的受众互动性和网民参与的深度卷入,以至于微小的信息在整个信息链的活动中能够形成一种意义互构的局面,在看似平淡无奇和渺小的个体参与中,全网形成的信息舆论场的力量迅速膨胀,并在相互沟通与交流中最终达成某种相对稳定的舆论态势。人与人的和谐、人与社会的和谐在新媒体时代社会阶层自由流动与结构重构的过程中获得它的内在可能性。而这种"自由流动"和"结构重构"是新媒体自身的特点所决定的。只要现实政治权力不施加强力干涉,社会阶层的流动就会趋向于更加和谐的局面。当然,它的风险是伴随着整个网络空间的虚拟性而有被某些利益集团操控的危险。合理的正面引导,对于新媒体所营造的虚拟社区来说,是构建理性秩序所必需的。

再次,新媒体时代的社会阶层结构的变化,也为人与自然的和谐创造了条件,更多的人从事知识生产,并通过知识和技术获取物质财富,广义虚拟经济的空前繁荣使纯粹依靠自然力获得社会财富的途径变得越来越窄,而信息资源所创造的财富对自然的破坏已经降到了非常低的水平。网络经济的发展进一步压缩了人们对自然资源的过分依赖。这些依靠新的经济增长点而诞生和壮大起来的社会阶层为保护生态环境和自然资源做出了巨大的贡献。正因为如此,新媒体时代的社会阶层结构变迁才对人与自然的和谐具有重大的意义,并且肩负持续维护生态环境的使命。

2. 推进民主建设。

新媒体时代社会阶层结构的变迁也推进了民主制度建设,人民当家做主的路径更多,方式更为直接。中国青年报社会调查中心的调查结果显示:71.9%的公众认为,网络表达将成中国式民主建设的新通道。② 尤其是智能手机的广泛使用,手机客户端可以在任何地点任何时候参与到社会民主建设的过程中,把用户的意见表达出来。袁峰认为,"对于人口众多、幅员辽阔的国家,政府运用网络技术致力于远程民主的建设是具有重要而长远的意义的"。③ 网络技术的发展使民主运行模式发生了巨大的变化,网络作为新

① 郑杭生,李路路. 社会结构与社会和谐. 中国人民大学学报,2005(2):2-8.

② 郑萍,薛冰. 网络公共舆论的形成机理及其影响政策制定的途径. 中国行政管理,2009(1):61-65.

③ 袁峰. 现代传播技术与深度民主的发展. 社会科学,2004(11):40-46.

兴的信息传播方式,已经发展成为一种普遍的社交载体和社会关系平台,借助新媒体手段来参政议政越来越为广大民众所接受。① 有研究者认为,"微博的兴起为中国民主政治建设提供了体制外的支持"。② 越来越多的政府部门及其工作人员开设微博,个人与政府之间的互动性有增强的美好前景。"微博问政"已经不再是一个新鲜的词语(关于我国网络政治的问题,本节第三部分有专门阐述,此处略)。

网络互动被人们认为是协商民主的巨大成就,是草根民主建设春天来临的消息。"网络由于其独有的海量浏览和海量存储等特点,网络议政的话题范围包罗万象,网民范围包括各行各业,有人称这一现象为'鼠标议政',网络发展不仅仅是技术进步革新,而是搭建了一个公民议政的平台,这会使得更多的草根民众参与到现实社会民主建设中来。"③新媒体不但带来了民主技术的重大变革,而且也使自上而下的民主进程和自下而上的民主进程相互作用,在信息交换和不断博弈中获得更为理想的发展成果。新媒体催生的新的社会阶层在民主建设的进程中发挥着愈来愈重要的作用。

3. 强化政治治理。

米歇尔·福柯在《治理术》一文中有这样一段话:"'蜂王统治蜂巢并不需要刺';上帝通过这个例子试图以一种神秘的方式向我们表明,好的统治并不需要一根刺——也就是一个杀人的武器,一柄剑——以实施权力;他必须有耐心,而不是怒气;构成统治者形象的本质的,并不是杀人的权力和使用暴力的权力。那么否定了这根刺,肯定的内容又是什么呢?睿智和勤奋。"④新媒体时代政治治理的"睿智"就表现在政府和公职人员的媒介素养。一些人把媒介受众当作一种营销对象,而另一些人则认为传播受众依然是(在完整的意义上是)一种公民的身份。道格·昂德伍德还在为受众是消费者抑或是公民的问题纠结的时候,这个问题在现实的层面上已经得到了解决。他看到:一方面,"在新的市场营销专家的范式当中,受众研究和营销方

① 麦佶妍. 网络民主的发展趋势与应对策略——基于技术政治学的分析. 贵州社会科学,2011(1):132-136.

② 刘朋. 微博问政研究述评. 华南理工大学学报:社会科学版,2013(2):14-18.

③ 李敏. 网络拟态群体性事件探析. 当代传播,2009(6):80-83.

④ 米歇尔·福柯. 赵晓力,译. 治理术. 汪民安,等,主编. 现代性基本读本. 开封:河南大学出版社,2005:391.

案占据了支配地位”。另一方面，“市长和政府官员抱怨媒体不再报道他们的活动，即使报道，也是一贯地突出冲突，或者塞给读者一堆有关公共生活的困乱观点，以试图使每一件事情看起来都像是丑闻”。[①] 新媒体时代，受众参与各种信息互动而具有授众的特征，他不是完全被动地接受宣传和鼓动。但不能否定的是，在媒体喧嚣的环境下，个体保持其理智状态的困难比传统传播时代更大。正是在这样的情况下，媒介经营者不得不在抓住眼球这一点上放肆进行新闻改造，通过制造对立和戏剧化场景来赢得受众关注，从而出现了道格·昂德伍德所看到的，“每一件事情看起来都像是丑闻”。[②] 基于这样的状况，政府如果使用暴力，只能使矛盾潜伏在更深处。在既不能用“刺”，又要体现“睿智”的时候，唯有提高媒介素养和政治治理水平才能在政治文明与长治久安上获得保证。新媒体时代所产生和兴盛起来的草根阶层和新的利益集团，通过微博、论坛等表达各自的诉求，参与政务，并在对“事件”的制造和围观中达到自己的目的。不用“刺”来进行政治治理，是新媒体时代民主政治建设面临的新课题。

马克思指出：“人们奋斗所争取的一切，都同他们的利益有关。”在新媒体时代所形成的新的社会阶层和不断流转的社会阶层变迁，使人们受必然性控制的强度不断降低，偶然性成为一个时代的重要特征。必然性意味着人在命运中的不能自拔，而偶然性则意味着人改造自身命运的机会不断出现。这正是现代社会的重要特征。新的社会分工对社会阶层结构的变迁有着十分重要的意义。从事新媒体网络经济和其他社会活动的人们在获得赚取物质财富的机遇的同时，也为其走向更高层次的社会阶层争取到了机会。人们在物质、文化、政治等权利的不断调整中，不断地否定了传统习俗和“惯例”对个体生存状态的“约定”。人，从被动的受动状态转向了主动状态，主体性不断显现。这与传播技术的发展具有惊人的一致性：传统媒介中信息传播的单向性、受众的被动性，到新媒体时代信息传播的交互性、受众同时

---

① W. 兰斯·本奈特，罗伯特·M. 恩特曼. 董关鹏，译. 媒介化政治：政治传播新论. 北京：清华大学出版社，2011：79.

② 江泽民同志曾在 1989 年指出，“有的人确实存在着那么一种情绪，凡是党和政府主张的，他认为都是错误的，凡是同党和政府唱反调的，他认为都是正确的，好像困难讲得越多，成绩否定得越彻底、反调唱得越多，就越表明他是最敢于讲真话、最代表民意、最光荣的”。（江泽民文选. 第一卷. 北京：人民出版社，2006：45－46.）

变成了传播者。这不仅是传播发展与人的发展的一种相互印证,也是人的发展与传播发展的一种相互需要,还是他们相互之间的辅佐关系。当然,如果把信息资源、新型媒介等也作为一种生产资料和社会财富(事实上它们已经产生了形如生产资料的权力:信息权力),那么马克思的阶级理论在新媒体时代亦富有极强的解释力和批判性。① 只是在新媒体时代,社会阶层的分化与结构重建具有更为复杂的形式罢了。

二、新媒体时代信息权力的强化

新媒体对社会权力结构所发生的作用,与社会阶层结构的变迁有着十分重要的关联。非但如此,新媒体本身就有如尼葛洛庞蒂所谓的"赋权"的功能,它使没有或者较少掌握权力的人掌握或者增加他们的权力。尼葛洛庞蒂在信息技术普遍被人们(尤其是青少年一代)所熟练掌握和运用这一点上怀抱极大的憧憬,认为这是数字化时代赋予人们的重要民主契机。社会权力结构在其现实性上就是社会各阶层掌握权力的大小,或者说社会总资源在社会各阶层之间的分配关系,从这一点上来看,似乎社会阶层变迁与权力结构的调整是同一个意思的两种表达。然而,新媒体时代社会阶层的变迁更多地表现为阶层的多元化和阶层的流动性增强(尤其是社会阶层向上流动的通道更加宽敞),以及各种富有偶然性特征的现代性征候。新媒体时代"草根逆袭高富帅"不仅是一个阶层变迁的问题,甚至在同样的"草根"阶层,社会权力就悄然发生着变化。因为,信息本身已经成为当今时代的一个重要资源,成为可以据此而使他人做或者不做某事的根据。通过信息资源的掌握、占有而获得的这种支配权、收益权,就是信息权力。通过信息权力而达到对政治权力的占有和重新分割,甚至对整个社会资源的重新瓜分,是新媒体时代信息权力壮大的重要表征,也是权力结构调整的根本原因。

(一)社会权力结构

1. 新媒体与权力。

(1)权力。权力是什么?马克思·韦伯认为,权力是使他人在自己不愿

① 仇立平. 社会结构与阶级的生产 结构紧张与分层研究的阶级转向. 社会,2007(2):26-51.

意的情况下也能实施意志的可能性——可能性越大,权力越大。“权力主体依赖某种权力资源使权力对象服从权力主体意志的活动”,拥有权力意味着“一个人或一些人在社会行动中甚至有不顾他人反对也能贯彻自己意志的任何机会。”而“不管这种机会是建立在什么基础之上”。① 结构功能主义者塔尔科特·帕森斯认为,权力是一个系统为维持它的运行而要求其成员履行相应义务的普遍化了的能力。他说:“权力的概念用来指一个人或群体反复地把他或它的意志强加于他人的能力,而不是指影响他们的一项决定的单个例子。”②特伦斯·鲍尔认为,“权力基本上是指一个行为者或机构影响其他行为者或机构的态度和行为的能力”。③ 韦伯从人与人之间的关系阐释了权力概念,但只讲强制性;帕森斯从社会系统功能出发,只讲正功能,不讲负功能;鲍尔则把权力等同于“影响”而将其泛化了。国内学者王莉君和孙国华认为权力是社会关系和人际关系的一种表现,并总结归纳了权力的主要特征:其一是“它是在特定关系与情势约束下发挥作用的力量”;其二是“权力主体的意志对于权力对象的意志的制约性”;其三是“权力主体要获得并维持这种使自我意志得以实现的力量,就应当拥有一些能够对他人产生影响的资源”;其四是“作为一种力量,权力本身可以说是中性的”。④ 马克思在《政治经济学批判(1861—1863 年手稿)》第二部分“剩余价值理论”中说道:“一个人财富的多少同这个权力的大小恰成比例,同他能够支配的他人劳动量成比例。”⑤很明显,权力表现为一种“支配力”,并且根源于“财富的多少”。恩格斯在《反杜林论》中说:“在这里我们也非常清楚地看到,决不能说‘本原的东西必须从直接的政治暴力中去寻找,而不是从间接的经济力量中去寻找’。恰恰相反。暴力本身的‘本原的东西’是什么呢?是经济力量,是支配大工业这一权力手段。以现代军舰为基础的海上政治暴力,表明它自己完全不是‘直接的’,而正是借助于经济力量,即冶金术的高度发展、对熟练技术人员和丰富煤矿的支配。”⑥

---

① 马克斯·韦伯. 林荣远,译. 经济与社会. 上卷. 北京:商务印书馆 1997:81.
② 帕森斯. 梁向阳,译. 现代社会结构与过程. 北京:光明日报出版社,1998:148.
③ 米勒,等,编. 布莱克尔政治学百科全书. 北京:中国政法大学出版社,1992:595.
④ 王莉君,孙国华. 论权力与权利的一般关系. 法学家,2003(5):107 - 113.
⑤ 马克思恩格斯全集. 第三十三卷. 北京:人民出版社,2004:52.
⑥ 马克思恩格斯选集. 第三卷. 北京:人民出版社,1995:517.

马克思和恩格斯在《德意志意识形态》中说到了“生产方式和交往方式的权力”以及“社会结构的权力”。[①] 马克思在《论犹太人问题》中说:“任何人的权力在任何情况下都不得干涉信仰问题或支配灵魂的力量。”[②]可见,在马克思和恩格斯这里,权力以经济为基础,以支配权为主要表现,并不包括鲍尔所认为的那种广泛的“影响”,也不是对无厘头的“意愿”的强调。著名学者鲁品越教授简明扼要地把权力概念归结为“A 拥有 B 所依赖或需要的资源,从而具有使 B 做或者不做相应行为的能力”,A 所具有的这种“能力”就是权力。

(2)信息权力。内格里把权力分为三种基本的形式:绝对统治权、惩戒权、信息传播的控制权。[③] 信息传播的控制权之所以成为一种重要的权力表现,是因为“惩戒社会是我们正在脱离的社会。我们正在进入控制社会,这样的社会已不再通过禁锢运作,而是通过持续的控制和即时的信息传播来运作”。德勒兹在他与内格里的谈话中说,“对信息传播的普遍性的研究令我们不寒而栗”,并且不无忧虑地说,“面对即将出现在开放环境中的那些不间断的控制形式,可能最严酷的禁锢对我们来说都仿佛是美妙而亲切的回忆”。[④] 新媒体时代,传媒影响力已经达到了匪夷所思的地步,政治、经济、文化各个领域都受到媒介的广泛影响。一方面,信息成为国家和地区,甚至组织或个人的重要战略资源,拥有他人或组织所需要或依赖的信息资源,就有使他人或组织做出或者不做相应行为的能力;另一方面,在新媒体传播过程中,对于舆论信息的占有率,直接影响到个体或者组织在整个社会系统中的地位以及它在社会系统中作用发挥的程度,从而使“注意力”成为一个稀缺资源,成为社会组织和个人争夺的焦点之一。

就此看来,信息权力就得到了一个时代的特许而成为双面体——它既是新媒体飞跃发展的原因,也是新媒体发展的结果。在新媒体时代,人们用罗伯特·梅特卡夫在 1973 年曾经提出的一个简单的数学公式 $V=n^{(n-1)}$ 来

---

① 马克思恩格斯选集. 第一卷. 北京:人民出版社,1995:129.

② 马克思恩格斯全集. 第三卷. 北京:人民出版社,2002:182.

③ 吉尔·德勒兹与托尼·内格里的谈话。吉尔·德勒兹. 刘汉全,译. 哲学与权力的谈判. 南京:译林出版社,2012:190.

④ 吉尔·德勒兹,刘汉全,译. 哲学与权力的谈判. 南京:译林出版社,2012:191.

描述网络价值的倍增性：网络的价值会随着网络节点数目的增加而以乘方的形式增加（公式中V代表网络价值，n表示网络中的节点数目）。[①] 梅特卡夫定律使新媒体时代信息权力的膨胀令更多人瞩目。国家、组织或个人之间的权力关系的重置，在很大程度上取决于信息权力的掌控。成亿增长的全球新媒体用户，使网络价值的梅特卡夫效应变得真实可信。信息权力以其自身增殖的高速度而成为政治、经济、文化等领域竞争的重要力量。

2. 新媒体与权力结构。

（1）阶层结构与权力结构的关系。基于前面对权力概念的界定，权力大小取决于其掌握的资源的多寡，从而表现为其据此所能掌控的事件的大小、决策范围的大小，以及支配权（收益权、惩戒权、治权等）的强弱。正因为权力的大小以资源的实际掌握或者对资源分配权的掌握为依据，所以，在新媒体时代，个人或组织的权力就在于对（除了马克思和恩格斯所强调的经济资源的掌握之外）信息资源（扩展到整个媒介资源）的实际掌握。

一般而言，阶层结构的变迁主要表现为一种经济地位的变化，由此产生政治上和文化上的地位变化。在资本主义社会，资本家掌握的生产资料更多，工人的地位就越低，“资本家阶级支配工人阶级的权力增加了，工人的社会地位更低了，比起资本家的地位来又降低了一级”。[②] 阶层结构表现为与权力结构的同一性，因为阶层本身即表示社会权力（社会资源）的不同占有程度。但是，正如马克思所科学认识到的，“个人相互间的社会联系作为凌驾于个人之上的独立权力”，[③]权力本身作为一种“关系”而存在。在新媒体讯息联接畅通和意见表达渠道宽敞的情况下，新的传播关系的建立和虚拟社会关系的重建，人们在社会关系中不断获得自己的特定阶层地位。社会阶层结构的易变性同时也就表现为权力结构的不稳定性。然而，实际上人们的社会地位由经济地位决定，社会阶层表达权的扩大和信息社会的偶然性生存空间的不断扩展，的确使命定论受到威胁，从而展示了新媒体的活力与诱惑。但是，大众对媒介的掌控却与实际上大众的社会阶层地位并不成比例。这就再一次告诫人们，“机遇”未必等同于“结果”，实际上，这正是贯

---

① 曼纽尔·卡斯特．网络社会的崛起．北京：社会科学文献出版社，2003：84.

② 马克思恩格斯选集．第一卷．北京：人民出版社，1995：352.

③ 马克思恩格斯全集．第三十卷．北京：人民出版社，1995：148.

彻到底的现代性特征：偶然性的普遍化。

（2）新媒体时代的权力结构。列宁在《革命斗争和自由派的渔利行为》一文中说："第一个口号把权力留给沙皇，只用人民的舆论对它加以限制。"[①]在政治权力的再分配中，舆论是一个十分重要的砝码。随着微博的广泛使用，"即时报道"和"全民记者"笼罩着政治舆论，使得政治上掌权的个人和组织不得不小心谨慎。当然，正因为信息资源已经成为权力的重要来源，德勒兹在与内格里的谈话中不无忧虑地说，"言论和信息传播可能已经腐败。"[②]在新媒体时代，信息资源是否会成为新的寻租行为和腐败产生的地方，这当然是一个十分重要的议题。权力引起的腐败问题在此表现为对资源的不当占有和掠夺，新媒体只是一个新的被抢夺的地盘。在社会阶层结构的变迁的论述中，本书认为新媒体的赋能与赋权、信息权力以及个人的碎片化生存是新媒体时代社会阶层变迁的重要原因。而社会阶层在关系复杂化、利益多元化、结构扁平化、区分度降低和流动性更强这些方面表现为新媒体时代社会阶层变迁的新特点。在旧媒体时代甚至整个传统社会，社会阶层的变迁与权力结构的变化是一致的。但在新媒体时代，这个同构性在一定程度上解体了。其主要原因在于：如果传统的社会阶层是一个金字塔结构，那么，一旦底层群众获得更多的社会资源（由于传统社会整个社会资源增幅较小，资源总量相对确定），则意味着上层阶层社会资源的减少，社会资源下移和社会权力的下移是同一个过程的不同方面，表现为社会阶层结构的扁平化。这个过程中，几乎可以采取忽略实际增长的社会总资源的情况来进行研究，就会发现在（结构图示的）"外形"上是一个"金字塔沉陷"（底边拉长，高度缩短）的过程。而在新媒体时代，信息资源的无限潜力，使得整个社会资源总量的扩大已经较少受到限制，从而可能会在社会阶层物质资源分配结构不受影响的情况下，新的社会资源（信息资源）更加倾向于流向某些特定的社会阶层（尼葛洛庞蒂就认为主要是流向青少年和一般百姓），这样就会使资源的流动与社会阶层的变迁暂时失去联系。新发掘的信息资源被广大草根阶层所掌控，膨胀着的社会总资源看上去更加倾向于社会底层的人

① 列宁全集．第十卷．北京：人民出版社，1987：252.

② 吉尔·德勒兹与托尼·内格里的谈话。吉尔·德勒兹．刘汉全，译．哲学与权力的谈判．南京：译林出版社，2012：192.

们,他们掌握了大量的信息权力,但是,其他的权力还有待相应的措施来保障。这在权力结构(结构图示的)“外形”上就表现为“发福的金字塔”(底边拉长,高度不变),在尖尖的塔下,有着更为庞大的资源被底层人们占有。

当然,若考虑到信息传播本身的腐败(照德勒兹的意思),那么,这种分析就显得多余,因为假定是在信息传播全面腐败的情境下,那么,经济资源就是唯一的权力来源,而新媒体时代并没有任何新的东西出现。事实上,这个假定并不成立。在新媒体空前发展的最近几年,信息传播对社会政治、民主的影响已经产生了巨大的影响,“李某某轮奸案”、“表哥”杨达才案、“房姐房叔案”、“请环保局长下河游泳”事件等等,并不存在普遍的信息腐败这一定局,尽管不能否认“五毛”、“水军”在新媒体时代是一个不小的社会毒瘤。可见,新媒体时代社会权力结构所发生的变化,主要在于新媒体用户的普遍化以及网络开放性所形成的“网络”这种社会关系中,普通人在这个系统中的作用越来越大,信息资源作为新媒体时代的重要权力来源被广大群众所分享。2006 年以前还在大张旗鼓研究的“数字鸿沟”变得越来越没有价值:因为从整体上看来,这已经不是社会的主要问题了。

(二)新媒体时代的政治权力

1. 政治权力的变迁。

列宁在《论国家》中把由“风俗的统治”(族长所享有的威信、尊敬和权力)到“掌握着某种强制机构即暴力机构”的转变看成是“构成国家实质的东西”。[①] 这是对政治权力的表象的一般性共识:以暴力手段为后盾的统治权。但历史发展的脉络一再说明,暴力本身并不构成获取暴力手段的根本原因。李大钊在《物质变动与道德变动》一文中说:“生产技术稍稍进步,农业渐起,军人、宗祝这一类的人渐握权力,从前受制于自然,现在受制于地位较高的人类了。”[②]他认为生产技术的变革是权力转移的重要根据。而马克思在《政治经济学批判》中则把权力的获得归功于人的社会关系的复杂化。他说:“在发展的早期阶段,单个人显得比较全面,那正是因为他还没有造成自己丰富的关系,并且还没有使这种关系作为独立于他自身之外的社会权力和

① 列宁选集.第四卷.北京:人民出版社,1995:27.

② 李大钊文集.第三卷.北京:人民出版社,1999:105.

社会关系同他自己相对立。"①在马克思看来,权力并非"某物",而是一种社会"关系",只有在人与人之间的关系中,才能构建起权力的大厦(毋宁说,权力本身就是一种关系)。作为一种特殊"关系",权力由关系构建各方的相互作用而使它自己现实化。

在这个相互作用的过程中,暴力只是它的一种形式而已。正如前面所讲的,权力乃是由于拥有他人或组织所依赖的资源,从而具有使他人或组织做或者不做相应行为的能力。一方面,这种能力的主要根源在于恩格斯所讲的经济资源;另一方面,在经济资源起决定作用的同时,政治生活在被经济基础所决定的前提下亦有一定的独立性。这个独立性就是政治权力除了经济基础的支撑和决定作用之外,还有政治权力本身的一些构件,比如社会舆论、政治形象、群众期望、治理策略、制度体系等等。在政治权力体系的构筑中,与经济基础相比,它们属于次要矛盾。但是,当社会舆论、人心背向、治理体系等发生严重问题的时候,次要矛盾就有可能转化为主要矛盾,或者通过影响主要矛盾作用的发挥而使政治权力发生动摇、转移等变化。新媒体的广泛使用无疑强化了这个次要矛盾的作用。2009 年 12 月到 2013 年 6 月,我国互联网的普及率已经由 28.9% 上升到 44.1%,②这样高速的发展趋势,可以肯定在不久以后,社会舆论、政府形象、民意工程等在互联网上将形成占绝对优势的场域。移动新媒体等将成为重要的政治权力工具和制约手段,这个双向作用将见证新媒体对政治权力的巨大影响。

2. 新媒体对政治权力的影响。

对于统治阶层来说,政治舆论是其巩固权力的重要手段,无论是用"鱼水关系"还是用"水舟关系"来形容当政者与广大人民群众的关系,都反映出单凭"暴力"来完成治理国家的任务是困难的。对没有掌握暴力机构和暴力手段的群众采取各种政治手腕,是一切政治权力得以维持的重要保障。马克思在《黑格尔法哲学批判》中十分深刻地指出:"当人民体现为一种观念,一种幻觉、幻想、表征——观念中的人民或等级,这种观念中的人民作为特殊权力而立即同现实的人民相分离,——这种情况消除了政府和人民之间

---

① 马克思恩格斯全集. 第三十卷. 北京:人民出版社,1995:112.

② 中国互联网络发展状况统计报告. 中国互联网络信息中心,2013:7.

的真正的对立。"[①]这种一直以来被尊崇的政治手腕，使得政治权力在获得观念形式的支持上不断努力。一方面表现为观念、幻觉、表征的人民的"特殊权力"约束着统治阶级从自身利益持续发展的角度来权衡具体策略的制定与实施，政府通过这种幻觉的人民而达成与自身的融洽；另一方面，人民亦通过对幻想中的政府（或者说是某种期待）与现实政府的比照而获得自身与政府之间的现实关系。因此，"树立形象"是一切政府所应该付诸行动的要义。良好的形象赋予政府以"道义力量"，"这种力量使他们有可能掌握政治权力"。[②]"网民对互联网应用广度和深度的不断提升，明显增加了网民对互联网的使用黏性和使用时长。"我国网民上网时间达到人均每周21.7小时，通过网上政务系统办理各种事项、通过网络事件跟进了解、监督行政机构和行政人员的言行成为群众认知政府动态、感知政府形象的重要途径。网民采取"围观"、"关注"、"跟帖"、"顶帖"、"转发"等形式对政府形象进行网络再造。新媒体以非暴力方式对政治权力的形成和执行产生越来越大的影响。

3.新媒体时代的人更加倾向于一种"政治动物"的本性吗？

马克思在《资本论》第一卷中说："人即使不像亚里士多德所说的那样，天生是政治动物，无论如何也天生是社会动物。"[③]在《摩尔根〈古代社会〉一书摘要》中，马克思特别批注道："政治的=城邦的，政治动物=城邦市民。"[④]因此，马克思在讲"人是最名副其实的政治动物"[⑤]的时候，恰恰想要表达的是，人是一切社会关系的总和，孤立的个人在社会关系之外进行生产和生活是不可思议的（更何况，市民社会只有到了国家层面才能够发展其普遍性，才能整合个人的任性）。不过，在新媒体时代，这种社会关系进一步指向了政治权力，人们参与政治的热情得到了极大的提高，政治参与的成本和风险不断降低。在一个较为开放的社会中，广大网民较少担心因言获罪。这一方面是由于网络的虚拟性，给网民一种面具下的安全感；另一方面是出于法

① 马克思恩格斯全集.第三卷.北京：人民出版社，2002：87.
② 马克思恩格斯全集.第三十二卷.北京：人民出版社，1998：252.
③ 马克思恩格斯文集.第五卷.北京：人民出版社，2009：379.
④ 马克思恩格斯全集.第四十五卷.人民出版社，1985：494.
⑤ 马克思恩格斯选集.第二卷.人民出版社，1995：2.

不责众的臆想,网络事件的起哄和喧腾是万千网民自发形成的团队力量推动的。

随着互动媒体的广泛应用,民众对政治的敏感度不断上升。盖洛普2013年6月份进行的一项调查显示,21%的美国人通过互联网获取新闻资讯,份额排在第二位;排在第一的是电视新闻,占55%;[①]中国网民在电脑上网搜索的内容中,搜索新闻的网民比例占了60.8%,高居第一。[②] 随着平板电脑与智能手机的大众化,人们对新闻的关注热情更高。济南中级人民法院由于承担了薄熙来案件的审理,其"粉丝"一下子就蹿到55万多,这还不包括各种转发和间接关注。在通过Alexa网站对新浪网进行流量测试的时候发现,新浪新闻始终是各子网页中点击量最高的(保持在21%以上)。网民对政治的关注已经超越了以往任何时候,俨然愈来愈逼近"政治动物"。当然,在现代性意义上,这种对政治的关注热情,是人们对自身生存环境的重视,是对个人权利的关注。人们不再在天赋权利的慵懒绮梦中安度余生,而是积极寻找获得更多权利的可能途径,通过舆论干扰和造势,对政治文明的发展方向施加影响。

(三)媒介政治的现代性:三重悖论

新媒体时代政治的发展表现为现代性的三重悖论:第一,一方面是政治权力越来越集中的社会渴望,在莫衷一是的现代社会中树立起确定的社会理想和政治原则显得非常重要;另一方面个体并不会在这种集权倾向中放弃对私人利益和个性需要的追求,个人的被尊重被看作是社会进步的标尺。在满足个人欲望和尊重个性需求的时候,要同时树立起理性的大旗,为人类制定普遍的法则,以指引社会的前进方向,这是困扰时人的首要悖论。第二,尼葛洛庞蒂老早就许诺的全球政治的一体化依然没有到来,地球村除了在通信的即时性上得到体现,在政治上的隔阂并未露出任何曙光迹象。普世的法则使一大批专家学者感到惊异和兴奋,也使另一大批学者感到惶恐和不安。民族政治还是全球政治?这是一个不能回避的问题。在坚持民族政治的时候,如何应对全球政治的影响和渗透,是每一个国家都在研究和思

① 互联网发展信息与动态.中国互联网络信息中心,2013:7(91).

② 2013年中国网民搜索行为研究报告.中国互联网络信息中心,2013:8.

考的时代难题。这个难题的无解在于民族政治和全球政治在当前出现了共存的趋势,然而它们之间媾和的可能性并不大。第三,随着人们对资本的认识不断加深,作为财富创造的有效工具,资本主义和社会主义都在利用资本来"生钱"。而资本对利益的追逐使它不愿意放过任何一个利润丰厚的领域,何况像新媒体这样掌控舆论的重要领域。资本一旦在新媒体领域占主导地位,整个舆论环境就可能被市场化,舆论对政治的影响就被资本所操纵,从而变为"资本政治"。那么,以人为本、不断开发人们需要和开放网民利益诉求的新媒体空间就不会在"人本政治"中发挥应有的作用。现代社会文明进步的重要标志——对个人价值和利益诉求表示出尊重的人本政治让位于资本政治,这是一个危险的信号。但是,在社会发展的初级阶段,经济发展的第一要务决定了人们不可能放弃对资本的倚重,从而使"资本"和"人本"的矛盾相持不决。

1. 集权化与分散或异议的悖论。

米歇尔·福柯在《治理术》中认为国家集权化和分散化(包括宗教异议运动)是16世纪打碎封建制的机构以后出现的一个双重运动。在封建制被打碎之后,一方面提出了建立现代国家的历史任务,另一方面在精神上如何得到永恒拯救成为一个问题。[①] 工业革命以后,"单个人的封建特权被废除了,但是与这种特权相联系的无限权力却转到了整个阶级手里"。[②] 社会集团简单地划分为两个敌对的阵营:资产阶级和无产阶级。其中,"无产阶级是被压迫的阶级、手里没有权力的阶级,要从被压迫的地位、没有权力的地位求得解放,取得权力,非有严肃的纪律不可,必须坚持集中统一、思想一致、行动一致,保持党的纯洁性"。[③] 无论是无产阶级还是资产阶级,都意欲形成一个代表本阶级利益的政治集权,并为之进行了旷日持久的斗争。只有当阶级差别在发展进程中已经消失而全部生产集中在联合起来的个人手里的时候,公共权力才会失去其政治性质。[④] 新的传播媒介的发展,使工业

① 米歇尔·福柯. 赵晓力,译. 治理术. 汪民安,等,主编. 现代性基本读本. 开封:河南大学出版社,2005:383.

② 马克思恩格斯全集. 第二十一卷. 北京:人民出版社,1965:525.

③ 毛泽东文集. 第三卷. 北京:人民出版社,1996:260.

④ 马克思恩格斯选集. 第一卷. 北京:人民出版社,1995:294.

革命以来求全责备、一统江湖的思想受到了来自不同社会阶层的挑战，思想多样化、利益多元化等在互联网时代得到了伸张，任何形式的文化霸权主义都掩饰不了对个人权力侵蚀的野心。持有不同政见和代表不同利益的民众由于对新媒体的掌握在技术层面上获得了无限制的许可，以至于个人的政治伸张会依靠各自的人际网络而得以传播，并在一定范围内发生或大或小的作用，对现实政治权力施加影响。分散的意见和各种异议纷至沓来是新媒体时代民众政治发声的重要表现。然而，人们由此而陷入媒介政治革命的玄想则是一种极为罗曼蒂克的失误。媒介政治以自己的集权方式宣告“个人抬头”（尼葛洛庞蒂语）是有限度的，甚至其负面的灾难会令人感到沮丧。美国棱镜事件的泄露使一个叫斯诺登的年轻人备受关注，但是人们更为关注的是个人在媒体空间中的隐私何以得到保障的问题。美国政府通过电脑的操作系统和各种应用软件截取了大量的公众信息，政府把最广大的网民当作了自己的敌人来严防，集权制已经达到了防民之口甚于防川的地步。棱镜计划的内幕一经揭开，整个新媒体世界的那些傲慢的散客立刻变得垂头丧气。新媒体时代的政治集权与政治异议难堪地纠结在一起。

2. 民族政治与全球政治悖论。

在人类古代的某些阶段，“部落始终是人们的界限，无论对别一部落的人来说或者对他们自己来说都是如此：部落、氏族及其制度，都是神圣而不可侵犯的，都是自然所赋予的最高权力，个人在感情、思想和行动上始终是无条件服从的”。[①] 新媒体催生了新的“世界主义者”，[②]计算机的不可抗拒的力量可能将国家政府作为它最新的牺牲品。而温迪·M. 拉恩和托马斯·J. 鲁道夫所忧心忡忡的民族国家的消失（或者说国家身份的丧失），也就是尼葛洛庞蒂所津津乐道的政治全球化的结局——地球村的最后形成。民族精神和国家意志在哲学家黑格尔那里被作为一种崇高而神圣的理念，可是拉恩和鲁道夫以一系列的数据说明了民族国家已然“被困”，全球化浪潮严重损害了国家和民族作为重要的政治组织的中心地位，美国的年青一

① 马克思恩格斯选集. 第四卷. 北京：人民出版社，1995：96.

② 温迪·M. 拉恩，托马斯·J. 鲁道夫. 国家身份和未来民主. W. 兰斯·本奈特，等，主编. 董关鹏，译. 媒介化政治：政治传播新论. 北京：清华大学出版社，2011：353－365.

代越发失去了对国家的身份认同。在拉恩和鲁道夫看来,这对于美国这样的大国也是一场损失(甚至灾难),就遑论其他国家了。民族文化和民族政治的独创性受到挑战,新媒体的肆掠毁灭了多样化的政治形态景观,更在融合的过程中使大国文化扮演着救世主和普适原则的角色。冷战以来,由于新媒体的兴风作浪,拉恩和鲁道夫认为,我们已经进入到一个畸形政府的时代:外部威胁和内部威胁同时并存,这种并存的威胁来自它们对国家情感的瓦解和凝聚力的涣散。他们认为,"民主政体国家需要一些来自公众的忠诚和关爱,以此来保证在没有任何高昂代价和强制机构的作用下也可做到对国家的服从"。[①] 新媒体时代权力的下移已经使这种保留民族国家身份的希冀夭折了。游离状态的网众在各自的世界观中做出迥异的举动,以此来印证自己思维的独特性和政治立场的与众不同。世界主义和普世价值应运而生,对全球化的吆喝不但来自外表强大的美国,而且那些外表弱小的民族国家也掺合进去了,疯狂追赶着"地球村"的时髦。然而鼓吹普世价值最终将会面临一种"原则"的专制,大国沙文主义就会再度兴起。民族国家在新媒体时代留存的希望,也只有在留存民族情感和民族政治特性的基础上才是可能的。民族政治和全球化浪潮决不是可以折中的一对矛盾,但它们在新媒体时代会长期在各自的运转机制中存在:新媒体在解构全球政治统一体的依附性的同时,也在唤醒民众对民族政治的保卫。

3. 资本政治与人本政治的悖论。

人民性屈服于资本性,还是资本性服从人民性?这是新媒体时代的一个重要课题。坚持人民性的绝对统治地位,就要允许网民自由表达意愿和参与行动,并且使他们的决定真正表达他们自己的利益需求和期许。而坚持资本的绝对统治地位就不得不放弃对"人民性"的承诺,在市场化的世界中只有利益和利润,而不再有其他。因此,传媒成为受雇者而服务于资本(表现为受到资本占有者的操纵)。资本这个中性工具的放任自流导致工具的"野性"战胜了工具使用者的"理性"。"资本越来越表现为社会权力,这种权力的执行者是资本家,它和单个人的劳动所能创造的东西不再发生任

① 温迪·M. 拉恩,托马斯·J. 鲁道夫. 国家身份和未来民主. W. 兰斯·本奈特,等,主编. 董关鹏,译. 媒介化政治:政治传播新论. 北京:清华大学出版社,2011:353 - 365.

何可能的关系。"①资本以自己的方式构建了一种社会关系,"工业中的最高权力成了资本的属性,正像在封建时代,战争中和法庭裁判中的最高权力是土地所有权的属性一样"。② 资本的所有者获得了前所未有的权力,它充盈在以交换为目的的市场中,以及全部市场化的社会中。"产品的交换造成了货币的权力。"③货币有了万能的权威,货币拜物教在政治领域的横行导致资本政治的壮大。"资本政治"从本质上是一种腐败政治,它以资本的越界为其主要特征,正如陈学明教授曾经讲到的,钱能买到的东西越多,人作为人的东西就越少。政治成为资本的奴隶就会为资本牟利,以至于丧失基本的政治服务功能(它的基本功能都到了需要通过货币交易的地步了)。"人本政治"恰恰相反,它是作为人的东西而存在的,是为了人类的整体利益最大化和以在一定规则中获得和谐稳定为目的的。它不是个人以物的形式来支配他人,而是组织机构以资源分配为目的来协调人们之间的矛盾。"人本政治"是社会文明进步的发展方向,是带有理想主义色彩的政治前景。在新媒体社会初露端倪的时候,尼葛洛庞蒂就对数字化生存的这种"赋权"功能感到兴奋不已。但是,新媒体时代不仅具有媒介发育这一维度的考量,也有社会整体发展水平的多维考量,在人类尚处于人对物的依赖关系为主导的发展阶段,"资本"为人类的发展带来了更为殷实的"物"的条件,从而成为无可绕过的现实生存工具。新媒体诞生和成长在这样一个历史阶段,它的"人本潜能"就会遭到"资本现实"的不断挑衅;欲望驱动世界的资本性与对这种欲望的合理性进行反复质问的人民性,它们在矛盾中的共存将会是一个长期的历史过程。

小 结

新媒体使权力重心下移,信息作为重要的资源,成为新的权力生成的重要根据。信息权力不仅对经济权力、文化权力产生重要的影响,而且也对政治权力有着至关重要的作用。信息权力在政治权力的行使和形成过程中,起到阻碍或者促进的作用。当信息权力与政治权力在同一个方向发力的时

① 马克思恩格斯全集. 第四十六卷. 北京:人民出版社,2003:293.
② 马克思恩格斯全集. 第二十一卷. 北京:人民出版社,2003:408.
③ 列宁全集. 第十六卷. 北京:人民出版社,1988:260.

候，两者相互促进；当信息权力与政治权力在相反的方向发力的时候，两者相互损抑。新媒体时代的社会阶层变迁与社会权力结构的变化既有联系又有区别。社会阶层变迁意味着新的权力分配的机遇和可能，阶层变迁与社会权力结构变化有着内在一致的可能性，但是，当信息权力经过不断过滤而遭遇强权治理的时候，政治权力主要受到经济资源的制约而与信息资源的分配失去了内在关联，信息资源成为社会主要领域之外的可有可无的东西而失去对社会的强影响力。总之，就整个社会的发展进程来看，新媒体对政治权力的影响是巨大的。当然，由于物的依赖关系的长期存在，自由人联合体的阶段不会在短期内实现，信息权力的有限性和它的内在张力之间形成了一些难以弥合的二律背反，富有现代性意味的三重悖论正是新媒体时代权力结构演化的内在动力和最后约束。

三、民主技术与微博问政

（一）新媒体技术的双重质问

新媒体引爆的信源（信息来源）革命，真正使信息资源的创造者和占有者合而为一。所谓信源革命，就是指新媒体将传统媒体时代潜在的、数量有限的信源及沉默的受众变成了积极的、无限量的传播者。[①] 由于信息资源的创造者和占有、使用者具有同一性，从而使信息权力具有分散性，从根本上影响着整个社会权力结构的安排。“信息被认为是经济发展新阶段的关键。更激进的人还把自由流动的信息看成是实现未来自由及传播的民主手段”，在新媒体时代，信息传播不再受到“中心”的控制，“独裁不复存在，于是，信息成了拯救之源。”[②]新媒体技术不但使社会阶层和社会权力结构发生变化，而且，它直接就是现代政治和民主制度的工具和手段。肖峰教授甚至认为，“政治即使具有暴力和信息的双重属性，但也可以说武力只是手段，信息权力才是目的：统治者的目的就是要求被统治者听话；所以最高超的政治还是

---

① 潘祥辉．传播个人主义：“自媒体”革命的政治社会学解读．胡正荣，等，主编．新媒体与当代中国社会．上海：上海交通大学出版社，2012：407－415.

② 凯文·罗宾斯，弗兰克·韦伯斯特．技术文化时代：从信息社会到虚拟时代》．何朝阳，等，译．安徽科技出版社，2004：148.

依赖信息手段的政治”。① 肖教授把人与人之间的权力关系理解为更多的是一种“信息关系”,“而非物质关系”,理解为“服从”、“遵守”、“认同”、“契约”等等。这种“直接”的关系似乎成为政治权力关系的全部内容,它的经济基础的根据和利益诉求变得微不足道了。不过,肖峰教授对知情权、话语权等的阐述,却是中肯的。他说,“一个信息权为少数人拥有的社会,为获得‘机密’、‘情报’等的努力均是围绕信息展开的争夺政治权力的努力”,说话的权利和被人倾听的权利是同样重要的话语权要素。②

微博问政和电子政务的广泛应用,使民主技术似乎有了更多的研究课题,它们将民主技术,或者换句话说,将政治的治理术看得远比过去重要得多。新媒体的全民化技术装备,使民众的话语权和知情权获得了全面的发展,对整个政治生活的关注也不断提高,人们变得似乎更加热爱政治生活,热爱对政治事件进行点评和议论,在发表意见的同时表达着各自的利益诉求。马基雅维利就已经认识到政治目标与多数人的欲求相一致的重要性,政治问题变成一个技术问题,社会要有细密精巧的制度安排。从马基雅维利那个时代开始意欲告别的传统政治(服从个人意志的传统政治转向服从程序的现代政治:政治成为一门技术活,甚或艺术),在新媒体时代,除了统治者自身的这种认知有望改进民主政治的进步之外,整个社会环境正在“逼迫”政治统治转变为政治治理。因为人们进一步认识到,“政治社会决非自然的:国家只是一件人工制品”。③ 新媒体的全面渗透与深度卷入,使群众参与政治生活的成本(包括风险)降低,而网络效应的梅特卡夫定律已经使网络节点不断增多以后的新媒体信息权力突飞猛进。

以乘方增加的新媒体信息权力,在重构舆论场和再造政府形象上具有的无穷力量,似乎让政治家和哲学家都嗅到了这个时代的暴风雨来临前的某种气味。哲学家和社会学家对信息社会的未来充满着好奇和希望,而政治家似乎忧心忡忡,政客个人意志的自由发挥将要受到网众的监督。在无处不在的摄像头和“新闻发布者”的监控下执行政府的职能,被认为是令人

① 肖峰.信息主义:从社会观到世界观.北京:中国社会科学出版社,2010:158.

② 同上,159页。

③ 利奥·施特劳斯.丁耘,译.现代性的三次浪潮.汪民安,等,主编.现代性基本读本.开封:河南大学出版社,2005:161.

不安的。除了个别迟钝愚蠢的家伙由于对新媒体信息的无知而自曝家丑之外(比如江苏那个在微博上与情妇打情骂俏的卫生局长,以及那位不合时宜地露出微笑的"表哥"杨达才等),无论是公款吃喝还是各种贪污受贿,在一定程度上得到了抑制,以至于网络反腐,甚或全民反腐成为时下热门的议题。然而,当人们进一步认识到"流氓无产阶级"在某些利益集团的雇用下从事专业的舆论制造工作的时候,对于网络反腐和新媒体技术带来的各种美好梦幻的分析模型就悄然倒塌了。难怪胡斯在她的著作中对高科技的未来并不抱有太多的希望。"技术的有限转换性意味着当每一波技术创新大潮来临时,工人都愈发脆弱。"①

在新技术来临之际,工人(包括"坐在办公室里的工人")立刻就会随着先前掌握的"特殊技能"的丧失而失去"安全感"。而在掌握高科技的社会精英的统制下,"工人的抵抗行为非常凌乱无序,只能编写病毒或搞其他的破坏活动"。② 这位英国的马克思主义的女性主义者对高科技的不信任,主要是通过对高科技环境下妇女地位改善的灰色梦想的解析而得出的结论。新媒体时代,或者进一步发展为别的更为先进的信息传媒时代的到来,在胡斯看来也就是改变了统治力量双方的外在形式而已。

或许,在政治上,信息权力既不像尼葛洛庞蒂、阿尔文·托夫勒、肖峰等所讲的那般美妙迷人,也不像胡斯以及一切技术悲观主义者所讲的那般黯淡苍白。我们有理由相信技术改进对人类历史进程的重要作用,同时也对这种推动作用保留其他的意见(比如它的有限性和双重作用等)。正如施特劳斯研究的结论:对天意、个人意志、自然法等的正当性的拷问,以及对机运、秩序、人、政治技术的倚重,是现代政治开启的重要标志。从上帝的预设中解放出来为人对自己的设计,这是现代性主体欲望得到伸张的现象。新媒体在技术上支撑着现代政治的发展,并为民主进步提供更多的可能性。从而,它的意义不在于事实上将面临的各种风险和双重作用的分解,而在于在挣脱必然性以后,人在更多的可能性和偶然性中获得的人生选择和自我设定的权力。就此而言,人们不必惊叹于"水军"的猖獗和"五毛党"的疯狂,

---

① 乌拉苏·胡斯. 任海龙,译. 高科技无产阶级的形成:真实世界里的虚拟工作. 北京:北京大学出版社,2011:112.

② 同上,121 页。

也不必在某些谣传中惴惴不安,在某些网络事件中寝食不宁。

当然,新媒体技术本身也不能成为救世主,技术本来就不可能成为社会的自动的主体力量,它对社会发生的各种作用总是在两个向度上进行的:一是技术以制度和人为中介发挥自己的作用,根据自身的逻辑对社会产生影响;二是人以技术为中介发挥人的主观能动性,把自己的意愿通过技术而得到合理的表达。无论哪个向度,技术发挥作用的根据在于人自身,在于人的欲望或者理性。由此观之,新媒体技术的双重质问:悲观主义或者乐观主义的质问,都受到了自身偏狭意见的约束。新媒体制度(其自身运转的机制)恰恰否定了这一点:新媒体只提供可能性。

(二)新媒体与民主技术

1.政治程序与媒介程序。

赵玲认为,政治运作必须依据政治程序的基本要求,"行使政治权力,保障公民权利,管理社会公共事务的政治活动"。[①] 前文也提到,施特劳斯在《现代性的三次浪潮》一文中对秩序正义问题多有提及。米歇尔·福柯在《治理术》中对政治治理问题也有较为充分的论述。那么,什么叫作政治程序呢?张喜红说:"在民主制度下,政治程序指人们的政治活动(如政治权力运行、政治资源分配、政治参与以及政治监督、政治冲突的解决等)所必须遵守的规则、步骤和方式。"[②]政治程序在静态意义上也叫作程序政治,"程序政治是指遵循现代政治程序的规则、步骤和方式而展开的民主政治"。[③] 政治程序,也称政治游戏规则。宋效峰对政治制度化或者政治的程序化运作有这样的论说:"政治制度化是指政治组织与程序获得价值与稳定性的进程,是现代化中国家政治发展的基本取向——现代民主政体通常由一系列规范权力运行的程序与制度构成,非制度化的传统因素受到最大程度的限制,制度权威显著高于个人权威。"[④]"个人权威"与"制度权威"之间的差异,正是

---

① 赵玲.社会主义社会政治道德的基本内涵及其实现途径.政治学研究,2004(2):42-52.

② 张喜红.公民政治参与的有序性分析.长白学刊,2004(1):33-35.

③ 王英津.论程序政治——对我国民主道路的新探索.中国人民大学学报,2002(3):80-87.

④ 宋效峰.马来西亚政党制度的制度化与政治稳定功能.东南亚研究,2009(3):30-36.

施特劳斯在关于马基雅维利的政治哲学解读中所提示的现代政治的显著特征。政治程序是程序政治的前提和基础，赵渭荣等把对程序政治做了较为详细的界定："所谓程序政治是指遵循现代政治程序的规则、步骤和方式而展开的民主政治，通过程序设计把国家获得权力和行使权力必须遵循的规则、步骤和方式规定下来，力求把国家机关及其工作人员的政治行为纳入法制轨道，使其始终接受人民的有效监督。"①

社会媒介发展的不同阶段，政治程序有着不同的设计和模型。在传统社会，政治秩序的维持在通过武力的方式取得其基本的政治结构之后，就交给了"天意"。"君权神授"以及与之相关的各种"天不变、道亦不变"的传统礼制和谶纬之学②以"天启"的形式发布消息，统治阶级通过伪造各种神意的市井传播而获得人民的拥戴。而新的权力阶层在崛起的过程中，也总是假以"替天行道"的幌子。而由此获得的政治权力的绝对性（只对一个虚无的"天意"负责）使个人权威高于一切。个人意志成为一切政治程序制定的出发点和归宿点。信息传播的自上而下的单向性（以隐秘的方式来造成一种来源于市井民众的假象），使得政治权力行使具有无限的随意性。只有到了信息传播的多点互动的时候，权力阶层的那种独角戏才被拆穿，不得不在信息的交互中袒露事实真相。从而，少数人的政治设计似乎难以为继，政治程序必然发展到一个在相互作用中自发形成的态势。媒介程序的发展响应了政治程序变化的要求。传统媒介信息传播的单向度已然解体，取而代之的是交互式深层生成的信息传播机制，不仅信息传播方向呈现出纵横交错的局势，而且信息的源头也变得无限宽广。"权威发布"和"民间发布"的博弈已经到了火热的程度，民众的信息取舍和依存关系突破了强权统治。媒介信息程序的改变对政治程序的设置起到了推波助澜的作用。"天意"和"命定"已经瓦解，重新树立起来的是一种认同的秩序，是政治游戏的协商程序。这个协商过程的主持人与参与者持有同等分量的权力。也许，在新媒体尚

---

① 赵渭荣，等. 全面建设小康社会必须发展公民有序政治参与.《探索与争鸣，2005(6)：28－30.

② 《四库全书总目提要》说，"谶者诡为隐语，预决吉凶"；"纬者经之支流，衍及旁义"。谶与纬作为神学预言，在实质上没有多大区别，但就产生的先后说，则谶先于纬。谶纬之学也就是对未来的一种政治预言。

处于初级发展的现时代，这看上去还带有乌托邦的味道，但已经成为一种趋势：“按着程序来运转”，这已经不是一个计算机运行的技术性语言，而是整个社会发展的语言。

2. 民主技术与技术民主。

“民主技术是指在民主政治实践中，为了实现一定的民主价值和民主原则的手段的总称，是人类理性为寻求民主实现方式而在特定条件下形成和发展起来的知识和操作体系，包括制度的设计与安排、程序、机制等非物质形态技术以及具体物质技术在内的一个完善的技术系统。”①新媒体技术显然是具体制度、程序与规范等非物质技术之外的物质技术因素，它是在民主议程中人们所能驾驭和使用的物质工具。新媒体不但构成了民主进程的一种技术手段，也成为一种新的生成环境，它现实地改变了议事制度、参与机制和决策形成的路径，在当代政治生活中扮演着十分重要的角色。因此，可以说，新媒体不仅是民主的物质技术因素，也是当今民主进程中非物质技术因素的诞生地和根源。而“所谓技术的民主化是指随着科学技术的发展，政治受技术的影响越来越大，越来越多的科学技术知识运用于民主政治中，民主的技术化趋势越来越明显”。它是对上一层意思（民主技术）的拓展，“从广义上讲，技术是指人们为了解决生存和社会发展中面对的问题的方法和技巧，技术具有广泛的含义，一般认为包括自然技术、社会技术和技术思维”。② 无论是作为自然技术，社会技术、还是技术思维的方式，新媒体都在实际上对政治民主议程产生了不可小觑的影响。王海稳认为，“技术民主的大意是指，在当代西方国家，科学技术的迅速发展对传统的资本主义民主制度发生了深刻的影响，传统的代议制民主陷入困境，尤其是科学技术革命引发了管理上的革命，社会上出现了一个知识分子和技术人员组成的管理者阶层，他们在社会生产和社会管理中的作用越来越重要，并取代了资本家的地位，成了一个新的政治和经济掌权者阶层”。③ 这种看法主要是基于新的技术对社会阶层和社会权力结构调整的重要作用，并由此而展开他们在政

① 王海稳. 民主技术：内涵、功能及价值. 甘肃理论学刊，2008(4)：54－57.

② 钟宜. 民主的技术分析及其现实意义. 求实，2008(4)：69－71.

③ 王海稳. 当代民主技术研究论域的探讨与厘定. 湖北社会科学，2011(2)：22－25.

治权益上的诉求。不是技术本身的民主意蕴,而是技术通过改变社会阶层结构而改变政治权力结构。M. 邦格则认为,"我所说的整体性的技术民主或一体化的技术民主是指这样一种社会制度:它允许甚至鼓励平等地去争取财富、文明以及政治权力"。[①] 它其实根源于技术的民主本质,技术本身并不天然地形成对人们的某种阻碍和隔离,它以平等的姿态面向所有人,以至于在技术面前,客观规律性成为其首要的内在原则。而邦格似乎正要说明这一点:技术民主意味着平等和自由,它不受个人意志的限制,而在一定的客观规则管辖下运行。

新媒体却在这两个方向上做出了同等重要的贡献:技术的民主化与民主的技术化进程的双向互动。一方面,技术民主化意味着尼葛洛庞蒂的技术"赋权"得到了一定程度的实现,或者一如麦克卢汉所言的,媒介延伸了人的体力和智力,延伸了人的生存空间和生存能力。尼葛洛庞蒂宣称:"数字科技可以变成一股把人们引到一个更加和谐的世界之中的自然动力。""分权心态正逐渐弥漫于整个社会之中,这是由于数字化世界的年轻公民的影响所致。传统的中央集权的生活观念将成为明日黄花。"[②]技术向着民主议程进军,新媒体已经席卷了全部社会生活,政治民主进程也毫不例外。人人都是麦克风,人人都是信息传播的源头,这种话语权的转变让"过去不可能的解决方案都变成可能"(尼葛洛庞蒂语)。另一方面,民主技术化则意味着民主已经变成一种技艺,变成一种治理术。它通过社会技术、自然技术和技术思维等而获得新的表现形式,以便达成社会管理优化的局面。肖峰教授指出,"政治民主主要通过信息民主来体现,民主政治必须建立在一定的信息基础之上"。[③] 民主的技术化与技术的民主化二者应合,成为新媒体时代民主政治发展的重要特征。

3. 新媒体与自由权利。

随着微博等新近开发的各种媒介传播技术的广泛应用,民主技术化和技术民主化合二为一的趋势更加明显。或者说两者在相互促进中获得各自的意

---

① M. 邦格,鲁旭东. 技术民主:资本主义和社会主义的替代物. 哲学译丛,1994(2):18-21.

② 尼葛洛庞蒂. 胡泳,范海燕,译. 数字化生存. 海口:海南出版社,1997:270-271.

③ 肖峰. 信息主义:从社会观到世界观. 北京:中国社会科学出版社,2010:162.

义:民主在技术化进程中得到科学性和返归它的本质,民主本身意味着制度严明,按照特定的程序运行;技术在民主化的进程中获得更为全面的意义,它不但是人获得自然需求、征服自然界的标志,也是人获得社会需求(政治、文化等)、超越人自身的野蛮状态的尺度。在后一点上,特别需要指出的是新媒体对人的自由权利的青睐。以赛亚·伯林把自由分为"积极自由"和"消极自由",消极自由指的是不受别人阻止地做出某种选择的自由,这种自由的主要功能在于防止公共权力对个人自由的不必要的干涉,从而保留个人行为的自由空间。因此它是被动的、消极的、防范性的自由。而积极自由指的是某人追求某些东西以实现自身而成为"某人"的自由,是决定他的言行和作为方式的根基,这是一种主动的、积极的、旨在确证和实现自我的行为的可能范围,这种可能性若不被外界的、盲目的、他者的力量役使,则"我"的行为是自由的。①

新媒体民主技术是个体或组织为了达到某种目的的最新技术成果,它尤其为"小人物"提供了发表意见和捍卫正当权利的有效平台。无论是对消极的、防范性的自由的获得,还是主动的、积极的、发展性的自由权利的追求,新媒体无疑提供了最为便捷的路径。当然,必须冷静地认识到,新媒体在为人的自由权利的保障和发展获得支撑条件的时候,它也可能使自由在一定程度上失去限制,从而变成非现实的自由。正如有人就"网络动员"所指出的那样,既可能有破坏性的行为,也可能有积极的行为。"破坏性网络政治动员是指通过网络发动的违反政治程序、扰乱政治秩序、任意发泄政治情绪、混淆政治是非、损坏国家利益而满足某一集团或个人利益的政治动员事件。"而"积极性网络社会政治动员是指为了维护国家利益或者公民的合法权益,由政府或网民群体或网民个体,依据法定的政治程序、在政治秩序许可的范围内进行的网络社会政治动员"。② 网络动员,甚或其他一切形式的网络行为,在争取和捍卫自由权利的同时,必须以保护他人的权利同样不受损害为前提,而这在罗尔斯看来,是正义应有的前提。

现代政治的重要特征是按照程序而不是按照个人喜好来运行,它推翻天意的统治而把人的现实生活当作政治设计的根据。不是把想象的、虚幻的政

---

① 鲁品越.伯林两种自由观与当代民主形态.马克思主义研究,2012(6):109-116.

② 张雷.思想政治工作是消解破坏性网络政治动员的有效途径.思想政治工作研究,2010(2):42-44.

治乌托邦理想当作全部政治生活的根据，不是用"应当"这样的抽象词语来表征现代民主的内涵，而是把事实上人们怎样生活，事实上政治应该如何才能更为有效地运行作为行动的出发点。新媒体为政治程序的设置提供了更多的技术背景和社会基础，信息的多点互动，使民主生活和政治议程变为交互式的协商。技术的民主化和民主的技术化这个双向互动的进程在新媒体时代获得了空前的发展，新媒体在"赋权"的同时"赋能"，更具体地说，技术的民主化是技术的"赋权"功能，而民主的技术化则是技术的"赋能"功能。也就是新媒体在赋予人们"权力"（这也是一种权利）的时候，也赋予人们切实保证这种"权力"的"能力"（技术手段）。可见，新媒体与民主技术（乃至技术民主）之间的熔融让人们对新媒体在政治生活中的作用刮目相看。

（三）我国的电子政务与微博问政

1. 我国电子政务的发展简述。

（1）我国电子政务的发展历程。一般认为，2002 年 8 月《中共中央办公厅、国务院办公厅关于转发〈国家信息化领导小组关于我国电子政务建设指导意见〉的通知》（中办发［2002］17 号）第一次对我国电子政务的建设提出了指导思想、建设目标和基本原则问题，并对主要任务和重点建设工程有了初步的说明。由此展开的一系列电子政务建设活动标志着中国电子政务建设与发展的开启。2002 年从而也成为研究人员对国内电子政务进行研究的分水岭（一些人认为，2002 年以前属于基础设施建设阶段，2002 年以后属于资源整合与深化应用阶段①）。但是，认为 2002 年以后是整合资源和深化应用开发阶段的提法本身并不合理，这违背了电子事务基础设施建设的长期性和新陈代谢的快速性的基本事实。尤其是在互联网通信线路改造和终端设施的改造上，电子事务的进步始终没有停止过，在 2002 年以前的基础设施上进行"整合"的提法本身显得十分荒谬。

三网融合如果仅从"融合"的字面来理解，好像是"整合"的意思，其实，电信网、广播电视网、互联网在向宽带通信网、数字电视网、下一代互联网演进过程中，它们的"融合"是通过技术改造升级，设备功能的完全换代而达到

① 洪毅，杜平，主编. 中国电子政务发展报告（2012）. 北京：社会科学文献出版社，2013：1.

的新的技术阶段。三网融合不是三大网络的物理合一,也不仅仅是其网络应用的融合。三网融合涉及智能交通、环境保护、政府工作、公共安全、平安家居等多个领域,从而为互动、移动、开放性应用平台等的进一步发展提供了基础设施保障。三网融合尽管在1998年就曾经被拿出来讨论,但无果而终,2001第一次明确提出"三网融合",提出要促进电信、电视、互联网三网融合;2006年3月再度提出"三网融合",直到2008年中国联通的CDMA网与GSM网被拆分,前者并入中国电信,组建为新电信,后者吸纳中国网通成立新联通,铁通则并入中国移动成为其全资子公司,中国网通的基础电信业务并入中国电信。三网融合才正式开始。2009年1月,电信、联通、移动三家新运营商进入电信全业务竞争时代(就是说,它们已经完成了现有基础设施的整合)。但是,通信线路改造、通信承载能力的升级、终端机器的开发、应用软件的跟进以及网络的全面贯通,这些都是与电子政务密切相关的"基础设施建设",而且它们始终都不是一个阶段就能完成的任务。而相对于具体的电子政务而言,甚至新的应用平台的开发也属于基础设施的建设问题。比如"微博"的研发与推广,对于电子政务来说,就属于新的基础设施。尽管智能手机和平板电脑的不断推广使很多人都能通过移动互联网参与政治事务,但是它与一般的网络知情和互动没有多大的差别。

2009年"新浪微博"成为门户网站中第一家提供微博服务的网站,它与移动智能客户端的联合,才真正开启了一个新的时代。2013年上半年,新浪微博注册用户达到5.36亿,微博问政成为电子政务所面临的一个新的重大课题。总的来说,2002年以后,逐渐有政府管理和服务的一些职能事务同步到网络上来完成,公民只要通过互联网就能在线得到相应的服务反馈,这是电子政务的开始发展;2009年,越来越多的智能手机和平板电脑用户,在与微博等新的应用平台相结合的过程中,新媒体的全面渗透性不断增强,从而可以说开启了电子政务的新时代,但是,直到2013年,InMobi中国区总经理杨娟在互联网大会上表示,中国智能手机的渗透率还只有30%。[①] 2012年《国家电子政务发展十二五规划》制定,中国电子政务将进入持续发展的

① 杨娟. 中国智能手机渗透率仅为30%[EB/OL]. http://tech.163.com/13/0815/14/96AVOM25000915BF.html.

阶段。

(2)我国电子政务的种类。按照电子政务蓝皮书《中国电子政务发展报告(2012)》(以下简称"发展报告")的应用分类,可以把电子政务的应用分为"核心业务信息化"、"行业业务系统开发"、"网上行政服务大厅"、"信息共享和业务协同"等。"发展报告"指出,2001 至 2012 年,中央政府各部委办公业务信息化覆盖率由 9.8% 提高到 100%。2012 年,中东部省市政务部门核心业务信息化覆盖率接近 50%,而多数中西部地区的覆盖率在 30% 左右。教育、医疗、就业、社会保障、行政审批和电子监察等方面的电子政务刚刚起步,而全国县级以上的行政服务大厅达到 4500 个,100% 实现了信息化支撑。"发展报告"同时还表明:省级和副省级政府超过 70% 的部门建有数据库,省市县各部门数据业务覆盖率达到 70% 以上,省级政府已有一半的部门提供多达二分之一的政府服务在线办理。[①] 从研究报告的数据来看,似乎已经走向了电子政务的大发展大繁荣阶段。事实上,"发展报告"的另一部分内容也指出,政府网站和电子政务专门网站的"可见性"极低,它使电子政府远未发挥其应有的功能。[②] 显然,如果把政府管理与服务的事务从物理空间环境转移到网络虚拟空间,或者是实现它的同步化,或者是把"手写"、"邮差"、"电话"等具体的形式转化为"电子文档"、"伊妹儿"、"鼠标点击",把档案室和资料库转化为移动硬盘,这就算实现了电子政务的话,的确是一个十分荒唐的"发展"。电子政务应该使传统的业务变得更加便捷、节约行政成本,并且开发出新的业务种类,从而使政治生活变得更加通俗(这里的"通俗"不仅包括"简明",更包含着"通往世俗大众"的意思)。因此,如果从这个角度来对电子政务进行分类,那么就有传统业务电子化和新的电子化业务两大类。前者不言而喻,后者就是随着新媒体的不断发展,为政治文明的发展繁荣而新兴的政治关联活动。微博问政就是一个典型的例子。

(3)我国电子政务发展的不足和方向。在传统业务电子化和开辟新媒体进言献智途径,使政治生活广泛融入数字化生存世界这一点上,我国电子政务还存在很大的不足。在以基础设施建设和基本制度建设为主要着力点

---

① 洪毅,杜平,主编. 中国电子政务发展报告(2012). 北京:社会科学文献出版社,2013:6 – 8.

② 同上,249 – 262 页。

的阶段，这个要求似乎高了一点。电子政务依托的信息技术手段在不断发生变化，云计算、物联网技术的运用，超高速宽带网络和新一代移动通信技术等，深刻地改变了电子政务的技术环境和支撑条件。① 胡红梅认为，未来电子政务的发展是要紧紧围绕政府管理的实际，遵循三个基本原则：一是运用互联网络技术解决社会活动中的一些重大问题；二是提高政府的信息能力；三是构建共享原则。很明显，这种原则意义上的构建和发展思路，依然停留在传统业务的数字化这个层面。一直以来把政府当作主体，把广大民众当作客体的研究思路没有得到改变。这与新媒体的“信源－信宿”一体化的实际局面是不相称的。新媒体时代，信源（信息的发布者、信息来源）和信宿（信息的接收者和信息的归宿）之间并不存在鸿沟，二者时而合二为一，时而一分为二。只有始终把二者当成合二为一的主客双重身份的对象时，这个对象才既是主体又是客体，从而使得政府与群众之间的关系从主客关系变为主体间的关系，从发号施令变为协商政治。

在电子政务的未来发展方向上，应该从新媒体的这个特征出发，使整个政治生活都贯穿在媒介参与的整体互动中。政府管理部门在这个过程中就能提供更多的服务，从而优化社会治理结构，完善民主制度。这种思路，既是技术民主的需要，也是新媒体时代社会阶层结构和权力结构发生变化的重要影响，它与人的全面自由发展的方向是保持一致的。也正因为在方向上，目前电子政务的发展出现了严重失误，以至于对零碎的成就（那种纯粹在技术上的突破）表现出沾沾自喜之态。本书不得不减少这方面的描述，而寄希望于一种更为合乎人的生存需要的电子政务的设想。这就是前面所讲到的，新的“业务”要在新媒体发展的进程中不断开发，就像技术平台的进步一样，从而使人们的政治需求和政治自身的发展、新媒体提供的技术可能性和社会阶层、权力结构等的变化，保持在同一水平。在这个意义上，新媒体时代的政治文明程度才会得到不断发展。

2. 微博问政。

（1）微博问政的兴起。2008 年以 Twitter 为代表的微博客在国内逐渐被

---

① 洪毅，杜平，主编．中国电子政务发展报告（2012）．北京：社会科学文献出版社，2013：15.

一些人所使用,2009 年新浪微博的诞生使中文微博有了自己的应用平台。一般认为,“微博问政”兴起于 2010 年的“两会”期间,人民代表、有关机构纷纷开通微博,网上征求民意、发布即时信息。[①] 此后,一些较高层官员也开始运用微博来问政、了解民意,从而为民众参政议政提供了平台。[②] 微博问政的概念自 2011 年以来,被不断地进行了阐释,至今尚在形成之中。2011 年,人们认为,“微博问政指的是代表、委员、民众等群体通过‘微博’沟通平台征民意、解民忧的参政议政现象”。[③] 2012 年,研究微博问政的成果多了起来,有人从微博问政“不亲临现场”的角度来说明微博问政与传统政务处理方式的不同;也有人认为,“微博问政是指党政机构或者官员借助微博这一网络媒体,发布政务信息、个人动向、决策过程等内容,方便民众第一时间了解党政机关权力运行情况,并且监督官员自觉自律、履行职责”。[④] 有人把微博问政的主体定格为政府机关、公职人员、领导干部等,如前述各种说法;也有人把微博问政的主体定位为普通民众,认为“所谓微博问政就是指公众利用微博就公共治理问题向政府表达意见和建议的活动”。[⑤] 2013 年开始,越来越多的人认为“微博问政”的主体是普通民众。比如,冯海芬说:“微博问政是指公民借助于互联网的技术支持,通过微博的形式参与政治生活。”[⑥]姚远、任羽中说:“网络问政机制,是指近年来公民通过市长信箱、微博问政、网络发言人论坛等网络平台行使知情权、参与权、表达权和监督权的机制。”[⑦]张炜说:“微博问政是指公民利用微博参与公共事务,针对公共问题向政府和官员表达意见,试图以公众的意愿去影响行政立法、决策和政府治理,并发

---

① 李楠,张凌霄. 微观两会 博聚民意——从问政主体看 2012 两会微博的应用与影响. 新闻前哨,2012(5):14 - 16.

② 姚远,任羽中. “激活”与“吸纳”的互动——走向协商民主的中国社会治理模式. 北京大学学报:哲学社会科学版,2013(2):141 - 146.

③ 迟源. 关于“微博问政”背后的思考. 人大研究,2011(5):35 - 36.

④ 李堃. 微博问政的局限及完善路径. 北京化工大学学报:社会科学版,2012(2):11 - 13.

⑤ 周叶中,蔡武进. 新时期我国社会主义民主政治建设的新思考——现行《宪法》实施 30 年来我国社会主义民主政治建设的回顾与展望. 法学杂志,2012(7):1 - 11.

⑥ 冯海芬. “微博问政”在公共政策制定中的参与研究. 中共云南省委党校学报,2013(2):155 - 157.

⑦ 姚远,任羽中. “激活”与“吸纳”的互动——走向协商民主的中国社会治理模式. 北京大学学报:哲学社会科学版,2013(2):141 - 146.

挥监督作用。”①

当前，越来越多的研究者认为“微博问政”是一种民众参与行为，而非一种政府主体的示范或者履职行为。这与人们对微博的理解是有必然关联的，中国人民大学舆论研究所所长喻国明说：“微博可以产生‘核裂变’效应，形成信息的高速大范围传播，它可以让每个人都发挥过去只有媒体才能发挥的作用。”②也正因为这样，“微权力”意味着微观、具体的个人可以通过新媒体途径来表达自己的权力、伸张自己的利益，尤其在行政机关和公职人员不作为的情况下表达自己的不满，从而有人认为，“微博问政”已经使负面报道危害到了政府。③ 当然，随着事态的发展，已经证明这是危言耸听的诳语。微博问政至少应该包括三个方面的内涵：其一是微博问政是随着微博这种即时信息发布平台的媒介应用而逐渐产生的，微博问政的中介平台是“微博”；其二是民众通过微博而发声、了解行政动态、充分享受对政治事务、政治事件和行政干部等的知情权、参与权、表达权和监督权；其三是行政机关和行政人员主动参与微博互动，展示管理服务的理念和动态，或者被动参与微博互动，在人人参与的微博互动中被不断“挖掘”出来。以上各方面交错联系，不可分割。

（2）微博问政的生存论意义。已经有人指出，“在研究特点上，许多研究者还热衷于现象的罗列，缺乏理论深度，更缺乏对于‘微博问政’理论和实践的反思性或哲学式探讨”。④ 微博问政作为一种扩展的交流和沟通渠道，在一定程度上对政府树立亲民形象有着十分重要的作用，但是也有产生行政惰性的危险，有些人过分依赖这些沟通方式，而不去深入基层和实际了。在重大会议召开前临时开通微博，营造与民众畅通交流、充分听取民意的幻象，反而使原来的实地调查和亲身体验等调研形式被忽略，由此而产生行政惰性。孙光宁也认为微博问政“在推动公民参与方面有着一定的价值和意义，也受到了多方面的肯定，但是，这种媒体的热捧并不意味着它能够作为

① 张炜. 大学生微博问政的问题、原因及建议. 北京青年政治学院学报，2013(1)：17－23.

② 喻国明. 2011：中国传媒产业发展关键词. 中国记者，2011(1)33－35.

③ 管玥. 政治信任的层级差异及其解释：一项基于大学生群体的研究. 公共行政评论，2012(2)：67－99.

④ 刘正妙. 国内“微博问政”研究述评. 湖湘论坛，2013(2)：80－84.

一种独立的公民参与方式，更无法成为正式制度”。①

我国的微博问政存在着“不能全面客观代表民意”、“公众政治参与的无序”、“缺乏必要的运行机制和法律制度约束”等问题。② 更不用说各种盲区和失灵的情况时有发生了。“从表层意义看，尽管微博问政还不尽如人意，但微博问政的确为公众提供了分享社会话语权，共享社会事务的便捷通道，也为政府机构开辟了解民情、征询民意、汇集民智、改善民生的新途径。”③沈亚平和董向芸认为，“微博是一种提供人们发泄情绪、交流观点的‘自媒体’，其最基本的交流形式在于评论，微博问政最重要的意义则在于回应”。④ 这种认识是不完全的。微博问政除了在表面上“改进行政举措”、“树立政府形象”、“提高行政效率”、“发泄群众积怨”、“加强官民沟通”等作用外，最主要的是它对人的生存的重大意义，表现在以下三个方面：

其一，对现实人生体验的重视。微博关系隐含着一种更为细致、更为周密的社会关系，通过微博问政，政府对人之生存现实的关注在不断提高，对民众当下人生的体验更为重视。微博以即时性为重要特征，网民把自己的当下所见、所闻、所想写在微博上，从而引起相关部门和人员的重视。在对具体的事态和人物进行跟踪“围观”的过程中随时抒发自己的感想和体悟，并对事件发表自己的看法和意见。从传统社会中人们热衷于对抽象的应然状态抒发奇思妙想到现代社会人们对现实的政治生存环境的关切，这个转变是对现世人生体验的重视，它把对彼岸的遐想转变为此岸的实践计划。

其二，对现实个体诉求的尊重。微博反映的是零碎的、分散的意见，是一个个不同利益诉求的个体所发表的对当下政治事态的观点、意见，对行为人的某些追问。个人在微博平台上是一种碎片化的生存，其言行的差异性受到严格的媒体机制的保护（不必为某种官方命令做统一的部署或者格式化为一种接受任意信息的空白硬盘）。微博体现的是微小生命个体的权力（相对于宇宙大全和某种疯狂的集体而言），是对个体生命价值的认肯。在

① 孙光宁．公民参与理论视角下的“微博问政”．社会主义研究，2011（3）：39－42．

② 赵玥，许亮．我国“微博问政”的现状、问题及解决策略．理论视野，2011（12）：41－43．

③ 王庆．略论微博问政．江西财经大学学报，2011（4）：21－25．

④ 沈亚平，董向芸．微博问政对于政府管理的价值与功能分析．南开学报：哲学社会科学版，2012（3）：134－140．

微博问政的过程中,无论是政府主体、领导干部,还是普通个人,都是地位平等的交流方,他们在交流互动中享有相同的表达权和“取消收听”的选择权。

其三,对异质性利益诉求的尊重。如前所述,个体的差异性在微博问政中得到了尊重,且个体作为发声者(信源)和信宿的选择权利得到了保证。微博问政对个体生命价值的肯定,重要的一点就是对个别化的价值观、多元化的世界观、多样化的利益观的包容。微博问政必须尊崇“不扣帽子、不打棍子”的原则。“微博传播凸显的价值意义在于充分实现了人与人之间、人与社会之间自由平等的沟通与交流。”①微博问政对于政治利益与政治活动各方之间的交互式活动所带来的意义在于它一改传统社会用一套统一的价值观念武断地迫使所有人就范,把全体人民纳入到一个同质利益需求的逻辑框架,由此而臆想出行政的策略和方案。新媒体时代对这种臆想的打断,是在平等交流的过程中实现的;这种一定程度上缘于信息传播主体变更的平等权利使民众获得了均等的表现机会。异质性代替了同质性,这是依靠个性化演绎缤纷世界的时代的思想和行动的前提。就其实质来说,就是对“中心”的去除,这在微博问政这个应用平台上有了一定程度的显现,尽管它依然不至于达到一种“先定和谐”的壮丽:自在的独立的单个原子,和谐地共处和构建世界大全。不过,对异质性利益诉求的尊重,多少代表了人的生存状态进化的方向。

以上主要从新媒体技术的双重质问、新媒体与民主技术、我国的电子政务与微博问政三个方面简要论述了新媒体作为民主技术对人的生存之政治生态的重要意义。新媒体具有的“自媒体”特征,引爆了一场信源(信息来源)革命,真正使信息资源的创造者和占有者合而为一。新媒体节点扩张所引发的梅特卡夫效应使新媒体信息权力在重构舆论场和再造政府形象上具有无穷的力量。当然,新媒体技术本身不可能成为社会自动的主体力量。技术发挥作用的根据在于人自身的欲望或者理性。新媒体技术的双重质问——悲观主义或者乐观主义的质问,都受到了自身偏狭意见的约束,它们分别把新媒体的作用引向了两个对立的极端。而新媒体自身运转的机制否定了这种极端化,它只提供可能性。在新媒体与民主技术演进的关系中,什么是民主技术,或者什么是技术民主,这是十分含混的概念,本书对此做了

① 黄丽萍.微博时代为政者如何剑走“网路”.领导科学,2012(11):42-45.

简要的清理。媒介的传播程序与现代政治的程序化,以及新媒体对人的积极自由权利与消极自由权利扩容的全面启动,是人的发展历程中的重大进步。技术的民主化是技术的“赋权”功能,而民主的技术化则是技术的“赋能”功能,这两个方面在新媒体时代获得了极大的发展。

在对新媒体技术与民主政治的关系做了简要分析之后,探讨我国的电子政务与微博问政问题,显然是作为实证案例或者拓展材料来印证文本自身的确凿无疑。显然,这种企图将会遭到失败,因为我国的电子政务和微博问政尚处于起步阶段,在生存论意义上的重要作用还隐而不显。问题不在于事实上已经达到的解放程度,就人的生存发展来说,初露端倪的萌芽状态已经令人惊喜不已。我国电子政务在短期内已经取得了显著的成就,尽管在哲学的意味上,它的改良状态停留在形而下的操作层面,它的设计主体依然停留在政府机构的单向策划。微博的兴起似乎要改变这种现状,民众的主动性和参与性增强了。微博问政由政府部门、行政人员与民众的主客关系,变为新的主体间性的关系。这不仅是一个认识论的问题,重要的是它开启了一个新的发展方向:微观个体的政治诉求得到不同程度的关照,现实人生的体验受到不同程度的重视,具体个人的细节和差异得到尊重。

小结:关于数据化民主政治进程的断想

弗兰克·韦伯斯特在《信息社会理论》一书中关于数字化对于民主进程的作用的一段话至今值得人们深思:“可靠的信息来源无疑是任何民主社会的关键要素。如果选民无法获取那些关于生活标准、移民水平、人口构成或结婚率的数据,他们如何能够对经济政策、民族认同、老年人照顾或者家庭关系等等问题畅所欲言、各抒己见呢?”[①]然而,现在的政治人物同时充当着媒介精英,掌握着话语权力,善于制造各种晦涩艰深或者枯燥乏味的数字。争夺注意力已经成为重要的政治手段,“无论是为了制造舆论而散布信息,还是为了愚民而封闭信息,都是如此”。媒介成为政客信息操弄术的演武台。[②] 公众因为对冗长数据的敬畏而使诸如肯尼迪、里根这样的政界精英都

① 弗兰克·韦伯斯特. 曹晋,等,译. 信息社会理论. 北京:北京大学出版社,2011:207.

② 肖峰. 信息主义:从社会观到世界观. 北京:中国社会科学出版社,2010:160.

热衷于把公众无法消化的"权威信息"散布出去,从而使这些关于未来计划的数据成为有效的权术和谋略。数据以诡异的形式在传递着公众的希望,对政绩的量化管理似乎是这些数据存在的理由,也让公众相信一个敢于明白无误地保证经济社会发展的(数字化的)具体程度的政党或者政治家一定是成竹在胸的。这样,对媒体的操控成为政治夺权的最为直接的路径之一。而正如韦伯斯特怀疑的,现在的主要问题是媒体上公布的各种数据是否真实可靠?公众由此而参与进来的议论和探讨的有效前提是否存在?新媒体和政治治理往往成为一种相互依存的关系。

但是,在形式上,或者在较为理想的形式上,"一个缺乏平民信息的平民政府……是闹剧或悲剧的序幕,或者同时就是闹剧和悲剧。知识将会永远统治愚昧,那些希望成为自己统治者的人们必须利用知识给予的力量来武装自己"。[①] 可是,这样的时代是否存在?或者说是否已经到来?新媒体时代不缺少平民的信息,微博已经使草根"逆袭"成为可能。在"微权力"不断发威的今天,蝴蝶效应正在新媒体世界以各种面目上演。政治事态和政治事件的关注度已经提升到了空前的高度,有时候它并不是人们乐于这样做,而是充塞在眼球视线范围的"政治"话题让人不得不做出某些应激反应。在电子邮箱的首页、QQ 的弹窗新闻、各种门户网站的头条推荐中,政治话题一直居于重要的位置,它挤占着人们的注意力,从而对那种泛娱乐化表示担忧的见解提出了事实上的回击。娱乐化的确是新媒体时代最为重要的特征之一,不仅是娱乐更加容易受人欢迎,容易在紧张的生活节奏中给人以精神的安慰,而且娱乐更加接近于资本施魅的本事,更加接近于世俗大众的盲动;或者非常高雅地说,娱乐化更加接近于人民的精神生活和个性需求。然而政治作为一种现代工艺,似乎在不断地被创制着——新媒体是一个现成的(也是发展着的)利器。行政人员最需要的是提高媒介素养,而这个媒介素养的提高并没有褒贬含义:在心怀歹意的人那里,媒介素养的提高意味着更加沉着冷静地面向媒体(新媒体时代的媒体人员是全部的社会民众),更加老谋深算地玩弄数字游戏和权谋,以便把自己伪装成卫道士和民主典范;在

① 弗兰克·韦伯斯特. 曹晋,等,译. 信息社会理论. 北京:北京大学出版社,2011:206.

心怀善意的人那里，媒介素养意味着更加本真的生活，政治治理成为一门艺术，带有淳厚理想主义色彩，而又深深扎根在现实土壤之中的那种倾情。新媒体成为更加直接的交流和沟通工具，它使权力架构的阶层等级更加扁平。

政治操弄会使新媒体变得愚钝不堪，因为新媒体的信源来自各个异质性的存在者，它很难步调一致地听从于某项计谋。从而，丑陋的演技很容易暴露出各种阴谋。或者反过来也一样，新媒体使政治变得笨拙，“微权力”的无处不在使得各种异想天开和腐败的企图都不得不小心谨慎，政治上的变革变得越来越被动，或者从历史唯物主义的角度来讲，人民群众的“火车头”作用越来越凸显。新媒体的发展导致社会阶层和社会权力结构的变迁，从而让人们看到了一种新的民主曙光。除非像胡斯那样的作者，才看到了高科技所创造的新的无产阶级。她认为高科技环境中的新的机会也意味着新的威胁，工人（包括办公室人员，在她看来只是一种新形式的工人而已）面临着进入和转入特定行业的各种技术壁垒，以及各种新的技术变革所带来的不安定。同样，他们也就失去了讨价还价和争取合法权益的更多话语权。民主对于这些人来说，指望技术上的革新是不可能成功的。[①]

胡斯也许过于悲观，但是，乐观者（如尼葛洛庞蒂）所谓的技术“赋权”的预想，只怕也难以自动实现。至今还没有哪一种技术能完全按着它自己的逻辑运行，新媒体的启动、运行、终止、过滤等等，同样不能抛开政治社会的大环境。就此而言，似乎只能回到悲观情绪的包围之中，但是，这种悲观情绪已经被不时的新闻材料所打断。“表哥杨达才”、“重庆雷冠希（艳照门雷政富）”、“南京‘天价烟’局长周久耕”、“深圳‘猥亵女童’局长林嘉祥”、“剑阁‘节约’局长曹正直”、“徐州‘一夫二妻’区委书记董锋”，等等。网上流传这样一句话：“微博一转，围观一万，反腐一动，倒下一片。”“微权力”正在发酵，在民众“扒皮”功夫越来越强大的时候（赋能），新媒体的确也赋予了民众更多的政治权利（赋权）。新媒体对人的民主政治生活的追求和最终拥获，无疑具有不容置疑的事实根据，因此观之，前述的理论分析却不再显得多余。不过，美国学者布鲁斯·宾伯在研究人们寻找政治信息以便降低行为

---

① 乌苏拉·胡斯．任海龙，译．高科技无产阶级的形成：真实世界里的虚拟工作．北京：北京大学出版社，2011：113.

前的不确定性的心理分析的过程中指出,随着信息成本降低以及信息源的多样化,信息丰富者的信息会更加丰富,而信息贫乏者的信息会愈益贫乏;新信息的获取并不必然导致市民更高的信息知情权;政治环境中的信息转化为知识以及最终转化为政治参与程度具有高度偶然性。①

新媒体技术革命的最大亮点就是信源革命,信息源的多元化,它去除了政治权威在塑魅的过程中对信息的垄断。同时,通信渠道的拓展更加促进了信息的发布范围,政治信息是否出现宾伯所言的过度?或者依然停留在参与政治的偶然性因素?这在前述长篇累牍的解说中似乎已经说明了这一点:新媒体创造的是另一种偶然性,它寓于民主的普遍性原则之中的偶然性(更多的选择性和可能性);新媒体在政治生活中的作为,必然以信息本身成为权力的资源作为依据。只有信息本身成为一种可以役人的资源的时候,它才成为权力的基础和权力争夺的对象。新媒体的信源革命恰恰在这个层面上使信息资源的垄断变得愈益困难,除了政治精英、企业家、娱乐明星、学者、文豪等等能够有发言权之外,公众亦获得了自己的发声平台。在新媒体延伸了人的体力和智力的这样一个阶段,在新媒体赋予公众以知情权和更多发言权的时代,那种似乎愚人以数据的奇妙想法,不是很粗劣吗?人类生存环境在政治文明向度上的一切期许成为一种现实可能性,尽管它的实现有待时间和实践来证明。

第三节　新媒体与当代文化发展

媒介与文化、文明的发展之相关性是不容置疑的。关于精神文化(本节所指的文化)和物质文化(广义文化的内容)的关系问题,马克思和恩格斯在《德意志意识形态》中说:“占统治地位的思想不过是占统治地位的物质关系在观念上的表现,不过是以思想的形式表现出来的占统治地位的物质关系;因而,这就是那些使某一个阶级成为统治阶级的关系在观念上的表现,因为

① 布鲁斯·宾伯.刘钢,等,译.信息与美国民主:技术在政治权力演化中的作用.北京:科学出版社,2011:199-202.

这就是这个阶级的统治的思想。”[①]约翰·斯道雷在他的《文化理论与大众文化导论》中说：“经典马克思主义对大众文化研究的启示就在于：若想对文化的文本和实践加以解释和阐释，就必须还原到生产这些文本和实践的历史条件中去，并对这些历史条件加以分析。”[②]新媒体时代，物质技术已经发生了翻天覆地的变化，与之相关的信息传播方式和信息生产机制都发生了重要的变化。按照波斯曼的理解，媒介乃是一种隐喻。毋庸置疑，新媒体连同它在应用扩张过程中所呈现出来的那种共享性与话语权力的转移，使其具有了隐含的无限广泛的文化意蕴。思想表达的方式和思想的内容之间的内在勾连（媒介的发展和精神文化的发展有着难以割离的关系），媒介如何在无形之中影响着新文化的形成和旧文化的发展，波斯曼在《娱乐至死》一书的相关章节有所论述。[③] 本书试图能在一定的范围内揭示这一现象：新媒体时代，信息、传媒和文化之间的关系越来越密切，尤其是移动新媒体的开放性和低门槛，以及由于信息传播方式彻底改变了单向度的传统，人人都是麦克风，信息传播的授受关系变得更为复杂，文化权力的重心下移；草根文化日渐成为一种新媒体时代非主流的主流文化（“非主流”，是从其与传统文化和官方文化的视角来看，并不占据统治地位；“主流”，是从这种文化所拥有的信徒和群众基础来看的），这是新媒体时代的一个重要特征。与此相关，由于草根精神对娱乐的向往，普遍的娱乐化浪潮席卷新媒体世界：全民纵情娱乐、游戏致死、“屏世界”加剧着视觉文化的盛宴提前进入高潮，文化工业繁荣、文化消费主义倾向明显，等等。这就是人们生活于其中的新媒体文化大背景——遑论说，它直接就是新媒体生活本身（从“文化即是生存方式”的角度来看）。

一、信息、传媒与文化

（一）文化

美国人类学家露丝·本尼迪克特认为，人类文化是人格的无限扩展，一

---

① 马克思恩格斯选集．第一卷．北京：人民出版社，1995：98.

② 约翰·斯道雷．常江，译．文化理论与大众文化导论．北京：北京大学出版社，2010：74.

③ 尼尔·波斯曼．娱乐至死．章艳 译．南宁：广西师范大学出版社，2009：20－25.

种文化，无论它多么微小，多么原始，或多么巨大，多么复杂，人们都可以认为，它是从人类潜能巨大的弧圈中选择了某些特征，并以比任何个人毕生能做的一切更强大的力量给予了精心建构。弗兰茨·博厄斯在本尼迪克特《文化模式》一书的绪言中引述了歌德的诗句来说明人类文化与人的生存的历史性有着极大的内在关联，任何一种人格的生成与发育都离不开特定的文化背景："谁要真正认识描述生命之物，先得寻找精神的本质归宿，如果缺乏精神的沟通，那他就没得到生命的全部。"①本尼迪克特在她的著作中无疑把文化当作一个动态的整体生成过程，她并未把文化作为一个被割裂的、静态的价值形态来对待，而是"所有文化并未将它们成千上万的行为种类铸成一个平衡对称、均匀和谐的模式"。② 正因为文化的差异性，或者文化种类的存在，以至于对文化概念的界定更加模糊不清。

有人认为，文化通常在两种意义上使用：其一是指整个生活方式，其二是指艺术和知识。并认为前者是"通常含义"，后者是"发现和创造之努力的特殊历程"。③ 威廉斯对文化的有三个广义的定义：其一是指智慧、精神和美学的一个总的发展过程；其二是指某一特定的生活方式，无论它是一个民族的，还是一个时期的，或者是一个群体的；其三是指智慧，特别是艺术活动的成果和实践。④ 据(伊格尔顿)说，文化从词源上讲最先是一种完全的物质过程，后来才"比喻性地反过来用于精神生活"。文化这个概念可以是描述性的，又是评价性的；既指实际上已经展开的东西，又指本应该展开的东西。"它是一个自然将多种严格的限制强加在其身上的构想"，"文化就是它主张治疗的那种疾病"。⑤ 伊格尔顿对文化概念的阐述显得复杂艰深。18 世纪德国启蒙思想家赫尔德尔在《人类历史哲学概要》中对文化的界定据说是最权威的，"文化"的三个基本特征被定位为：第一，文化是一种社会生活模式；第二，文化总是一个民族的文化；第三，文化有明确的边界。⑥ 在《世界文化

① 露丝·本尼迪克特. 何锡章，黄欢 译. 文化模式. 北京：华夏出版社，1987：2.

② 同上，173 页。

③ 吉姆·麦克盖根. 桂万先，译. 文化民粹主义. 南京：南京大学出版社，2001：25.

④ 约翰·斯道雷. 杨竹山，等，译. 文化理论与通俗文化导论. 南京：南京大学出版社，2001：2.

⑤ 特瑞·伊格尔顿. 方杰，译. 文化的观念. 南京：南京大学出版社，2003：2－34.

⑥ 陆扬，王毅. 大众文化与传媒. 上海：三联书店，2000：2.

报告》的绪言中，有这样一段话："人们可以在'传统'文化中寻求安全，感到文化的接触对他们现有的生活方式和习惯是一种威胁。然而，在变化正在进行的动态过程中，尚没有文化'模式'能够保存的办法。一些人可能对传统文化的'丧失'或转化表现出恐惧和悲伤。……其他的人可能被这种新的挑战所激励而勇往直前，改变、顺应以及说服别人去采纳一些新的生活方式。然而还有一些人想把自己的文化和宗教强加给别人。"[①]这段话尽管没有直接说明文化的概念，但是对文化特征的隐涵却与赫尔德尔的"权威"界定酷似："生活方式"、"民族的"以及"边界清晰的"（指不同文化模式之间的特征），这些关键要素一个也不少。

在追根溯源的研究中，马文·哈里斯显然把文化的起源归根于人类对自然神秘性的破解之旅，生产和生活方式的变更预示着文化的变化。不过，在资本主义阶段，人类技术的进步能否持续保持对文化的促进作用，哈里斯认为"取决于技术进步与生产条件无情恶化之间的竞争"。他认为，"在目前条件下，技术似乎要输掉这场比赛"。[②] 从而，在源头上人类对自然的征服产生了早期人类文化，而这在维持文化的持续繁荣和增长上，却并没有根据。哈里斯的"文化"似乎更加接近"文明"的概念（倾向于向上的、积极的人类文化成果）。不过，整体上看，马文·克里斯的"文化"概念多少带有一点"文化唯物主义"的味道（他的另一部重要著作就叫作《文化唯物主义》）。而塞维斯认为文化进化的基本动力不可能来自某种一维的力量，心灵、社会冲突、技术等等，"世界上没有什么唯一的神奇公式，可以去预测一切社会的进化。在特定的社会中，文化的实际进化是一种适应的过程，因此，社会要解决自己的问题时，要顾及自然和社会文化的环境。这些环境千变万化，存在问题层出不穷，解决方法也可能是千差万别的，所以，不可能存在一种对整个人类社会都同样有效的唯一的决定因素"。[③] 在文化概念的清晰度问题尚未解决的前提下谈论文化的演进过程，显然也就难以得到确切的答案。然而，这似乎不能由此而怀疑人们在日常生活中对"文化"概念的信口拈来和

---

① 联合国科教文组织. 关世杰，等，译. 世界文化报告 1998：文化、创新与市场. 北京：北京大学出版社，2000：1.

② 马文·哈里斯. 黄晴，译. 文化的起源. 北京：华夏出版社，1988：170.

③ E. R. 塞维斯. 文化进化论. 黄保玮，等，译. 北京：华夏出版社，1991：27.

种种习以为常的运用。

李秀林等人认为,“作为哲学范畴,‘文化’一词通常有广义和狭义两种含义:广义的文化概念,是指人的有目的的活动的结果,即人们在物质活动和精神活动中所创造的一切,既包括物质文化,也包括精神文化以及社会的风土人情、习俗、风尚等一切‘人化’的事物;狭义的文化概念,是指意识形态或观念形态,仅包括与精神生产有关的观念形态。正如毛泽东所说,‘一定的文化是一定社会的政治和经济在观念形态上的反映’。马克思主义经典作家也是从广义和狭义两种意义上使用文化这一概念的”。[①] 本节所使用的“文化”一词,主要是指狭义的文化概念。在结合西方其他思想家的论说、新媒体时代的特征以及本书的论述策略的基础上,将人的精神领域的生存方式、物质生存领域的精神向度、思维方式、文化艺术等涵盖在文化范畴之内。然而,本书并不打算从文化模式的角度来阐述民族文化的特性或者地域文化的个性问题,而在于阐述时间向度上新媒体时代的文化景观及其特质,从而确立一种历史的厚重感和清晰度:新媒体时代是这样一个以传媒技术的发展为界碑的时代,人的文化生存的现代性特征是非常明显的。

(二)信息文化

丹·希勒认为文化就是符号化的经验表达。[②] 信息与文化很难隔离开来,新媒体时代,信息文化化、文化信息化日益成为一种不可阻挡的趋势。肖峰教授认为,信息的全部价值和意义就在于形成文化,而文化形成的本质就是人工信息的积淀。精神文化直接就是信息,物质文化中亦包含着信息。信息与文化是一种双向建构的关系。[③] 信息为文化提供表达工具,同时,现代信息技术本身在对社会进行全面渗透的过程中也会形成新的社会文化,既有新的语言表达和新的艺术形式,也有新的生存方式和新的生活态度;既有新的社会风俗的形成,也有新的社会交往及其相应的社会关系模型的出现;既有新的文化空间的拓展,也有新的文化内容的诞生;既有新的信息环境的熏陶,也

① 李秀林,王于,李淮春.辩证唯物主义和历史唯物主义原理.北京:中国人民大学出版社,2004(5):114.

② 丹·希勒.信息拜物教.邢立军,等,译.北京:社会科学文献出版社,2008:24.

③ 肖峰.信息主义:从社会观到世界观.北京:中国社会科学出版社,2010:208-211.

有新的信息技术在文化教育方面的应用,等等。可以说,信息文化,即形成于信息的广泛传播、信息文化教育的深入开展,更是由于信息技术的普及使得信息文化具有宽广的内容和深远的意义。把信息文化看成是口语文化、印刷文化以及电子文化演进过程中的后一种文化形式,这在形态上看当然无疑是正确的,但在内容上看却是偏狭的,印刷制品同样可以表达信息文化,或者说,文化产品的介质充当文化本身的衡量尺度显得有点乏力。信息文化说到底就是信息化的生活方式,就是人们花费时间沉浸在其间,并为之而改变自身之存在的观念、方式的东西。"一般地说,(信息文化)它是指信息作为一种文化存在和文化作为一种信息存在的统一;特殊地说,它是信息时代的文化或文化在信息时代的样式。目前,通常在后一种意义上使用。"①

肖峰教授认为,从形成来看,信息文化是信息技术对社会的全面渗透造成的,它不可等同于与口传、印刷文化相区别的电子文化,信息文化的数字化、全球化、互动性特征乃是依赖于信息技术本身的特征,信息技术到信息文化是文化的"重塑"过程。与口传文化和印刷文化相应的电子文化,依然着重于在介质上的划分,而信息文化乃是整个文化特征的变化,除了上述数字化、全球化和互动性三个基本特征之外,还有本书在其他地方论述过的多元化、即时性、小众化与大众化共生、"微生活"化、易变性、偶在性等等特征。当然,对文化"介质"的就轻避重并非完全否定介质在文化发展中的作用,本书的主旨恰恰是在介质变化的基础上谈论文化变迁的。在文化载体上,信息文化是一种符号文化,是基于"0"、"1"这样的数字字符组成的文化形态所表现出来的新的文化特征的集合体。从而尼葛洛庞蒂就直接把信息文化称为比特(字符)文化。

信息文化是文化的信息化与信息的文化化的互动过程。信息既无法与文化脱节而变为纯粹的数字存在,成为无意义的存在,信息是文化的表现手段,总是体现为一定的"思想内涵";文化也无法离开信息的勾兑、集约、合成、陈述、等,文化不是先定的某种怪物,不是来自神启的某种玄幻,不是静坐格物的某种结论。文化是一种生存的方式,借由信息来谋划、成就、延伸、型塑、表达。信息技术条件下所引发的信息文化,就是信息传播、扩张、演

① 肖峰．信息主义:从社会观到世界观．北京:中国社会科学出版社,2010:214.

化、创造等本身所显示出来的新的文化形态,就是人们在如上信息活动中的生存方式,以及关于这些生存方式的理念——这句话的意思在表达信息文化的时候是如此的不可分离。江泽民指出:"当今世界,科技进步突飞猛进,特别是信息技术和网络技术发展迅速,对世界政治、经济、军事、科技、文化、社会等领域产生了深刻影响。"①信息技术的不断发展和普及应用,导致了信息文化的发展繁荣;信息文化是技术发展的产物,也可以说,直接的是人们生产生活方式发生重大变化的结果。

作为一种新的文化形态,信息文化涵盖了物质形态、社会规范、行为方式和精神形态等四个基本的层次。物质形态的信息文化是指人文环境在信息技术时代物化的结果,是信息资源的累积和沉淀,其主要内容包括信息资源系统和信息技术体系。社会规范的信息文化是人际关系(以及在信息时代所内含的信息关系)的程序化和制度化,是人类信息活动的道德准则和法理制度(即信息伦理和信息法规)。行为方式的信息文化是人们在信息交往(扩散、中介、接受、吸纳和再生)过程中展现出来的信息行为方式。精神观念的信息文化是信息文化的核心之所在,它体现了个人和群体的信息意识和素养。在本书的论述中,信息文化的物质形态是预设的前提性条件,而社会的伦理规范和法律制度被认为是某种人为的建构,在伦理规范上更倾向于对自发形成的道德现象做出阐释,而不对人们自觉制定的规范进行陈述和设想。行为方式和精神生活所表现的信息文化,尤其是在特定技术背景(新媒体)下它们对人的生存的文化环境的保持或改变起到十分重要的作用,从而成为本书着墨较多的论域。

(三)传媒文化与新媒体文化

李长春在2008年就曾经指出:"互联网已成为覆盖广泛、快捷高效、影响巨大的大众传媒,成为思想文化信息的集散地和社会舆论的放大器,对人们特别是知识分子和青年学生的影响越来越大。"②而智能手机与平板电脑的平民化加快了互联网的应用范围和使用频率。从信息文化到传媒文化,这非但是一种"内容"到"形式"的转移,更是因为新的传播方式和传播路径

① 江泽民文选. 第三卷. 北京:人民出版社,2006:300.

② 十七大以来重要文献选编(上). 北京:人民出版社,2009:175.

决定了文化的创生机制发生了重大的变化。新媒体文化不等于新媒体时代的文化,但是新媒体文化却极大地改变了整个新媒体时代的文化。新媒体时代人之存在的文化背景,在为人们提供更多的话语权和“装裱”自身个性的符号系统的时候,也带来一系列的挑战,个人在全媒体的世界中是否能够主张自己的审美情趣和文化格调?“微世界”中个人对新的文化的诞生所起到的作用是否源于一种集体合力的作用(显然这是理想化了的)?

传媒文化是自从有传播媒介以来就有的一种文化。但是,长期以来,特别是在传播媒介为少数人掌握的精英时代,传媒文化是边缘的,它吸收小众的眼光和注意力,在口头传播为主的时代主要充当着似乎更为权威的“官方”消息的角色。由于能够获得报刊和正常阅读报刊的人较少,“有学问的”、“有地位的”人才能获得报纸(以后是收音机)等媒介,无论什么奇谈怪想一旦登上报刊就获得了神秘的外衣,似乎成为不受挑战的真理。这种文化氛围的构建是与信息传播的路径密切相关的。媒介本身掌握着信息选择和通信渠道的双重权力,从而使信息文化难以自成气候。正如前面在提到信息文化的时候特别强调是在数字化时代形成的信息文化,传媒文化也不能在一般的意义上指称一切传播方式下的文化体制和文化形态。传播文化指的是现代报刊媒介以来,由于传播媒介的发展,以及在信息传播过程中所形成的文化样态和文化格调。如果说报刊、广播,甚至传统的电视,都只能是一种由媒介(物主)掌控的信息传播介质,它的话语权在少数人手中变现,它的“大众化”特征仅仅是从受众的角度来界说的。而作为真正意义上的大众文化的诞生,在传媒发展的阶段上,必须自互联网的广泛使用开始。互联网文化是全体网民“共创”的文化,是真正意义上的大众文化,非但信源是大众的,信宿和传播渠道亦是大众的。这个“大众”范围的广泛无疆,必须借助“草民”这个词语才能完美地表达(这里的“草民”或者“草根”已经不带任何不屑和猥琐的意蕴,而是指称一种无边无际和生生不息的民间意见的兴起)。在对几个常见的文化现象进行专门论述之前,仍必须对以下几个细节问题作简要的交代。

1.信息文化与传媒文化。

一言以蔽之,传媒文化属于信息文化,是信息文化中的重要组成部分。樊昌志和童兵认为,“传媒系统是传递新闻和娱乐等社会信息、文化信息的受托系统”。[①] 周鸿铎指出:“网络文化属于传媒文化,而传媒文化又属于信息文化,而信息文化又是现代人类文化的一种新文化。”“信息文化只是人类文化发展的一个阶段,是信息技术对人类社会生活的渗透而形成的一种新文化形态,传媒文化、网络文化只不过是这种新文化形态的组成部分,同属于信息文化。”[②]传媒文化是信息在传播过程中所形成的文化,而信息文化不但包括信息的传播,还包括信息的产生、信息的组织、信息的衍变等等。当然,信息在传播过程中会以新的形态出现,或者产生出新的信息内容,这一点尤其在新媒体时代得到强化。“信息传播是一个大信息、大传播的总体性概念,它的所指应该涵盖人们通常所说的信息、文化、传媒等领域的产业基础属性的意涵,也应包括传播内容、传播渠道、传播方式、传播过程和传播效果等领域的非产业基础属性的意涵。”[③]这是信息文化和传媒文化的关系问题。在新媒体时代,随着“受众创造内容”的互联网的广泛使用,信息的传播过程与信息的生产过程更加紧密地联系在一起,人们在接受、传播各种信息文化的同时,往往会根据主观意愿进行筛选、加工,从而在信息传播的链条上不断修改信息的内容,信息的文化意蕴随之发生变化。

2. 新媒体文化与新媒体时代的文化。

严格地说,新媒体文化与新媒体时代的文化在概念上有着非常清晰的边界:新媒体文化指的是新媒体在产生、应用、发展过程中,在新媒体运营和使用的过程中所形成的新的文化;而新媒体时代的文化涵盖的内容要广泛得多,它指的是新媒体成为主流媒体以后,整个社会文化在新的传播技术条件下的样态。新媒体文化是一种新的文化形态,而新媒体时代的文化则包括旧有的文化形态,不管它是否已经随着时代的变迁而发生改变,不管这种改变是巨大的还是细微的。在互联网文化(尤其是移动互联网)产生之前,把媒介文化与某种媒介所居的时代文化做区分是非常简单的事情,但是,新媒体的出现使这种区分变得复杂艰难。在传统媒体时期,媒介本身运营和

---

① 樊昌志,童兵. 社会结构中的大众传媒:身份认同与新闻专业主义之建构. 新闻大学,2009(3):22-29.

② 周鸿铎. 发展中国特色网络文化. 山东社会科学,2009(1):53-57.

③ 丁和根. 生产力·传播力·影响力——信息传播国际竞争力的分析框架. 新闻大学,2010(4):136-142.

使用的过程中所形成的文化与整个社会的文化相比,的确有着重要联系,特别是广播、电视的使用,使人们几乎不可思议地把广播和电视中所体现的文化搬到了现实生活中来:在表现上,似乎不是电视在“反映”生活,而是在“刻画”生活;广播不是在“描述”生活,而是在“塑造”生活。大众传媒(这里借用一般的用法,指受众的大众化)不甘寂寞地制造着新的文化气息和新的文化品位,整个社会俨然一个媒介景观的样式。但是,就算在电视普遍流行的时代,依然未能改变工业社会的主流文化。在现代性上,媒介单方面操纵了大众符号和模式化形象,“操纵着通信工具的个体控制了这些符号和形象”。[①] 少数人的支配地位并没有得到改变。新媒体已有自己的文化形态,但新媒体文化与新媒体时代的文化这两个概念似乎很难区分,主要的原因是新媒体的无孔不入、无处不在、无时不在的“深度卷入”使社会生活的一切方面都受到了重大的影响。吴克明在论述网络文化时说:“概括地讲,这一传媒信息文化对传统社会信息文化从时空上实现了一个根本工具价值合理性的改观,主要表现为……网络信息文化交流系统的交互性和协调性。”[②]新媒体对社会生活的全面渗透让“新媒体文化”升格为“新媒体时代的文化”,或者说,它使得新媒体时代的文化几乎可以统称为“新媒体文化”。这是从新媒体对社会文化的深度卷入和全面渗透的视野来说的。而这种情况在旧媒体时代是不可能的,人们绝不会因为报纸杂志的出现而把它们出现和广泛使用的年代的文化统统称为报纸杂志文化(这不但看起来十分别扭,事实上也与实际相去甚远)。

3. 新媒体时代的文化生存。

新媒体时代的文化生存主要是指新媒体传播对文化权力的影响造成了人们在当今时代能够获得更多的文化表达权、文化创新的技术许可和文化创造的机会,也包括新媒体传播所引发的文化霸权主义可能借助新媒体技术而实现新的文化殖民的风险。这种文化殖民主义往往是通过笼罩在人的存在周围的气氛和习俗、价值观念、行为方式、审美情操等而实现的。新媒

---

① 路易·沃斯. 陶家俊,译. 作为一种生活方式的都市主义. 王安民,等,主编. 现代性基本读本. 开封:河南大学出版社,2005:710.

② 吴克明. 论网络文化的价值合理性. 湖南师范大学社会科学学报,2011(3):137-142.

体时代的文化生存具有显著的特征，它既明显地区别于传统社会，也明显地有别于旧媒体时代的现代社会。区别于前现代社会的地方再明显不过了。第一，对约定俗成的文化传统不屑一顾，新的文化符号和文化内容层出不穷，一切固有的东西都烟消云散了，一切新的“传统”（具有“成为传统”的内在冲动的东西）等不到成为传统就过时了。第二，意外和偶在是新文化与旧文明断绝关系的一个措辞，没有什么能够更加清晰地向“传统”表明这样深刻的意思，没有必然性的继承，没有必然性的发展方向，似乎挑明了要与传统社会逆向而驰，只不过没有更加合理的词语，把一切归属于“纯粹巧合”正是现代文化的计谋——它在“传统”文化的纠缠中不能脱身的时候，在偶然性的幌子下不再需要考虑其发展离开“正道”有多远。

以上两点，波德莱尔在《现代生活的画家》中有鲜明的陈述和解说，那就是“转瞬即逝”、“短暂性”、“偶然性”、“易变性”、“变幻无常”这些描述“不确定性”和“变化”的词语所拥有的意思。[①] 区别于现代的旧传媒时代的特征同样十分清晰。

第一，道德和规制变得越来越游戏化，从技术层面到制度层面的转接似乎不费吹灰之力。遵守规则的游戏成为新媒体文化的重要特征——当然，新媒体本身开发出了更多的游戏平台和游戏规则，每一种游戏规则都需要人们即时掌握，统一命名和流传已久的游戏规则不复存在。正如新的游戏不断开创一样，新的规则也在不断制定。主要的问题可能不在于游戏规则这个自古就有的社会约束机制，而在于游戏规则的小众化——人们不必设定一些普遍适应的规则，因为游戏已经小众化发展，更多的个性化游戏不断开发，玩家甚至可以参与到游戏的开发和升级中去，这种在使用过程中不断得到用户自主开发而改进的游戏，与新媒体时代人的生存的多角色定位是相铆合的。

第二，新媒体文化不但有着游戏规则的小众化倾向，以及由此而来的虚拟角色的多样化（它在一定程度上也是新媒体时代社会分工的细化与模糊化交叉发展的产物），更有着游戏精神的第二个方面（如果第一个方面是遵

---

① 波德莱尔．肖聿，译．我心赤裸——波德莱尔散文随笔集．北京：中国广播电视出版社，2000：15－16.

守游戏规则的话)，即娱乐精神。新媒体时代的文化已经庸俗化到一些“正统的”传统文化的卫道者感到恐慌和害怕的地步，“高山流水”全然被“下里巴人”所替代和逆袭。泛娱乐化是新媒体时代文化的显要特征。“恶搞”、“搞笑”这样的主题词充斥着新媒体时代的各种感官。而色情、暴力以及其他带着强烈低级或高级趣味的文化载体纷纷意欲占领人们的“瞳孔”，通过瞳孔而激活人们内心的欲望(同样包括“低级的”和“高级的”)——这就是视觉文化的鼎盛世代——进一步讲是感觉文化的鼎盛世代。视觉、触觉和听觉等一切感觉通道都成为新的文化侵占的地盘。沃斯所描述的工业社会的那种城市的娱乐精神在新媒体时代得到了强化和普及：“迎合刺激心理，提供逃避繁重的工作、单调乏味和刻板机械的生活之途”成了娱乐的主要功能之一，“这极大地提供了创造性的自我表现和自发的群体联系的手段，同时导致……不容忽视的被动观众病或追求刺激的破纪录表演狂热”。[①] 然而不同的是，这种集体的狂热和泛娱乐的精神，已经由主要是“被动”的观众变为了新媒体时代人人掌握麦克风的主动状态。

第三，新媒体文化在一定程度上是一种草根文化。这既充分体现着人民群众对历史的伟大创造作用，又使文化霸权受到一定程度的动摇。普通网众能够在新媒体中传播信息、制造信息内容，通过简单的参与方式在互动中形成新的文化潮流。各种“体”的语言陈述方式，如“梨花体”、“凡客体”、“淘宝体”、“咆哮体”、“私奔体”、“蓝精灵体”等前赴后继；各种“控”的生活方式，如“萝莉控”、“御姐控”、“微博控”、“PS 控”等等不断翻新。“体”是一种文化表达形式，而“控”是一种文化生存状态。前者是一种草根选择，后者则是整个文化系统中所表现出来的人的被异化的状态。

第四，非个人的、表面的、短暂的文化接触和相互影响更加全面铺开，网络的开放性导致个体之间的联系的普遍偶在性，沃斯所描写的现代城市中的那种不坦诚、冷漠和腻烦(他认为那是人们为了抵制他人的要求和期待的手段)，在新媒体时代的文化影响中显出了双面特征：一方面是网络虚拟世界中文化的相互影响日益紧密，相互联系显得热情高涨；另一方面，现实中

---

① 路易·沃斯．陶家俊，译．作为一种生活方式的都市主义．王安民，等，主编．现代性基本读本．开封：河南大学出版社，2005：710.

人们却在淡薄的、同样保留着现代工业城市中那种冷酷的表情下生活。文化的双面性是新媒体时代的重要特征，由“虚拟”而进入普遍的“虚伪”。“伪装”成为一种重要的文化现象。从闪烁的个人头像到个性签名等一系列代表自身文化素养和品位的符号系统，都装模作样地在型塑一个“实在”的假象。

可见，新媒体时代人的文化生存所实际遇到的问题和它的鲜明特征一样，区别于传统社会和旧媒体时代的文化形态。新媒体文化作为生存的背景和舞台（进一步作为生活方式本身），绝非一种简单的对传统的“延伸”（这个词语在媒介社会学领域被研究者喜闻乐见），它有别于传统文化——它是生存方式的时代差异性（这也是本书把研究视域定格在新媒体“时代”的原因之一）。

4. 信息文化安全与传媒。

文化安全问题一般被认为是保守主义的一种腔调。但新媒体时代确实存在着文化安全的问题，无论是保守主义还是激进主义都不得不面对这个严肃的话题。这可以从两个层面来加以说明：一是个人的层面，一是国家和民族的层面。在个人的层面上，保守主义者认为在传统文化中人们容易找到归属感，而自从进入现代社会以后，传统文化在整个社会的流变中风雨飘摇，人们不但离开自己的家园进入到工厂，与陌生人为邻，在陌生的环境中进行劳作，更为难堪的是人们必须在陌生的文化环境中生存下去，面对许多自己不愿参与其中甚至反感的“文化暴力”（简单地讲就是人们在某种强势文化面前丧失了选择的意识和自由）。新媒体社会更加使“邻居”具有随意性，特别是“网上邻居”的随机性非常大，在微信或者微博的“附近人搜索”功能中最为恰切地表达了现代人精神生活的空虚，在熟人尚且日渐感情冷淡的时候，却在陌路人中寻找心理安慰。①

传媒的发展，使文化安全问题对于个人来讲显得十分重要，主要原因就

① 正如本书所论述的，“陌陌”这款移动社交软件，在很短的时间内就拥有大量用户。（“陌陌”是2011年8月推出的一款基于地理位置的移动社交产品。通过陌陌，人们可以认识身边的人，加入附近的群组，查看附近的留言，参加附近的活动。还可以和朋友交换各自的地理位置，用有趣的表情聊天等等。2014年2月7日，北京陌陌科技有限公司CEO唐岩通过微博高调宣布，当天“陌陌”注册用户正式突破1亿大关。）

在于失去传统文化根基的时候，也面临着失去个人自我认同的价值框架，失去了基本的自我确定和存在的安全感。人际关系的偶在性和松散性，使得个人的文化观念飘忽不定，个人不但在道德伦理这种非强制的规范上难以达成一致，就是在强制性的规范面前也表露出其巧言令色的真相。长辈或者老人的口头传播意味着经验对世界的绝对统治，现代理性主义旗帜高涨以后，经验社会似乎被打破，人们更加相信科学理性。但是，在新媒体时代，人们不得不依赖于搜索引擎来指引自己的人生航标——无论大事还是碎屑的小事。在表面上看，人们似乎又回到了在他人经验堆里寻找确定性的时代。但从个人的文化变迁来看，这同样反映了新媒体时代人们之间关系的冷漠化，文化联系的浅表性特征尤为突出。在意见领袖们拥有巨大的粉丝团队的表象中，很容易就看出了新媒体时代人们对传统文化的怀旧。那种对依靠智者和长辈寻求安全感的经验世界的依恋的复苏。现代文化受到了新媒体的挑战吗？不！它仅仅是一种对现代文化的反思和担忧。在"搞笑"、"恶搞"、"怪搞"等种种活动中，宣泄着对文化剧变的不适应的心跳频率。非但如此，由于新媒体的广泛参与性，个人文化上的基本操守也常常受到异质性文化的骚扰（当然是指从负向的角度对其施加影响）。比如，"在西方传媒信息的文化渗透和影响下，一些人的人生观、价值观、道德观发生扭曲和错位，他们把拜金主义、享乐主义、极端个人主义作为自己的价值取向和人生追求的目标，有的人甚至崇拜西方的意识形态和社会制度，成为'西化'的俘虏和仆从"。[①] 那种通过网络视频和图像音频集成系统而形成的"绘声绘色"的文化载体所表达的文化观念和文化形态，对新媒体时代的人们更是潜移默化、"润物无声"。可见，保守主义对于新媒体时代个人文化生活的安全问题的担忧是不无道理的。当然，激进的一方会反对这种观点，并认为上述各种事例都不足以表明新媒体时代的文化变化是否是一种破坏性的举动，而任何新的文化成就的获得，都离不开对文化传统的破坏——"破坏就等于建设"，这是激进主义的主要的观点。

在国家或民族的文化安全上，新媒体时代提出了更多的问题。尼葛洛

① 郭明飞．互联网时代我国意识形态工作面临的挑战与对策．马克思主义与现实，2009(6)：197－199.

庞蒂、托夫勒等未来主义学派的人都毫无疑问地坚持乐观主义的态度；而悲观主义的态度则来自于对民族文化的毁灭性的担忧。全球化是各民族国家的融合还是强势文化的一方征服其他民族国家？这是最为令人担忧的地方。刘卫东认为，“国家信息文化安全是当前我国文化建设中最为重要的问题，是我国风险社会中重要的安全隐患，大众传媒在确保中国现代化进程和国家信息文化安全方面，肩负重大历史责任，……应该从更广泛的社会视野和更深层的内在文化理性去观察与思考，以营造有利于当代中国人的心理潜质和价值判断的舆论环境，推动中国公民政治文化认同和行为取向的最终实现”。[①] 解学芳从信息资源的角度提出了对国家文化安全的忧虑，“国际信息技术集团和文化传媒集团为占领新的世界文化市场早已开始着手整合世界各国的信息文化资源，如果我们过早地依赖别国力量实现文化遗产数字化，成为文化资源的廉价出口国和信息文化产品的进口国，就会迷失自己而威胁我国文化安全”。[②] 而文化产品的自由传输（网络上传和下载），“迅速地传入大量形形色色的信息，体现消费主义观念的种种文化产品大量上市，文化工业借助电影、电视、广告、流行歌曲等传媒，以狂轰滥炸的方式将消费主义文化———意识形态灌输到人们的思想意识深处”。[③] 如此等等，民族国家的文化独特性的保存和意识形态上的安全问题，都成为文化（以及延伸而去的政治生活等）方面难以解脱的困惑。文化安全在国家的层面上既有古今厚薄之难，也有内外取舍之虑。既不能在历史上陷入虚无主义而在本国建立无根之文化，又不能重蹈文化殖民主义的覆辙而成为崇奉洋奴文化的叭儿狗。新媒体时代的文化安全问题从而成为一个重大的问题，这影响着人以什么样的姿态面向世界和面向狂风暴雨式的新媒体浪潮。

---

① 刘卫东．风险文化研究与国家信息安全——中国社会双重转型下的传媒文化责任．南开学报，2006（2）：57－62．

② 解学芳．我国信息文化产业的SWOT分析与发展战略选择．探索，2007（1）：148－152．

③ 王凤岐，林雄辉．全球化进程中西方文化的扩张与渗透．当代世界与社会主义，2001（2）：51－53．

二、草根文化的繁荣

（一）草根文化：现象和概念

"草根"一词直译自英文的grass roots，有关这个词的说法源于19世纪美国社会各阶层热衷于寻找金矿，盛传有些山脉土壤表层有草根生长的地方就蕴藏黄金。后来，这个词常应用于社会学领域。现在，对这个词语的运用大多来自互联网上一些民众对自己或他人的称呼，含有一定的自嘲意味。有人把"草根"等同于"民间"或者"弱势群体"；也有人认为"草根"这个词是一定语境中的产物，语境的差异决定了语词蕴意的不同，或指"乡村的、农民的"，或指"民间的、非官方的"，或指"群众、平民、百姓"，等等。[①] 在国内，较早使用"草根"一词的是邓遂夫，他把源于西方社会学和人类文化学中的"草根"概念借用过来界定自己的红学研究，含义为"非主流化、非正统化、边缘化、民间化"的红学研究。[②] 与草根相关的草根文化如同对草根本身的理解差异一样，始终没有统一的意见。

草根文化的概念在国内大约于2005年末2006年初开始流行，它与新媒体的兴起是前后相随的。徐风娟和谭容杰认为，草根文化"即一种区别于御用文化、殿堂文化的形态，它生于民间、长于民间，没有经过主流意识的疏导和规范，没有经过文化精英的加工改造，充满着乡土气息，同时又充满韧性、富于顽强性"。[③] 王振顶说，草根文化就是指平民化的、大众化的文化。[④] 杜骏飞认为，"草根文化指的是进入互联网时代的一种平民文化的代称，作为一个混杂体系，大型电视选秀节目《超级女声》中的李宇春等人，'非著名相声演员'郭德纲，后现代、反权威、反传统的语言的'网络写手'今何在[⑤]等人……甚至夸张而拙劣地展示自我的芙蓉姐姐及其不遗余力喝彩的拥趸，

---

① 应学凤．"草根"有新义．科技术语研究，2006(4)：48．

② 张国钢．凭据档案文献 考证红学迷疑——记著名红学家邓遂夫．中国档案2006(12)：59－61．

③ 徐风娟，谭容杰．论《闯关东》的草根文化视野与民族精神底蕴．电影评介，2009(8)：52－88．

④ 王振顶．"草根"、"山寨"为何流行．山西师大学报：社会科学版，2009(5)：141－144．

⑤ 今何在，原名曾雨，1977年生，江西南昌人，曾出版小说《悟空传》、《若星汉天空》、《九州》，电影小说《天下无双》，话剧版《悟空传》，系列网剧《我的西游》。

都可能是其中的代表人物”。[①] 田晓荣在《说“草根”》一文中认为:“草根文化指和主流或者说是精英的文化相对应的弱势阶层的活动,即一些不太受重视的民间、小市民的文化活动,正是因为这个词中所蕴涵的这种‘非正统’的反叛精神,迎合了现代人尤其是年轻一代推崇个性、追求新异的心理需求,因此,他们喜欢以‘草根’自诩,给自己冠以‘草根’的头衔,如‘草根小说’、‘草根音乐’、‘草根传奇’、‘草根明星’、‘草根天后’、‘草根部落’、‘草根族’等,正像流行歌中唱的那样‘我是草根我怕谁,大家喜欢我的另类。’”[②]

当然,也有人把草根文化与所谓的民粹主义扯上关系,甚至认为草根文化亦是消费文化的直接产物,是大众娱乐领域的专属词。[③] 如果把民粹主义的政治意蕴强化出来,而指认草根阶层对政治生活的干涉过多,据此而给草根文化扣上这样的帽子,以便于批判的时候能够更多地旁征博引,窃以为,这是徒劳的。尽管草根文化为民粹主义提供了比较肥沃的土壤,但是,草根文化本身不带有政治影射意味。而用世俗化、娱乐化这些词语用来评价草根文化,或者用通俗易懂、生动形象、嘻哈揶揄、平庸媚俗、欠缺规范等用来描述草根文化,[④]这是并不过分的。草根文化本身是芜杂的,并不必然代表先进文化。本书所指的草根文化特指新媒体时代基于网络开放性、互动性、网络进入的随意性、信息共享性、信息传播和创造的“去中心化”等而形成的非官方、非专制、非统一、非定在(非传统)的新媒体文化,它是普通新媒体用户在互联网空间中自发形成的文化形态。它没有专门的语言体系、文化规范、发展筹划、共识等。草根文化主要强调的是文化的前缀“草根”,亦即普通民众成为这个时代拥有巨大文化权力的阶层。草根成为文化的主体何以可能?这样的问题在互联网时代就显得幼稚可笑了,尽管同样的问题在以往的时代几乎只是一个梦想。也正因为文化主体的“草根化”,以至于精英情绪比较严重的人习惯于将其称为民粹主义的复活或者新形态(民粹主义,英文 Populism,是在 19 世纪的俄国兴起的一股社会思潮,强调平民的价值、

---

① 杜骏飞. 文化阶层是如何被想象的?. 电影艺术,2010(4):101-109.

② 田晓荣. 说“草根”. 辞书研究,2007(5):150-152.

③ 陈丹丹,刘起林. 草根文化诉求的价值两面性及其民粹主义根基. 理论与创作,2007(5):40-43.

④ 王琪. 2006 年以来的汉语新词语与社会文化. 广西民族大学学报:哲学社会科学版,2011(4):26-32.

地位、理想、力量、福祉等等，但是将其极端化[①]）。事实上，新媒体时代的草根阶层并不要求对“全民”以及他们的情绪的绝对服从，从而也不可能翻转为新的专制主义，将民粹主义挪用到“微博型社会”的做法似乎有点牵强。[②]把山寨文化、恶搞文化等同于草根文化也是不符合事实的，这种“投筐”的行为其实质就是对草根文化的轻蔑和不屑，是强烈的精英意识和自我（阶层）优越感在作祟。草根文化并无泛泛的褒贬、扬抑、毁誉的必要，它是一种强调“文化主体”而非强调“文化属性”的文化形态界定。也正是基于这样的理解，才能对草根文化有全面的认识，从而怀有包容的心态——这不正是现代文化的重要特征吗？只是对某种特定文化的“习惯”、“服从”、“效忠”，从而对一致性文化采取“诋毁”、“抵制”、“冷淡”的态度则恰恰反映了主体尚在传统的禁囿中不能自拔。

（二）新媒体草根文化的特征

草根文化包括文学、艺术、戏侃、恶搞电影、滑稽短片、帖子文化、圈子文化、草根时尚、草根偶像、网络新词等等。在新媒体时代，尤其是恶搞视频、带有讽刺意味的经典诗词或音乐窜改、网络打油诗、评论“盖楼”，等等，内容上或者仇富仇官，或者唏嘘调侃，或者冷嘲热讽，或者揭露“事实真相”，或者装佯摆弄，或者发呆独白，等等，不拘一格，成为广受网众喜爱的文化形式。草根文化简洁明快，通俗易懂，容易获得流行。尽管某些草根文化作品确实言过其实，但在一定程度上也反映了部分社会现实。很明显，新媒体成为“草根文化的狂欢‘天堂’。一般意义上讲，草根文化与底层文化、通俗文化、大众文化的概念相一致，与精英文化、高雅文化相对立”。[③] 草根文化具有一系列的特征：

第一，草根文化与主流文化相比，是一种非主流，文化主体的草根化是

---

① 列宁曾经在多个地方对民粹主义进行了批评，指出了其精华、弊病、渊源、实质等。此处不作赘述，详见列宁《什么是“人民之友”以及他们如何攻击社会民主党人?》(《列宁选集(第一卷)》，中文 1995 年版)、《民粹主义的经济内容及其在司徒卢威的书中受到的批评》(《列宁全集(第一卷)》中文 1984 年版)、《论民粹主义》(《列宁全集(第二十二卷)》，中文 1990 年版)，等等。

② 皇甫晓涛．“微博型社会”中的网络民粹主义现象探析．胡正荣，戴元光，主编．新媒体与当代中国社会．上海：上海交通大学出版社，2012：507 – 513.

③ 朱清河，张俊惠．“草根文化”的媒介依赖及其社会效用．现代传播(中国传媒大学学报)，2013(6)：16 – 20.

其主要特征。它反对中心和权威。由精英主导型的文化向平民主导型的文化转变,是新媒体文化权力变迁的重要特征。“‘思想’一旦离开‘利益’,就一定会使自己丢丑。”[①]非主流文化的草根文化,正是对主流、中心、权威的挑战,同时也正好应合新媒体网络发展的实际水平——新媒体为这种非主流文化创造了条件。网络应用平台的进入壁垒不断降低、拆除,各种文化都获得了发声的机会。

第二,草根文化与权贵文化相比,是一种平民文化,草根文化以其对社会精英所主导的文化的反叛为特征。精英文化以由点到面的形式扩张自己的势力范围,而草根文化是新媒体点到点信息传播方式变革以后的重要文化发展动态。草根文化与精英文化相比,在物质基础上源自于新媒体技术在信息传播方式上的变革。然而,在文化的群众基础上,与长期以来人们对权贵的憎恶以及各种媒介渲染息息相关。新媒体的交互式信息传播方式,使草根文化的发展进入到狂飙突进时期。

第三,草根文化与民俗文化相比,是一种多元文化,草根文化氛围中的文化共同体成员的结合相对比较松散。草根文化以通俗易懂为特征,尽管也存在无病呻吟或者装腔作势的可能,但是,大部分草根文化体现的是基层群众的心声,反映的是他们在日常生活中的趣味和思想。内容由受众来创造——这是新媒体时代的典型特征,也是草根文化“接地气”的重要原因之一。

第四,新媒体时代的草根文化并不特指乡村文化,并不一定代表土气或者缺少教养。那种把草根文化等同于乡土文化,或者更加轻率地认为草根文化是劣等的、粗糙的、庸俗不堪的、土得掉渣的文化形式的思想认识本身就是精英文化的思维方式。新媒体在使用范围上的广阔,使得乡村和城市在新媒体应用上并没有技术上或者基础设施上的障碍,随着农村人口逐渐进城并融入大城市的生活,草根文化似乎难以在城乡之间划分明显的界限。在新媒体时代若是有人继续保留上世纪甚至更早以前的那种小市民优越感,就真正代表了“土气”和狭隘。

第五,草根文化的兴起与新媒体的兴起在时间上相近,在内力上互驱,

① 马克思恩格斯文集. 第一卷. 北京:人民出版社,2009:286.

草根文化有利于新媒体的兴起，新媒体的兴起为草根文化的繁荣提供了平台和机会。前者可以理解为人民群众的需要推进科学技术的发展。马克思在《哲学的贫困》中说："当市场扩大到手工劳动不能再满足它的需求的时候，人们就感到需要机器。"[①]同样的，当信息传播的单向度已经严重制约了文化的自由创造和百花齐放的时候，新的信息传播路径就会被开辟。正是在人们的文化需要下，才有新媒体技术的持续发展。反过来，新媒体技术的兴起和发展，使人们的文化创造空间扩大，进一步激发了人们的文化需求。如此就形成了良性发展的循环系统。

第六，草根文化区别于网络民粹主义（如前"草根文化：现象和概念"部分已经有论述，此处略）。

第七，草根文化区别于山寨文化。（"山寨"一词源于广东话，山寨文化是一种由民间力量发起的信息产业现象，其主要表现为"仿造性、快速化、平民化"）山寨文化是带有强烈贬义的称谓，而草根文化只是带着自嘲的姿态登上历史的舞台。山寨文化无视现代法治规范而走向堕落，草根文化却在新媒体传播技术的发展和普及中充分表达一种平民文化的思想和利益诉求。

第八，草根文化具有自在与自为的二重性，既有自发形成的文化现象，也有刻意追求的文化事件。一般而言，草根文化是指自发形成的、有别于掌握强大政治和经济资源的社会阶层所规划和倡导的那种官方文化，它不一定刻意以某种文化样本为批判的靶子，而是在对各种限制的突破中寻求一种自我存在的确定感。由此看之，草根文化是自在的，不经意雕刻的。但是，随着新媒体传播对注意力的特别强调，以至于占有注意力就能占有信息资源、获得文化权力（它能转化和产生政治利益、经济利益等），从而使得部分底层人民失去方向，为了博取眼球而不断出位、放弃底线。从这一个角度来看，它又是自为的。前者是人们的文化观念和文化行为与新媒体特征的自然契合，后者是人们根据新媒体文化发生发展的规律有目的地制造文化产品。

第九，草根文化不拘一格，庞杂而不成体系；不求一脉相承，自由而任

① 马克思恩格斯选集．第一卷．北京：人民出版社，1995：166.

性。草根文化追求“破”,但不一定有“立”。草根文化没有特定的范畴体系和逻辑系统,它甚至不遵守基本的范畴和逻辑,任意妄为,从而使接受正规教育的人很难一下子体会到个中的意味。它不遵循基本的语法规则,比如,“十动然拒”(网络新词,“十分感动,然后拒绝了他”的缩略形式。用来形容“吊丝”被女神或男神拒绝后的自嘲心情)、“负翁”(欠别人钱的人)、“啊痛悟蜡”(“啊,多么痛的领悟 +‘蜡烛’”的缩写,点蜡是微博常用的表情符号)。网络新词不断出现,初次涉足新媒体的人会感到一头雾水、不知所云;草根网民却津津乐道、挥洒自如。草根文化打破常规,但不树立新规。

总之,草根文化是新媒体时代的一种真正意义上的平民文化,在新媒体互动空间中可以与其他各种思潮结合而具有其他的特征,或者成为其他思潮借题发挥的依据。比如与消费主义、物质主义、民粹主义、恶搞文化等结合而被利用或扭转成为其他具体文化形态的土壤。[①] 草根文化的特征如同草根文化本身一样芜杂,对其一言以蔽之的结果,就是达到了语言的精炼性而失去了意指的准确性。草根文化或诙谐幽默,或鞭辟入里,或滑稽搞怪,或任意洒脱,或激愤气概,或冷酷装佯,或抒情婉约,等等,草根文化不但“表情”丰富,而且内涵丰富。

(三)草根文化的生存论意义

草根文化对现代人的生存来说,既反映了一种状况、趋势、形式,又体现了人们的某些愿望、期盼、诉求。娱乐化、通俗化、生活化、私人化等草根文化特征与人民大众在生存发展中的朴实需要密切相关。新媒体时代草根文化的发展繁荣对人的生存发展具有重大的现实意义:

第一,文化个性的发展。草根文化带有极强的私人性,只是由于新媒体本身的“共享性”,尤其是微博平台等在信息的开放性方面所具有的特点,使得任何私人的创作同时变成了公共的文化行为。草根文化极力张扬个性。传统社会中,个体性被集体、血缘和宗族关系、国家等征缴,个性发展受到普遍主义的扫荡;新媒体时代的草根文化体现了“个人的抬头”。法国理论家莫斯科维奇在《群氓的时代》一书中认为,个人的发现被认为是现代社会的

---

① 皇甫晓涛.“微博型社会”中的网络民粹主义现象探析.胡正荣,戴元光,主编.新媒体与当代中国社会.上海:上海交通大学出版社,2012:507 -513.

第一个首要的重大发展。“如果要问什么是近代社会最重要的产物，我敢说那就是个人。自从智人在地球上出现，直至文艺复兴时期，人类的视角总是‘我们’（we 或者 us），也就是他们的群体或者家庭。人们受到来自群体和家庭的重大责任义务的约束。但是，一旦重要的航行、贸易和科学分离了人类社会的单个的原子——那些有思想有感情的单个生物——以后，人们活动的视角就变成了我（I 或者 me）。”①莫斯科维奇敏锐地察觉到了近代社会真正革命性的东西。正如他在后面的论述中所强调的，个人在资本主义发展的相当长时期内，以“理性个人”的形象树立自己的行为榜样。但是，新媒体时代的个人却突破了这一点。这正是新媒体时代草根文化的不同寻常之处。如果在传统媒介社会，普遍性和理性还依然是个性发展的不容分辨的前提，那么在新媒体时代，那种统一的格调已然苍白乏力。个性的真正崛起正是这种草根文化肆无忌惮的表现。新媒体时代的个人已经不再需要标榜“个人”概念，它就在个人概念的统摄下完成自己的抒情、表意和创造。

第二，社会正义的诉求。草根文化有时候会以坚持原则、主持正义的姿态出现在新媒体上。人民群众最关心、最直接、最现实的利益问题一直是草根文化在内容上的重点所指。嬉笑怒骂的形式后面往往隐含着严肃的社会问题。通过打油诗、民谣的形式表达对社会监督的结论性话语，或者提出某些群众期待，这是以往任何时代都存在的社会现象。在新媒体时代，人们会充分利用新媒体传播的优势，把这种表达思想感情和参与社会建设的激情表露出来。“网易跟贴”是一个颇有趣味的现象，在特定的时间段，只要政府对某件事情的处理不够透明，或者处理结果的解释不太令人满意，“网易跟贴”中就能反复出现相关的意见（无论新闻文本的主要意旨是什么，网民就在后面直接贴上已经写好的话语，千篇一律、反复地冲击着人们的视线，以引起人们的注意）。草根文化以其与官方文化、权贵文化的对立身份而出现，对于维护最底层人民的利益无疑有着一定的作用。如果说，前面一点是个人生存意义上的决定性一步——决定了个性的存在现实，那么，这一点以及此后的若干方面，则反映了草根文化在促进个性发展上的另外一个重要

---

① 塞奇·莫斯科维奇．许列民，等，译．群氓的时代．南京：江苏人民出版社，2003：16.

方面。草根文化以个体的亲身感受体悟和表达对社会正义与否的回声。在千奇百怪的方式中，表达自己对个人发展道路和主观能动性的理解。甚至连“芙蓉姐姐”这样的特殊现象也可以在草根的崛起中充当榜样的力量。草根文化对社会正义的诉求，直接地通过其“反垄断”的方式来进行——反对一切既有的利益和机遇的垄断特权。

第三，文明进步的监督。草根文化的群众基础远远超过一般人的想象，它在世俗力量中展示着自己的魅力，对侵犯人民群众利益的言行进行监督。明显带有历史倒退印记的制度文化和通俗文化，都受到草根阶层的检审。邓小平于 1992 年 1 月 18 日至 2 月 21 日在武昌、深圳、珠海、上海等地的谈话中指出：“谁要改变三中全会依赖的路线、方针、政策，老百姓也不答应。”①邓小平对“老百姓不答应”的重视，可见群众力量的不容忽视，而在新媒体时代，信息的传播更加便捷、信息交流的成本极低、参与信息交流的风险也不断降低，以至于有人直接就拟造一个词语来形容这种民众监督的力量之大：“‘微’(威)力无比”。

第四，人民群众地位的提高。以上三点都是对人民群众地位提高的事实上的说明。人民群众创造历史，不等于草根阶层创造历史，但是，草根阶层是社会中占人数较多，反映社会经济文化最不发达的文化形态的群体。草根文化与精英文化由天然对立走向统一和融合是社会进步的重要标志。最少受惠者是否受惠是社会进步与否的明显特征，只有草根文化繁荣昌盛，并能与社会精英文化同台献技(艺)，才能表明和谐文化真正建立起来。草根阶层的文化需求、草根文化的表达方式、草根文化的生存论意义，这些方面能不能得到重视，不仅决定于草根文化自身的力量大小，也取决于精英文化的胸襟与态度。新媒体时代草根文化能够得到极大发展，也正是在这样的意义上说，它显示了人民群众地位的提高。

第五，文化利益阶层固化的稀释。文化是现代人在满足基本的物质需要以后，非常重要的利益诉求。文化利益比物质利益更加全面地反映了人们的生存状态和生活水平。草根文化的发展，使得社会较低地位阶层有了更多的文化展示平台、文化发展空间、文化认可的可能。列宁说：“贵族联合

① 邓小平文选．第三卷．北京：人民出版社，1993：371．

会把希望寄托在强者身上，是完全忠于本阶级的利益的。”[①]“任何一个合法的机构，只要无产阶级能够打进去，传播无产阶级的阶级意识，公开维护劳动者的利益和民主要求，都能使力量团结起来。”[②]草根文化体现的是社会上较低地位阶层人们的心声，它能凝聚力量，促成行动。文化利益分配的固化现象在草根文化兴盛到一定程度后或受到挫折。这种固化的文化利益本身与社会前进的方向是背道而驰的。习近平在描述中国梦的时候就曾经讲到要让更多的人有人生出彩的机会。垄断文化资源和文化利益就是垄断人生出彩的机会。草根文化在社会上得到重视、彰显其自身的魅力、按照新媒体提供的信息传播策略不断壮大，势必会对业已形成的文化资源的割据的固化现象起到一定程度的稀释作用。

第六，集体智慧的挖掘。健全社会的特征是藏权于民、藏富于民、藏智于民。草根文化的发展对“藏智于民”进行了较好的诠释。草根文化的欣欣向荣、草根意见领袖（偶像）的不断涌现、草根“逆袭”事件的频频发生、草根语汇的蓬勃兴旺等，让人不得不叹服草根文化中蕴含着集体智慧的巨大潜力。在新媒体的交互活动中，人们通过便捷的方式增进相互了解，集萃草根文化的精华，在传播中筛选出草根文化中比较具有生命力的成分，成为草根文化的代表。江泽民曾经说：“全中国人民坚持团结，把集体的智慧和力量最大限度地集中起来，最充分地发挥出来，就一定能够继续创造出无愧于历史和时代的伟业。”[③]草根文化在创造自己的新媒体生存空间的同时，不但确证了人民群众的生存论意义，也发展了这种意义；不但创造了一种新媒体时代的大众文化形式，也创造了人类历史发展的阶段性文明特征。

（四）草根文化的负面影响

草根文化尽管具有如上诸种生存之要义，同时，草根文化由于更多的是为各种其他思潮提供土壤、基质，从而在各种文化交融激荡的今天，很容易对人的生存问题带来一些不确定感、不安全感、不信任感，以及其他相关的负面影响。

第一，社会核心价值观受到挑衅。每一个社会组织、政党、国家或者民

① 列宁全集．第二十一卷．北京：人民出版社，1990：389.

② 列宁全集．第十九卷．北京：人民出版社，1989：196.

③ 江泽民文选．第二卷．北京：人民出版社，2006：228.

族,都要有相对普适的核心价值观念,以此凝聚人心、团结力量。比如中国共产党就一直重视社会主义核心价值观的建设,以确保党的先进性和社会主义的发展道路,确保人们在生存斗争中取得的成果得到发展和维护。2004年5月10日,胡锦涛在全国加强和改进未成年人思想道德建设工作会议上讲话指出:"当前和今后一个时期,加强和改进未成年人思想道德建设的总体要求是:坚持以马克思列宁主义、毛泽东思想、邓小平理论和'三个代表'重要思想为指导,以进行理想信念教育为核心,以树立正确的世界观、人生观、价值观为重点,以养成高尚的思想品质和良好的道德情操为基础,紧密结合全面建设小康社会的实际,遵循未成年人思想道德建设的规律,坚持以人为本,促进未成年人的全面发展,努力培育面向现代化、面向世界、面向未来,有理想、有道德、有文化、有纪律,德、智、体、美全面发展的中国特色社会主义事业建设者和接班人。"①而社会主义核心价值观更是把马克思主义指导思想、中国特色社会主义共同理想、以爱国主义为核心的民族精神和以改革创新为核心的时代精神、社会主义荣辱观等作为社会主义国家人们应该遵守的基本价值准则。其他国家同样有自己的核心价值观,但是,在新媒体时代,随着草根文化的蓬勃发展,社会核心价值观会受到来自极端个人主义和少数投机分子的威胁。个性化一旦走向极端,就会对社会核心价值观形成破坏作用,从而影响社会团结和相对稳定,造成精神文化上的莫衷一是,理想信念上的摇摆不定。

第二,个体的文化认同感缺失。基于上述社会核心价值观的动摇,个体在新媒体时代的文化认同感会受到挫折。人群共同体向文化共同体迈进的关键步伐就在于文化认同的建立。而新媒体时代草根文化的私人性,使得这种相互之间的认同意愿和生活基础渐渐消失。每个人都把自我当作社会交往的文化表达、创造、消费的中心。在这样的情况下,个体的文化归属感就会丧失;相反,人们在新媒体时代纷繁复杂、热闹沸腾的文化杂烩中感觉到个体内心的文化荒凉——缺少必要的"他者的认同",以及"对他者的认同"。

第三,集体疯狂。塞奇·莫斯科维奇在《群氓的时代》一书中对个人在

① 十六大以来重要文献选编(中). 北京:中央文献出版社,2006:81.

现代社会中的崛起感到振奋,但思想家莫斯科维奇并没有陷入群氓的躁动之中。他冷静地察觉到,如果个人是独立的,有着各自的理性思维能力,那么,人们就会在各种事件和情境面前保持克制和冷静。事实上,人们在现代社会中并不完全遵从理性的方式生存。他认为,当今社会是一个群氓的时代。新媒体时期,这个特征更加明显。草根文化看上去具有个人的私人性,每个人都在自己的私人空间中完成虚拟空间的互动活动,在各自能够自主设置隐私保护的网络空间中进行发帖、顶帖、转帖、评帖,在各自不受外界干扰的状态下进行虚拟活动决策……然而,草根文化的重大弊病,就在于这种文化与激情和冲动息息相关。草根精神在破坏性上的过分张扬,群体心理学上关于巅峰体验的"热贴"效应,足够让一个成功的帖子激发一系列的事件,同时也把"楼主"或者相关人带到一个疯狂的境地。情绪化是草根文化的重要特征之一。在新媒体社区,情绪征服理性的现象已经不是一个理论问题,而是对现实状况的一种白描。

第四,文化暴力:新的专制的可能。草根精英、草根偶像、草根英雄……成为草根文化的引领者。草根文化的精英在不断地对其"圈子"中的人施加文化影响,并扩大势力范围,一旦文化认同受到威胁,草根精英对文化差异性的宽容远没有想象的那么大度。在网络中经常遇到草根在各自的偶像名头下"站队",然后进行漫无边际的"混战"。强势文化使处于相对弱势的个体在文化选择上失去选择的自由权。它甚至潜移默化到被某种强势文化奴役的对象的言行之中,使文化暴力的对象成为心甘情愿的"受虐者"——他们原本应该有着自己的主见和选择,然而在受到文化暴力(它是如此"温和")之后,他们自愿放弃了这种反叛。而驯服——正是反现代性的特征。

第五,颓废可能成为新的文化标签。被驯服的草根在其文化活动中表现出一种颓废的态度。荷兰人约斯·德·穆尔在他的书中这样说:"技术和文化的世界是人类的欲望表达方式,人类意欲在他们与世界、与他们的同伴以及自身相分离的沟堑上搭建起沟通的桥梁。……媒介的真正作用在于克服因距离和时间,因各种形式的缺场、离弃、分离、干扰、撤销和丧失而引发的心理困扰(恐惧、控制机理、阉割情结等)。通过克服或关闭缺场的消极视野,技术媒介成为关注和在场的技术。通过使缺场可视化,让它成为符号性的在场,媒介同时将缺场的不利后果转化为令人愉快的结果”。[①] 今天,这样的理论设计在草根文化的现实中走向了其反面,带来的是草根文化的颓废感。表面上看,新媒体文化解决了人们内心的荒芜问题,现实的缺场经常为虚拟的在场所弥补;事实上,符号性的在场使符号后面隐身的存在者不再顾忌自我形象的完整,它让一个虚拟的符号为存在者的言行“顶罪”。草根文化因此而失去一种人的存在(及其存在方式)的合宜性的考虑。颓废导致人的存在意义的消解,把存在方式(表现形式上的)的东西凌驾于人的形而上学目的之上。草根文化的社会担当因而受损,也因此招致各种非议和指责。

第六,实践观退化到“论辩术”。马克思说:“哲学家们只是用不同的方式解释世界,问题在于改变世界。”[②]互联网时代,草根在表达自己的文化品位和文化修养的时候,只需要展示自己的私人文件夹或者空间中的转载文章就能一目了然。电子音乐和绘画(摄影)的收藏、各种文学作品和休闲的短文、微博文,在新媒体构建的橱窗中展示着新媒体用户的文化格调。草根文化促进了惰性的进一步发展。文学艺术、音乐戏剧、电影小品,等等,网络在线收藏和链接转发就能完成传统艺术家若干年精心搜罗所不能得的巨大艺术品拟像的库存。而草根文化市场耽于此道,从而新媒体时代的草根文化创作实践退位到“工厂”——由少数人输出专门筹划和计策好了的草根文化产品。人的生存的文化环境就这样失去了灵性。本来,文化艺术依赖于生活(文化艺术源于生活而高于生活,实践的观点是马克思主义文化艺术观点的核心思想),然而,虚拟生存和网络共享所带来的上述惰性,新媒体时代的草根文化的创造性受到了严重的制约。文化实践的退后,促成了一股乐于调侃与议论的风气。草根文化的又一重要特征就是言辞胜于实践。甚至在对特定主题的文化背景和文化意蕴毫不知情的前提下,草根们在发表评论时也是毫不犹豫的。新媒体时代在各种媒介上见到的“业余爱好者”(不过,他们也许以“专家”自诩)的数目与新媒体用户的数目相差无几。文化实践观退化到了一种纯粹的“论辩术”(停留于感觉现象的争论)。

第七,市侩抢占了形而上学的地盘。康德曾经把头顶的星空和内心法

---

① 约斯·德·穆尔. 麦永雄,译. 赛博空间的奥德赛:走向虚拟本体论与人类学. 南宁:广西师范大学出版社,2007:193 - 194.

② 马克思恩格斯文集. 第一卷. 北京:人民出版社,2009:502.

则视为同等重要的、越来越受到震撼、让人敬畏的东西。它们却同时遭受草根文化的质疑。这也就是前面提到的人对自身生存意义缺失，市侩气息充斥了新媒体时代的草根社区。理想信念似乎反而成为一件令人羞愧的事情，故作深沉和老于世故的资深网友时常带着沧桑的语调在新媒体虚拟社区散布各种论调。无论是恶搞的、幽默的、严肃的，还是讥讽的文化艺术作品，似乎不激起人们对现实的憎恶就不能成为好的作品。因而，社会的阴暗面被不断放大，而社会进步的理想情操则变成了一个玩物和笑料。“艺术的民主化带来喝彩之时，也带来了垄断形成的危险。”[①]市侩的垄断就是先进文化发展方向迷失的征兆，这也许是草根文化对人的生存的最大威胁吧?!

草根文化随着新媒体的发展和普及，随着各种新的应用平台的开发，将获得更大的发展空间。然而，草根文化给人的生存带来的，既有现代性意义上的对人性价值，尤其是对个性化文化价值的肯定，以及普通群众在文化联合和利益诉求上得到更多的保护和支持，也有草根文化在社会核心价值观上的阻力，以及在普遍性和“全民”的幌子下进行的新的专制活动和人格堕落的危险。可以说，草根文化就整个现代性特征来说，是一个完整的二律背反的典型。而它正是在这一系列的矛盾中获得前进的动力，从而为文化的大发展大繁荣做出自己的贡献，为更多的人参与文化建设提供契机和便利，为人的生存提供斑斓纷呈的文化景观。文化是一种生活方式，本身也反映和刻画着社会生活的面孔。新媒体与草根文化的内在联系，植根于新媒体的虚拟性、共享性、开放性、交互性、便利性等特征。而草根文化的非主流化、去中心、通俗化等特征，如果说是因为新媒体有这样的特异功能，倒不如说新媒体迎合了人们对自由个性的渴望。

三、普遍娱乐化大潮

网游和无线增值曾经是拯救中国互联网产业的关键举动。“在西方人早将互联网看成是生产力工具的年代，中国人更多的是把互联网当成好玩

① 约斯·德·穆尔. 麦永雄，译. 赛博空间的奥德赛：走向虚拟本体论与人类学. 南宁：广西师范大学出版社，2007:83.

的玩具，在这样的网民结构中，网吧成了娱乐场所。”[①]Mull He 认为网络和娱乐本身就是一对孪生兄弟，从联众游戏、网易社区、人人网，到盛大网游、腾讯 QQ，都证明了互联网的本性就是娱乐。他还认为，是“三低”（年龄低、收入低、文化水平低）人员支撑着中国的互联网。这貌似应验了一句俗话，“穷快活、富惦忧”。中国互联网的迅速崛起乃是缘于“三低”用户数量巨大，这种说法，其实质是对中国文化的无知，更是对整个人类社会发展的时代特征的不解。普遍娱乐化决不是中国特色，而是新媒体时代的一种大趋势。中国互联网用户中“三低”人员较多，这与整个中国人口中的“三低”人口的比例较大是有必然关联的。这恰好证明了另外一个论点：互联网对用户的知识、经历、出身等没有天然的壁垒——这正是新媒体开放性的重要特征。新媒体时代，人们生活中的娱乐需求越来越大，这是一个不容争辩的现象，是随着社会经济的发展，物质生活得到一定程度满足后必然出现的现象。美国人本主义心理学家马斯洛曾经就人的需求层次做过专门的研究，娱乐性的生存需要，乃是生理上的需要和安全上的需要得到满足的情况下的更高级的需求（情感上的需要）。当然，从马斯洛五个层次的基本需求结构中是难以给娱乐化的生存需要找到准确的位置的。尤其是在新媒体时代，人的虚拟存在与现实存在在一定程度上并不十分紧密地联系在一起。人的自我分化（现实自我和虚拟自我）对新媒体时代人的生存状况产生了重大影响。网络游戏、恶搞、严肃新闻的媚俗化、符号化生存和人的虚荣心对“标识性”的外在事物的过分看重，等等，这些文化现象都是对新媒体时代人的生存的泛娱乐化的印证。信息传播和授受不一定是为了某种行动指南、知识要诀或者行为准则，很多情况下就是为了博取他人或者自身的一笑而已。数字化娱乐成为互联网应用的主要大类，它包括了网络音乐、网络视频、网络游戏。这些具体的现象已经在前面的文章中有所论述，这里主要从作为文化现象的普遍娱乐化大潮这一事实进行理论上的简要论述。

刘少奇曾说，“搞好娱乐、休息，就有助于人们发挥社会主义积极性”。[②]

① Mull He. 互联网之达芬奇密码——浪潮揭秘：与中国五亿网民互为影响的互联网 DNA. 北京：电子工业出版社，2011：40.

② 刘少奇选集．下卷．北京：人民出版社，1985：191.

李大钊也曾“主张工人于物质生活外,更应有娱乐与趣味之生活”。[①] 娱乐是人们在满足了基本的物质需求之外的更高层次的需求。马克思在《德意志帝国国会中的普鲁士烧酒》中谈到“烧酒是糟糕的”时候说道:“以往每逢举行娱乐活动,最后总是喜气洋洋地结束,很少发生越轨行为,当然,如果出现了这种情况,也常常动起‘Kneif’(刀子,英语是 knife),现在每逢举行娱乐活动,人们就大吃大喝,结果总是发生殴斗,闹得每次都有人在刀下负伤,因刀伤致死的事件也越来越多了。”[②]酒醉的特性完全变了。新媒体时代的人们再也不缺少娱乐项目,“娱乐”甚至成为新媒体时代文化的重要特征。当然,娱乐的功能似乎也发生了变化。不但娱乐逐渐丧失了推进刘少奇同志所讲的“发挥社会主义积极性”的功能,同时对生活的趣味也并没有增加更多的养分,甚至有波斯曼所言的娱乐至死的危险。马克思所描述的那种“醉酒状态”的娱乐,是一种非理性状态下的冲动。烧酒使人们肉体致伤,而新媒体时代的娱乐,除了使肉体受到伤害以外(前面已经论述过“新媒体时代的生命萎缩症”),还使人们的目光变得失去灵性,心灵失去诗意,两眼无神,生命苍白,意志萎靡,几近成为新媒体时代人们沉浸于各种娱乐消费的主要表征。以下主要从全媒体娱乐精神、游戏致死、视觉文化、文化消费主义四个维度来简要论述新媒体时代的普遍娱乐化浪潮。

(一)全媒体娱乐精神

新媒体时代的媒体娱乐精神指的是整个人工环境已经媒介化;在社会环境全部媒介化的情况下,媒介更多地以娱乐的形式参与信息传播与信息创生。新媒体时代的全民娱乐与全媒体娱乐是两个相辅相成的东西:全媒体为全民娱乐营造传播技术环境;而全民娱乐为全媒体娱乐表达创造需要和提供源源不断的动力。在线游戏、电视、电影、聊天、音乐、休闲文化等一切文化形式的娱乐化倾向,在当前表现为四个主要的特征:

其一是新媒体的夸张叙事。时下的媒体,极少有专门为了通信和交流的目的而设计、开发的。传播介质的附加功能远远大于它的信息交流功能。德波说:“在当下,时尚本身,从服装到音乐都停止发展了。当下就是想要忘

① 李大钊文集. 第四卷. 北京:人民出版社,1999:49.

② 马克思恩格斯全集. 第二十五卷. 北京:人民出版社,2001:49.

记过去,同时似乎对未来不再抱有幻想。对当下的制造要通过信息的不间断流通来实现,而这些信息总是围绕可数的那几类无足轻重之事展开。这些无足轻重之事被狂热地宣称为重大发现。"①把细微的事件扩大,从而把过去一直认为严肃而重大的政治、经济事件的信息湮没,成为全媒体时代的重要变数。那种"无足轻重"的街头巷尾的谈论,以及发生在偏僻陌生之地的离奇怪诞之事,在全媒体时代被推到了媒介的屏前。这是普遍娱乐化的第一个倾向。

其二是真相的隐退。新媒体时代的娱乐似乎也不一定是为了缓解压力而设置的。娱乐表现为一种情绪的发泄,微信、微博、网络评论、日志文章等等,只要有网民活动的地方,就会有网络恶搞。图片、视频、音乐,都成为网络恶搞的重要载体,甚至由此而产生了一些专门的恶搞网站。恶搞是"恶意搞笑"的简称,由日本游戏界传入台湾,并成为台湾 BBS 上一种特殊的文化,后经香港传到内地。恶搞的主要特征是无厘头。将一些毫无联系的事物或现象进行莫名其妙重新组合或者歪曲,以达到搞笑或嘲讽的目的。在恶搞文化中,事物之间联系的中介被扩大化,任意剪裁和组装各种信息,以娱乐为主要目的。"偶然性"这个现代性的重要形容词在恶搞文化中得到贯彻,通透在恶搞文化中的是事物之间联系的随意性——因为这种联系并不指向逻辑合宜性和事实的合宜性——恶搞文化只指向娱乐合宜性。在追求真理的认识论意义上,若对恶搞文化进行客观性的征询,就难免得出种种荒谬的结论。可见,新媒体时代普遍娱乐化的第二个重要倾向就是事实真相的隐退,一切事物似乎又返回到"魅"的状态。

其三是传统权威的堕落。网络语言在新媒体时代层出不穷。从哲学的角度来看,网络语言的日渐丰富和变化多端,乃是因为社会生活本身变得日益碎片化,从而象征权威的话语结构发生了变化。口传文化时代,年长者和经验丰富的人获得较高的地位,经验权威成为人们仰拜的对象;印刷文化时代,口传文化时代的经验权威在一定程度上得到保存,同时扩大了它的流传范围。由于经验权威的比较范围扩大,甚至在不同年代的人之间进行着纵

---

① 居伊·德波. 梁虹,译. 景观社会评论. 南宁:广西师范大学出版社,2007:7－8.

向的比较,口传文化时期的那种族长似的权威没落,并为理性权威让步。在新媒体时代,口传文化和印刷文化的那种单向信息传播方式发生了巨大的改变。交互式的信息交流使得普通文化受众在接受文化授予时有了更多的"发声"机会。从而,要想树立权威,就需要更多的人去附和和支持。在网络上,"粉丝"和"随从"象征着一个人的威望值的大小。但是,无论威望值达到何种程度,由于各种信息的关联非常方便在网络上找到其他的注解和说明,意见的纷呈便成为新媒体时代一个重要的特征。权威的多元化引起了话语方式的更迭,人们不再拘于一种表达方式。不同年龄、学历、职业、地域的人可能会使用不同的语言表达对同一事物的看法。而随着交流的便捷、迅速发展,那些被较多人认同,并能引起人们某种内心共鸣的表达法就成为一种新潮的言语方式。网络语言只是一个例子,而在这个特例下面隐含的是新媒体时代普遍娱乐化大潮中的另一个倾向:去中心化——没有哪一种文化成为唯我独尊的话语方式。娱乐精神的兴盛源自这种宽松环境,它并不制裁人们的创造力,尽管某些"创造"完全背离了科学的精神和人类追求普遍价值的初衷。

其四是突破底线的矫情。从文化生活的内容到文化的表达方式,娱乐化已经成为新媒体时代的一个显著特征。人们往往会追忆高雅文化的失落,怀念古典文化的壮观,一直以来被认为是庸俗低级趣味的东西获得了空前的发展。提供点播功能的网络电视、视频和音乐,把哗众取宠作为它的重要生命线。"无节操"、"无底线"是普遍娱乐化浪潮所衍生的一个非常坏的影响。娱乐人的心智和身体的东西,变成了愚弄人的心智和身体的东西。清新的、典雅的、浪漫的、现实的文化风格被诙谐的、幽默的、邪恶的、庸俗的、破烂的文化风格所搅乱。文化底线被一再突破,以至于"文化"与"非文化"被"主流文化"与"非主流文化"这样的字眼所取代(其实质就是文化界限的日益模糊)。矫情被认为是那种矫揉造作的信息表达方式和途径,但在新媒体时代,由于夸张、离奇、异样等等已经成为确认个体之存在的重要手段,从而把"矫情"推上社会哲学的领域——它从文学的略带蔑视的、轻侮的语调中抽离出来,变得自然而然了。

全媒体娱乐,意味着一切皆成娱乐素材,一切皆成娱乐对象,一切皆成娱乐手段。手机屏、电视屏、电脑屏已经通联在一起,立体空间在虚拟世界中延伸。娱乐,成为经济的动力因和目的因,也成为文化的动力因和目的因(在一定意义上,它还是新媒体文化的形式因)。各种媒介在信息的交流与融汇中创造着新媒体时代的文化景观。人类在全媒体娱乐氛围中激动、沮丧,或者发出低沉的哀叹。但是,娱乐已成新媒体的外在形象,游戏就成了新的生存方式,它尽情释放着娱乐的个人性。

(二)游戏至死

尼尔·波斯曼的观点是正确的:“每种技术也有自己内在的偏向。在它的物质外壳下,它常常表现出要派何种用场的倾向。只有那些对技术的历史一无所知的人,才相信技术是完全中立的。”①媒介的发展使人的生存方式发生了重大的变化,而文化的传承方式和表现手段也遭到同样重大的变革。新媒体时代的全媒体娱乐精神告诉我们一个讯息:新媒体技术引导着一种以娱乐为宗旨的新的教义,它创造了一个新的神话,关于娱乐和游戏的神话。娱乐的个人性必须借助游戏来全面表达。在《娱乐至死》一书中,波斯曼说:“对于印刷机统治美国人思想的那个时期,我给它一个名称,叫‘阐释年代’。阐释是一种思想模式,一种学习方法,一种表达的途径。所有成熟话语所拥有的特征,都被偏爱阐释的印刷术发扬光大:富有逻辑的复杂思维,高度的理性和秩序,对于自相矛盾的憎恶,超常的冷静和客观,以及等待受众反应的耐心。到了 19 世纪末期,基于解释的原因,‘阐释年代’开始逐渐逝去,另一个时代出现的早期迹象已经显现。这个新的时代就是‘娱乐化时代’。”②波斯曼还只能从电报的出现开始解读娱乐业时代到来的可能景象:话语内容的无聊、表现无力、形式散乱。这是与现代工业的那种整齐划一和规模化生产的“标准件”思维格格不入的文化建筑。电报以脱离语境的形式来表达一种需要心有灵犀的意指,它使相关的东西变得无关。③ 电视机的发明和使用让电子和图像革命产生的结果对人们产生了不安的情绪:“我们已经完全接受了电视对于真理、知识和现实的定义,无聊的东西在我们眼里充满了意义,语无伦次变得合情合理。如果我们中的某些人不能适应这个时代的模式,那么在我们看来,是这些人不合时宜、行为乖张,而绝不是这

---

① 尼尔·波斯曼. 章艳,译. 娱乐至死. 南宁:广西师范大学出版社,2009::74.
② 同上,58 页。
③ 同上,62 页。

个时代有什么问题。……电视只有一种不变的声音——娱乐的声音。……电视正把我们的文化转变成娱乐业的广阔舞台。”①

电视的娱乐性这个事实并不如同波斯曼自我解嘲地提出的那样“苍白”，事实上，电视广告和电视节目的娱乐，已经影响到了人民的日常生活，成为人们日常生活的重要参照系。只要在电视剧情中出现的正面人物的举止言行和服装、妆饰，都会被许多人模仿。电视变成了一种示范，甚至“真相”也需要剧情来加以修饰（那种访谈和调查节目，尤其是那些对时间“仿真”制作的剧情片，最能印证这一点）。如果这个事实还真的不足以印证娱乐的普遍化的话，那么，新媒体时代，娱乐的普遍化正建立在普遍的游戏当中。“游戏”早已不能习惯性地把它和儿童联系在一起。游戏是新媒体时代文化的显著形象。

新媒体时代的电子游戏遭到了很多人的反对。正如在互联网尚未搭建之前的电子游戏的“一般诟病”一样：成为上瘾、将孩子的注意力从功课上转移开、造成小的犯罪、浪费金钱、打砸抢和流氓行为的诞生地。② 这些是美国学者约翰·菲斯克在《解读大众文化》一书中所概括的人们反对电子游戏中心的五类理由。新媒体时代的游戏景观，已经在前面的章节中有论述，这里，仅从文化现象的角度来说明新媒体时代游戏对文化所产生的影响，或者也可以说，游戏作为文化现象的特征。约翰·菲斯克认为，我们需要理解游戏如何构成我们的文化——即我们从社会生活中制造意义。菲斯克的观点十分有意味，他说，电子游戏这种人机互动的过程，与生产关系相比，有着天壤之别：“生产关系的一种最明显、最基本的逆转就是人机互动创造的不是为了社会的物质财富的物品，而是一种抵制，一种对机工而言的意义/认同，其次，机工不被付酬，而是为其使用机器而支付金钱。”③电子文化的媒介机器被认为是一种消费而非生产的机器，它内含着对社会规范的隐喻式的强烈质疑。当然，菲斯克认为电子游戏乃是机工摆脱生产性使用机器的一种“抵制”和“对抗”，这一点似乎是牵强的。尤其是发展到新媒体时代，物质的丰盛已经至少使传统资本主义体制下的那种剥削关系在表面上缓和了下

---

① 尼尔·波斯曼．章艳，译．娱乐至死．南宁：广西师范大学出版社，2009：72.

② 约翰·菲斯克．杨全强，译．解读大众文化．南京：南京大学出版社，2001：83.

③ 同上，85 页。

来,“机工”也不是唯一使用机器来游戏的主体。新媒体时代的网络游戏再也难以说得上是一种对外在环境的“抵制”和“反抗”。游戏的意识形态性正在日益淡化。那种指认嬉皮士的反抗者为当代新媒体社会中的革命家的做法无疑毫无说服力。

如果说“游戏”依然作为一种“反抗”而存在的话,那么,这种反抗乃是对无意义的生活本身的抗争,是在虚拟世界中构筑意义的一种行动。网络游戏的主体偏向于“三低”(低收入、低龄、低学历)者,而恰恰是这部分人在社会中缺少确证自我存在的实践经验(或者换句话说,就是人生出彩的机会和体验巅峰的可能性非常小)。在这样的情况下,游戏者把虚拟世界当作是达到“控制”和“制裁”他人的重要途径,那是非常自然的——至少不至于陷入狡辩的境地。“在游戏厅,对社会秩序的抵制因游戏的持续性而被赋予一种语义的实在性。”①在社会主义社会,人的解放已经达到了相当的高度,至少在社会制度和秩序设计方面,人们实现了当家做主。然而,社会主义国家的游戏群体并没有稍减的倾向。是否因为“社会控制消失时,身体就成了认同和快乐”?或者它本身只是一个阶段性的产物,会在某个特定的阶段消失?然而,这种猜测和设想是不符合事态发展趋势的。在剩余社会,财富的剩余和时间的剩余是相伴而生的,只有财富剩余了,才有时间的剩余,有闲社会建立在有钱(泛指物质财富)的基础之上。匮乏社会不可能有更多的时间让人们去从事游戏活动(那种纯粹为了满足生理欲望的需求除外)。游戏中的狂欢行为,尤其是那种色情和暴力的过度狂野的行为,成为新媒体时代电子游戏的重要的内容。这种内容与其说是资本的野蛮手段的结果,还不如说是人的主体性崩溃(这是借用了费斯克的词语)的结果——也就是人过分专注于自己的身体享乐而丧失了自我在社会关系中的主体地位。互联网游戏的广泛的参与程度,甚至使人们有一种真实的战斗感——“隐喻”这个词可以收进储存箱了——新媒体时代的游戏没有那么深刻的寓意。真实感已经超越了事实上的虚拟性。

---

① 约翰·菲斯克. 杨全强,译. 解读大众文化. 南京:南京大学出版社,2001:100.

新媒体时代的游戏已经成为一种文化,一种没有历史厚度,没有语境的文化,没有内容。[①] 在新媒体时代,唯一不缺少的就是娱乐。游戏一旦成为一种转移视线和注意力的行为,就会使它在特定场景反复出现的时候,不断勾起人们参与游戏的强烈欲望,从而使游戏者上瘾。游戏在一定程度上成为一种安慰剂。因而很多人习惯把游戏当作私生活而不加干涉,或者说,他们认为游戏这种私生活有利于社会秩序的稳固——这也许是与前面所讲的游戏可能导致的各种"暴力"和"犯罪"行为的推测相反的结论。但在这个意义上开发游戏的娱乐性的时候,游戏已经成了社会稳定的加固器,或者也可以说是对社会不安定成分的一种麻醉——以游戏者自我陶醉的形式展开。

综上所述,对游戏的分析成为新媒体时代的一个重要的主题,而把游戏安置在合宜的位置和进行恰如其分的设计,则象征着一种现代社会文化的控制程度(这里并不包含必然的贬义)。有研究者认为,"就社会影响而言,人们对电脑游戏的关注是一种极为古典的态度:每当一种新的艺术或者'文本'或者现象出现时,总会带来恐惧、排斥和企盼、拥护两类情绪。话语权和社会地位、经验、资历关系密切,它们一起组成主导文化,为了维护自身权威和既得利益,主导话语的态度在大多数情况下是前一类情绪"。[②] 在电脑游戏中,意义是模糊的。这种模糊的意义正是"权威"文化反对过度游戏的根据。然而,游戏者面向直观的感觉生活而沉浸其中,游戏成为一种自娱自乐或者集体狂欢。它不受阻滞地宣泄着主体的情感和情绪。有人认为,新媒体时代的游戏已经异化成为统治人的东西,游戏上瘾使人趋向于堕落;也有人认为游戏本身就是一种消费,是娱乐性消费,人们在游戏消费中体验到现代生活的丰富性;更有人说,游戏乃是现代生活的鸦片,在咀嚼游戏的兴奋体验之时,人们将自我麻醉;还有人说,游戏是现代生活的文化影像,个体性、参与性、偶然性组合、暂时性联盟,如此等等,一切现代性的话语尽在其中。不管怎样,新媒体时代的游戏已经成为娱乐化浪潮中的重要阵地,撇开它就无法逼视当代文化的真相。

---

① 尼尔·波斯曼. 章艳,译. 娱乐至死. 南宁:广西师范大学出版社,2009:121.

② 米金升,陈娟. 游戏东西:电脑游戏的文化意义研究. 南宁:广西师范大学出版社,2006:53.

(三)视觉文化的快感

1. 读屏时代的视觉文化。

"是屏幕吞噬了我们的生存,还是我们的生活吞噬了屏幕?'读屏时代'的到来,让我们在自己生存的周围发现越来越多终日斜躺在沙发上,手握遥控器的新人类;也让我们欣赏到了许多一天中有十二个小时以上的时间像虾米一样弯在电脑屏幕面前的网虫。"这是2001年5月25日《中国青年报》上的一段话,文章的标题是《砸"读屏时代"一板砖》。作者貌似对"读图时代"的到来感到惶恐不安,而对印刷文化眷恋有加。尽管确如其所说的,屏幕只是人类传播知识、承载信息的一个载体,没有书籍(纸质的?)人类就难以进步。但是,谁又能阻止电子文化对印刷文化的全面渗透和改造呢?新媒体时代,手机屏、电脑屏、电视屏、户外视屏(广告屏、报刊屏以及各种智能管理系统的屏幕等)已经充斥在人们的生产生活之中,拒斥是无能为力的,尽管是否接受新媒体的各种新颖手段是人们自愿的选择。但是,新媒体已经构建了自己时代的图景。这种靠图像组织的社会景观,从事物外在的图像化到了一切事物都已经符码化的高度。德波曾经说,"景观是被囚禁的现代社会的梦魇","景观是一种将人类力量放逐到'现世之外',并使人们内在分离达到顶点的技术样态"。[①]

德波的那个年代(1931-1994年),对什么是(当下意义上的)新媒体是一无所知的,他最多能够预测到电子文化可能对文化景观构成新的挑战,并在形式上改变景观的"专制"(景观的专制在稍后的"景观暴力"中专门论述)。对于图像世界的论述和争议,早在柏拉图时代就已经有了,可见事物和不可见事物之间有着严格的区分,这是西方哲学秉承的传统。但是,"久而久之,绘画就被看作是不可见真理的可见符号,在可见的画面背后隐藏着某些不可见的东西"。[②] 图像参与思想观念的交流并不成为颇费争议的内容了。媒体哲学教授恩格尔说:"视觉哲学的主要发现是:思想并不独立于视觉。在视觉哲学看来,知识是智力和感觉相互融合的结果,两者缠结在一

---

① 居伊·德波. 王昭凤,译. 景观社会. 南京:南京大学出版社,2007(2):7.

② 洛伦兹·恩格尔. 不可见之见——从观念时代到全球时代的德国视觉哲学. 孟建,Stsfan Friedrich,主编. 图像时代:视觉文化传播的理论诠释. 上海:复旦大学出版社,2005:3.

起，难以辨识，要把两者分开几乎是不可能的。”①新媒体时代人们似乎更加倾向于直观地表述，信息传播的“力度”恰恰在于用直观的、朴素（或奢华）的图像把人们引向理解。技术图像背后隐藏的东西被认为是多余的。新媒体的广告文化显得非常直白，除非需要给人们“营造”一种非现实的怀旧感，否则，艺术的喧腾就必须服务于消费者的理解。因此，当图像直接就能勾起人们的世俗欲望时，怀旧的人们就开始质疑新媒体时代的糟糕：把人引向堕落和穷奢极欲。

似乎肤浅、艳丽、华而不实、诱惑等等这些词语就是读屏时代的“专利”。人类肢体的“细小部位”越来越多地代替了臂力和腰身力量的使用。按照恩格尔的理解，知识成为图像的文化效果，而不是不同个体的所有物。智能手机和平板电脑等移动智能终端的立体视觉冲击，以及大卖场和城市广场的荧光屏，都在制造一种现代视觉文化的文本。但是，对文本的阅读，则由于认知水平和知识背景的差异而有较大的偏差。不管怎么说，读屏时代的到来是一个事实问题，而对读屏时代的文化理解，对视觉图像在参与和完成人类信息交往和意思表达的过程中能否如愿以偿，则是一个文化理解的难题。鲍德里亚在《消费社会》中说道：“文化中心成了商业中心的组成部分。但不要以为文化被‘糟蹋’：否则那就太过于简单化了。实际上，它被文化了。同时，商品（服装、杂货、餐饮等）也被文化了，因为它变成了游戏的、具有特色的物质，变成了华丽的陪衬，变成了全套消费资料中的一个成分。”②新媒体时代，各种屏幕显示的不仅是一个视觉符号的组合体系，更是一种文化的特征显现。这是一种浅表文化，它“在如此统一的生活内容里……不可能再有什么感觉：产生的梦幻、诗意与感觉的东西。……相同成分的永久性替代将特立独行。不再有象征功能：在永恒的春天里，‘气氛’的组合是永恒的。”③这种“气氛”正是视觉文化的氛围，它依靠符号体系对视觉神经的冲击而勾起人们的欲望。

南京大学中文系周宪教授认为文化的发展总是和技术的进步联系在一

---

① 洛伦兹·恩格尔．不可见之见——从观念时代到全球时代的德国视觉哲学．孟建，Stsfan Friedrich，主编．图像时代：视觉文化传播的理论诠释．上海：复旦大学出版社，2005：4.

② 让·鲍德里亚．刘成富，全志钢，译．消费社会．南京：南京大学出版社，2008（3）：4.

③ 同上，7 页。

起的;并且认为,视觉文化经历了三种形态:模仿、复制和虚拟。与此相对应的三个技术阶段的关键器材是镜子、相机和电脑——这是与视觉文化紧密相关的“三大发明”。镜子是模仿的视觉文化的主要器具,镜子应该是澄明的、透明的,完整而逼真地再现所反射的事物。这是一种认识论上的“相似论”观念。摄影是视觉文化发展的第二大发明。照相机突破了临时性的印象呈现,并使大规模的复制变成可能。到了电脑时代,人的视觉想象力和空间探索范围极大地拓展了,视觉图像的组合、变异和翻新的可能性极大提高。在虚拟世界中,假的东西比真的东西更加令人相信。周宪教授从模仿论与亚里士多德、机械复制与本雅明、虚拟论与鲍德里亚三个不同的层次和阶段论说了不同技术时代,视觉文化的不同特征。[①] 可以肯定的是,技术发展到新媒体时代,视觉文化的确已经发生了巨大的变化。但是,撇开这种变化本身不谈,就视觉文化在整个文化体系中的作用来说,变化的明显性就更加突出了。新媒体时代,声光色的组合技术和创意文化产业的竞相发展,五彩斑斓的视觉产品和视觉形象正在不断挖掘人们的所思所欲。不但物本身以视觉上的赏心悦目来征服消费者,一切物质的和非物质的东西都要以视觉上的新颖别致来讨人欢心,博得人们的注意力。因而,无论是被认为肤浅轻薄还是被认为是矫情造作,视觉文化都在新媒体时代获得了自己的迅速发展。

2. 理解视觉文化的两条路径。

英国传播文化学者马尔科姆·巴纳德把视觉文化分为狭义的和广义的两个概念。他说:“使用广义的视觉文化这个概念所强调的是这个术语的文化方面。它所涉及的是在视觉文化氛围中形成和通过视觉文化传播的价值观念和个性特征。”而“就狭义而言,视觉文化的概念也要比艺术或设计的概念更为宽泛,它不仅涵盖艺术和设计,而且还包含着常常被艺术史和设计史所忽略或无视的材料”。[②] 本书的视觉文化概念明显是在广义的意义上使用的。它泛指人们对视觉神经在整个社会生活中的功能的凸显,以及由于这

① 周宪. 模仿/复制/虚拟——视觉文化的三种形态. 孟建,Stsfan Friedrich,主编. 图像时代:视觉文化传播的理论诠释. 上海:复旦大学出版社,2005:20-31.

② 马尔科姆·巴纳德. 常宁生,译. 理解视觉文化的方法. 北京:商务印书馆,2005:4-5.

种对视觉诱惑的夸张使用而形成的文化形态。生活在新媒体时代的每个人都需要理解视觉文化,否则就难以做到恰如其分地领会和理解社会生活的变幻,在迷离变化的幻象中迷失方向,陷入困惑。

理解视觉文化之所以重要,首先是因为新媒体时代,媒介的作用越来越大,深层渗透已经席卷到社会生活的各个方面,人们越来越多地依赖和受制于视觉材料,研究视觉文化有助于我们更为清晰地意识到事态的发生和发展(这是巴纳德的话)。其次,一旦失去个体对视觉文化的主体性把握,而在传媒解释中通过更多的信息来促进对视觉材料的理解,会造成严重的信息过度,同时也会使人陷入被动的局面。最后,理解传媒(尤其是新媒体)如何产生、创造了新的视觉文化,以及这种视觉文化如何被人接受,实际上就是理解我们的文化背景、社会地位和文化身份。在某种意义上,视觉文化具有生存论上的重要意义。巴纳德甚至这样定义"视觉文化":"视觉文化就是人们称为其所是的人们的那一部分,而对这些观点和回答的理解则可以促使人们用一种更加成熟的、自我反思和批判的眼光来认识整个视觉世界以及自己在其中所处的位置。因此通过在理解视觉材料的过程中认识自己的角色和位置,视觉文化研究能够发挥相对成熟的自我教育和启蒙功能。"①

巴纳德认为理解视觉文化的传统有两个:"结构的传统"和"阐释的传统"。这两个传统也就是通常理解视觉文化的两条主要路径。结构的传统认为,对视觉文化的理解和阐释工作是依据"结构"来进行的,比如观念结构(话语结构)、阶级结构、性别结构、叙事结构等等。无疑像马克思那样的人,是依照阶级结构的秩序来理解视觉文化的。无论是蒸汽机还是手推磨,无论是樱桃树还是运输船,在马克思那里,这样的视觉景观总是联系着一种生产力和生产关系的特定语境,并且在这种特定生产力与生产关系的特定语境的结构化分析中找到其内在的对立面,并将这种对立作为社会前进的动力。巴纳德对马克思的这种理解是否完全脱离了马克思原典的意思呢?我们不妨看下面这段话:"甚至连最简单的'感性确定性'的对象也只是由于社会发展、由于工业和商业交往才提供给他(指费尔巴哈)的。大家知道,樱桃

① 马尔科姆·巴纳德. 常宁生,译. 理解视觉文化的方法. 北京:商务印书馆,2005:7.

树和几乎所有的果树一样，只是在几个世纪以前由于商业才移植到我们这个地区。由此可见，樱桃树只是由于一定的社会在一定时期的这种活动才为费尔巴哈的‘感性确定性’所感知。”“费尔巴哈在曼彻斯特只看见一些工厂和机器，而100年以前在那里只能看见脚踏纺车和织布机；或者，他在罗马坎波尼亚只发现一些牧场和沼泽，而在奥古斯都时代在那里只能发现罗马富豪的葡萄园和别墅。”①(见《德意志意识形态》)这里，马克思理解视觉文化的“结构”特征还是比较清晰的。在特定的时代话语，或者说在特定的叙事结构中确定对视觉材料的理解和阐释工作，并不是一种离奇的理解方案。

阐释学的传统坚持认为理解和意义是纯属个人的事情；不同民族、不同兴趣、不同立场、不同信仰和不同价值观念造成了对这一传统的理解和阐释的现实基础。对于阐释学的传统而言，“偏见”是不可避免的。这种偏见，在经济学中被认为是个体偏好的正常反映，然而在哲学上，人们似乎对“偏见”心存敌意。爱智之学就是要走向不偏不倚，而不是在偏见和现象上梳理纷呈的乱象。因此，对于阐释学的路径，向来在现代性的个体主张中得到拥护，而在形而上学的追求中被诋为糟粕。无论是通过矛盾分析法还是阶级分析法，只是叙事结构与阶级结构的不同，在“结构”性理解中它们的共同之处是昭然若揭的。结构的理解路径在新媒体时代并没有过时，正如阐释的路径在新媒体时代已然活跃一样。新媒体时代，媒介在制造视觉材料和对生活环境的反复“布局”中，不断刷新了我们触目可见的一切。视觉文化并没有在巴纳德所分析的这两种理解路径之外徒生枝节，相反，仿佛这两种理解和解释的路径在同时使用，并合二为一。结构的方法导致一种“必然性”，但是阶层结构正在发生重大的变化(前文已经论述)；阐释学的方法导致“偶然性”，但是，偶然性使现代人不断陷入彷徨(存在的不确定性增强，由此而导致人的内心不安)。巴纳德也认为，“每一种方法都将被表现为同时具备两种传统。每一种方法都将被证明同时包含着结构和阐释学这两种传统的因素”。② 阐释学和现象学的方法强调理解中的个体意识的作用。“理解是个体所做的某事或者个体所发生的某事：无论哪一种，它都是特定的、蓄意

① 马克思恩格斯文集．常宁生，译．第一卷．北京：人民出版社，2009：528－529.

② 马尔科姆·巴纳德．常宁生，译．理解视觉文化的方法．北京：商务印书馆，2005：17.

的、历史的和固定空间内的个体意识的产物。结构的方法强调理解过程中结构的作用:理解是诸结构的产物,因为结构提供了现实得以次序化的二分法概念。”[①]结构与阐释,成为理解新媒体时代视觉文化(在方法上)的二律背反。结构的方法直接地违背了现代性的主体性发育的趋势,然而,主体性正是特定结构中的话语主体和叙事结构。阐释的方法对现代性的普遍理性追求是一种反驳:现代理性追求一致的意见和普适的价值,而阐释会导致形式上的混乱。可见,结构的方法与阐释的方法,尽管两者走向对方的反面,却在现代性的追求中走向了交融。

3. 暴力的景观。

在理解视觉文化的路径中,对阐释者自身生活世界的一些影响视觉材料之理解的因素要中性化,这是马赫和狄尔泰所力求实现的事情。[②] 但是,阐释者的意图、信仰、希望与恐惧等情感要素成为理解“作品”的重要障碍,这是毋庸置疑的。阐释者和作者的生活世界(人生经历、生活环境、教育、时代背景等)的不同是造成理解上的障碍的重要根源。解释者的偏见是理解视觉文化的基础,没有这些被称为“偏见”的东西,人的认识活动就不能进行。新媒体时代正在用各种方式塑造视觉盛宴,每个人总是从自身的偏见出发来认识这个由视觉材料组成的世界。尤其是在智能手机这样的媒介终端不断被开发的时候,“自媒体”这个概念强化了普通网众的双重身份:既是传播者又是受众。在作为传播者的民众那里,每个人都在新媒体的严密监视下成为演员,成为舞台布景中的一个重要因素,在触屏世界中成为构图要素。由于这种对阐释的看似宽容的理解,新媒体时代的人们对人的个性的追求更加别出心裁。自由个性被新媒体时代的各种媒介不断放大。人们以消费者的姿态向新媒体索取各种景观,而新媒体世界的任何个体都在为迎合受众需求而构建他所能理解的东西。“对于现世生活来说,我们不是缺乏真相,而是充斥着太多的伪造和扮演。自媒体令世界更加荒诞是一定的,它甚至提供了一个伪造的、趋媚的、扭曲的假象世界而被人们像以往那般欣赏

---

① 马尔科姆·巴纳德. 常宁生,译. 理解视觉文化的方法. 北京:商务印书馆,2005:30.

② 马尔科姆·巴纳德. 常宁生,译. 理解视觉文化的方法. 北京:商务印书馆,2005:47.

和信奉着。这就像一个笑话,一个醉生梦死的人在新一次酩酊大醉之后看到的世界,他坚信他看到了更多、比以往更真实的世界。"①"你想要什么,我就扮演什么,这是市场定律,跟什么是真的没有关系。"这也就是前面已经论述过的,"真相的隐退"。理解的偏差使得新媒体时代的授受关系变得矫情造作,在不断揣测景观受众心理的过程中,每个人都把自己的表演天赋发挥得淋漓尽致。从而,视觉构图的发散性有着不可思议的种种奇思妙想。镜像和镜像的制造者在"意义"上的分离越来越远,"阐释"成为新媒体时代视觉奇观中的自由主义理路。

在看似自由个性得到张扬的视觉文化中,景观以结构的形式履行它的暴力冲动。弗里德里克·詹姆森将结构主义的研究内容作了如下说明:"无意识的价值体系或表征体系,这个体系使社会生活的任何一个层面都井然有序,而且个体的任何有意识的行为和发生的事件都据此产生并得到理解。"②景观的暴力正是在这种结构中悄然发生的。这种暴力由于区别于政治暴力的激烈性而显得温和,也容易导致被人忽略。然而,这样的暴力是一种具有更强粘性的文化暴力。它把"约定俗成"的结构,以及在"定在结构"中人们"应该如何"的设想当成标准来统治人。每个人都在固定的坐标体系中有着特定的位置,似乎离开这个位置就会造成混乱,以至于结构主义认为这是社会"井然有序"的前提。结构主义的理解路径,是视觉文化行使暴力的重要方式。广告就是很明显的例子,在新媒体广告精确定位和根据浏览记录分析受众心理的技术操作过程中,策划者完全罔顾受众在新媒体时代(乃至任何时代)可能存在的身份的多重性,把特定的人群划分为不同的层级结构,或者把不同的构图方案用于不同的人群。以"群"分类的方法本身就是对自由个性的否定,从而结构主义的视觉构图会极大地影响着人们对于"屏世界"的真正理解。不是人们对视觉所及的图像和景观赋予不同的意义,而是"视图"统摄着人的意义设定(被设定)。这就是景观的暴力。

视觉文化在传统传媒时代的重要特征是"暗示"某种意蕴。从而为艺术

① 朱白.拿起手机,你就变成了演员[EB/OL]. http://www.21cbh.com/2013/12-2/5MMTM5Xzk2NjA5Mg.html.

② Jameson, F. The Prison-house of Language (Princeton, NJ: Priceton University Press). 1971:101.

的深度提供了某些手段。但是,随着新媒体用户的"三低"倾向更为明显,视觉文化在电子屏上的构建不再以含蓄的形式展示自身。新媒体时代的视觉文化宣泄着赤裸裸的需求和欲望。视觉是人的延伸了的欲望。德波的这段话或许只有一部分是正确的,他说:"在真实的世界变成纯粹影像之时,纯粹影像就变成了真实的存在——为催眠行为提供直接动机的动态虚构事物。为了向我们展示人不再直接把握这一世界,景观工作就是利用各种专门化的媒介,因此,人类的视觉就被提高到以前曾是触觉享有的特别卓越的地位;最抽象、最易于骗人的视觉,也最不费力地适应于今天社会的普遍抽象。但景观不仅仅是一个影像问题,甚至也不仅仅是影像加声音的问题。景观是对人类活动的逃避,是对人类实践的重新考虑和修正的躲避。景观是对话的反面。哪里有独立的表象,景观就会在哪里重建自己的法则。"①德波正确的地方在于对景观暴力的描述:景观反对"对话",它是专制的,它统治着人们的言语和行动。景观就是社会生活的准则,是人们奋斗一生和积极争取的人生目标——尽管它常常导致幻灭和空无。但是,"景观不能被理解为一种大众传播技术制造的视觉欺骗,事实上,它是已经物化了的世界观。从整体上理解景观,它不仅是占统治地位的生产方式的结果,也是其目标。景观不是附加于现实世界的无关紧要的装饰或补充,它是现实社会非现实的核心。在其全部特有的形式——新闻、宣传、广告、娱乐表演中,景观成为主导性的生活模式。景观是对在生产领域或由生产所决定的消费领域中已做出的选择的普遍肯定。在内容和形式方面,景观总是现存体制条件和目标的总的正当性的理由,景观也是这种正当性理由的永久在场,因为它垄断了耗费在生产过程之外的大部分时间"。② 因为新媒体时代的"景观"已经不再主要从事"暗示"的活动,它直接地倾诉着人们的欲望,从而德波所讲的"景观是对人类活动的逃避"的判断也就不再显灵。景观就不再是一种逃避,它不需要人们经由各种曲折的艺术处理来挖掘其间的意味。整个视觉所及的景观成了人们实践活动的重要领域(以及活动对象)——甚至景观本身就是人们的实践目的。构建一种理想景观(或许它更加流于幻影)是新媒体时代

---

① 居伊·德波. 王昭凤,译. 景观社会. 北京:南京大学出版社,2007(2):6.

② 同上,3 页。

人们的内心冲动。由此而理解奢侈消费、明星崇拜、对财富幻象的痴迷、对时尚和名牌的追求、外界环境对人的言行的决定性影响等等，就显得轻松多了。这样，朱白的这段话就能为新媒体时代的视觉文化作一个很好的注脚："我要扮演我打算给你看的那个人，所以我很累，所以所谓眼见为实都是假的，你看到的只是对方想呈现给你的那一部分。而你也是假的，在自媒体的光晕下，你在选择你想要的假象，你也在选择放弃另一部分的真相。你选择有趣好玩惊喜不断的世界，也就涂掉了平淡乏味重复单调的世界。"①视觉文化也仅仅是新媒体时代娱乐化浪潮中的一股绵延不断的波涛。

美国著名文化批评家米尔佐夫说，"连接是网络的特殊性，可能也是它最突出的特征。在数字技术批评家斯蒂文·约翰逊看来：'连接是未来几个世纪将出现的最重要的、新的标点形式。'不过，他同时又肯定了连接的历史性，认为它源自查尔斯·狄更斯的'联想连接'的技术"。② 在新媒体时代，网络连接是视觉文化"构图"的内在引力场。喧腾、混乱的网络系统在没有任何先兆的情况下把一些没有任何内在的、本质的、必然的联系的东西连接在一起，在手机屏幕、电脑屏幕、电视屏幕、室外大型展屏上形成一种文化氛围。在关注这些被联系在一起的东西时，一些具有时代气息的"价值"也同时被创造出来——这是来自符码、结构，或者来自个体阐释的价值。视觉文化以直观、形象、直接等特征而"标注"着新媒体的时代脉搏、人的生存的新境遇。随着网络技术对新的立体视图的开发，虚拟世界越来越具有了真实感，从而为视觉对人的生存观念的影响起到了推波助澜的作用。不但如此，因为景观暴力等的存在，视觉文化还实际地影响着人的生存状态。不过，有一点也许是必须注意的，那就是，建立在新媒体技术特征基础之上的那种点到点的交互式传播方式，使图像(或景观)的专制行为得到了有效抑制(至少在技术层面提供了这样的可能)。人们对景观的"凝视"已经有"去中心"的倾向，或许在这一点上，反映着阐释的视觉理解路径取得了相对的比较优势，毕竟现代性要求个性的充盈。

---

① 朱白．拿起手机，你就变成了演员[EB/OL]．http://www.21cbh.com/2013/12-2/5MMTM5Xzk2NjA5Mg.html.

② 尼古拉斯·米尔佐夫．幽灵写作：视觉文化构想．吴琼，编．视觉文化的奇观：视觉文化总论．北京：中国人民大学出版社，2005：264.

(四)文化消费主义

在工业资本主义时代以前,“消费”一词并不具有(如今日这般)指涉过度购买行为的意义。19世纪中期开始,“消费”成为与“生产”等相应的一个中性词语。让·鲍德里亚在1968年出版的《物的符号体系》中就明确指出了消费作为一种积极关系在当代社会的重要地位。他认为消费是一种系统的行为和总体反应的方式,我们的整个文化都建立在这个基础之上。消费是任何社会都必然存在的人的基本需求和活动,但消费主义则是丰裕社会的特征。当然,站在消费社会的立场上,鲍德里亚并不认为有“物质丰盛社会”或者“物质匮乏社会”这样的社会存在,因为所谓丰盛和匮乏都只能是结构性的。“过剩的可能是上帝的那一部分,献祭的一份,是奢侈的开支,剩余的价值,经济利润或享有盛誉的预算。”①梅耶在《消费社会》(鲍德里亚著)的前言中写道:“作为新的部落神话,消费已成为当今社会的风尚。”消费社会中的消费似乎不再是时下网络中所谓的“土豪”消费,而是标榜高雅或者其他特殊身份的一种活动。鲍德里亚在“消费理论”中说,“幸福要成为平等的神话媒介,那它就得是可测之物,必须是物、符号、‘舒适’能够测得出来的福利”。② 可见,消费在于确立一个等级秩序以及主体在这个等级次序中的位置。“驾驶两马力车子的富人不再令人赞叹,但却更加令人难以捉摸了:通过消费的方式,通过风格,他与众不同、独树一帜。从炫耀到审慎,从量的炫耀到高雅出众,从金钱到文化,他绝对地维系着特权。”③新媒体时代的文化消费已经成为一个重要的时代特征,“土豪”(有钱而缺少文化教养的人常常被戏称和调侃的网络热词)成为新媒体时代的另类形象。然而,新媒体时代的个人文化修养或者文化地位,已经不再重要,重要的是通过对文化(或者具体为文化产品)的消费而得到身份的确认。鲍德里亚不无忧虑地说,社会歧视和权力等仍旧占主体,而且渗透到了纯收入或财富以外的其他方面。当然,这里并不是指经济特权的地位下降,而是指特权和身份认同的多元化更加难以捉摸。新媒体时代的文化消费变成文化消费主义,其根本的表现

---

① 让·鲍德里亚. 刘成富,全志刚,译. 消费社会. 南京:南京大学出版社,2008(3):32.

② 同上,28页。

③ 同上,34页。

在于,文化消费是为了满足人们的文化需求,为了弥补知识上的缺陷、填充闲暇时间、增进技能、加强修养或者其他某些有关娱乐或促进人的发展,为人的生存提供必要知识经验的活动。然而,文化消费主义却不一样,它对文化的具体功用并不关注,它只关注人在消费文化的过程中,在购买文化产品的过程中,如何体现差异性(个性或者独特性),并且把对文化产品的占有当作对文化的享有,从而导致文化产品的纷呈与个人文化修养脱钩,文化艺术的繁荣与受众欣赏水平失衡,文化的庸俗化与媚众,等等问题。

1. 从机械复制时代到数字复制时代。

在1936年发表的《机械复制时代的艺术品》中,本雅明强调了两点:一是通过复制破坏了与众不同的物品具有的光晕或仪式价值;二是由于这些物品越来越唾手可得,因此越来越多的专家就需要一种新的近距离的批判立场。新媒体用简单的数据拷贝方式轻易地瓦解了从前的认知模式:那种对独一无二的文化产品的膜拜已然被新的零星存在的各种(极易获取的)数字文化产品所击碎。如果在机械复制时代,本雅明所讲的"对艺术品的机械复制较之原来的作品还表现出一些创新",①那么,在新媒体时代,艺术品乃至其他的文化作品的复制就简单和逼真得多。对文化产品的原真性(本雅明认为,原作的即时即地性组成它的原真性)而言,虚拟空间的数字复制已经完全突破了它的限制。在机械复制时代,"原作在碰到通常被视为赝品的手工复制品时,就获得了它全部的权威性"。② 然而,在电子技术发展的今天,新媒体平台上的作品复制已经很难在"原作"和"副本"之间找到任何差别性。甚至由于复制品可能对原作的某些保密性技术的攻破,它所能获得的社会支持还会远远高于原作。本雅明在他的著作中说:"当艺术创作的原真性标准失灵时,艺术的整个社会功能就得到了改变。它不再建立在仪式的根基上,而是建立在另一种实践上,即建立在政治的根基上。"③新媒体时代,人们在消费文化产品的过程中,对于网络文化产品的消费已经克服了对独一无二的产品占有的那种欲望,通过占有酷似物、摹本、复制品来占有这

---

① 瓦尔特·本雅明. 王才勇,译. 机械复制时代的艺术作品. 北京:中国城市出版社,2002:5.

② 同上,8 页。

③ 同上,17 页。

个对象,已经成为一种新的趋势。恰恰这一点印证了草根文化之所以能够兴盛的原因。新媒体使社会阶层扁平化,或者说,在新媒体时代,至少在网络消费上,在虚拟产品的消费上已经抹平了阶层之间的鸿沟。那种独一无二的产品的“光晕”(或译“光韵”,“从时空上作描述就是:在一定距离之外但感觉上如此贴近之物的独一无二的显现。”①)被消解。本雅明所提的“政治的根基”无非体现着复制品的功能在个体役使过程中的可变的“意义”生成。文化已经被不同的目的和需求所任意剪裁和拼凑。在数字复制时代,逼真是非常容易做到的,更多的复制品不在于逼真地仿造了原作的功能和样式,而在于它轻易就改变了原来的功能和样式,无论是图片、视频、书籍、软件,还是其他更为复杂的东西。

2. 新媒体时代的文化工业。

本雅明那个时代的艺术品复制至少还需要专门的训练才能获得那种能力。因此,诸如电影和摄像这样的技艺在当时并非一门人人可得的生活技能,而是具有专门功能的技艺。数字复制时代已经改变了这个“复制”文化的专业性。各种应用软件的开发,加上新媒体用户的普及,数字复制已经成为人人都能通过鼠标点击轻松完成的事情。每个人都成了仿制者和文化产品的加工者。各种虚拟产品在线上被普通网众进行个性化设置、加工、修改。那种大规模生产的印有明星头像的明信片再也不可能在当今流行。就连普通的T恤衫也都在年轻人那里采取了DIY的模式来刻印带有个人偏好的文化标识。本雅明认为机械复制能够将人们从对独一无二的东西的仪式崇拜中解放出来。然而,如果这种被复制的东西仅仅是一个能指的符号,那么,复制的结果却并没有使人们从仪式中真正得到解放,相反,它还进一步地增加了这种仪式的影响范围。只有到了数字复制时代,由于个性化的设计和产品的再加工变得轻而易举,文化产品的不断修改(窜改)、重组、扭曲,使得个性化得到了极致的张扬,这个时候才能真正达到本雅明所未曾见过的文化产品对仪式的寄生的解放。

当然,新媒体时代的文化工业也并非放任自流的。正如有的学者所指

---

① 瓦尔特·本雅明. 王才勇,译. 机械复制时代的艺术作品. 北京:中国城市出版社,2002:13.

出的,“不应过高估计媒介消费者个人随意传送来的节目的自由。即便他们有这个自由,他们选择重新解读的节目也局限于实力强大的媒介机构建立的‘菜单’之内”。[①] 文化产品的复制和文化节目的传输与解读一样,只能在“菜单”内进行自由的尝试。而“菜单”本身就构成一种命令,它是那种类似于前述之“景观暴力”之类的冷暴力。在虚拟文化产品和建立新传媒文化氛围之外的其他领域,文化的工业气息依然存在。并且,实在世界的文化工业正在新媒体上扩展自己的力量,把自己变成消费主义的新形态:对文化产品的消费全面扭转到宣布一种消费品位和身份地位;描述文明进化成果或者人类进步样态的“文化”被用来充当了一般的身份标签。

3. 文化消费与身份构建。

鲍德里亚在《消费社会》一书中的这句话是意味深长的:“我们拥有的不是浪费而是‘消费’,是永远的被迫消费。”[②]尤其是随着微博、微信的广泛使用,个体更是无意识地接受了社会舆论的影响。人们对官方媒介愈是失去信任,对小道消息和花边新闻就愈是喜闻乐见。微博和微信这类新媒体产品满足了网众的这种心理需求。当资本占领了这样的市场,微信和微博这类新媒体产品就成为资本控制用户的有力武器。它如此善解人意地揣测到了人们的内心需要,在用户的搜寻中,频频跃出他们需要的内容,而这些内容的真假是没有人愿意计较的(这个特征在前文已经提到)。小道消息正在占领舆论市场,在新媒体用户普及的情况下,草根阶层的话语权越来越大。正因为如此,在这样的社会中要彰显自己的品位和特殊个性就需要有文化的装点,从而“晒”出自己的文化品位和个人风格就在网络上甚嚣尘上。从名人大腕到草根民众,很多人越来越热衷在微博上展示自己的文化消费产品。比如阅读什么书、参观什么历史古迹、欣赏什么经典电影,等等。所有这些东西,受众甚至完全是以一个消费者的身份来参与完成的。至于阅读与作品的再造,以及个人的思想情感与作品之间是否存在共鸣,这些都变得微不足道。

---

① 戴维·莫利,凯文·罗宾斯. 司艳,译. 认同的空间. 南京:南京大学出版社,2001:172.

② 让·鲍德里亚. 刘成富,全志刚,译. 消费社会. 南京:南京大学出版社,2008(3):49.

某个人属于某个团体，从而消费什么；某个人消费什么，从而证明他属于某个团体。这是鲍德里亚所分析的那种所谓“一致性的理想”。消费逻辑被界定为“符号操纵”之后，标志着整个社会已然进入了“消费社会”。文化消费也成为一种文化陈设，是对文化产品和文化活动本身的展示。在新媒体空间中“晒”出自己的文化活动和文化消费踪迹就足以标榜自身的独特身份。如果新媒体时代人与智能手机之间的关系，在年轻人那里可能是一种鲍德里亚所谓的“着迷和操纵的关系”，①那么，网众在文化消费中对文化产品的眷恋和选择却不再停留在对物的着迷上，而在于这种文化产品所能指示的意蕴。也就是说，只有当一定的文化消费（这种活动或者它指向的文化产品）能够证明消费者是一个有着特定品位的文化人的时候，这种消费才能引起人们的广泛兴趣和追随。活动与意义之间的关系完全是外在的（被给予的）。

这种在消费主义思潮带动下进行的种种文化创造和文化活动（文化消费），谈不上文化发展的脉络，顶多就是鲍德里亚所讲的“文化伪迹”。新媒体与旧媒体的不同之处就在于新媒体的传播方式的“新”，在于传播者和受众之间关系的“新”。而这种“新”，在文化消费主义的实践中，变成了一个技术决定论的物质基础。显然这种说法在表面上是行得通的。因为正是传播方式由点到面、由一到多变成了由面到面、由多到多、由点到点这样的传播方式，从而在文化产品的复制上，数字技术适应了人的个性化需求。景观的专制性有了德波所认为已经没落了的“对话”的参与。尽管暴力依然存在，但个性阐释在文化消费中并没有消失；相反，随着文化工业的规模生产变得不再可能，个人轻而易举地复制、改造、重组、修订的文化产品在虚拟世界中获得了繁荣的可能。现代性的主体性特征在文化消费主义中得到膨胀：主体以文化消费的形式伸张、展示、满足自己的欲望。而这种内在的欲望得到释放，不但是物质丰盛的结果，更是现代社会资本逻辑的强力意志。

（五）普遍娱乐化的生存论警示

新媒体时代文化发展的普遍娱乐化倾向导致了传统“意义”的缺失，寻找生存意义成为新媒体时代的重要难题。娱乐拜物教淹没在资本拜物教的

① 让·鲍德里亚．刘成富，全志刚，译．消费社会．南京：南京大学出版社，2008(3)：103.

狡计中，资本以娱乐精神施展新的统治策略。文化无产阶级造就疯狂的文化激战，一方面资本的娱乐化生存使娱乐物化为特定的精神产品，精神产品的他在性进一步幻化为文化无产阶级的精神盛宴；另一方面，传统偶像进入黄昏阶段，新的偶像尚未树立，新媒体只是破坏。在经典偶像(有着意义或道德高度的榜样)缺失的情况下，型塑新媒体时代的精英不但与草根娱乐精神背道而驰，更重要的是，新媒体传播的路向(多向度互动)，使避免陷入娱乐泛化的新机制产生的文化免疫力丧失。

在全网鼓吹娱乐精神的过程中，无论是传统媒体还是新媒体，从内容到形式都必须在娱乐、炫情上大做文章。新媒体的夸张叙事手法并不是建立在文学或者艺术的理解之上的，而是建立在更多的对人的欲望的激活的意图之上。新媒体时代的人们，每个人都独自面对铺天盖地的媒介信息，这些信息中充斥着文化的暴力——它构成一种舆论，使人感觉在当下必须做某事才能不至于落伍。真相的隐退是必然的。在资本面前，真相并不重要。文化的目的不在于揭示真相以及认知真相的路径，而在于把人们引向一种文化场——在这种文化氛围中人们能够感知到自身的存在，并在某种程度上确立其独立性。新媒体时代的传统权威已经堕落。口传文化时代的那种经验权威以及印刷文化时代的那种理性权威似乎都受到了挑战。新媒体时代信息传播的交互性，使得文化上的权威已经发生了如此深刻的变化，它使那些以往没有任何“发声”机会的人都能站在自己的立场发表意见和观点。当然，自由的言论也带来了一些弊端，比如那种突破底线的矫情。文化的概念已经被扭曲变形，无论是广义的“人化”概念还是狭义的“精神”文明概念，都似乎在新媒体时代不再表征文化的内涵：文化变得什么都像、什么都是、什么都不是，从而人在这个时代的生存进路上，要看到或者预测到文明的方向是十分困难的。

游戏已经脱离了年龄限制，这不是波斯曼关于“童年的消逝”所讲的那种媒介内容对人的生存发展的影响，而是在整个的社会人群中，游戏已经成为一种生存状态。从各类网络媒介的“菜单”到教学和科学等，都在找寻游戏的规则和设计新的游戏程序。人们在虚拟的网络游戏中找到了安慰、寄托和比附，游戏不但成为人的精神抚慰的重要途径，也成为人们宣泄情感和寻求自我价值的重要方式。想象力和创造力在游戏中得到了加强，但是，也存在一些难以避免的困难，那就是游戏化的过度加强导致了游戏瘾症患者的增多。沉湎于网络游戏曾经（现在依然）是一些孩子（甚至成年人）堕落腐化的重要酵素。但这并不能妨碍游戏的发展，这已经是一个时代的文化特征了。正如一个经验丰富的教师必须符合时宜地采取各种新媒体游戏的方式来吸引学生的注意，以便提高教学的效果。经济生活和政治生活中的严肃话题都变得与娱乐化的游戏相关。这是否是因为游戏的规则化引起了人们的重视，这一点是令人质疑的。遑论说，游戏只是一种精神兴奋剂，在麻痹的劳作和节奏过快的现代生活中，它催化着人们的生活情趣。视觉文化在这一方面似乎意蕴更广。但在触屏时代，视觉文化的发展似乎并不令人感到意外。可视化是新媒体时代的文化特征。那种含义深邃的文化艺术令人难以捉摸，习惯于用食指划动视屏的人失去了思考深邃问题的习惯和能力。就这一点说，视觉文化的发展足以令人担忧。它是否会导致人的内在潜力受到技术的压抑？显然，文化在新媒体时代成了消费主义的展台。文化消费与其他产品消费一样，通过稀缺性和量化的金钱来衡量——通过这种衡量就能比较出差异和格调。普遍娱乐化是新媒体时代人的生存方式和面临的环境，就主体而言，它的确定性是不容置疑的。但这种事实上的娱乐化生存是否能够促进人的全面自由发展，足以引起哲学、社会学、传播学等相关研究的关注。

四、新媒体时代的文化生存

（一）文化与生存的内在勾连

1. 文化与生存。

列宁在1913年《工人阶级和民族问题》一文中说道，“工人正在全世界范围内创造自己的国际主义文化，这种文化早已由宣传自由的人们和对压迫进行反抗的人们作了准备”。[①] 而他在1918年全俄中央执行委员会会议上所作的《关于苏维埃政权的当前任务的报告》中说：“而他们的知识、经验和劳动却是我们需要的，没有这些东西，我们就不能真正掌握旧的社会关系

① 列宁全集．第二十三卷．北京：人民出版社，1990：140.

所创造的、作为社会主义的物质基础保留下来的文化。”①很明显，这两个地方所使用的文化概念是不同的。前者是所谓的狭义文化概念，后者是广义文化概念。从狭义上来说，文化指精神文化，是人类生存在历史性上的阶段性标志，是文明进化的刻度。从广义上说，文化即人化，是人获得自身位格之完满性的存在，文化是生存的全部基础和形象。

马克思在《1844 年经济学哲学手稿》中说：“人的类本质——无论是自然界，还是人的精神的类能力——变成对人来说是异己的本质，变成维持他的个人生存的手段。”“人正因为是有意识的存在物，才把自己的生命活动，自己的本质变成仅仅维持自己生存的手段。”②有人把马克思在这本书中所讲的“生存”等同于被异化了的生活，从而与“生活”区分开来。当然，在马克思的语境中，生存离不开资本主义时代的大的社会背景，即不可能在异化劳动之外描述工人的生存问题，这一点显然是毫无疑问的。马克思在这篇文章中所讲的生存无非就是事实上在资本主义时代人们怎样生活着（当然，资本主义社会的那种异化的、片面的生活还不是真正的人的生活本身）。本书所讲的生存，不但描述人事实上如何生活，还在事实的基础上描绘人类应该怎样生活。也就是说，生存问题包含了人类的生活现实以及如何生存得更好的问题。它不仅仅指认如何存在下去，不仅仅指人要“活着”、延续他的脑力和体力，更是要探讨人的脑力和体力如何变得强大，人的身心与社会关系如何变得更为和谐融洽。在这个意义上，生存问题就是广义的文化问题。也就是说，人的生存问题本身就是一个文化问题，即人成为人的过程，人获得他的完满的社会关系、他的本质的过程。而从狭义上讲，人的生存问题包括着文化的问题，即作为精神文化的东西本身是人的生存的重要内容：精神文明是人的生存现状的反映，也是人的生存发展的基础和前提，还是人的生存发展的方向。关于狭义的文化与人的生存的关系，当代中国的马克思主义者和列宁都曾经有过一些阐述。

2. 马克思主义关于文化与生存的论述。

刘少奇早在新中国成立初就对人的生存问题与文化的关系有过说明。

---

① 列宁全集．第三十四卷．北京：人民出版社，1985：243.

② 马克思恩格斯选集．第一卷．北京：人民出版社，1995：46－47.

他说:“怎样才能使中国劳动人民从穷困、痛苦和被侮辱的生活中解放出来,并不断地提高他们的生活水平,使他们能够过富裕的和有文化的生活呢?”[①]文化生活和物质生活在当时就被认为是人们过上更好生活的重要内容。在1955年11月9日全国人大常委会通过的《农业生产合作社示范章程草案》中也有这样的说明:“合作社应该有计划地开展文化、娱乐和体育的活动,提高社员的文化生活水平。”[②]文化生活水平成为“人民公社”社员生存状况好坏的重要标准。邓小平在强调生产力发展的基础上,也主张两条腿走路:精神文明和物质文明必须相辅相成,这样才能建成社会主义,才能给社会主义国家人民的生存带来福音。他说:“社会主义的首要任务是发展生产力,逐步提高人民的物质和文化生活水平。”“我们的人民生活水平和文化水平还不高,这也不能靠谈论人的价值和人道主义来解决,主要地只能靠积极建设物质文明和精神文明来解决。”[③]

中国共产党的历代领导集体都对文化与人的生存之间的关系有很深刻的理解,认为文化生活是人们在物质生活的基础上所应获得的基本生存保障,是人的生存获得更大发展机会和更好发展平台的重要条件,也是人的生存状况发生重大变革的重要标志。江泽民说:“一切宣传和文化工作都要坚持有利于两个文明建设和提高人民群众精神文化生活水平的原则。”[④]文化工作能够有利于生活水平的提高,是人的生活的一个重要内容和方面,这是最基本的认识。胡锦涛认为,文化生活是人的自由全面发展的重要助力和引擎。他说:“我们党领导人民进行改革开放和社会主义现代化建设的根本目的,就是要通过发展社会生产力,不断提高人民的物质文化生活水平,促进人的全面发展。”[⑤]2008年,他在日本早稻田大学的演讲中更是说:“以人为本,就是要坚持发展为了人民、发展依靠人民、发展成果由人民共享,尊重人民主体地位,发挥人民首创精神,始终把人民呼声作为第一信号,把人民利益放在第一位置,不断提高人民物质文化生活水平,促进人的全面发

① 建国以来刘少奇文稿．第二册．北京:人民出版社,2005:2.
② 建国以来重要文献选编．第七册．北京:人民出版社,1993:390.
③ 邓小平文选．第三卷．北京:人民出版社,1993:116、40.
④ 江泽民文选．第二卷．北京:人民出版社,2006:566.
⑤ 十六大以来重要文献选编(中).北京:人民出版社,2006:1091.

展。"[1]文化不仅是人的全面发展的重要动力，也是现实的群众利益，是人的现实的生存条件。

李长春在2006年3月所作的报告《全面落实科学发展观，深入推进文化体制改革》中说："随着我国经济社会的全面发展和物质生活水平的提高，人民群众的精神文化需求迅速增长，呈现出多方面、多层次、多样性的特点，为文化发展注入了新的动力，对文化建设提出了更高要求。"[2]可见，文化是在"如何生活得更好"的意义上着力的。2008年1月，李长春又说："我国经济社会的发展和物质生活水平的提高，使人们的精神文化需求日趋旺盛，文化消费已进入快速增长期，越来越多的人不仅需要丰富充足的一般文化产品和服务，还希望高品位、高质量、个性化的文化生活。"[3]

马克思在摩尔根《古代社会》一书的摘要中讲道："财产的对象，在每一个'顺序相承的文化时期'自然都随着生活资料所依赖的生存技术的增进而增加起来；因此，财产的增长是与发明和发现的进展齐头并进的。"[4]在这里，文化是文明的阶段性属性，是人类发展进程中的不断人化过程。不过他同时指明，"发明和发现"属于更为狭义的文化概念，并且在这里他表明了这种狭义的文化对经济生活的重要作用。瞿秋白在文化、生存与生产力的关系上有一句很有名的话："世界的文化，——人类的生存，——因生产力的抑遏不舒，爆裂的冲突时时发现，已经处于非常之危险的地位。"[5]文化水平、人的生存、生产力状况三者之间是相互联系、相互影响的。在新媒体时代，文化取得了新的形式和内容，并且由于媒介技术的不断改进，信息传播方式发生了革命性变革。网络文化、草根文化、游戏文化、视觉文化等等，在新媒体时代所凸显的种种特点，不但构成了人的生存的重要文化背景，也是人的生存走向的重要指针和引力，还是人们在现时代如何走向自由全面发展的重要桥梁。胡锦涛同志说："不断开创全民族文化创造活力持续迸发、社会文化生活更加丰富多彩、人民基本文化权益得到更好保障、人民思想道德素质和

① 十七大以来重要文献选编(上). 北京:人民出版社,2009:394.
② 十六大以来重要文献选编(下). 北京:人民出版社,2008:375.
③ 十七大以来重要文献选编(上). 北京:人民出版社,2009:174.
④ 马克思恩格斯全集.第四十五卷.北京:人民出版社,1985:378.
⑤ 瞿秋白文集 政治理论编.第一卷.北京:人民出版社,1987:425.

科学文化素质全面提高的新局面。”①新媒体时代的文化景观，既为人的更好生存带来了有利的条件和机遇，也会给传统文化氛围中成长起来的人们带来适应过程中的种种阵痛。而这两个方面的内容，总是难以分割地联系在一起。

（二）新媒体创造的文化机遇

1. 文化多元主义。

“多样化是社会思想文化多元多样多变的客观反映，是社会生活丰富多彩的具体体现。”②在新媒体时代，人们获得信息的渠道增多，对信息的选择和利用更加依靠自己的个人理解。人们思想活动的独立性、选择性、多变性、差异性不断增强。新媒体互动平台为地区之间、国家之间、民族之间、人与人之间的文化交流提供了广大的舞台。通过丰富多彩的网络文化交流活动，使广大网众特别是青年一代从中得到更多的心灵沟通和思想理解，共同为世界文化的多元发展增光添彩。③

文化多元是自古就有的，没有哪一个时代的文化是完全一致的，但是，当这种文化多样化的现象达到一定的发展程度，以至于引起了政治话语体系的关注时，文化多元则冠以了“主义”的称号。通常说来，文化多元主要是一种现象描述；文化多元主义则是一种政治理论，一种意识形态。文化多元揭示了不同文化在同一时期和同一区域中的共存问题，文化多元主义则不仅指出不同文化的共存，而且还要求承认不同文化的差异并平等对待它们。多元文化主义近二三十年在美国相当活跃，它的理论基础是哈贝马斯的宪政民主思想、查尔斯·泰勒的“政治承认”和解构主义理论。新媒体时代文化多样化的现实，以及由于草根文化在社会整个话语体系中的地位不断加强，文化权力被更多的下层群众所掌握，社会舆论逐渐挣脱了原来苛严的政治控制。这时候，文化多元已经不再仅仅是一种现象的描述，它同时也标榜

① 胡锦涛. 在庆祝中国共产党成立90周年大会上的讲话. 北京：人民出版社，2011：23.

② 李长春. 深入学习实践科学发展观，推动社会主义文化大发展大繁荣（二〇〇八年十一月十六日）. 十七大以来重要文献选编（上）. 北京：人民出版社，2009：752.

③ 胡锦涛在《携手共创中拉友好新局面（二〇〇四年十一月十二日）》一文中亦有相似观点。十六大以来重要文献选编（中）. 北京：人民出版社，2006：429.

着一种生存契机和政治话语。对差异性、个性化的文化的追求与认同,正在作为一个文明进步的标志为社会所认可。萨特当时讲的那个存在主义的第一原则“人除了自己认为的那样以外,什么都不是”,[①]这种带有“主观性”偏见的认知曾经引起人们的指责,然而,在文化认同上,每个人都有选择自己信奉的文化传统和时尚的权利。剥夺这种权利就意味着专制的复活。新媒体技术的先天民主化倾向,使得文化多元主义的生存论意蕴更加凸显。尽管它把某些非主流的思想文化带到了惊诧的民众面前,但这种突兀并不能消除人们对社会文化宽容的追求。文化的多样化和价值观念的多元化是对个体差异和民族文化基因差异的客观现实的尊重,从而在导向人的全面发展的向度上,文化多元主义正在为社会的进步增加营养。

新媒体在文化多样性上做出的贡献也许是无可比拟的,但文化的良莠不齐也令人感到担忧。因而,对于社会主义国家来说,为了人民的幸福安康,就“要把研究社会主义核心价值体系作为重要任务,紧密结合人们思想观念发展变化的实际,充分吸收中国优秀传统文化和世界文明成果,探索总结引领社会思潮的有效途径和办法,力求在多元多样中立主导、在交流交融中谋共识,形成既有国家统一意志又有个人心情舒畅、既包容多样又有力抵制各种错误和腐朽思想、既坚守基本社会思想道德又向着更高理想目标前进的生动局面”。[②] 只要在合理的制度引导下,社会文化的大发展大繁荣就一定能够实现,从而对人民群众的文化生存而言,新媒体意味着个性伸张、选择自由、意见包容。同时,就文化生活的丰富性和便捷性而言,新媒体时代真正为全面提高人民的科学文化素质和思想道德素质提供了物质技术基础和信息资源。

2. 文化产业的繁荣。

2005 年颁布的《中共中央、国务院关于深化文化体制改革的若干意见》指出:要“用先进科学技术促进文化产业发展,积极采用数字、网络等高新技

① 萨特. 他人就是地域——萨特自由选择论集. 西安:陕西师范大学出版社,2003:174.

② 见《中共中央办公厅转发〈中共中央宣传部关于马克思主义理论研究和建设工程实施以来的工作情况和今后五年工作设想的报告〉的通知(二〇〇八年五月十三日)》。十七大以来重要文献选编(上). 北京:人民出版社,2009:458.

术和现代生产方式,改造传统的文化创作、生产和传播模式,延伸文化产业链”。“着眼文化事业和文化产业的发展,实施人才培养工程,按照政治强、业务精、作风正的要求,着力培养文化领域的领军人物和专业人才、掌握现代传媒技术的专门人才、懂经营善管理的复合型人才。”[①]时隔八年,新媒体的迅速崛起已经使整个传统文化的创作、生产和传播模式发生了翻天覆地的变化,各类传媒人才异军突起。新媒体文化领域出现欣欣向荣的较好局面。

截至2013年6月30日,中国大陆网民数量达到5.91亿,手机网民数4.64亿,网站数294万,国际出口带宽数2,098,150Mbps,域名数1470万。[②]如果说,城镇新媒体用户数量的增加不足为奇的话,那么,农村新媒体用户的急剧增长则说明把这个时代称为“新媒体时代”是完全有社会现实根据的。在文化娱乐类消费中,农村居民的使用率已经达到了相当的比例。据统计,农村居民网络音乐的使用率达到73.0%,网络视频使用率达到58.3%,而网络游戏使用率达到56.7%,网络文学的使用率达到35.6%。截至2012年12月底,农村地区现有网络文学用户规模达5536万人,年增长653万人。[③] 而这个比例还要远远低于城市网络用户的相关使用率。可见,新媒体文化产业的市场份额巨大。

如果文化资源的分配在很长一段时间都是阻碍个人全面发展的瓶颈,那么,在新媒体时代,信息的封锁已经很难构成阶层分化和利益固化的主要筹码。新媒体平台上的信息资源所具有的共享性和交互性,使得人们摆脱了少数人对信息、知识和技术资料的垄断。从这一点来说,新媒体时代对人的全面发展所起的作用是无可比拟的。

3. 主动受众。

“主动受众”这个词只有在新媒体时代才不是一个不可思议的词语。新媒体时代号称“人人媒体时代”,也就是说每个人都是一个媒体。或者换句话说,新媒体时代是一个“自媒体时代”,一切人都拥有双重身份:传播者和受众。主动受众的含义在新媒体时代至少有这样几层意思:其一是新媒体

① 十六大以来重要文献选编(下). 北京:人民出版社,2008:133,137.

② 见中国互联网络信息中心“基础数据”,http://www.cnnic.net.cn/hlwfzyj/jcsj/.

③ 2012年中国农村互联网发展状况调查报告. 中国互联网络信息中心,2013:6.

用户在吸收文化信息的时候不是完全被动的,而是主动在网络上通过“搜寻”得来的。研究表明:“网民之所以通过电脑使用搜索引擎,绝大部分是想了解与学习生活相关的内容以及了解当下感兴趣的信息,二者比例分别为75.6%和73.5%。此外,还有58.9%的电脑搜索网民通过搜索了解热点事件发生、56.8%通过搜索引擎了解日常生活信息、56.7%通过搜索引擎下载软件。”①正如前文已经论述过的,“度娘”甚至成为一个新的词语,用来形容某些过分依赖网络搜索引擎获取信息的人。其二是新媒体用户在获得相关信息之后还会进行“延伸阅读”,通过相关信息的链接找到更多信息,以便相互佐证。这个过程其实也是受众主动性的重要表现。当然,这种行为在知识层次越高的人那里有越多的体现。尽管这种无限“链接”会使信息量过于庞大,从而影响到个体做出正确的判断,同时也增加了信息过度所造成的时间成本。但是,取消这样的行动似乎是不可能的,因为个性化需求的自由发展以及虚假信息的充斥让受众不得不浪费大量的时间做出自己的决断。其三是新媒体时代的受众同时成了传播者。当一个人对某个信息感兴趣时,他会转载、分享这条信息,这个过程即表示了他作为受众已经阅读和了解到了该信息,也表示他同时作为传播者把这个信息传播到他的“圈子”中的其他人那里。其四是新媒体受众会增加源信息的信息量。通过评论、支持或者反对,受众无形中就增加或者弱化了原信息的可信度和内容。所有这些都表明,新媒体时代的文化受众是主动的,他的主体性得到了较大张扬。现代性的重要特征之一就是人的主体地位得到尊重。无论是在政治生活中强调人民主权还是在文化生活中强调自由自决,都是对人的尊严的确认,是人成为人的大环境和前提。这种文化生活中的主动性离不开新媒体自身潜藏的巨大的交互性能量。当然,如果这样说,就会被指责为“技术决定论”,但是,无论人们是否认同,文化景观的专制性在新媒体时代确实得到了削弱。网络虚拟空间中人们的自由活动范围扩大了很多,甚至在虚拟世界中,文化的行为约束不得不在某种程度上依赖于人们的自觉遵守。指望外在强力进行控制是靠不住的,尽管美国棱镜计划令很多主张网络自由的人感到心寒。但是,时至今天,技术专属专制统治依然是无法实现的。就此而言,主动性,

① 2013年中国网民搜索行为研究报告．中国互联网络信息中心,2013-8.

或者说主动受众，就意味着人的生存自由的扩大，毋需再为它的某些缺陷而感到惶恐不安了。

（三）新媒体带来的文化阵痛

1. 灵韵的消失。

“灵韵”是本雅明在《机械复制时代的艺术作品》一书中的一个重要关键词。它是指作品神秘蕴藉的氛围，能使观赏者从作品中通过想象、联想和互动感受到某种艺术的震撼（比如唯一性、距离感、沉醉、抚慰感等）。新媒体时代，人们对文化作品的鉴赏因为原真性标准失灵而不得不放弃形式上对“真品”的追求。诗意的生活情调变得直白通俗，不仅仅艺术作品失去了灵韵，整个生活环境都失去了灵韵。新媒体创造的震撼来自那种现代技术的瑰丽和色彩技术，它们从本质上讲与传统的艺术是有着极大的距离的。传统的艺术是一种所谓的“纯”艺术，即某种程度上的“艺术神学”。[①] 而新媒体时代的艺术转向了一种“艺术人学”——艺术为个人性而存在，在“通俗”的过程中展现个体对艺术作品的独特理解和需求。在通向俗性的同时淡化了对艺术之神性的景仰（也就是本雅明所谓的“仪式”）。甚至，艺术与物件混为一谈，为某种功利所役使。

新媒体之所以给人一种想象力缺乏的感觉，就是因为新媒体在网络空间勾画（和描摹）“想象”的能力加强了。过去那种需要穷尽个人联想能力才能获得的感觉，在新媒体时代会以更加直观的形式呈现在受众的眼前。通过视频立体图像，声图并茂地展示着主体所能设想出来的种种奇迹。既有对现实社会真实存在的东西的复现，也有对未曾出现过的东西的“幻想”，还有对曾经出现过的事物和事件的“穿越”。总之，不需要想象就能得到过去只能凭借个人的天赋才能得到的感受和体验。这一方面抹平了人与人之间由于天赋差异所造成的文化体验的迥异；另一方面却使个人在自己的时代坐标上丧失了对过去和未来的想象。而后者不能不说是一个巨大的损失，它直接导致人类生存境界的灵韵的丧失，诗意的生活成为一种历史话语。

---

① 本雅明．王才勇，译．机械复制时代的艺术作品．北京：中国城市出版社，2002：16.

2. 新媒体拜物教。

拜物教是把某种物当作神来崇拜的一种宗教迷信。马克思将其用于对资本主义社会条件下人与物颠倒的幻觉的描述，即人与人之间的经济关系表现为物与物之间关系的社会现象。马克思在历史和逻辑的层面谈了拜物教的发展过程，即从商品拜物教到货币拜物教和资本拜物教。新媒体拜物教是指人们创造了新媒体传播手段，并且由于这种传播手段的应用，人与人之间的关系，被错误地理解为媒介传播的节点与节点之间的关系，被理解为一个外在于人的客观传播系统。在微博和其他的社交平台上，好友的多少似乎成为一个人在虚拟社区的身份符号，人被“跟随”的人数所左右。很多人并不是因为情感共鸣或者有相同的志趣而走到一起，相互加为好友，而是纯粹为了数字上的宏大。一些网络“互粉”的人，甚至自始至终互不交谈，没有任何实质性的联系和交流。同时，人们在使用新媒体技术的时候，并不是为了某种现实的需要而使用它，而是为了某种想象中的文化认同而使用。参加什么圈子、从事什么样的活动、做出什么样的反应，似乎都不是为了文化需要，而是为了一种文化身份的认同。

文化认同影响人的行为方式。在智能手机和平板电脑比较普及的今天，人们之间的交往变得淡漠了。网络上流传着一句令人心酸的话：“世界上最远的距离，是你在我的对面，却各自玩弄着自己的手机。”倘若要问一个人在手机上做什么，他自己并不知道，但是，每时每刻他都必须拿着手机，不停地刷微博、浏览微信。似乎只有食指的不断活动（不断地点划着触摸屏）才能证明他是一个活着的人。

3. 工业化的文化。

文化产业是指与文化相关的行业，并且由于其规模化而获得较大生产能力的组织的统称。文化产业能够在一定程度上促进文化的发展繁荣，比如广播电视产业的发展能够提高节目的质量，扩大节目的影响，丰富群众的文化生活；互联网电子书业的发展能够节约纸张，降低个人的发展性支出，提高文化生活质量，等等。工业化的文化指的是文化产品像工业产品一样，成为物件，成为一种摆设。尽管鲍德里亚曾经对“摆设”有过较高的评价。他认为摆设与机器分别属于后工业社会和工业社会的标志，“摆设”是物品在消费社会中的真相。“在这一前提下，一切都可能变成摆设，而且一切都可能是摆设。可以说明摆设特性的也许就是其潜在无用性及其游戏式的组合价值。”[①]文化成为摆设是借助于文化产品的摆设性而得以进行的。在新媒体时代,网络传输方式的变更使得人们在网上交流的方式变得绘声绘色。看一本书或者看一场电影,都能够直接在微博上“直播”现场进展,而且信息的发布显得“有图有真相”。这对于一个曾经或者至今还保留着传统审美情绪和文化品位的人来说,这种对文化的过度消费意味着文化自身的堕落,从而无论如何是一件伤感的事。文化成为工业品,在展示中获得其价值。这是文化工业化的第一个弊病。

文化工业化的第二个弊病是由于文化的商品化而产生的普遍性对个性的压抑。文化“产品化”在知识性的文化方面或许是一件令人振奋的事情,它对教育和科技的普及所做出的贡献是巨大的。但是,在文学和艺术方面的工业化生产,却是一种艺术上的颓废。这在本雅明的作品中已经有过论述。在新媒体时代,文化的工业化还不只是那种基于复制技术发展所形成的同质产品的充盈,而是在互联网上任意使用“模板”和搜索相同材料而形成的文化创造力的衰退,以及由于这种衰退而必然产生的个性化文化的日趋减少。人们在组合、拼凑视觉材料的时候,自以为添加了个人的创造因子于其间,实质上任何一个素材都是来自现成的库存。它既没有增加知识的存量,也没有对艺术的发展做出任何贡献。网络文化变成一些“文化素材”的重新组装,个体之间的差异只是在于组装的时候,素材的取舍和排列组合稍有不同而已。这样一来,事实上就是普遍性的文化创造方式和文化生活方式压抑了个性化的文化创造和文化生活。就艺术而言,借用鲍德里亚的话说:“流行是一门‘酷’艺术:它并不苛求美学陶醉及情感或象征的参与(深层牵连),而要求某种‘抽象牵连’,某种有益的好奇心。”[②]

4. 传播偏向与文化偏见的形成。

胡塞尔说,“人是理性的动物,只当它的整个人性是理性的人性时它才是这样的东西,——就是说,只当它是潜在地指向理性,或明显地指向那种

---

① 让·鲍德里亚. 刘成富,全志刚,译. 消费社会. 南京:南京大学出版社,2008(3):100.

② 让·鲍德里亚. 刘成富,全志刚,译. 消费社会. 南京:南京大学出版社,2008(3):110.

达到自身的,对自己本身成为明显的,并且现在以本质的必然性有意识地指导人的生成的隐德莱希时,它才是这样的东西。因此哲学和科学应该揭示人类本身‘与生俱来的’普遍理性的历史运动”。① 新媒体时代人的信息选择的范围幅度之大和自由空间之大都是前所未有的。但是,这种选择幅度和自由却使人们陷入了一种由于传播的人为设计而带来的偏向,从而形成文化偏见。很明显,任何形式的传播方式都难以完全抹平传播过程中对信息的筛选和过滤,新媒体对“敏感词汇”的过滤尤其便捷。在各种意识形态竞争起讧的时代,任何一方都在尽其所能地引导舆论朝着有利于自身的方向发展,同时也对与之相左的意见和文化形态采取压制的手段。在这样的情况下,特别是网络踪迹的大数据运算的不断进步,新媒体如果任凭这种对文化的限制手段自由发展,就有可能使社会进入人人自危的状态。因为网络用户的网络行为完全能够通过用户习惯和使用痕迹的分析得到比较精确的定位。这样一来,新的文化偏见就将在政治上获得最后胜利的那一方自然形成。

另外,人在网络文化中较多地趋向于非理性地行使自己的文化权利。在网络空间不断地制造和参与制造种种“奇闻轶事”,并且把舆论导向某个脱离正确方向的地方。在并不知情的情况下,网众对新闻事件的激愤就能因为某种成见而变得不可收拾,从而使网络成为一个偏见的收容所。比如,2013 年 12 月 3 日,网上出现一条名为“北京街头外国小伙扶摔倒中年女子遭讹诈”的新闻,并且配有图片佐证。之后,网友纷纷跟帖,对该中年妇女不断谩骂、指责。可是在 12 月 4 日,网上又出现了带有视频录像的新闻,对“老外扶摔倒妇女遭讹”的新闻进行“真相还原”。原来是一个外国人撞倒了该妇女,并对该妇女进行侮辱,情形完全不同。可是,由于网络“真相”总是姗姗来迟,而在真相尚未揭露之前,假象总是以真相的形象示人,网民们也懒得思索真相为何,就急匆匆发表评论了。这只是一个随手拾得的例子,新媒体因为其即时性的信息发布方式而对信息的真伪并不进行严格的审查,这就注定了新媒体平台成为滋生偏见和文化暴力的肥沃

① 胡塞尔．王炳文,译．欧洲科学的危机与超越论的现象学．北京:商务印书馆,2001:26.

土地。

小　结

总之,文化与生存之间有着千丝万缕的联系。新媒体时代的文化生活方式和文化内核的变化,使得人们在当下的文化生存环境发生了巨大的变化。这个变化既有一些有利于人们获得更好、更广泛、更丰富、更富于人性、更具有个性的文化生活的机遇,也受到了文化发展过程中非主流文化中的某些腐朽、庸俗文化的干扰。同时,就新媒体传播技术而言,它也有双面的作用:对人的生存的正效应来自传播的交互性和网络平台的开放性、信息的共享性等,这使人们在文化生存中具有更多的主动权和参与的积极性,人们的文化灵感得以发挥,文化创造力得以施展,个性化的文化成果得到尊重;对人的生存的负效应似乎同样来自新媒体在信息传播上的交互性和广泛的参与性,以至于信息发布的审查机制逐渐失灵,非但政府失灵,就连网络自身对信息良莠的甄选机制也失灵,以至于信息越发达,文化越沉沦。就此而言,在新媒体时代,如果只是认识到它对文化发展的某些促进作用而忽视其对文化繁荣的阻碍作用,就会陷入盲目的乐观主义。当然,相反的认识就会导致悲观、沮丧。因此,必须在深刻审视新媒体时代的文化特征的基础上,在领会到新媒体对文化发展和人的生存的积极作用必然同时先天地携带有某些“病毒”的情况下,才能采取积极措施、激浊扬清,真正实现新媒体时代文化事业的大发展大繁荣,为人的全面发展做出更大贡献。

第五章　新传媒时代人的生存问题的现代性批判

何谓"生存"？在文章的末尾处谈论这个问题是不合时宜的。不过，前文总是通过"分析"本身来暗示本书对生存概念的界定，由此而造成语焉不详的印象。因为在本章还将对另外两个词做出尽可能朴素而又不至于引起惊诧的概括，从而顺带对前文一再强调的生存概念在"如何生活得更好"意义上的使用作最后的阐释。邹诗鹏教授在《生存论研究》一书中说道："语词蕴含了思想，而思想也常常容易凝固在既定的语词中。思想的一种不幸就在于它无法跳开语词的既定用法的限制，因而语词用法的成型也意味着思想转型的艰难。"①这是在使用既有词语表达新鲜意蕴时不由自主会产生的窒息感。因此，在学术研究中任何别致的词语用义，如果不事先做出交代，是很难获得不偏不倚的理解的。但是，倘若对词语的既成意义熟视无睹，任凭个人的想象任意改换词语的意涵，恐怕除了在学术上制造理解的障碍以外，再也不能有别的实质性贡献了。本书关于"生存"的基本定义，是日常生活中人们所通常理解的意思（尽管日常生活中人们的理解亦会存在或此或彼的偏差），但至少包含如下几个紧密关联的方面：人事实上怎样活着、人应该怎样活着、人对自身活着的意义何在的理解、人究竟应该如何才能更好地活着、怎样才算更好地活着。因此之故，本书所讲的"生存"，既包含"现存性"，又包含"超越性"，事实上这两者也是不可分离的。"现存"总是指向某种未来的"超越"，而"超越"总是"现存"基础上的生成。正如海德格尔所言，"存在者并非因为'处在历史中'而是'时间性的'，相反，只因为它在其存在的根据处是时间性的，所以它才历史性地生存着并能够历史性地生

---

① 邹诗鹏．生存论研究．上海：上海人民出版社，2005：51．

存”。[①] “历史性地生存着”和“历史性地生存”这两种表述并非多此一举。前者指称的是一种“实存”,而后者意指的是一种“超越”。“实存”是对“已存”的超越,而“实存”本身指向历史性的更高“超越”。所以,生存不是一个僵死的概念。张汝伦教授在解释这句话时说:“一般人们总是认为,人的时间性是从他的历史性来的,人的时间性其实就是他的历史性,历史主义尤其如此。但海德格尔认为,情况正好相反,没有时间性就没有历史性。”[②]正是因为生存的流动性,以及这种流动性中内含的理论上的暂时性,才构成了生存问题的历史性。由此就回答了一个重要的疑问:马克思在《1844 年经济学哲学手稿》中对“生存”与“生活”作了有区分的使用,我们怎样理解马克思在该文中的“生存”与本书所讲的“生存”?本章第三节第一部分将详细论述这个问题,这里只简单地表明:马克思所讲的“生存”乃是资本主义条件下工人异化了的“生活”,是失去了生活原本的丰富性而变为“自己劳动对象的奴隶”[③]的“生活”。本书在分析新媒体时代人的生存问题时,既有对新媒体给人的生活带来片面性和单向度发展(某种程度上的异化)的揭露,又有对新媒体给人的更好生活提供条件和契机的方面的肯定。可见,本书的生存概念相比马克思在《1844 年经济学哲学手稿》中的“生存”,含义要广泛得多。

有如“生存”概念的常变常新,“现代性”是一个充满争议的词语,它的含义的变动不居和它本身所意指的东西一样,现代性是一个流动的概念。在 1843 年写作《论犹太人问题》的时候,马克思用到了“现代性”一词。他说:“基督教的幻象、幻梦和基本要求,即人的主权——不过人是作为一种不同于现实的人、异己的存在物——在民主制中,却是感性的现实性、现代性、世俗准则。”[④]在这里,“现代性”一词明显是与基督教的梦幻、幻象和彼岸世界相对立的。它有着对启蒙运动以后的人文关怀的倾诉,主张一种与“丧失了自身的人、外化了的人、受非人的关系和自然力控制的人”相对立的真正人的生活的时代性。在其他地方,马克思几乎不用“现代性”这个词来与基督

---

① 海德格尔. 陈嘉映,王庆节,译. 存在与时间. 生活·读书·新知三联书店,2006:426.

② 张汝伦.《存在与时间》释义. 第四卷. 上海:上海人民出版社,2012:1169.

③ 马克思. 1844 年经济学哲学手稿. 北京:人民出版社,2000:53.

④ 马克思恩格斯文集. 第一卷. 北京:人民出版社,2009:37.

教占统治地位的中世纪的“传统性”相对应,因为在他的研究中,现代性本身亦存在着人的非现实性和自我缺失,而这是资本主义制度造成的。在从神性转变到俗性这一点上,现代性值得人们欢欣鼓舞。然而,在新的社会制度对人的狡黠的剥削和压迫之中,现代性的后果引起了思想家的不满,从而其通过对资本主义的全面研究,通过对资本主义社会现实的全面批判来获得对现代性的重新认识,并在科学社会主义的理论(和实践)层面拓开了超越现代性迷雾的道路。毛泽东同志曾经在七届二中全会上说到“现代性工业”①一词,相当于“带有现代性质的”意思,即与传统手工作坊相对的那种工业。言下之意还暗含着机器工业的意蕴。宽泛点讲,毛泽东这个“现代性”确实包含着工业革命以来的机器时代的意味。

哈贝马斯认为,古典社会理论家们所描述的现代图景乃是理性化的生活世界。犹如迪尔凯姆和米德所论证的那样,生活世界的现代化并不只是由目的理性结构所决定的,它的特点更多的在于“对丧失了本质特征的传统进行反思,在于行为规范的推广和把交往行为从狭隘的语境中解放出来,并扩大其选择空间的价值的普及;最终还在于以培养抽象的自我同一性为目标和促使成人个体化的社会化模式”。② 在这里,理性化的“子菜单”是规范化(制度化)、社会化交往(文化合理化)和个体化(个人概念的生成)。哈贝马斯认为,这是自韦伯以来对现代社会的基本认知。而在讨论韦伯等提出的这个问题时,詹姆斯·科勒曼等人认为,现代化概念是涉及政治、经济、文化诸领域的一系列过程。这种进化论式的现代化概念不再惧怕现代终结的观念,也就是说,不再惧怕现代性成为一种终极状态而被后现代性取而代之。

“理性被揭发为主体性,它既是征服者,又是臣服者。此外,人们还发现,理性是工具的支配意志。”③哈贝马斯认为,这是后现代主义对现代性的反思。他还认为,自黑格尔(“黑格尔发现,主体性乃是现代的原则,根据这个原则,黑格尔同时阐明了现代世界的优越性及危机之所在,即这是一个进

---

① 毛泽东选集.第四卷.北京:人民出版社,1991:1431.

② 尤尔根·哈贝马斯.曹卫东,选译.哈贝马斯精粹.南京:南京大学出版社,2009:265.

③ 同上,267页。

步与异化精神共存的世界。"[①])到韦伯(如前所述之理性化、制度化、个体化、世俗化等),现代性与合理性之间的内在联系是不言而喻的,今天却成了问题,人们开始质疑理性,质疑人的主体性的滥用,"新保守主义或审美无政府主义打着告别现代性的旗号,而试图再次反抗现代性"。[②] 由此,对现代性的"批判"似乎成为一种带着敌对态度的攻击。本书所讲的"批判",并非含有贬义损毁之意的词语,它本身并不包含严格意义上的个人偏好(当然,事实上这是难以避免的),就其内涵而言,相当于"分析"一词。这正是坚持马克思主义具体问题具体分析的基本原则,坚持从客观现实出发展开理论分析,回归实践批判的研究思路。由此说明"现代性"作为"批判"的视角,其要义在于对现代社会中人的生存状态中之对理性化和主体性的永恒追求、偶然性和暂时性的实存状态、易变性与碎片化的流动性等等的现实分析,而这个"现实"的历史背景就是"新媒体时代"。可是,现代性不是表现为一种单向度的思维模式,它总是在现实生活中表现出不可避免的二律背反。对理性的追求与新媒体时代人们的非理性狂热;对主体性的向往与主体在新媒体时代中的沉沦(它被媒介所操控);规范化(主流文化)与碎片化(草根文化)的并存;主体性要求对必然性的掌控,而现实总是偶然的,反过来,偶然性又提供了主体性发挥作用的机会;媒介传播的瞬间性与即时性,它孕育了网络生存的激情而摧毁了理性,新媒体生存背叛理性而又眷恋理性精神(在网络生存中寻找自我的确定性),等等。虚拟和现实的模糊不清,既有现实生活逐渐虚拟化的趋势,也有虚拟世界逐渐进入人的现实生活,影响甚至主导人的现实生活的可能。因此,对新媒体时代人的生存问题而言,现代性乃是上述种种悖论之总和。

第一节　新媒体时代人的生存面临的返魅现象

金吾伦研究员说:"现代性的本质是力图综合和控制一切,迷恋秩序和权利,强调理性、逻辑、真理、基础和本质,后现代主义则对现代性的本质特

---

① 尤尔根·哈贝马斯．曹卫东,选译．哈贝马斯精粹．南京:南京大学出版社,2009:278.

② 同上,268页。

征提出了严峻的挑战,乃至无情的质疑和批判。后现代主义倡导多元性、开放性、创造性,强调突出主体性、透明性、和谐性。”王治河则认为现代性是一种典型形态的“霸道”,二元对立的思维乃是现代思维方式的特征。“个体与群体,精神与肉体,人类与自然,男性与女性,科学与精神,理性与价值,理性与情感的分离与对立,都是现代性的表现。后现代主义所要超越的,后现代思想家所要抵抗的,就是这种现代性。”①可是,后现代性作为对现代性的批判与反思,它本身是一种并不能被认为是反对理性权威的,充其量只能说是对工具理性的滥用有着历史性的重新审视,并且主张打破理性主义的铁笼,以至于人们把“碎片化”这种形式上的东西看成是对现代性的最大反叛。或许,进一步来思考现代性的时候,我们会发现,现代性所立起的理性大旗与后现代性所宣称的主体性之间并没有不可逾越的鸿沟。只是在现代性发育的某些阶段,理性的过度渲染反而使主体成为理性工具的统治对象。那么后现代性所要达到的,乃是要使理性为主体价值服务,并在主体的意义寻求的过程中把理性安置在合宜的位置。从此可见,后现代主义对理性的批判不是一种颠覆,而是一种矫正。

新媒体时代的重要特征被看作是后现代主义占领了主要的阵地。在互联网上处处都充斥着个性化、差异化、非理性(那种炫情的、矫情的东西成为流行的东西)、非主流、多元化等等。这些通常被看作是后现代性的东西。而波德莱尔在《现代生活的画家》中所描述的那种场景,往往成为现时代人们对现代性反思的参照系,而不是现代性的模板。

“他就这样走着自己的路,急急忙忙,寻寻觅觅。他究竟在寻觅什么呢?我所描述的这个人,孤身一人,具有活跃的想象力天赋,总是在做横穿人类沙漠之旅。他的目标更带有总体性质,不同于因情势而产生的那种转瞬即逝的快乐。他所寻觅的这种‘不同于因情势而产生的那种转瞬即逝的快乐’的东西,就是那种被称为‘现代性’的东西。这是因为,没有更恰当的词能够表示这个字里所包含的意思。他的事业,就是从当代时尚中,把那些永恒不

① 见金吾伦、王治河为《后现代交锋丛书》所作的“序”。克里斯托夫·霍洛克斯.刘千立,译.麦克卢汉与虚拟实在.北京:北京大学出版社,2005:4-30.

变的东西提炼出来。"①

这段带着文学隐喻特色的文字,或许叫人难以理解,尽管在感性上会对其多少产生一点共鸣。波德莱尔在这段文字中所描述的"他",至少有这样一些特征:他的活动是有目的性和有计划的;他是一个理性健全的人(他一般不会因暂时性的情势而采取行动,就算这样做了,他也不会认为这种短暂性会给人带来真正的快乐);他的目标是总体性的,他是在历史的长河中肩负着某种责任和义务的人(他"总是做横穿人类沙漠之旅");他追求某种永恒的价值(那种带有形上性质的人生意义的寻求),等等。而这样一个人所具有的基本的精神就是理性的精神,就是在暂时性、偶然性、瞬间性中提炼人生真谛(人之存在的意义)的启蒙精神。看上去,人类"沙漠"荒芜杂乱,人在旅途亦茫然无措,然而,正是在这样的人生之旅上,在这样的历史节点上,理性的意义才能翻转为人的存在意义。

然而,在新媒体时代,人类的"沙漠"遥无边际,并且时常产生海市蜃楼的虚幻景观,行走在当下新媒体"沙漠"中的人更是茫然若失。新媒体技术创造了人的生存的第二个空间,正如某个叫作"第二人生"的国外社交网站所寓意的那样,新媒体网络让人感觉现实人生与虚拟人生之间如此接近。理性的大旗在这个特殊的时代,需要重新肩负起重任了,因为世界重新返魅,这不是因科学的不发达,恰好是因为科学技术的发展,使它研发的新媒体技术成为新的迷魅的始作俑者——当然,实质上或许不是因为技术。

一、世界的祛魅、返魅与再祛魅:媒介革命的视角

(一)祛魅是理性的使命

哈贝马斯说:"论断现代性只要用的是理性批判的手段,就依然还立足于哲学思考。"当然,哈贝马斯这里所说的"哲学"并非脱离社会现实的形而上学,相反,"哲学,作为理性的守护者,则认为现代性是启蒙的产物"。② 这里采取"语境化"的模式对这个哲学问题进行形而下的解读。在这种新媒体

---

① 波德莱尔．肖聿,译．我心赤裸——波德莱尔散文随笔集．北京:中国广播电视出版社,2000:15.

② 于尔根·哈贝马斯．现代性的概念——两条传统的回顾．汪民安,等,主编．现代性基本读本．开封:河南大学出版社,2005:120－137.

的语境中,要想揭示某种普遍主义的原则也许会遇到极大的障碍,不过幸好新媒体时代这个限定性的语境已经不是某些个别的、局部的场景,而是整个社会的“大气候”了。这样一来,从这么一个场景化的问题域中对人的生存问题进行现代性视角的批判,就不再是“就事论事”——尽管它不得不依靠“就事论事”来完成自己的论证过程。当我刚刚在红网论坛发布一个“咨询帖”不到30秒钟,我就收到一个“添加好友”的请求,附言中说:“专业提供顶贴机,有意请联系QQ:*****。”我知道,专业的“水军”军团开始向我发出邀请了,只要我支付若干货币,就能得到他们的专业“顶帖”,我的帖子就又能在商议的时间段始终浮在特定版块的最前方。这样一来,我就能获得更多人的关注。可是,一旦我变成了他者,变成了一个尚不知情的受众,同时如果我的帖子包含着意识形态或者商业的目的,那么,这个帖子将由于得到更为广泛的关注而达到自己的目的——无论帖子的信息是真是假。布朗和杜德奎在《信息的社会层面》一书中说到,赛博空间以骗局而闻名,“信息世界往往是很空泛的,很少可供分析的线索和暗示,以致想要蒙混过关并非难事”。[①] 在新媒体时代,每个人一部手机,就是一个智能终端,就是一个新媒体的受众,同时还是一个新媒体的传播者。智能手机的普及率已经达到相当的高度,与此同时,人人参与的信息制造过程使得信息的真假更加难以辨识。虚拟社会越来越等同于虚假社会。理性之光在新媒体时代逐渐黯淡。

“魅”乃是一种神秘性。马克思说过:“凡是把理论引向神秘主义的神秘东西,都能在人的实践中以及对这个实践的理解中得到合理的解决。”[②]如果把“对这个实践的理解”当作是理性的话,那么,破除神秘性无非是两条路径:实践和理性。马克斯·韦伯宣称现代理性精神能够完成对世界“祛魅”的重大使命。大卫·格里芬认为韦伯所使用的“祛魅”是“驱除魔力”的意思。而现代科学就是要去除各种神秘性,揭示自然和社会的本来面目。格里芬说:“曾几何时,许多人认为,科学至少给予我们真理,即便这真理是苍白的。然而许多新近的思想推断说,科学连即便是苍白的真理也不能带给

① 约翰·希利·布朗,保罗·杜德奎. 王铁生,葛立成,译. 信息的社会层面. 北京:商务印书馆,2003:4.

② 马克思恩格斯选集. 第一卷. 北京:人民出版社,1995:56.

我们。祛魅的观点从此走到了尽头。……许多科学家，而且许多哲学家都赞同下述观点：科学必然使世界祛魅，并证实经验以及经验前提的那些性质是无效的。"[①]新媒体技术的发展，原意是要通过新的技术发展获得更多、更便捷的信息，以便人们从此在生活中减少一些蒙昧与迷信，在充裕的信息中沐浴民主化的政治生活、健康公正的经济生活以及丰富的先进文化。事实上，人生存于新媒体时代，却感受到了充裕信息带来的迷惑、虚拟社区带来的困境。

（二）新媒体时代的返魅现象及其原因

布朗和杜德奎已经说过，"忽视信息以外的线索，不仅会导致一个狭隘的受骗的世界，它还会导致一个我们称之为视野狭隘的设计的世界，这种设计乃是一种闭门造车的设计，最终我们全体都将深受其害。……当提供的只是信息时，信息越多反而意味着信息越少"。[②] 在最初获得相对较多的信息时，人们会为新的媒介提供给人们较多的信息而欣喜不已。但是在某个临界点上，信息的过多就变成了一种灾难，也就是信息过度造成的人们对信息的过分依赖，以及甄别的艰难。人们几乎不会因为过度信息而产生放弃信息生活的犹疑，因为信息稀缺时代所造成的那种荒谬生活是现代人完全难以接受的。事实上，返回到那种依靠个人经验权威来安排社会秩序的年代也是不可能的。信息量的增多造成了这样一种假象：信息化的生活意味着有理性的生活，否则就是摸着石头过河。

新媒体时代人们再次进入生存的蒙昧状态的表现，除了对信息的盲从和依赖以外，还有一个重要的表现：虚拟社会的到来，在虚拟和现实之间梗塞着一种不可名状的东西，以至于通过一个简单的"视窗"就能桥接这两个世界，人们通过视觉和触觉横穿于虚拟空间与现实世界。"深度沉浸"或者"深度卷入"是新媒体时代的人们在媒介化生存中的重要表现。人们（尤其是部分年轻人）对新媒体网络（网游）的痴迷已经无以复加，那种通宵达旦上网玩游戏而致命的例子在新闻视窗中不断出现。于是人们发出疑问，谁来

---

① 大卫·格里芬，编．马季方，译．后现代科学：科学魅力的再现．北京：中央编译出版社，2004：4－8．

② 约翰·希利·布朗，保罗·杜德奎．王铁生，葛立成，译．信息的社会层面．北京：商务印书馆，2003：4－5．

挽救这些坠入网瘾中的孩子？在网络经济甚嚣尘上的年代，网购不再成为一种时尚，而是一种疾病。为了在某个购物网站“秒杀”到某个商品，网民可以彻夜不眠，睁着眼睛、数着时间等待抢购。在网络文化环境宽松的年代，经典已经被遗忘，非主流成为主流。生活在新媒体时代，“看不懂”是正常的，因为看到的一切本身并没有承载着“意义”。这不是现代性的理性失语，而是新的意义世界方兴未艾。象征性、隐喻，这些在看似凸显着“直白”精神的新媒体时代，却神奇地被人们征用，符号的非体系化已经成为新的社会机制的密码。

（三）再祛魅的理性之路

过度信息和符号的非体系化成为新媒体时代人类生存再陷迷魅的原因，这是人们始料不及的事情。理性在新媒体持续发展的今天，能够起作用的地方并不是理性自身，而是理性在对实践的分析中获得自身的全面升级。工具理性的过度使用使人们找到了指责现代性的理由，因为二元对立的思维在现代社会或许的确对社会的环境问题、资源问题、人的异化问题、各种对立矛盾负有责任。而信息的过度开发也正是理性在工具意义上的过度使用的后果。信息成为纯粹的手段，它遗忘了自身肩负的传播某种实质内容的元旨。信息以外的人类生活从而成为人们在新媒体时代再次获得某种确定性的策略。任何信息的发布和制造，总是离不开特定的立场和用意。只有对这些信息背后的立场和用意进行分析，在整个社会的话语机制和信息传播机制的准确理解中，才能获得信息的真义。在这个意义上，任何信息又都是有意义的。把握了隐藏在信息发布和制造背后的动机，就把握了新媒体时代信息纷扰后面的不变的东西。

符号的非体系化是新媒体时代的又一难解之谜。体系化、制度化向来为现代性的重要特征。然而，新媒体时代那种略带所谓的后现代性特征的“非体系化”的符号，却造成了新的生存困境。这种非体系化，与其说需要一种理论的支撑，还不如说它在理论上是如此困难，因为理性总是迈向前进，并且理性总是在追求一种普遍性的机制。事实上，非体系化成了一种现实的实践姿态。这是允许异端的时代，是异端不再被称之为异端的时代。摆弄着非主流的小青年头像和各种奇装异服、奇谈怪论与严肃的新闻共生于新媒体界面。普适性的原则遭到各种质疑，这是理性的个性化发育的结果。

当理性权威掌握在少数精英手上的时候,社会一直被统一为某种标准。而理性权威降落到了普通大众,新媒体时代任何人都拥有几乎相近的话语权,那么,如此庞大的社会人群就再也难以“协商出”某种一致性的原则和立场。当物质社会进入符号社会以后,当人们从物质堆砌的景观荣耀过渡到符号堆砌的景观荣耀上来的时候,符号的体系化在无法协商一致的群氓时代“非体系化”了。可见,无论是信息过度还是符号的非体系化这两个新媒体时代人们重陷魅境的东西,都离不开理性在社会实践和社会关系中的重启。理性对新媒体时代人的生存困境的再祛魅从而变得可能和现实。

二、现代性的媒介立场

(一)虚拟世界的现实根基

新媒体时代的重要特征是通过计算机网络技术形成对现实世界的模仿,逼真的网络虚拟场景以其完美、充满想象、给人以亲临其境的感觉等而受到网众的青睐。而大屏幕移动智能端口的研发,使得人们随时随地都能通过手机、掌上电脑等设备而进入新媒体互动空间,参与网络互动、扮演网络角色、分享网络资源、查找网络信息等。如今代理软件能够直接帮助用户处理授权、谈判等复杂问题,企业和个人都能通过代理软件在新媒体空间重塑形象。新媒体软件的开发者似乎深知用户对自由生活的向往,于是各种懒人软件相继问世。不想去车站排队购票的人可以使用车票抢购软件,自动获得预留车票;在精力不支的情况下如果想要继续玩一下游戏,也会有代理的游戏软件充当你的代理人。手指一动,应有尽有。新媒体带给人的便捷真是令技术外行们匪夷所思,它把整个人的生活带进了一个虚拟的世界。在虚拟空间中,网民有自己的“圈子”、“邻居”、“好友”、“身份”、“头衔”、“财富”,等等。虚拟世界俨然成为人的现实生存所不可缺少的内容。人们在虚拟世界中之所以如此活跃并且改头换面,乃是基于虚拟空间和现实空间之间的不同遭遇而造成的。人们不但有自己的(主要是基于生产关系而形成的)现实生活,也有自己的精神生活,特别是对现实生活的不满,造成了对虚拟世界的依赖。

第一,缺憾是几乎每个人都会有的一种情愫。尽管随着社会的发展,人们的生活越来越好,但由于各种机缘而导致某些人生理想未能实现,某些愿望不能得偿,这是非常自然的事情。但是人们对这些未能获得的东西总是耿耿于怀,在新媒体虚拟世界为人们提供了实现他的夙愿的条件时,他就蜕变为他自己想要成为的那个样子,并且通过技术手段得到他想要得到的东西,尽管这一切都是虚拟的。随着界面技术的不断提升,这种虚拟场景已经能够在视觉和其他一些感官的刺激上达到混淆视听的地步。以假乱真本身并不是技术上的奇迹,而是人的心理需要的结果。

第二,现代生活中的激情释放。现代生活和工作的紧张节奏,使人们的神经处于长期的紧张状态,按部就班和机械化的劳动让人并没有从异化劳动中完全走出来。人的自由全面发展依然是一个有待实现的理想目标。在紧张的工作和单调乏味的生活之余,新媒体网络成为人们宣泄激情的重要场所。随着生活和工作压力的不断加强,人们的休闲时间并不丰裕,而一些年轻人已经在便捷的技术条件下养成了长期待在家里的习惯,所谓的“宅族”就此诞生。“宅族”在长期的虚拟交往中已经退化了真实的人与人之间交往的能力,因而便更加依靠网络游戏、社交网站、娱乐网站来发泄自己的情感。

第三,炫耀是人的虚拟生存的重要方式。凡勃伦在《有闲阶级论》中曾经讲到过炫耀性消费的问题,他认为那种并非实用性的消费是有闲阶层的荣誉准则使然,在消费中获得自我身份的再确认。前面已经论述过新媒体时代的一个常用词“晒”,它指的是网民把自己的行踪、物件、事情在空间动态上标识出来,并且配备图像或声音。通过“晒”,网民把自己的与众不同有意暴露在公众面前(尤其是现实生活中可能会有些许联系的朋友圈中),有些人甚至对在陌生人面前炫耀自己的特殊身份感到兴奋不已(如在网上“晒”名车、名包的郭某某等)。炫耀成为虚拟社区部分人生存的重要形式,他们通过“晒”而寻求自我身份的确认和自我价值的认同。

第四,移情是一种常见的修辞手法,但是在虚拟空间人的生存问题上,它主要表现为人们有意识的注意力转移:把一种感情转移到另一种感情上,通过虚拟空间重塑形象,并且完成心愿。网络恋人、朋友,以及在网上扮演各种角色,进行各种活动,在一定程度上都是移情的需要。当然,人之所以需要移情,在某些程度上是因为上述“缺憾”的缘故,现实生活中无法实现的东西在虚拟空间的模仿中获得心理安慰。不过,也有现实生活中存在或者正在享有的那些东西,人们依然在网上寻求相似的经历,这种移情表明人的欲望的贪婪。

总之,在虚拟世界中人的活动形式和活动性质,都能在现实生活中找到它的根据,这些根据必须进入到他所生活的环境和他所拥有的心理状态才能获得正确的认知。在这一点上,人类理性通过社会学和心理学的介入而能够有效地达到对人的媒介化生存的再祛魅。

(二)草根话语权的困惑

人们常常为新媒体时代所造成的民主化的话语权改变而喜不自禁。但在现实生活中,又经常能够感受到新媒体时代人们在网络世界中的话语权变迁并不意味着真正民主时代的到来。那种对民粹主义抱着极大幻象的人们更加会在人们离开虚拟空间的时候感到十分失落。这主要是因为人们对草根话语权的理解尚未进入现代社会的深处。现代社会毋庸置疑是理性占据着权威地位的时代,理性化的生活使整个社会秩序俨然成为一种必然性的形态呈现在人们的面前,致使人们丝毫不会怀疑现代社会的合理性,尽管在具体制度上或许会引起某些程度的诟病和质疑。颠覆现代社会的想法至今仍然被认为是荒唐和不可思议的。“草根”和“精英”本来是两个毫不相关的词语,但是,在新媒体时代,这两个词语很意外地连接在一起,成为“草根精英”。“草根精英”代表着那些为基层民众说话的声音,代表着草根群众的意见领袖。但是,草根话语权无论是在草根精英的代理下还是草根自我把持着,都只是在形象上给人一种非常称心如意的感觉。究其原因,乃是人们对草根话语权的暂时性、瞬间性和意义缺失三大特征的视而不见所造成的。

草根话语权的暂时性是基于草根阶层流动性增大而形成的。在新媒体时代,社会阶层的变迁变得非常快速和容易。不同社会阶层之间可以在不同的方向上自由流动。因此,真正代表某一阶层利益的主体已经消逝,存在的只是为暂时性利益呼吁的人。网络信息的瞬息万变,也使得草根话语权的有效呈现时间过短,在还没有形成群体意识之前它就消失了,在其他人还未能理解相关信息的内核的时候,它就沉下去了。瞬间性的草根话语使得人们习以为常,很难引起共鸣和反思。当然,这种暂时性和瞬间性的信息本质同样根源于信息过剩的时代特征。同时,受众对信息的权威性始终抱着极大的兴趣,并非等量的信息就能引起等量的关注,相同的表达权,并不意味着相同的话语回应。只有那些已经成为“意见领袖”的人才能在互联网上一呼百应。而普通网众除了通过奇谈怪论和异常行为博得人们的关注以外,正常的话语通道已经被“意见领袖”所垄断。理性若要不为表象所迷惑,就应当在意见领袖的代表性和新媒体时代社会阶层的变迁、社会权力结构的调整中把握人们的政治和文化生存现状,而这一点,本书在前面已经有了专门的论述,此处不再详述。

(三)新媒体背后的阴谋

新媒体总是玩弄着自己的阴谋——逭论说,它是媒介自身的存在根据。新媒体是一种互动性极强的媒介交流方式和平台,从人们的好奇心出发而对网众进行诱惑,然后谋杀人们对真相的领会,这是新媒体生存中最大的敌人。当然,在新媒体时代的生存环境中,人们还面临着意识形态的干扰。这三者合在一起就构成了囚禁现代人的媒介三角形。

第一,诱惑-好奇心。人的好奇心在新媒体时代得到了极大的诱惑和催化。媒介通过悬念、通过层层链接的超文本不断把人的好奇心激发出来。使人们对隐私和难以窥视的内幕感到急于知情。对事态的原因、人物的隐私、各种小道消息、各种奇闻轶事充满了好奇心,这一点,搜索引擎就能带领人们走向越来越深的信息迷宫。人们好像每一次搜索都了解到更多的“实际情况”,事实上,每一个“实际情况”都只是另外的人为了另外的目的而精心“设计”的局势中的一个环节。

第二,谋杀-真相。好奇心的鼓动使人们对真相的了解感到紧迫而必需。似乎没有真相就难以获得心灵的平静和世界的太平。于是,人们绞尽脑汁在新媒体网络上搜集真相的信息资源,并对这些信息进行主观的猜测和臆想。这种猜测和臆想的结论往往作为“真相”被迫不及待的人公之于众,成了同样在搜寻真相的人的重要“参考文献”。这样,真相就在新媒体的信息互动中被谋杀,人们试图在新媒体时代于网络空间觅得真相的踪迹,据说要依靠大数据处理的先进技术,不过,这种自动数据处理系统能否还原出真相,却也成为难解的谜团。

第三,意识形态-监控。媒介的意识形态乃是媒介使人形成一种强迫症。新媒体尤其形成了四面通透的全景监狱,身处其间的人感到惶恐不安,而站在外围的人能够直视其每一个角度的模样。这在至少两个方面对人的生存造成威胁:第一个方面是人在身处新媒体虚拟空间中,在无缝不入的媒介舆论指引下，新媒体讯息已经成为人的生活指引，无论这种指引的最初发布者是带着狡黠眼神的商家，还是别有用心的政治家，或者是那些被冠以专家称号的文化人，人们都被那些公共平台发布的信息所左右，人的主动的行为因新媒体介入而成为一种潜在的被动性。第二个方面是人的消极的存在也被新媒体所统摄和掌握。人的隐私不再健全，网络搜索的强大能力已经冒犯了个人对正常隐私的保护，“人肉”成为新媒体时代的恐怖主义行为。尽管那些带着乐观主义情绪的人总是认为“人肉”在民主建设方面有着不可磨灭的贡献，但是媒体本身成为侦探和审判的机构，这不是社会的进步，而是人性的退化。

诱惑、谋杀和监控，这三个关键词构成了新媒体恐怖主义的基调。人类理性如果不能驾驭这些行为，不能为这些行为的行使设定范围，那么，生活在新媒体时代就很难说是一件幸运的事情了。

（四）新媒体时代的理性何以可能

在《网络理性何以可能？——对“超大”论坛的案例研究》一文中，刘大志和郁建兴认为，网络理性的机制包括高素质的会员、崇尚科学的氛围、严格规范的管理。在争论中要注重事实、数据和逻辑，允许多元观点的存在，不造谣、不传谣、不信谣，避免极端立场。此外，网民还要有理性的自我认知。[①] 显然，上述言论的针对性囿于某一案例的特别说明。实际上，对于新媒体时代的人类生存来讲，无法对进入新媒体空间和应用平台的人进行区别对待和筛选。在尼葛洛庞蒂那里，新媒体领域的进入壁垒的消失正意味着新媒体技术的“赋权”功能，它使所有的人都进入了相同的领域。而新媒体信息的庞杂也难以在短期内对它们进行分解，逐一辨识每一信息的正误。理性在新媒体时代所能发挥作用的机制，应该是如前所述的，认识新媒体的运行规律、识别新媒体的媒介阴谋，并且不是站在杂多的信息内部思索信息传播的方式和内容，而是要在信息之外寻找个体心理规律和社会深层机制。只有把新媒体空间中的问题放在社会的整体环境中进行考量，才能有效得出特定信息的意涵和人在此世生存的意义究竟何在。辩证唯物主义认为世

---

① 刘大志，郁建兴．网络理性何以可能？——对“超大”论坛的案例研究．浙江社会科学，2011(4)：34－40.

界是一个客观的物质世界,物质世界的万事万物的运转不是杂乱无章的,而是有规律可循的。新媒体时代人的生存与发展问题,需要综合理解社会发展规律、人的心理规律、媒介变革规律、信息传播规律,在新媒体纷繁复杂的乱象中、在媒介革命和人的生存状态的变动不居中寻找事物发展过程中的本质的、必然的、稳定的联系。这些客观规律潜蕴在事物的发展过程之中,可能存在这样那样的表现形式,然而,总的来说是客观存在的,这种客观性正如前面的研究所表述的内容一样,都是具体而微的。但是,人在新媒体时代也不是无能为力的,只要发挥人的主观能动性,在尊重客观规律的基础上弘扬人的主动性和创造性,把新媒体的发展规律、信息的传播规律、虚拟现实的生成规律与人的发展规律结合起来,就能在其中找到人类前进的方向和目标。人类理性因而实现对新媒体时代人的生存困境的再祛魅。当然,在这个过程中,人类理性还得正确处理好真善美的关系,在事实判断、价值判断和审美判断的三维思想中获得健康的发展道路、增进健全的人格、发展人的全面的社会关系。

三、媒介化生存是一种自我呈现

(一)现代社会的自我呈现

美国社会学家欧文·戈夫曼在《日常生活中的自我呈现》中说:“当一个人扮演一种角色时,他必定期待他的观众认真对待自己在他们面前所建立起来的表演印象。他想要他们相信,他们眼前的这个角色确实具有他要扮演的那个角色具有的品性。”①现代社会就是一个大舞台,每个人在其中都扮演着一定的角色,并且需要用一定的方式把自己呈现出来,获得观众的认同。人的生存就是自我呈现。而在这个呈现的过程中,正如戈夫曼所言,有的人采取玩世不恭的态度,而有的人则是真诚的。但是每一个人都毫无疑问地在一定的舞台设置下进行“表演”。新媒体是当今社会的重要“前台”(戈夫曼指出:“前台是个体在表演时有意无意使用的、标准的表达性装备。”②),它成为时下人们进行自我呈现的主要界面。不过,在相似的前台背

① 欧文·戈夫曼.冯钢,译.日常生活中的自我呈现.北京:北京大学出版社,2008:15.

② 同上,19页。

后，每个人呈现出了“不同的行动”。因为前台易于选择而难于创造，一般而言，它是给定的东西。人们生活在新媒体时代，展演的价值越来越高，通过展示和表演，人们试图由此而担当一定的社会责任、实践一定的社会理念、获得他人的赞许和认可。而虚幻或者真实，正是由新媒体时代人们展演时所抱着的态度决定的：玩世不恭的或者真诚的。

（二）媒介是一种呈现手段

人通过媒介表现自身，新媒体时代为人们的这一要求提供了物质技术条件。新媒体的全面渗透和对生产生活的深层介入，移动互联网涵盖了人们生活的各个领域，它的端口遍及每一个角落。媒介成为一种重要的自我呈现的手段。人们在虚拟空间中能够乔装打扮成为理想化的社会角色，并且通过新媒体虚拟技术而使“舞台表演印象”和“事实”之间搭建起联系的桥梁。在这个意义上，媒介本身乃是一种器具，新媒体是在工具意义上的使用。不过，正如手持智能手机而无时无刻在玩弄着什么的年轻人一样，手机和网络都已经在他的视野中消失了，剩下的是一种纯粹的“沉浸”，一种陶醉——它甚至失去了主词和宾词，它变成一个抽象的概念——“陶醉”或者“沉浸”。正如从一个把玩着智能手机的人手上夺走手机一样，猛然间受到打扰的他（或者她）并不是因为丢失一个物件而惊恐、烦躁，而是“陶醉”在中断带来的失落和忧伤。这时候，新媒体物件的价值，也就如同鲍德里亚在《消费社会》中所讲的那样：“当技术成为一种神奇的心理实践或一种时尚的社会实践时，技术物品本身就成了摆设。”（“可以说明摆设特性的也许就是其潜在无用性及其游戏式组合价值。”）[①]或者，甚至鲍德里亚的消费理论也对这种新媒体技术条件下的自我陶醉感到一种理论的苍白和无力。而这时候，新媒体却不是一种呈现，而是一种被呈现。

（三）媒介是一种呈现目的

新媒体被呈现是人已经成为新媒体呈现它自身的工具，而不是新媒体成为人呈现他自身的工具。虚拟社区人们的媒介化，也就是说人成为媒介，这是一个长期被忽视的问题，也是人的生存现状中的隐秘的疾患。在使用

① 让·鲍德里亚．刘成富，全志刚，译．消费社会．南京：南京大学出版社，2008：100－101.

微博的人当中，很容易认识到这一点。乍眼一看，人开通自己的微博，然后拉拢一大批粉丝，人就可以不断地宣扬自己、展示自己、暴露自己，从而成为新媒体社会的红人和“意见领袖”。当一个人把自己的舞台搭建成一个拥有十万、百万甚至上千万“粉丝团”的网络空间时，他就成了当之无愧的“意见领袖”，他的一举一动广受关注，他的一言一行获得回应。表面上，这样的人已经驾驭了新媒体，实际上，这样的人本身已经成为媒介，成为一种目的意义上的媒介。在更高的层次上，他属于媒介经营的手段，在再高的层次上，他属于新媒体的基本要素。自我的媒介化，从而在“观众”的眼中，他就代表媒体意见、公众舆论，他的自我形象就被挤兑成为公众的想象。如果媒介的异化还仅仅是它成为统治人的东西，那么，人的媒介化乃是在异化的基础之上，人的自我的完全沦陷。人在呈现自我的强烈欲望中，在这种欲望支配的积极实践中，沦陷在他所积极追求的舞台上。

（四）理性的再现：颠覆媒介

戈夫曼饶有深意地对信息沟通中的密谋进行了研究，并用“剧班共谋”来形容这种密谋沟通：“这种沟通方式非常谨慎小心，因而不会对在观众面前所促成的假象构成威胁。在秘密暗号系统中，可以发现一种重要的剧班共谋类型。通过这种暗号系统，表演者可以在暗中进行如何获得或者传递相关信息，请求援助，以及其他一些有助于使表演获得成功的相关事项。”① 新媒体时代的人类生存犹如戏剧表演一样是一种源于现实而“高于”（也许低于）现实的“艺术化”（也许梦幻化）的生活状态。“理性化的生活要求”在现代社会无论如何都是一种被广泛追求的标准生活状态。但是，理性化因为在工具意义上的过分器重而使它在相当长的时期内深受诟病。认知理性和价值理性被模糊了。新媒体充当人的认识和实践工具的过程中，手段被滥用，从而造成了新媒体时代的恐怖主义；新媒体作为时尚的东西而广受年轻人的青睐，在深度渗透的过程中，自我呈现反而成为媒介的呈现，媒介为我的呈现提供舞台反而变成了我充当媒介的零件。媒介化[或者也可以借用鲍德里亚的“躯体化”概念，把“躯体媒介化”和“媒介躯体化”做一个简单

---

① 欧文·戈夫曼．冯钢，译．日常生活中的自我呈现．北京：北京大学出版社，2008：151.

的区分:前者是躯体(自我)借助媒介而呈现自身,后者是媒介入侵到躯体(自我),并使躯体(自我)转化为一种媒介]造成了新媒体时代的"魅"力四射,理性的再次出场成为急切而紧迫的大局所需。世界因为新媒体的发展(这是理性的功绩)而返魅,也只有在理性对现实生活的再次审问当中,才能清除弥盖在人们心目中的困惑。如果相信理性的认识能够做到这一点,那是因为默认了这样一个前提:理性与实践不可分离。颠覆媒介,就是要利用媒介提供的各种有利于发展人的技能和生存条件的东西,自觉抵制成为媒介化的产物,以免于在新媒体幻象中沦陷自我。而免于自我沦陷的要义,在于实践本身的丰富性,只有在丰富性的实践活动中,人才能获得丰富的社会关系,才能发展全面的人性。

第二节　新媒体时代人的生存与发展的内驱力

马克思认为,历史是人的实践活动的产物,社会存在物在本质上都是社会实践的结果。然而,在资本占统治地位的社会,这种被制造的社会产物反而成为支配和统治人的意识和行为的东西,在马克思看来,这就是异化。异化乃是人的生存困境,人的本质属性被非人的东西所操控,并将人迫降到物的地位。[①] 新媒体作为人的实践活动的产物,在"应然"之境上乃是人的生存与发展的重要辅力,未曾想在当下却并非只有对人的生存产生正效应这一方面,还对人的生存产生了诸多不利的影响。拒斥新媒体将失去人的生存发展的重要契机和根据,接纳新媒体又面临着信息传播和虚拟社区中的一些风险。那么,这样一种使人进入两难状态的传播技术成果,它自身在现代社会中的发展又是遵循什么样的逻辑呢？它的发展与现代性之间是否存在必然的关系？从现代社会人的欲望的激活与开发、资本权力对社会的全面介入和掌控、消费社会符码系统的夸张使用这三个方面来看,现代性的确是新媒体自身发展的内在动力。

---

① 张雄,曹东勃.拜物逻辑的批判:马克思和鲍德里亚.学术月刊,2007(12):28-36.

一、传播技术与欲望延伸

(一)主体性的生成

1. 现代社会中人的主体性。

人在世界中的地位决定了人以主体为尺度来衡量万物。公元前5世纪的古希腊哲学家普罗泰戈拉曾经提出一个著名的命题:“人是万物的尺度”。人既是事物存在的尺度,也是非存在之物非存在的尺度。意思是说,事物的存在是相对于个人的感觉经验而言的,对同一事物会因人而异形成不同的感觉,而这些不同的感觉是没有真假对错之分的。就此而言,在这里,人还不能说具有了现代意义上的主体性,而只是一种主观性。真正主体性的生成乃是近代的事情。康德提出了“人为自然立法”的著名命题,其中包含了两层意思:一是强调“人”为自然立法,具体地说是人的知性为自然立法;二是强调为“自然”即现象界而不是为“物自体”立法。在上述两个著名的论断中,施特劳斯曾经对第一个命题做出过分析,认为普罗泰戈拉的“人是万物的尺度”主要是从人的“感觉”差异,即人的自然的或生理的角度来说的,“他是由于自然本性而占据这个位置的;人具有的是秩序之中的位置,但他并未创造这个秩序”。[①] 就此而言,“他”并没有“主体性”可言。康德提出“人为自然立法”的时候,已经确认了人部分地具有主体性的特点了,因为人不但居于相应的社会秩序中,而且人本身也能对现象界进行选择性的认识。也许只有到了黑格尔意义上的绝对精神的阶段,人的主体性才是相对完备的形态。施特劳斯认为,只有“创造秩序”的人才具有主体性(人通过创造秩序同时创造自己的人性)。也就是马克思主义所讲的,人通过改造客观世界而改造主观世界,或者更进一步地讲,就是通过改造外部世界而改造人自身。

与传统社会相比,主体性在现代社会的凸显主要表现在如下三个方面:第一,主体性乃是个体自我确认的方式,个人通过主体性的创造而获得自身的个人价值和社会价值。第二,现代社会的主体性乃是对宗法制度和宗教神学的突破,个人不再必然性地获得群体的共同性格,并且在群体中失去个

---

① 利奥·施特劳斯. 丁耘,译. 现代性的三次浪潮. 汪民安,等,主编. 现代性基本读本(上). 开封:河南大学出版社,2005:159.

性。第三,现代社会的主体性乃是全面的主动性,生产的自主性、生活的自决性、创造的自发性成为现代成熟的个人的精神面貌概况。新媒体时代的主体性,表现在个人对新媒体虚拟空间的无限想象和创造,对新媒体生活秩序的自觉重构,对新媒体发展方向和人的生存变迁的科学预期。新媒体本身所具有的一些特点,诸如共享性、虚拟性、开放性、互动性等,加剧了人的主体性的生成。

2. 现代社会的媒介主体性。

人的主体性在新媒体的刺激下进一步升华,但是当媒介被主体性使用的程度不断升级,甚至超越了使用的原初意义,人的主体性就演化为物的主体性。这是一个颇费思量的问题,然而现实地存在着。媒介本来不具有主体性,也无所谓主体性,因为它是物,是人的役卒。不过,随着新媒体的不断发展,人们对媒介的依赖程度不断加强,甚至在没有新型媒介参与的地方,人就失去了进行生产生活的基本能力。这样一来,就不是人驾驭媒介,而是媒介驾驭人,人反而成了新媒体的役卒。在这个意义上,新媒体就具有了主体性。也就是说,人不再以主体性设置新媒体时代的社会秩序,相反,是新媒体的传播逻辑设置了人的生存秩序。新媒体必须在不断地设置人的生存秩序中才能获得自身的发展,它必须使人们保持沉醉的状态,必然使人们在新媒体设置的秩序中保持安宁和不断的新鲜感。从而,媒介自身会获得永恒的发展动力,以保持它对人的持续不断的统治。而人会自愿献身于媒介的这样一个发展逻辑,并陶醉在一种新奇的界面和符号系统中。从人的主体性到媒介的主体性,人们获得了发展的手段而失去了全面发展的目的。用"目的"的丧失换取"手段"的完备,新媒体真正成了新的社会发展的"媒介",它与目标之间脱离了关系,因为媒介(手段)已经成为目的。

(二)俗性对神性的胜利

1. 神性在传统社会中的重要作用。

神性可以表现为神圣性和神秘性。神圣性是一种与信仰、敬畏密切关联的东西,它通过习俗、仪式、宗教或礼制等把对某种东西的崇拜本质体现出来。神圣性在维护传统社会秩序方面具有"获得认同"、"信众引导"、"行为规范"、"心理调适"等功能。神圣性是一种统治的专制,它是一,而被统治的广大人民则是专制的对象,是多。"神圣性"以"一"而统摄"多",从而使整个社会朝着一个既定的方向运转。但是,由于“一”与“多”之间没有互动性,相互之间的关系被单向度的指令所取代。在这样的情况下,人们就失去了主体性、主动性,沉陷在“一”的统治之中。不过,由于这种统治建立在对人的心理干预的基础之上,通过人的内心崇拜而达到对神圣性的维护,从而对于社会秩序的稳定具有重大的意义。神秘性在西方泛指一切超自然的神秘力量,但是,从信息传播的角度来看,神秘性就是信息的不对称,就是对某事的无知状态。但是,这种无知并非对事物的全面无知,而只限于对事物的过程和原因的无知。事物直接以“结果”的方式呈现在受众面前,从而给人以神秘感。西方的神秘学包括四个组成部分,即宇宙论、秘传心理、预测学、魔法学。中国的相术、星象、占卜等都属于神秘学的范畴。神秘性在维护社会秩序方面的最大贡献在于它确立了一种天命权威,这是在人与人的契约关系不成立的情况下,人们分别与神秘力量建立契约关系的一种方式。在维护社会秩序这一点上,很多情况下神圣性是与神秘性紧密相连的。在传统社会,神性统治着整个社会,无论是宗法礼制还是宗教神学都可以归入到神性的统治之维。

2. 现代社会中俗性对神性的颠覆。

人不仅是有意识的个体,而且具有信念、情感、意志和追求自己目标的欲望。这样的人是现代社会中的人,而不再是封建宗法制度下被湮没于集体意志中的个人,也不是宗教神学统治下湮没于神的旨意与宗教仪式之中的“被造之物”。俗性对神性的胜利是近代以来人类的最大胜利。著名经济哲学家张雄教授说:“现代性即世俗性。先有‘纯粹世俗的情欲和物欲’占据支配世界的神圣位置,而后才有现代性的生成与发展。”①被神性框定的人性遵循“善”的旨趣,把个人的七情六欲都奉献给了神坛,而现代社会的伟大革命性变革就在于发现了人,这是近代启蒙运动以来人类三大发现中(地理的发现、科学的发现、人的发现)最为重要的发现。张雄教授认为,世俗主义的首要的意义就在于尊重和开发人的欲望。人类开始进入“恶”(它乃是对“神性”的背叛)的世界历史之流。欲望刺激了人们的各种感官,更重要的是刺激了人们的理性、激情和灵魂。从此人们逐渐开始追求现世幸福生活的历

① 张雄. 现代性逻辑预设何以生成. 哲学研究,2006(1):26-36.

程,神性的东西被当作茶余饭后的精神产品来消遣了。

3. 新媒体时代的世俗化。

在新媒体时代,社会进入游戏化时代,人对自身的心理快感的追求超越了对知识的渴望以及对崇高的东西的景仰。神圣的东西被切成碎片,人们一边拾掇着神圣的碎片,一边过着殷实而阔绰的生活,在物欲和心理快感的寻求中不能自拔。人们也许会随手丢弃这神圣的碎片,但片刻也不会放弃他对物质累积的景观和对符号堆成的幻象的强烈占有欲。世俗化意味着人们开始斤斤计较个人的利益得失,并且这并不被看作是一种猥琐的事情,相反,它见证着理性主义和主体性自我的生成。新媒体在广义虚拟经济上对人的经济资源的全面品质升级和对人的消费的幻象显示都具有非常重大的作用。新媒体成为新的世俗化的场所。在虚拟社区,人们甚至重新扮演自己的社会角色,获得新的世俗基础,成为新的阶层,获得新的权力。这样一来,新媒体在现代性的世俗主义之"恶"的激发过程中扮演着"帮凶"的角色。随着现实权威在新媒体界面上的崩溃,随着新的网络阶层的诞生,随着新媒体时代信息权力成为新的支配力量,人的俗性展演的平台不断扩大,并且在新媒体空间中意欲"重新洗牌"。"在同一和分裂之间、超越和无序、无法言说的及语言的假想之间,这都充分展示了'当下人类能够利用智能化手段,超越包含客体世界矛盾直奔意志。'"①

(三)新的"造神"运动

重构世俗社会或许具有技术浪漫主义的倾向。新媒体技术不能直接成为新的世俗化的原动力,顶多只是它的物质基础。对社会进行重构的,乃是新的"造神"运动的兴起。这在表面上看,正是前面所讲到的世界的返魅的一个重要方面。实际上它包含着自身发展的一些逻辑。"造神"被认为是人类发展历程中不可或缺的东西。前现代人们也许通过图腾、人格化的神、世俗礼制等而制造了具有神性的一些东西,正如前面所讲的那样,它们在历史的某些发展阶段上曾经起到过非常积极的作用,但是它对个人的损抑亦是相当严酷的,甚至完全扼杀了人性。启蒙运动开始,人们逐渐强调个人的现

---

① 张雄. 财富幻象:金融危机的精神现象学解读. 中国社会科学,2010(3):29－43.

世幸福，追求物欲和情欲的解放。“身体”成为一个新的神话。身体的神化乃是近代社会第一个被神化的东西，它预示着人开始重视自身。随着工业社会的进一步发展，资本的力量发挥着史无前例的作用，甚至深入到了人们生活的每一个细节。金钱的兑换能力超过了人情、宗法、礼仪、律制和宗教，货币成为威力四射的东西。因而，随着资本主义的兴起而兴起的，乃是货币的神化。货币对物质产品的兑换还停留在人的生物学意义上的享用，尽管在物质丰盛的少数人那里，商品已经景观化为一种身份和标签，一种心理上的满足。

哲学家鲁品越教授说：“专门被赋予神圣价值的事物被人们尊为圣物，它们是这种神圣价值的符号，它使神圣价值形象化、具体化。……圣物是人们在社会物质生产活动中把‘神圣价值’投射于符号性事物而生成。每个社会都在持续不断地产生着这些圣物，它凝聚社会的价值信仰，满足人们伦理观念的需要。”①每一个社会发展阶段都有自己的“神物”。“造神”是人类潜意识的实践意志。新媒体时代的“神物”被包装成为新的外表，它就是穿着“信息”外衣的“权力”。对信息的崇拜成为新媒体时代的群众信仰。数字化、符号化、电子乌托邦，这些技术浪漫主义的唱腔被改写成为人类生存的铁律。信息权力成为经济权力、文化权力、政治权力之后的重要支配力量。信息权力装点了自身的华丽外表，而世俗的欲望正潜伏在它的外衣下面兴风作浪。甚至，这种权力还成为新媒体本身发展的根本动力。

二、资本逻辑与媒介权力

鲁品越教授说：“现代性的建构不仅需要传统文化的精神引导，更需要强大的现实物质力量驱动。文化传统提供的只是建构现代性的精神工具，而近代物质生活的客观需要则提供了对它的现实诉求。……马克思通过对现代社会的剖析，发现这种力量不是别的，正是资本。……《资本论》所揭示的，正是资本力量驱动下的现代社会和现代性的生成史，是对现代经济结构和现代性的深刻而宏达的理论重构。”②资本负载着增殖意志，表面上是资本

① 鲁品越．物品体系与社会结构再生产——历史唯物主义的一条新解读路径．哲学动态，2004(12)：8－13．

② 鲁品越，骆祖望．资本与现代性的生成．中国社会科学，2005(3)：59－69．

家的贪欲膨胀，实际上是一种强制的社会力量。在新媒体时代，媒介已经成为资本扩张的工具，新媒体的繁荣景象下面隐藏着资本的增殖激情。人们在信息传播的授受关系和传播结构中所建立的社会关系中所处的地位已经决定了人们的实际生存状态。

(一)信息权力与传媒控制

1. 信息权力与资本权力的关系。

从“顺势”的角度来看，资本的权力表现为通过占有生产资料而占有工人的剩余劳动；而从“回溯”的角度来看，资本的权力乃是因为占有了工人的剩余劳动而占有更多的生产资料。在“顺势←→回溯”的资本循环中，资本权力不断得到加强，从而马克思所讲的“物的世界的增值和人的世界的贬值成正比”①也就成为一个现实的问题。它尽管直接导致人的异化的加剧，但人们在资本的力量尚未发挥出来，在新的社会发展动力系统尚未构建成熟的时候，资本权力的威力就会维持和发展下去。权力是对他人所依赖的资源的占有，从而又是人做或者不做某事的能力。资本权力从静态来讲是对生产资料和劳动力的占有，从动态来讲是对可以投入社会生产而获得更高价值的剩余劳动的占有，从而形成对整个社会生产的垄断，以至于人们从事社会再生产和维持生活的一切物质资料都被资本的占有者所控制。在这样的情况下，资本的权力就显得无比巨大。如果资本权力可以直接简约为由于对资本的占有而享有的种种特权，那么，信息权力就是对信息的占有而享有的种种特权。

在新媒体时代，信息是重要的社会资源，无论是政治竞争、经济生产和商品流通，还是文化交流，从一定意义上讲都是信息在起决定作用，更不用说现代军事和人们之间的通信往来。物的世界被更多的数字化产品所替代，符号化的社会生存和对物质世界和社会生活的理解都是通过相关信息的获得而达到的。没有充足的信息来源，人们就会在新媒体时代感到由衷的迷茫和困惑。而在瞬息万变的技术进步与商业竞争中，一旦不能掌握实时的信息资源，就会坐失良机。因此之故，信息流被看成是商流、货币流、物流之外的重要经济资源。传统社会的统治阶层通过垄断信息资源而实行愚

① 马克思．1844年经济学哲学手稿．北京：人民出版社，2000：51．

民政策，增强其统治的神秘感，维护陈旧的社会秩序。新媒体社会通过信息的垄断而能够在经济、政治、文化等多方面获得利益。新媒体时代由于信息传播方式的改变，从“一”到“多”的简单传播方式改变为从“多”到“多”的错综复杂的关系。在这样的传播方式中，在任何一个环节树立关卡都是相当困难的。

2. 传媒控制是资本行使权力的形式。

尽管信息传播的技术变革已经使信息控制变得复杂起来，但并不意味着现代社会的信息控制变得无关紧要，或者在现代新媒体空间中已经完全丧失了控制的可能性。资本意欲占有一切，更何况在信息的经济价值变得空前重要的今天，资本又怎能放弃这样的肥缺呢？在当代，新型传播媒介具有促使资本增殖的特性（在本书第四章第一节有专门论述）。不过，资本对信息权力的征缴并不采取传统的野蛮手段，至少很少遇到这样的情况。资本在新媒体时代变得更为狡猾起来，它把资本的偏好和传播的选择性有机地结合起来了。

（二）资本偏好与传播选择

1. 资本对自由时间的挤占。

资本乃是能够获取剩余价值的价值，而剩余价值是工人剩余劳动的产物。不过，随着当代社会逐渐迈向生活资料的丰盛社会，物质资料的匮乏状态已经一去不返了。当然，这总是从满足人的基本需求这一个相对的角度来说的。普通群众的自由时间越来越多，正是在这样的条件下，人们才普遍获得了使用新媒体工具的技能，并且有时间在新媒体平台上展示自己的能力，创造自己的生活。不过，当人们越来越依赖这种新兴媒介的时候，人们的自由劳动时间便成为资本增值的时间。一个很明显的例子就是最近几年的“双十一”节日。本来人们在工作之余通过互联网来进行休闲和从事自己爱好的活动是一件十分惬意的事情，不过，电子商务的大佬们不愿意放弃任何盈利的机会，他们在网上制造了种种炫情的广告和承诺，以至于一些容易冲动的网民深陷其中。在“双十一”（号称“光棍节”，不过它已经不仅是“光棍”的节日了）前后的这几天，一方面是网民深夜“蹲点”守候在电脑边等待“秒杀”抢购商品，焦头烂额，甚至由此诱发家庭矛盾；另一方面是电商巨头们日进斗金的喜悦。资本通过在新媒体上抢占视线而抢占了民众的自由时间，并把民众的自由时间变为商品流通的必要时间。

2. 资本制造的传媒幻象。

资本鼓励个性，因为个性意味着交换的可能性。没有个性化就没有市场经济，就没有资本的增殖空间。在新媒体时代，由于网众的个性发展在表面看起来不受任何限制，已经完全脱离了必然性的制约。其实不然，资本只是鼓励那些有利于它的增殖使命的个性化生存。因此，传播媒介担当着制造时尚经济的重要使命。这已经在前面的章节中有过专门的论述。时尚经济是一种心理经济、符号经济，泛而言之也可以称之为文化经济。而新媒体在这方面的独特功能是前所未有的。它在掀动人们的激情、煽动人们的欲望、鼓动网民的暴力等方面有着非常强大的潜力。从“激情”、“欲望”到“暴力”，这是新媒体文化的三部曲，它由此而走上歪门邪道。这与“理性”、“需要”和“制度”恰好是相反的。新媒体时代崇尚着一种虚拟社区的个人英雄主义，因为隐身和匿名的作用，人们肆无忌惮的言行举止使得新媒体平台很难获得理性化的状态。新媒体时代也鼓励对欲望的无限夸大，甚至在炫耀性消费的道路上走向了极端。新媒体时代还流行多数人的暴力，真正的个性化只要不符合“潮流”就会被“人肉”和封杀。所以，只要资本还是现代社会物质生产的驱动力，那么，个性化的生存也只能在符合资本需要的范围内求得短暂的发展。

3. 信息乌托邦？

新媒体时代，炫耀性消费已经成了一种很流行的怪病。在微博上“晒”幸福和“钞票”的人越来越多。“人们对财富的价值和意义的理解表现为目的性幻象，这种幻象把作为手段的财富颠倒成作为目的的财富，从而发财致富就是目的本身。”①而在公众传播媒介上“晒”出自己的财富成为获取财富的动力和占有财富的目的。这也是新媒体时代资本在自己的增殖活动之余陷入空虚寂寞之境的突出表现。同时，资本还因为能够直接通过占有传播媒介而占有从信息传播的审核权。信息技术的发展并未完全失去控制，未来的信息发展也许会在更大程度上获得传播上的自由。但是，就今天的现状而言，信息技术的发展还是依然受到制度的约束，并不是有如尼葛洛庞蒂

---

① 范宝舟．财富幻象：马克思的历史哲学解读．哲学研究，2010(10)：32－40.

所预言的那样,数字化时代意味着民主化和全球化,这一点至少在今天看来只能是一种勉强还算合理的个人想象。美国的棱镜计划遭到曝光,或许有着更加强大的说服力。在资本占统治地位的地方,信息自由只是形式上和表面上的东西,一旦脱离资本增殖和资本家利益的地方,一切自由都将令行禁止。在技术上进行屏蔽在一些社会学家看来是不可能的,主要是因为言论的广泛性和参与程度的不断提升,不过在技术专家看来也许就不是那么回事了。不用说简单的"敏感词过滤",就是那些含着隐晦意义的东西,在大数据分析系统进一步发展的情况下,也将成功破解一切对资本有害的言论。这不是技术万能论,而是在一定的社会形态中的物质决定作用,在资本主义社会就是资本的决定作用。至今还在怀疑新媒体到底能不能给人"赋权"是非常落伍的想法,但是"赋权"的力度是非常有限的。资本逻辑明显违背了人的发展逻辑,但是,这也许就是历史之"恶"的重要作用,正是通过这种历史之"恶"而推进社会走向更为文明的形态。不过,资本在新媒体时代再也不必采取粗暴的行为了,它委婉温和,是一种文化和行为习惯上的透彻殖民。正如人们在查看各种经过过滤了的新媒体界面时一样,丝毫感觉不到界面的暴力。但界面就用它的内容向受众施加了暴力,鼠标点击的选择性正是界面暴力的最好的安慰剂。

三、景观的诱惑:从异化到幻化

人们把感情寄托在互联网上,在虚拟空间中可以结婚、生子、经营商业,甚至死亡,一切都能够模拟。借助传媒,人的意见、思想得到充分展示,信息传播和思想自由得到极致发挥。新媒体渗透到了人的生存的方方面面。人在新媒体中也丧失了很多,有人因为丈夫或者妻子一方长期迷恋上网而忽略了现实生活中的相互沟通,最后导致感情失败,网络媒体代替不了人与人之间在现实生活中的情感沟通。网络世界既有温情脉脉的一面,也有冷冰冰的一面。马克思主义认为,人是社会中的人,人最终是通过他人来表现自己的本质的。而通过虚拟的他人只能表现同样虚拟的自我本质,只有通过现实的他人才能获得人的现实的本质。在虚拟世界中的"高富帅"也许在现实世界中只是一个一贫如洗的"吊丝"。异化为物的存在方式只能是人的存在的阶段性特征,而对这种特征的超越才是人对未来社会发展的绮梦。在

“物”中体现的社会关系总是复杂社会关系中的某个或者某些维度，而不是人的本质的全部显现。新媒体被人所生产和占有，理应成为人的生存发展的重要工具和助推器，从而对人在媒介中的异化要抱着暂时性的态度和观点。俞吾金教授说，必须对现代社会中普遍存在的“异化”和“物化”现象做出深入的反思，才能真正把握存在的意义。[①]

（一）传播生存的三种形态：异化、物化与幻化

物化与异化概念的区分与界定在学术界并未形成统一的认识。如果说异化概念尚存争议，那么物化概念就更加莫衷一是了。尤西林教授[②]和邹诗鹏教授[③]认为卢卡奇所谓的“物化”就是一种异化，或者说它只是异化的别称。而张雄教授[④]和俞吾金教授[⑤]则认为物化劳动是一种普遍的对象性活动，是人的本质力量的确证，只有异化（或者说作为异化的物化）才是对人的否定，才反映了私有制和贪欲之间的勾连。邹诗鹏教授指出，“异化状况也因资本主义及其物化状况的变化而变化：早期资本主义时代，异化还只是停留于劳动异化层面，体现在工人不能自由支配自己的劳动，从而使劳动还原为非人的生命活动，体现在工人因基本的物质生活条件的匮乏从而遭受到的肉体、精神以及心理上的折磨”。[⑥] 那样说来，“物化”是“异化”的新的表现形式。如果（最初的那种）异化是因为匮乏而导致的物对人的统治，那么，

---

① 俞吾金．存在、自然存在和社会存在——海德格尔、卢卡奇和马克思本体论思想的比较研究．中国社会科学，2001(2)：54－65.

② 尤西林在《现代性与时间》一文中说：“正如卢卡奇指出的，把‘现在’从时间之流中分离出来，恰是资产阶级‘物化’（异化）态度的一个来源。”见《学术月刊》2003 年第 8 期，第 20－33 页。

③ 邹诗鹏在《现时代精神生活的物化处境及其批判》一文中说：“物化的本质仍然是异化，是从早期资本主义时代就已成型的商品拜物教对精神超越性的不断侵入、替代与吞噬。”见《中国社会科学》2007 年第 5 期，第 54－63 页。

④ 张雄在《现代性逻辑预设何以生成》一文中讲道，“尽管作为对象化的物化劳动是人的智力进化的表现，在这个意义上它不是对人的否定而是对人的肯定，但是作为异化的物化劳动却有着特定的社会性质，它在某种意义上又是对人的否定，这就是使劳动者本人也成为被物化了的对象化存在”。见《哲学研究》2006 年第 1 期，第 26－36 页。

⑤ 俞吾金在《马克思对现代性的诊断及其启示》一文中认为，“马克思并不一般地反对物化，在他看来，任何生产劳动都是把人的精力物化在对象或产品中。他反对的只是以异化的方式表现出来的物化”。见《中国社会科学》2005 年第 1 期，第 4－10 页。

⑥ 邹诗鹏．现时代精神生活的物化处境及其批判．中国社会科学，2007(5)：54－63.

物化则是因为丰盛而导致的物对人的再统治。随着物质上的盈余和休闲时间的增多,一旦人们从物的统治中抽离出来,而在符号体系、心理坐标中寻求人的价值和意义的时候,人就进入了幻化的生存之境。如果这样来理解,则无论是异化、物化还是幻化,一旦推至极端,归根结底都是异化。当然,如果物化乃是指“物质化”、“被物质化”,而幻化也是指“主观意识化”和对心理欲求的满足,那么,这本身并不一定意味着它们就成为人的“异己力量”,从而可以说,只有被异化了的物化和被异化了的幻化才是人的生存的否定力量。由此观之,上述两种观点并无针锋相对的意味,只是在对概念的界定上分别设定了不同的语境。

“异化”一词源于拉丁文,有转让、疏远、脱离等意。黑格尔用异化来说明主体与客体的分裂、对立。马克思认为,异化是在资本主义社会中人的生产及其产品反过来统治人的一种社会现象,异化是对人的本质属性的偏离。它产生的主要根源是私有制。在异化状态中,人丧失了主体性,其个性呈现片面和畸形发展的状态,与人的全面发展背道而驰。从本质上说是人与人之间的关系被颠倒为人与物之间的关系,并且不是人役使物,而是物役使人。人将自己的本质力量对象化在物中,反过来人的本质力量之对象化的物却成为统治人的力量。因而从根本上讲,异化乃是人的自我分裂,通过分裂出一个外在于人、而体现人的本质力量的物而统治着人的精神和生活状态。在资本主义发展的早期阶段,主流媒介局限于报纸等大众媒体。马克思在论述报纸与人的生存关系的时候,曾经讲过报纸与它所宣扬的东西是人的生存所不可回避的环境。自由报纸能够促进人的生存发展,而被资本所统治和管辖的报刊则成了资本家的代言人(具体见本书第二章)。在这样的情况下,报刊与资本主义社会的其他劳动产品一样,成为统治人的东西。印刷工人和报刊的受众,支撑起资本主义报刊的运营,但是,这种被人民大众所支撑着的媒介产业,却在不断传播着奴役人民的精神和文化。这样看来,如果商品的生产使工人与自己的劳动产品相异化,他所生产的东西反而成为他的异己的统治力量,这种统治力量是通过“生产关系”来实现的,那么,(专制)报刊却使人们的精神产品成为奴役人的精神枷锁,这种异己力量是通过“文化暴力”来实现的。

“物化”一词在中国哲学家那里被认为是人与物处于相同地位的一种境

界,《庄子·齐物论》中的“齐物”就是“人与万物齐”的意思。在这里,“物化”乃是要取消万物之间的差别。西方马克思主义的先驱卢卡奇的物化概念与此完全不同,他认为物化是一种高居于整个社会之上的统治力量,它渗透到了个人生活和社会的深层次结构中。它包括主体客体化和个人的原子化。今天,物化主要指的是人与人的社会关系被反转为物与物的关系,人与人的社会关系需要借助或者通过物与物的关系才能得到说明。而德波在景观社会中将物化指认为物的表象化呈现。在张一兵教授看来,“德波是在本体论的意义上使用表象化一词的,意指资本主义社会的物化存在沦为故意呈现出来的表象”。① 从物与物的关系对社会关系的呈现到物的表象对社会关系的呈现,这就为社会进入幻化阶段做了准备。当然,也有人认为物化就是人在物欲中的沉沦。② 新媒体时代的物化表现在至少两个方面:第一,新媒体空间中对等级秩序的强调,在任何一个论坛上,“元老们”所拥有的权限都要大于其他人,经验值、论坛币和等级序列,能够代表“主人”在论坛的声望和地位。在这样的情况下,一些人甚至在那些对他而言毫无意义的网站上疯狂购买论坛币和经验值,以提高自己的身份地位。因为在这样的论坛中,发表论坛帖和为论坛作贡献所能获得的那种威望,都能通过货币兑换而获得。第二,物质关系在现实生活与虚拟生活中相互渗透。虚拟社区中所获得的那种优越感会促使人们进行现实生活中的消费和商品等的景观建构,而现实生活中人们进行的消费也会在虚拟社区进行展示和炫耀,并以此获得荣耀感。物化在新媒体时代不是显示了“人与万物相齐”的那种世界和谐理念,而是把人的社会关系降格为物的“比对”关系。因此,物的“显像化”在新媒体时代获得了更大的机遇,因为新媒体在内容上的开放性,个人在进入界面进行操作方面的便利性,以及虚拟社区管理上的无底线。这些特征直接造成了物化的全面侵袭。尽管在这种“物化”中,人们的确也可以通过物的表象化而确证主体的自我价值,但是当“确证”的手段充当了目的的时候,就进入了物化的异化阶段,或者说,这样的物化乃是异化了的物化。

“幻化”一词最早见《列子·周穆王》中的“穷数达变,因形移易者谓之

---

① 张一兵. 颠倒再颠倒的景观世界——德波《景观社会》的文本学解读. 南京大学学报:哲学·人文科学·社会科学版. 2006(1):5-17.

② 陈刚. 全球化与文化认同. 江海学刊,2002(5):49-54.

化,谓之幻”之句。指的那种“随起随灭”、巧妙而不可言说的神秘变化、变幻。现在,在新媒体游戏中,“幻化”通常指游戏用户深入沉浸到界面游戏的角色当中,将自己假想为游戏中的某个特定角色。在哲学上,幻化的使用是特定历史阶段的产物。当所有的东西物化为符号,变成了满足人们的心理的需求、存在之幻象的时候,社会就进入了幻化的阶段。余源培教授曾经指出,社会经济已经进入了符号经济时代,所谓的符号经济,就是“指所有的东西都被物化为符号,以便出售和供人们消费”。① 幻化是人对感觉幻象的倚重,“幻化的视像仍包含一种独特的自我所指性的生活与历史文化内容,并不等同于由某种纯粹主观性所产生的无边想像或虚空形式。”②幻化具有意义生成和拓展的能力,也包含有暗示和隐喻的功能。作为生存之境的幻化,本身是物化发展到极端的“去物化”的文化反刍。与宗教所讲的幻灭虚化(佛教中的“幻化”指“世间万事诸法的虚妄无有实性”③)恰好相反,现代社会的幻化乃是通过符码系统和心理确证而获得生存的确定性。不过,幻化无论如何是对现实世界的一个颠倒,它把幻象作为目的,把生活的表现形式作为生活本身。移动互联网的世界虚拟化浪潮极速加剧了世界的幻化进程。“虚拟实在”已经成为现实生活的一个重要组成部分,“虚拟世界”已经不再是主体自我分化的精神世界的单极界面,这种带有主观意识性的新媒体虚拟世界同生活世界在当今已然融为一体。如果要验证这种论断的话,只要戴一副“谷歌眼镜”(“绪论”已有介绍)就能深刻地体会到。“谷歌眼镜”直接把人的现实生活与虚拟生活链接到了一起,新型媒介与人的现实活动之间的距离再次拉近。在这样的情况下,幻象给人的“亲在感”丝毫不逊于一切真实发生的模拟行动。人们再也无须在现实和虚拟之间不断“切换”角色,他本身就介乎虚拟和现实之间了。于是乎,幻化就成了一种人的历史性存在状态,因为角色“切换”已经变得模糊和困难。这正是新媒体的深度卷入和“沉浸”的特点使然。而当人们完全把这种迷糊的幻象当作真实生活

---

① 余源培.评鲍德里亚的“消费社会理论”.复旦学报:社会科学版,2008(1):15－22.

② 王文捷.无厘头电影:呈现意义何在——兼论图像文化对后现代电影研究的促进.文艺评论,2004(5):17－23.

③ 夏广兴.佛教幻化观与唐宋文学创作.世界宗教文化,2012(2):102－109.

来对待，并且自愿在这种幻象中陶醉不醒，幻象也就变成了一种异己的力量统治着人，这就是异化了的幻化。

可见，在新媒体时代，物化是一种媒介工具的过度使用，以至于人的关系只能通过物的关系来阐释，人的关系被颠倒为物的关系，而新媒体提供了物的展示平台和传播机会。人的关系借助物的关系得到了扩张。不过，随着物的“展示性”不断抽象为一种符号和心理意识，随着虚拟界面的不断开发，“展示性”就不再表示物的关系，而是表示心理关系和符号系统的秩序。这样一来，人在新媒体时代又进入了幻化的时代。幻化的极致是对幻象的单纯依赖，人为了幻象而放弃现实生活本身，这就是幻化的异化，或者异化了的幻化。无论是异化了的物化还是异化了的幻化，都是人的生存的片面性根源，是对人的本质的背离，人在其现实性上是一切社会关系的总和。只有发展全面的社会关系，不在片面的物象和幻象中沉陷，才能避免单向度发展的灾难。

（二）新媒体时代的幻影及其破灭

在很大程度上，新媒体时代的异化－物化（异化了的物化）和异化－幻化（异化了的幻化）都以“文化”的形式宰制着人的生存（现状与理念）。而文化的统治所形成的异化的（物化或幻化的）生存样态“在某些方面不同于马克思所描写的被自己的劳动产品所压迫和统治的传统劳动异化，而且这不仅仅是某些被统治阶级的命运，而是越来越表现为现代人的普遍境遇，它造就了物化境遇和消费社会中被同化的、单向度的、自觉自愿的、心满意足的文化消费者”。[①] 在当代，异化－物化和异化－幻化都不是以尖锐的阶级对立作为外在形态的，它更多地表现为“自觉自愿”和“总体性的、内在的操控”。张雄教授指出，“物化和异化产生的文化根源主要来自启蒙时代所提倡的一种抽象同一性的价值观的绵延，这种价值观认为‘任何不符合计算和功利原则的东西都是可疑的’”。[②] 将物性化的世界还原为人的世界，“注重经济发展和人的全面发展的一致性，这是关注当代人生命的形而上学问

---

① 衣俊卿．西方马克思主义的哲学范式转换及其启示．江苏社会科学，2006(2)：1－8.

② 张雄．现代性后果：从主体性哲学到主体性资本．哲学研究，2006(10)：27－34.

题”。[①] 同时，著名经济哲学家鲁品越教授还说：“仅仅对客观物质世界进行祛魅，创造出理性化和数学化的世界，并不能完成对现代社会的构建。现代社会的诞生不仅需要对事实世界‘祛魅’，而且需要对价值世界‘祛魅’：祛除笼罩在各种价值之上的迷魅面纱，使之成为可以理性计算的对象。”[②]新媒体时代的虚拟界面的无限扩张，在技术上具有无限可能性的发展前景，但是在人的生存问题上，始终不能违背人的发展的全面性和人对自由的美好祈愿。马克思对异化劳动的批判，归根结底是要在生产发展到一定程度的基础上建立一个新的社会制度。在这个新的社会制度中，人的异化劳动变为自由的实践活动。人从剩余劳动时间中解放出来，获得发展人的全面个性的自由时间。而在新媒体时代，人们还远未从自然必然性中解放出来，但是，生产力已经发展到了这样的程度，以至于人们获得了能够为人的全面发展所服务的部分自由时间。而新媒体时代的物化与幻化现象，本身对人的生存的单向性不负有必然的责任，但是，当异化－物化和异化－幻化代替了物化和幻化的时候，它就变成了人的发展道路上的重要障碍。张雄教授说：“人们还处于为自己的自由和全面发展创造条件的过程中，而不是从异化出发才开始有了真正人的生活。”[③]因而，只有通过对异化的扬弃，才能使物化和幻化本身不至于变成一个广受诟病的辞藻。俞吾金教授说：“当然，共产主义是对普遍异化和物化现象的扬弃，但这种扬弃绝不是凭空进行的，相反，正是在普遍异化和物化的历史条件下才得以进行的。”[④]异化剥夺了人的全面发展的可能性，使人沉湎于物欲和幻象，同时也导致人对自己活动的主体性的否认，人变成物和幻象的役卒，人也就不会进一步发展为一种自然必然性。[⑤] 新媒体时代人的生存幻影的破灭，正如鲁品越教授所言的，既要有经验主义和理性主义的问题探讨，还要有马克思主义的价值寻求。人们不但是在发展自己的工具理性，也要在不断的价值创造中获得自我的超越性，如此，则一切神秘主义的东西都将在实践中得到理解和“祛魅”。

---

① 张雄．现代性后果：从主体性哲学到主体性资本．哲学研究，2006(10)：29－43.

② 鲁品越．货币与价值世界的祛魅．江海学刊，2005(1)：34－40.

③ 张雄．货币幻象：马克思的历史哲学解读．中国社会科学，2004(4)：53－60.

④ 俞吾金．从“道德评价优先”到“历史评价优先”——马克思异化理论发展中的视角转换．中国社会科学，2003(2)：95－105.

⑤ 张凤莲．马克思的个人发展理论及其当代价值．哲学研究，2006(5)：19－24.

第三节　新媒体时代的传播与人类生存未来

一、扬弃人的片面性：马克思的传统

（一）从报刊自由到人的自由

在马克思写于1842年3月的《关于新闻出版自由和公布省级等级会议辩论情况的辩论》一文中，马克思第一次对新闻自由的本质进行了阐述。他说："自由确实是人的本质。因此就连自己的反对者在反对自由的现实的同时也实现着自由。……没有一个人反对自由，如果有的话，也只是反对别人的自由。可见，各种自由向来是存在的，不过有时表现为特殊的特权，有时表现为普遍的权利而已。"①马克思认为，在阶级社会，自由与特权是相互排斥的，一个阶级的特权意味着对另一个阶级的自由的剥夺。"自由报刊的本质，是自由所具有的刚毅的、理性的、道德的本质。受检查的报刊的特性，是不自由所固有的怯懦的丑恶本质，这种报刊是文明化的怪物，洒上香水的畸形儿。新闻出版自由同新闻出版的本质相符，而书报检查制度则同新闻出版的本质相矛盾。"②这种矛盾，马克思认为是不需要证明的。书报检查制度的出发点是把疾病看作正常状态，而把正常状态看作疾病。"自由报刊是人民精神的洞察一切的慧眼，是人民自我信任的表现，是个人同国家和整个世界联系起来的有声的纽带，是使物质斗争升华为精神斗争，并且把斗争的粗糙的物质形式观念化为一种获得体现的文化。……自由报刊是国家精神，它可以推销到每一间茅屋，比物质的煤气还便宜。它无所不及，无所不在，无所不知。自由报刊是观念的世界，它不断从现实中涌出，又作为越来越丰富的精神唤起新的生机，流回到现实世界。"③

自由是报刊的本质，也是人的本质需求，但在资本主义制度的条件下，书报检查制度扼杀了人们的自由表达。资本家掌握着新闻咽喉，禁止各种

---

① 马克思恩格斯全集．第一卷．北京：人民出版社，1995：167.
② 同上，171页。
③ 同上，179页。

促进民众自由的言论,为维护他们的特权而践踏报刊对自由的伸张。报刊这种媒介手段在资本主义条件下成了制度的牺牲品。而自由的报刊所拥有的那种刚毅、理性和道德的本质,不仅仅体现了自由的内涵,更是由于其洞察一切而又成为人民生存的一面镜子,使它的人民性得到了高扬。同时,自由报刊与自由本质的吻合,是人民从物质斗争进入到精神斗争的通道,经由自由报刊,人民获得了自由的理念,同时也得到了文化上的升华。由此观之,自由报刊乃是真正实现人的自由的重要手段。资本主义对报刊自由的封禁,其实是对人民权利的紧缩。他们通过书报检查令“检查”的不是报刊本身,而是从资本主义既得利益集团中流溢出来的人民权利。可见,马克思追求的报刊自由,只是对人的自由的一种表达。媒介与人的自由之间的内在关联性在马克思主义的奠基人那里就得到了重视。

(二)媒介发展与自由拓域

在马克思写于1842年12月的《摩泽尔记者辩护》一文中,他看到了决定社会舆论走向的种种关系中,经济关系和经济力量是起基础性作用的。马克思由纯粹的政治观点的评论转向了政治与经济相结合的评论话语。媒介的发展是否能够促进人的生存权利的扩大,这不仅仅是一个单纯的政治问题,更是一个经济问题。这个经济现实至少在如下几个方面影响着人的生存问题,而这与媒介之间又有着十分紧密的联系。

首先,就媒介机构的掌控权而言,报刊等媒介成为资本主义的喉舌。很明显,报刊等媒介机构代表谁的利益,为谁说话,这是媒介是否是自由媒介或资本主义(专制)媒介的区分。但是,自由媒介往往是不自由的。因为事实上,任何媒介机构都是一定的社会组织或者个人利用资本创办的,并为了一定的社会集团服务。媒介机构的掌控权是媒介能否发挥其人民性的重要根源,寄希望于资本家为无产阶级创办一种颠覆其自身统治地位的报刊,是十分荒谬的。在资本家掌握的媒介中禁止各种不利于资本主义制度的言论是很自然的事情,正如任何强盗都不会允许一个失窃的农户在他(强盗的)的院子里叫骂是一样的。

其次,作为传播媒介的受众,私有财产制度导致工人的异化,即他的生活和能力的片面化(或单向度)。自由报刊等先进媒体能够实时传播新的革命理念,为人类的解放事业摇旗呐喊,而且,作为无产阶级的精神阵地,它能够起到团结和鼓舞士气的重要作用,使阶级斗争变得更加富有组织性和计划性。人民从盲目的暴动中惊醒,变成了睿智的颠覆者。然而,由于作为受众的民众在文化层次上的悬殊,使得媒介传播的效力受到了极大的阻碍。在马克思所生存的资本主义时代,人民的精神文化水平是极端低下的,并非任何一个工人都能自由地汲取报刊等媒介传播的思想,也完全没有这样的阅读时间和精神需求,因为人本身已经被异化。在异化劳动中,人们已经失去了生活本身的丰富性。

马克思在《1844 年经济学哲学手稿》中谈到了人的异化问题。在资本主义社会中,"工人降低为商品,而且是最贱的商品;工人的贫困和他的产品的力量和数量成反比。""物的世界的增值同人的世界的贬值成正比。劳动生产的不仅是商品,它生产作为商品的劳动自身和工人,而且是按照它一般生产商品的比例生产的。这一事实无非表明:劳动所生产的对象,即劳动的产品,作为一种异己的存在物,作为不依赖于生产者的力量,同劳动相对立"。"对对象的占有竟如此表现为异化,以致工人生产的对象越多,他能够占有的对象就越少,而且越受到自己的产品即资本的统治。"[①]马克思接着说:"工人越是通过自己的劳动占有外部世界、感性自然界,它就越是在两个方面失去生活资料:第一,感性的外部世界越来越不成为属于他的劳动的对象,不成为他的劳动的生活资料;第二,感性的外部世界越来越不给他提供直接意义的生活资料,即维持工人的肉体生存的手段(数字序号为本书作者所加)。"[②]第一个"生活资料"中的"生活"是具有人的丰富性本质的生活。马克思说,在其现实性上,人是一切社会关系的总和。生活的本质在于其社会关系的丰富性,马克思在这里所讲的生活乃是具有广泛社会联系和关系,人的精神、生理、政治、文化等各方面都得到关切的生活。这是人的本真生活。而第二个"生活资料"的前缀乃是"直接意义的"——它表明的乃是马克思接下来的注释——"维持工人肉体生存的手段"。就此而言,在这个语境中,"生存"就等同于人的肉体生命的延续,而且是在资本主义异化劳动下,人被剥夺了其生活的丰富性之后,人的存在状态。"劳动"本来是人之为人的东

① 马克思.1844 年经济学哲学手稿.北京:人民出版社,2000:50－51.

② 同上,53 页。

西,因而失去了“感性的外部世界”这个劳动对象,人们便无法延续他的全面社会关系的生活。而在资本主义制度下失去这个劳动的对象,那就连作为动物式的生存也难以为继,这就是马克思上文的意思。

在上述异化状态下,马克思认为,工人的活动不再是自己的活动,“他的活动属于别人,这种活动是他自身的丧失”。[①] 工人已经丧失了全部的自由,他在出卖劳动的同时出卖的是整个劳动力,是他的全部的时间——他的生存也就变成了为了维持资本主义再生产所必须具备的肉身和智力的延续性支撑。在这样的状况下,无产阶级既丧失了对精神养料的需要,同时也被剥夺了获得和激发这种需求的必要时间。因而,作为受众,工人阶级天然地与大众传媒保持着一道人工的屏障,不消灭资产阶级的统治,就难以彻底拆除这道屏障。

再次,作为传播媒介的受众,无产阶级在经济上的无权导致在精神上的失语。在《1844年经济学哲学手稿》中,马克思说:“通过异化劳动,人不仅生产出他对作为异己的、敌对的力量的生产对象和生产关系,而且还生产出他人对他的生产和他的产品之间的关系,以及他对这些他人的关系。”而私有财产是工人的异化劳动即对自然界和对自身的外在关系的产物、结果和必然结果。非但如此,它还是异化劳动的经济根源,“一方面是外化的产物,另一方面又是劳动借以外化的手段,这是一种外化的实现”。[②] 工人阶级正是因为在财产的占有关系上是居于被统治、被剥削的地位,从而也就成为异化劳动的承担者,成为被异化的现实主体。这一点,列宁在对阶级下定义的时候说得非常清楚:“所谓阶级,就是这样一些大的集团,这些集团在历史上一定的社会生产体系中所处的地位不同,同生产资料的关系(这种关系大部分是在法律上明文规定了的)不同,在社会劳动组织中所起的作用不同,因而取得归自己支配的那份社会财富的方式和多寡也不同。所谓阶级,就是这样一些集团,由于它们在一定社会经济结构中所处的地位不同,其中一个集团能够占有另一个集团的劳动。”[③]无产阶级就是在经济上不占统治地位、不占有生产资料,从而也不能获得充分的社会财富、不能支配自己和他人的

---

① 马克思.1844年经济学哲学手稿.北京:人民出版社,2000:55.

② 同上,60页。

③ 列宁全集.第三十七卷.北京:人民出版社,1986:13.

劳动的社会集团。因此之故,他们也就在被支配中丧失了自我选择的能力,而且随着异化劳动的持续施加,工人阶级变成了资本主义及机器系统中的一个"部件"。在经济上的失权直接导致无产阶级在媒介传播上的失语,他们作为一个阶级的力量很难自觉团结起来(因此,在无产阶级的解放事业中,总是需要在强调人民群众的革命力量的同时,重视历史人物和革命领袖的重要作用)。

在马克思所生活的资本主义年代,工人阶级由于经济地位的丧失而导致话语权的丧失。这是人的本质生活的丰富性的丧失。在异化劳动条件下,工人普遍像机器一样运转,成为资本增殖的一个活的"物件"。所以,彼时马克思将"生存"概念界定为一种失去了人的丰富性社会关系的生活,它是人的本真生活的缺场。这种缺场既加剧了媒介对人的生存的影响力的式微,也使得工人错失了获得精神升华和文明进步的媒介援助(手段)的机会。人变成了单向度的人。马克思在他的整个有生之涯都在探讨扬弃异化、推翻私有制度,建立社会财产公有的未来社会图景。但说到底,马克思对资本主义社会的批判、对科学社会主义的构建,都是建立在他对人的生存所寄予的深情之中的。《共产党宣言》中说:"代替那存在着阶级和阶级对立的资产阶级旧社会的,将是这样一个联合体,在那里,每个人的自由发展是一切人的自由发展的条件。"①在这里,既扬弃了物的异化,也扬弃了人的社会关系的异化,从而为人的全面发展创造了条件。

二、人的解放与发展:马克思未曾遇到的问题

新媒体时代,人的生存问题遇到了许多马克思和恩格斯那个时代所未曾有过的问题。马克思主义坚信共产主义社会一定会到来,从而扬弃私有制度所造成的一切制度恶果。当然,马克思主义并不是一般地幻想未来的美好社会,而是在揭示人类社会发展规律的基础上指明了社会发展的方向。马克思、恩格斯站在无产阶级的立场上,运用科学的方法,致力于研究人类社会(尤其是资本主义社会),科学揭示了社会发展的一般规律,即:生产力决定生产关系,生产关系反作用于生产力;经济基础决定上层建筑,上层建

① 马克思恩格斯选集．第一卷．北京:人民出版社,1995:294.

筑对经济基础具有反作用。这个一般规律的深邃内涵至今仍然显示了其伟大的历史洞见。同时,马克思主义只是揭示未来社会的一般特征,而对未来社会的细节并不作妄心的描述,把具体的情形留给未来的实践去解答。那么,未来共产主义社会的基本特征是什么呢?简言之就是物质产品极大丰富、精神境界极大提高,每个人自由而全面发展、人类从必然王国向自由王国飞跃。新媒体时代很明显是马克思和恩格斯所指向的那个理想社会实现之前的一个重要阶段,这个阶段的历时性将会使它长久地以传播媒介的变革方式影响着人的生存进化的过程。然而,在现在这样一个阶段,社会现实发生了深刻的变化,马克思主义的奠基人未能预计到的一些社会问题不断涌现。

(一)媒介的社会影响前所未有地扩大

托夫勒在《力量转移》一书中就曾对新的时代有过未来学家独有的预言。操纵信息成为像马克思、恩格斯所处的那个年代操纵物质生产资料一样,资本家和政客乐此不疲。他说:“凡是创造财富的新体系扎下根来的地方,政府都像企业一样离不开计算机。……人所做的几乎每一个决定都是依靠在某一点上被使用计算机的专家们操纵过的‘事实’。”[①]信息传播对政治和经济的影响在历史上再也没有比现今更甚的了。“互联网时代,个人计算机与互联网相连,他们的生活因此发生了不可逆转的变化。”“乌托邦的观点主张,互联网的革新本质上解放了个体和群体,形成了一个平等主义的、多媒体化的信息社会。……根据反乌托邦的观点,互联网的影响是黯淡的,其前景也是灰暗的。”这种“反乌托邦”的观点认为互联网上流行着欺骗和色情,“孤独和忧郁的人们在互联网上虚度时光”。但是,谁也不能质疑这样的事实,“‘无形的鼠标轨迹’引领了全世界,在人们和他们的软件之间产生了电子和情感联系。结果错综复杂:个体重复在其他场合已经做过的事情(为了好的目的或者不好的目的),而且增加了新思想、新互动和新行为的可能”。[②] 本书的第三章和第四章对互联网(尤其是新的移动互联网)的社会影

① 阿尔文·托夫勒.刘炳章,卢佩文,等,译.力量转移——临近21世纪时的知识、财富和暴力.北京:新华出版社,1996:313

② 詹姆斯·E.凯茨,罗纳德·E.莱斯.郝芳,刘长江,译.互联网使用的社会影响.北京:商务印书馆,2007:1-3.

响有着全面而详细的论述(尤其论述了新媒体对个人生活的作用,以及媒介变革对人的经济、政治、文化生存环境的重要影响)。马克思尽管也曾发现报刊(以及它们的宣言)与人的生存有着极大的内在关联,但新媒体对人们的生产生活如此深入的卷入却是任何一个天才的思想家也始料不及的。如果在马克思那个年代,人的肢体当中,工人的四肢是最为忙碌的,那么,在新媒体时代,则几乎每一个真正融入这个社会的人最“忙碌”的是他的食指。人们用食指在屏幕上点击购物、在滑动视屏浏览新闻、在打开商业谈判的视窗、在刷微博、在玩游戏……总之,“食指”已经进化到了一个它永远无法设想的至高地位。人们通过食指而进入虚拟世界、并沉浸其中。把这样一个时代称为“新媒体时代”,从社会现实来看至少不是空穴来风。

(二)人民的自由时间前所未有地增多

时间是人的生命的自然尺度,也是人的发展的空间。马克思非常看重自由时间在人的生存中的重要作用。在资本主义时代,如果说劳动时间是维持工人肉体生存的时间,那么自由时间则是人发展自己的全面性,使人成为其自身的时间。人只有在自由时间中才能获得自我的丰富性和人性的完整。而在资本主义制度下,劳动具有外在的强制性,从而这种本来是属人的活动反而使人成了和畜力相同的地位。在闲暇时间,人们却能够获得人的多样的生活。马克思认为,在资本主义时代,只有资本家才占有自由时间,他说:“社会中占有自由时间(即不被生活资料的直接生产所占去的、可供支配的时间)的那部分人以工人的剩余劳动为生。”①自由时间乃是人发展自身的时间,人们在自由时间中摆脱了所有制关系的外在必然性限制,从而能够自由地发展自己的个性。自由时间“是真正的财富,这种时间不被直接生产劳动所吸收,而是用于娱乐和休息,从而为自由活动和发展开辟广阔天地。时间是发展才能等等的广阔天地”。而工人仅仅为资本家创造了自由时间,自身却身陷异化劳动中不能自拔。马克思认为,除非资本不再存在,“那么工人将只劳动6个小时,有闲者也必须劳动同样多的时间。这样,所有的人的物质财富都降到工人的水平。但是所有的人都将有可供自己发展的时

---

① 马克思恩格斯全集．第三十二卷．北京:人民出版社,1998:216.

间”。① 而在资本主义社会，“不劳动的社会部分的自由时间是以剩余劳动或过度劳动为基础的”。② 即资本家所享有的自由时间是建立在工人的剩余劳动的基础之上的，它以必须通过强制劳动吸收工人的时间为基础。

马克思尽管认为可以自由支配的时间是人的重要的财富，但是这种财富在资本占统治地位的私有制社会是不可能为人民群众所占有的。凡勃伦也曾经说：“从希腊哲人的时代起直至今天，那些思想丰富的人一直认为要享受有价值的、优美的或者甚至可以过得去的人类生活，首先必须享有相当的余闲，避免跟那些为直接供应人类生活日常需要而进行的生产工作相接触。在一切有教养的人们看来，有闲生活，就其本身来说，就其所产生的后果来说，都是美妙的，高超的。”③随着社会生产力前所未有的提高，工人群众的社会必要劳动时间大大缩减，在承受一定的剩余劳动之外，工人劳动者仍然有一定的自由时间可供自己支配，这是现时代的重要特点。在新媒体时代，人们有较多的时间在媒介上活动。有机构对当今人们的上网时间做出过统计(2009 年)：中国 2.7(小时/人/天，下同)、印度 0.5、巴西 0.9、俄罗斯 1.7、美国 2.3、日本 2.9。④ 另据中国互联网络信息中心 2013 年 6 月发布的《2012 年中国农村互联网发展状况调查报告》公布，截至 2012 年 12 月底，中国农村网民的平均上网时长 17.4 小时/周，与 2011 年相比，平均每周上网时间增加 0.9 小时，城镇网民更是达到 21.7 小时/周。当今时代，人的发展所需要的自由时间并非为生活必要的劳动时间所挤占，而是自愿沉浸在某些无益于人的生存改善的活动中不能自拔。

(三)人的自主选择性前所未有地提高

法国思想家塞奇·莫斯科维奇在《群氓的时代》一书中说：“如果要问什么是近代社会最重要的产物，我敢说那就是个人。自从智人在地球上出现，直至文艺复兴时期，人类的视角总是‘我们’，也就是它们的群体或者家庭。人们总是受到来自群体或者家庭的重大责任义务的约束。但是，一旦重要

① 马克思恩格斯全集．第二十六卷第三册．北京：人民出版社，1974：281.

② 马克思恩格斯全集．第三十二卷．北京：人民出版社，1998：214.

③ 凡勃伦．蔡受百，译．有闲阶级论——关于制度的经济研究．北京：商务印书馆，1964：32.

④ 中国网民每天上网 10 亿小时人均上网时间超美国[EB/OL]. 网址：http://www.cnr.cn/allnews/201007/t20 100 704_5 06679 49 2.html.

的航行、贸易和科学分离了人类社会的单个原子——那些有思想、有感情的单个生物——以后，人们活动的视角就变成了'我'。"[①]在莫斯科维奇看来，新航路的开辟、近代科学的兴起以及全球贸易的盛行这些近代社会的产物导致了个人的地位的凸显。然而，在资本主义社会中，普通个人并没有获得主体性的张扬，受到这种收益的是掌握资本或占有大量生产生活资料的富庶阶层。事实上，在资本主义的很长一段时期里，"工人生产的财富越多，他就越变成廉价的商品"。[②] 但是工人为了维持生存，仍旧不得不靠出卖自己的劳动为生。工人的生活毫无选择性可言，对他们来说，最多就是选择受哪个资本家的剥削，而永远都不能选择不被剥削。对他们来说，这也意味着必须在外在压力下从事生产劳动，尽管在这种劳动中，工人"不是肯定自己，而是否定自己，不是感到幸福，而是感到不幸，不是自由地发挥自己的体力和智力，而是使自己的肉体受折磨、精神遭摧残"。[③] 个人在资本主义的制度铁笼中被窒息了，他因为在财产占有关系上的失利而无力挣脱这种制度的约束。因此，在马克思的时代，工人群众是没有什么选择性可言的。至于工人群众的文化生活，那就更是思想家们半夜里无聊的玄想。

在新媒体时代，人们的自主选择有了质的飞跃。这主要来自若干方面的原因。经济上人民已经掌握了较多的社会财富，物质资料的占有越来越多，整个社会进入丰盛社会。政治上的文明进步也是历史发展中不可忽视的重要变化，专制社会在现代世界广受诟病，民主化进程不断加快。文化上的丰盛随着全球化浪潮而使各种思想文化相互交融激荡、五彩纷呈。在物质财富相对丰裕的情况下，人们对精神生活的要求越来越高，而互联网的开放性，以及它在传播方式上的发散性，使得网民能够在新媒体使用的过程中拥有更多的选择。人们正越来越在生活中表现出对他自身生存发展的主动构建。不但选择的物质基础得到了一定的保障，选择的政治权利得到了一定的开放，选择的内容也极大的丰富。从这个意义上看，新媒体时代人的生存问题都是"自找的"。果真如此吗？至少表面上看确实如此。

---

① 塞奇·莫斯科维奇．许列民，等，译．群氓的时代．南京：江苏人民出版社，2003：16．

② 马克思．1844年经济学哲学手稿．北京：人民出版社，2000：51．

③ 同上，54页。

(四)社会阶层结构发生了重大的变化

在马克思的时代,社会阶层结构显得相对简单,以至于马克思甚至可以忽略其他的要素而这样说:“我们的时代,资产阶级时代,却有一个特点:它使阶级对立简单化了。整个社会日益分裂为两大敌对的阵营,分裂为两大相互对立的阶级:资产阶级和无产阶级。”①根据列宁对阶级的定义,各阶级之间的差别主要是由对生产资料的占有不同所造成的。而吉登斯在《全球时代的民族国家》中认为,通信技术的变革才是社会阶层变化的重要原因,并且在他说这一点的时候,直接把矛头指向马克思。他说:“全球时代的第一个主要特征是通信对于大型机构和私人生活的影响。通过追溯久远的历史,你会发现,通信的发展和变化是催生重大发现和社会变迁的主要杠杆。马克思把社会变迁归结为经济上的变化,但在我看来,无论是在遥远的历史还是今天,通信变革一直是某些重大社会变迁的潜在动力。”②毋庸置疑,媒介革命确实对社会阶层的变化产生了重要的影响,这种影响正如本书在第三章中所讲的那样,是深刻和广泛的。但是,由此而反对马克思对经济变迁在社会阶层结构变化中的主导地位的论断,显然是未经深思熟虑的浅薄之见。通信技术的确在改变着社会的阶层结构,但是这种作用只有通过经济现实的改变才能实现。在新媒体时代,社会阶层扁平化的趋势进一步明显,草根阶层获得了更多的权利。当然,这种权利与他们在经济上的权利并不完全相符,但是,群众对媒介的权力如果不借助经济地位的改变是不可能实现的。因为媒介的机构、媒介检查监督机关,乃至整个社会系统的运行依然建立在庞大的经济基础之上,这是一方面。另一方面,通信技术(或者新媒介)的变革,乃是社会经济发展的产物,没有经济的发展,就不可能支撑起媒介变革所需要的巨额研发经费,在人们的基本生活资料不能得到满足的情况下,也绝不可能花费重大的社会资源去开发传播媒介。吉登斯认为,“电子通信时代也同时是大规模战争的时代”。③ 这种说法完全暴露了他的理论的缺陷,即他把事件(大规模战争)赖以生成的手段(电子通信)当作事件的

---

① 马克思恩格斯选集. 第一卷. 北京:人民出版社,1995:273.

② 安东尼·吉登斯. 全球时代的民族国家:吉登斯讲演录. 南京:江苏人民出版社,2012:264.

③ 同上,265页。

动机和原因。

尽管马克思的经济基础对上层建筑的决定作用的理论依然具有完全的历史明证性,但是不能否定新媒体技术的发展确实为新的社会阶层结构的生成提供了新的条件。这种条件主要是新媒体网络本身在进入门槛上的宽松(这一点尼葛洛庞蒂已经论述,前文也有引证)、新媒体技术的赋权(尼葛洛庞蒂)与赋能(麦克卢汉)的重要特征。新媒体技术使群众在技术上已经没有进入新的社会阶层的壁垒,这当然是上述若干条件的综合所形成的结果。同时,新媒体引向一种民主化的经济和政治生活,草根文化和精英文化并存于网络世界,在社会事件的舆论引向中,民众的话语权得到了一定的扩大。信息资源作为新的权力(信息权力)产生的重要依持,因为新媒体的开放性和共享性而驱逐和弱化了强权的垄断诉求。社会文明进步的呼声在新媒体时代民众话语权得到扩容的同时也强化了人民实施权力的手段,新媒体赋予人们以新的能力,它延伸了人的体力和脑力,并在一定程度上突破了时间和空间的限制。由此而使广大人民在民主政治、经济生活和文化利益方面可以重新获得自己的归属感。这样,新的社会阶层结构就在新媒体时代迅速形成并不断变化。这就很难使人们在变革生存环境中找到自己的"敌对阶级",社会阶层的复杂化和流动性甚至使人的身份认同变得模糊不清。这一切都是马克思当时所未曾预料到的。

(五)虚拟世界是人的现实的生存环境

列宁在《唯物主义与经验批判主义》中说,用想象的世界代替现实的世界,这是唯我论一贯的做法。① 新媒体时代的虚拟世界不是想象的世界,却是想象世界的表象,因为这种区别于物理时空世界的东西确实存在于我们的周围,并对人们的生存产生重要的影响,从而被人称之为虚拟实在。"虚拟"并不意味着"虚无",它是对现实世界的拟像。事实上这("虚拟实在"这个概念)依然是难以概括新媒体时代的虚拟本质的,因为虚拟实在或者虚拟实存的世界给人以"真实"的感觉,是人的具有"亲在感"的体验世界。一般认为,目前在互联网上所表现出的"虚拟世界"是以计算机模拟环境为基础,以虚拟的人物化身为载体,用户在其中生活、交流的网络世界。虚拟世界与

① 列宁全集．第十八卷．北京:人民出版社,1988:78.

现实世界的无缝对接使个人的生存陷入一种迷幻般的感觉,竟不知今夕何夕、似真似幻。马克思所处的年代尚未存在虚拟世界这种东西。旧媒体时代人的异己的力量是现实的,而新媒体时代的异己力量不但有现实世界的成分,也有虚拟世界的成分。可见,人类面临的生存问题更为复杂。虚拟世界是现实世界的反映,或直接映现,或颠倒,或歪曲,或重建。在虚拟世界中人们也会遇到经济问题、政治问题、文化问题,这些具体内容,前文已经有了详细的论述,此处不再赘述。

总之,人把自己生存的世界一分为二,并在现实世界和虚拟世界中穿梭、栖居。在虚拟世界的深度沉浸,使一部分人逐渐放弃了现实世界的生活追求,从而对这种虚拟体验的过分索求也就成为人的单向度发展的一个重要根源。加上虚拟世界本身的等级性、歧视、对信息资源掌握的多寡优劣差异、文化冲突,等等,就构成了庞杂的虚拟世界的问题域。虚拟世界对人的生存的自我确定性的认定增加了不少的障碍,用信息来确认信息,这种无限扩容的信息寻根,造成了身份认同的迷糊。而新媒体信息的瞬息万变,对人类的永恒价值和真理的追求也形成了苍白的底板,再也无法描绘令人信服的蓝图。虚拟世界来源于现实世界,而又可能高于或超离于现实世界。真实的世界变成了幻影,而虚拟的世界变成了真实。所以新的问题在于人们解决自身的生存问题时,既要解决现实的生产生活问题,又要解决虚拟世界中人类的生存状况和生存理念问题,还要解决虚拟与现实之间沟通的关系问题。只有这三个问题系统性地得到解决,人的更好生存和全面发展才是可能的。在旧媒体时代,信息的数量或许可以预示着某种进步,而在新媒体时代,由于虚拟化的全面侵袭,“信息并不能宣告民主的到来”,①信息也不能宣告经济正义和文化自由。

三、新媒体时代成为迈向人的全面发展阶段的条件

一方面,马克思总是能够在否定的东西中抓住肯定的东西。他在对资本主义的否定性批判的同时发现了无产阶级革命的肯定性因素,无产阶级

① 弗兰西斯·巴尔,杰拉尔·埃梅里.张学信,译.新媒体.北京:商务印书馆,2005:122.

正是在破坏现存的资本主义制度的过程中,积极为建立一种新的社会秩序而努力。从马克思时代人的异化,到物质相对丰裕时代人们对物的景观的迷恋,到新媒体时代人们在符号幻象中的沉沦——远不止这些,在新媒体时代还有前文所提及的媒介的种种诱惑、人们在虚拟世界中的沉迷不悟、网络语言暴力、新媒体虚拟空间中充斥的霸权主义、殖民主义,以及与上述观点恰好相反的民粹主义("多数"代表真理、"狂热"代表正义、"弱势"代表被欺压……这是新媒体时代的歪理邪说)。但是,这并非意味着新媒体就把人们引入绝境。新媒体尽管确实对人的生存问题带来了许多坏的影响,使人们在更为高级和便捷的通信技术中非但不能寻求人的确定性,反而增加了信息负担和个人对媒介的依赖。但是,新媒体也因其带有强烈偶然性、瞬时性和易变性的生存环境而给人们的阶层流动带来机遇,人生出彩的机会较少被部分人所垄断,对文化的宽容和对个性的理解使得人们的生活越来越丰富多彩。

另一方面,马克思也认为,"辩证法在对现存事物的肯定的理解中同时包含着对现存事物的否定的理解,即对现存事物必然灭亡的理解;辩证法对每一种既成的形式都是从不断的运动中,因而也就是它的暂时性方面去理解;辩证法不崇拜任何东西,按其本质来说,它是批判的和革命的"。[①] 新媒体尽管在强化人的生命力,延伸人的体力和智力,拓展人的生存空间,丰富人的日常生活,加强人际交流,促进经济发展、政治文明、文化繁荣等方面具有许多的优点,并且事实上已经成为人们生活的有机组成部分。但是,这一切并非使新媒体成为完美无缺的东西的全部理由。新媒体这种传播媒介在它的时代所能发挥的作用终究是有限的,像吉登斯那样认为新媒体通信技术是社会变革的根本原因的论调是一种技术决定论的荒诞说辞。人的发展问题是一个系统工程,寄希望于某些技术性的变革来完成这项历史的伟业,显然是荒诞不经的。邓小平说:"我们的人民生活水平和文化水平还不高,这也不能靠谈论人的价值和人道主义来解决,主要地只能靠积极建设物质文明和精神文明来解决。离开了这些具体情况和具体任务而谈人,这就不

① 马克思.资本论.第一卷.北京:人民出版社,2004:22.

是谈现实的人而是谈抽象的人。”[①]在具体问题之外抽象出一个概念或者一个理论体系，毕其功于一役地实现社会秩序的最优化（最优化本身是一个永远接近而无法彻底实现的“过程”），这是不现实的。

扬弃人的发展的片面性，在人的现实生存中防范单向度的生活与劳作，一要避免使人被异化为某种机器、物力或商品、畜力；二要避免使人在生存过程中过分倚赖于虚幻的心理体验来代替现实的生活，在幻象和虚拟中不能自拔；三要培养人的理性思维能力，用历史的和逻辑的思维方式来驾驭生活，通过正确的认知而达到实践上的自由；四是要在现代性的基础上合理催化人的欲望，掌控人的欲望，升级人的需要，使各种欲求不断得到升华，从物质贪欲、低级趣味中解放出来，提升人的更高的精神境界；五要对主体的自我价值进行不断确认，以避免受到媒介的操控，对工具的过分使用就会使人本身成为工具的工具。

（一）通过扬弃资本而扬弃异化

马克思在《1844 年经济学哲学手稿》中认为，共产主义是私有财产的扬弃，是“作为否定的否定的肯定，因此，它是人的解放和复原的一个现实的、对下一段历史发展来说是必然的环节。共产主义是最近将来的必然的形式和有效的原则。但是，共产主义并不是人的发展的目标，并不是人的社会形式。”[②]在这里，共产主义尚不是作为一种社会形态和未来社会的模型提出来的，而是作为一种建构新社会的“原则”，即对私有财产的扬弃，换言之，就是对资本的扬弃。因为在资本的全面在场性条件下，人的本质力量被异化了。“共产主义是私有财产即人的自我异化的积极的扬弃，因而是通过人并且为了人而对人的本质的真正占有；因此，它是人向自身、向社会的即合乎人的人性的复归。”[③]在新媒体时代，媒介已经成为一种资本手段，它在很大程度上听命于资本的安排，并为资本服务。在政治上有被资本奴役的“五毛党”在不断混淆视听，在经济上有为了某些利益集团鼓气和制造虚假舆论的“水军”在兴风作浪，在文化上有文化霸权主义利用资本的权力而征缴的那些俯首称臣的“大 V”、“意见领袖”跟风造势。新媒体社区失去了风向标的作用，

---

① 邓小平文选．第三卷．北京：人民出版社，1993：41.

② 马克思．1844 年经济学哲学手稿．北京：人民出版社，2000：93.

③ 同上，81 页。

失去了延展人的生存空间的意义,失去了强化人际交往的功能。相反,由资本驾驭的社会媒介变为了资本无限增殖欲望的走卒。马克思曾经指出,资本一来到世界,它的每个毛孔就充满了血和肮脏的东西。资本只要在放任自流的状态下任凭其本性的狂野发作,便会目无法纪、人性和尊严。新媒体这种便捷、快速、廉价、广泛的信息传播方式和平台,一旦完全受控于资本,它的野性就会完全弥盖它的所有理性。在这样的情况下,新型媒介成为犯罪的场所,成为人们肆意妄为的寄居地,成为藏污纳垢的地方。并且,人在这种环境下乃无法感知其生存条件的恶劣和生存境遇的糟糕,在沾沾自喜于新技术的便捷和虚拟社区的尽情发泄之余,便开始狗苟蝇营的生活,人被资本媒介异化为它的帮凶和走狗,并且在新媒体中丧失人的生活丰富性和人性的全面性,成为资本盈利的一个工具。因此,新媒体时代的种种优越性的实现,只有在扬弃资本的前提下才能实现。人的理性是否能够驾驭资本的野性,是新媒体时代成为迈向自由全面发展阶段的中间环节的关键。

(二)通过扬弃幻象而确证自我

景观帝国主义的真相必然是:呈现出来的东西都是好的,好的东西才呈现出来。景观以“无须应答”的方式确证着自身的存在价值。依靠表象的繁荣来凸显人的生存环境的美妙和生活方式的丰富,这是媒介景观的重要寓意。景观试图清除人类的真实生活痕迹,构造一种虚幻的,至少在数量上令人满意的丰盛感,从而在传统媒介时代,报刊和电视的数量就能堂而皇之地成为学者们阐明现代观点、论说时代民主文明的重要依据。新媒体时代则依靠常用网站和移动智能端的使用频率来鉴定一个人是否是时尚的、符合潮流的。如果一个人在这样一个人人都是麦克风的时代,居然没有自己的微博和粉丝,那将是一件十分令人诧异的事情。甚至对于普通的民众而言,学者的身价也依据微博粉丝的多寡进行了划分。电子记事本再也不是充当“记事”的角色,而是在宣传和策划着一种普遍的野心和欲望。物的景观已经被符号的景观所代替,至少在一定程度上符号的景观取得了相对的优势,这是新媒体时代的重要特征。而符号的景观更加迷信幻象,并沉浸在幻想中而不能自觉。那种对符号的传奇的社会意义寄予很高希望的人,完全没有通透鲍德里亚对符码的宣扬及其内在价值的认定。他说:“谁相信意义,谁就会因意义而死，或被埋没在表象的讽刺中。”①人只要还在符码之中寻求一种安慰，就会迷信新媒体对人的全面的重新“型塑”，无论个性、地位还是尊严。正如在新媒体游戏中不能自拔的人一样，在虚拟的角色中过足了瘾，然而醒来之后依然各就各位。马克思在《1844年经济学哲学手稿》中指出，无神论通过对神的否定而设定人的存在。“社会主义是不再以宗教的扬弃为中介的积极的自我意识。”②积极的自我意识就是要求人有确证自身存在的现实生活，而不应该沉湎于虚幻的想象。这种自我意识是人的对象化的生存意志，是人通过实践活动而获得人的完满人性的、人的复归的过程。新媒体通过立体图景而给人一种如临其境的“亲在”感，但“亲在感”不等于亲在，人的现实生活不会因为感觉的逼真而获得完善和进步。媒介手段的过度使用造成的迷信只能在媒介使用的现实过程中才能得到破除。景观和幻象能够“陈述”人的生存愿景，但这种愿景的现实性依然不能离开社会生活实践本身。受到景观和幻象统治的媒介受众就会失去生命的自治权、生活的自主权、生产的自决权、生存的自在权。人们在新媒体上耗费的时间，并不必然地等同于人们发展自由个性的时间。“个人怎样表现自己的生活，他自己就是怎样。”③“人们是自己的观念、思想等等的生产者，但这里所说的人们是现实的、从事活动的人们……意识在任何时候都只能是被意识到了的存在，而人们的存在就是他们的现实生活过程。”④从虚拟世界的囚禁中解脱出来，一要靠自我意识的觉醒，二要靠人的对象性活动的践行。只有在积极的自我意识指引下通过对象性活动而实现对人的本质的全面占有，人才能免于新媒体时代的单向度生存困境，免于被偶然性所俘虏。

（三）通过培育理性而提高认知

新媒体时代通过符号系统而构建了新的话语体系，精英话语权在某些程度上被草根话语权所瓜分，而各个独立的个体在新媒体社会生活中由于对信息的掌握有异，每个人依据自身的能力掌握了不同的信息资源，并对新

---

① 让·鲍德里亚．张新木，李万文，译．冷记忆1．南京：南京大学出版社，2009：13.

② 马克思．1844年经济学哲学手稿．北京：人民出版社，2000：92.

③ 马克思恩格斯选集．第一卷．北京：人民出版社，1995：67.

④ 同上，72页。

媒体社会所发生的事情有着个性化的理解,这种“偏见”使虚拟社区的真假良莠更加模糊不清。真理性认识的多元论者在网络社会更加猖獗,似乎唯有倡导一种多元化的真理观,才是网络民主的真谛。个体在新媒体工具的使用上充满自信,并且对自己的应用能力和由此获得的信息赋予过多的信任,这种情况下,对网络搜索就会出现过分的倚重,对新媒体上所发生的事件就容易跟风起哄。人们忽视了自身的视觉盲点和理解上的障碍,以为信息的充裕足以引导人们达到事实的真相。这是一方面。另一方面,有些人也在不断地怀疑真理性的认识何以可能,特别是新媒体时代人们认识工具的先进和便捷是前所未有的,轻而易举就能获得相关的知识信息。不过,趋向实证的信息需要更多的信息支撑它,以便在论据的充分保证下获得心理的安宁。然而,这是建立在归纳推理的基础上的经验主义的偏狭,一个信息的确认需要另一些信息来保证它的真伪,另一些信息需要更多的信息来完成同样的使命,这样就陷入了无限循环、无限扩大的信息怪圈,最终找不到可靠信息的终结点。就更不用说休谟早已探讨过的那种归纳问题了。由此一来,新媒体时代便产生了许多无解的问题,这些问题直接导致了新媒体世界重新返回到蒙昧的状态,人们甚至怀疑人自身到底有没有在新的媒介技术条件下获得更多的认识和改变世界的能力。再一方面,新媒体时代的生存环境常变常新。如果说,马克思和恩格斯在《共产党宣言》中关于现代性的易变性的描述是针对资本主义社会以来的整个现代社会的话,那么,它在新媒体时代人的生存环境的变化这一点上则表现得淋漓尽致。马克思和恩格斯说,“一切固定的僵化的关系以及与之相适应的素被尊崇的观念和见解都被消除了,一切新形成的关系等不到固定下来就陈旧了。一切等级的和固定的东西都烟消云散了,一切神圣的东西都被亵渎了”。在这样的历史背景下,“人们不得不用冷静的眼光来看他们的生活地位,他们的相互关系”。[①]马克思和恩格斯对现代性的易变性的这些描述,在新媒体时代对人的生存问题的理解中完全能够充分表达出它的意涵。

人的全面发展伴随着人的理性的进一步健全。理性这个自启蒙运动以来倍受青睐的人类智能体系,在新媒体时代显得尤为重要,对人们认清媒介

① 马克思恩格斯选集. 第一卷. 北京:人民出版社,1995:275.

的狡计,即媒介如何利用自身的传播逻辑和资本逻辑搅合在一起,成为欺骗和奴役人们的东西。马克思在《哲学的贫困》中曾经讲过:“一切存在物,一切生活在地上和水中的东西,只是由于某种运动才得以存在、生活。例如,历史的运动创造了社会关系,工业的运动给我们提供了工业产品,等等。”① 新媒体的共享性、信息的传播生成性(信息的增殖性)、信息传播的交互性、虚拟世界的隐匿性,等等,这一切新媒体传播运动藉以展开的东西,就应当成为理解和认识新媒体时代人的新的生存际遇的重要前提。甚至非理性的新媒体网络狂欢活动,也只能在理性中得到理解和确认。通过非理性来理解非理性,这本身是荒诞的:非理性拒斥“理解”,而并非拒斥“被理解”。理性只有在工具意义上的过度使用,才有了现代性研究的专家们所担忧的种种隐患,而学者们那种对于现代性(后果)的隐忧,本质上说也是理性发挥作用的结果。为理性行使自己的权威划定范围,这绝不是在问题域上的工作,理性的边界是人类认识活动和实践活动的现实性和可能性的范围。但是为理性划界在人的社会性生存中乃是必要的历史性策略,如果没有这一点,人类的永续发展就将陷入空想,理性的破坏性就毫无遮拦和限制。就是在这个意义上,人们一再强调,真善美应该坚持它们内在的统一性。科学理性的求真、价值理性的求善以及人类的审美需求,共同构成了理想社会的原型(在原则意义上指引着人们为之奋进)。新媒体时代成为人的全面发展时代的过渡的桥梁,就要使理性在真善美的进路上不至于偏执一端而狂妄自大。在新媒体传播媒介中生存的人们更应该清醒地认识到传播媒介在工具意义上(赋能)、价值意义上(赋权)、审美意义上(意境)的各种使命,并将它们糅合在一起。

(四)通过升级需要而驾驭欲望

在新媒体时代,出现了各种“控”:“手机控”、“微博控”、“QQ 控”、“网游控”……。“控”乃是“受控”,即受到手机、微博、QQ、网游等等的操控,沉迷于其中而不能自拔。这种固定化的生活,使新媒体这种人类实践的产物成为一种统治我们、不受我们控制、使我们的愿望不能实现(或者使我们丧失其他愿望)的物质力量,这就成为新媒体时代的主要弊病。鲍德里亚曾经

① 马克思恩格斯选集. 第一卷. 北京:人民出版社,1995:139.

说，“计算机病毒？绝对不是，信息本身就是一种病毒”。因为信息疯狂“流通”，为了某些增值利益的精心设计，信息既不承载真相，也不传播价值，而是肩负着增殖资本的义务，这样一来，它“就是一种人为犯罪的风景，它洗白了邪恶的基本现实”。[①] 德国心理学家斯普兰格尔说：“生活之流为我们带来了一个又一个价值关系。”[②]他认为，在两种价值之间进行比较是非常简单的心理行为。他在其文章中试图要找出是否存在着一种永恒不变、森严的等级来划分各种价值的客观标准。他把价值分为经济的、理论的、审美的、社会的、政治的及宗教的若干种类。尽管在特定的场合中，经济的价值是最为迫切需要的，它维系着人的基本生存需要，但实际上，“经济价值最低，宗教价值最高，因为经济价值是使用的价值，它们总是诉诸自己为之服务的另一种价值。它们本身的价值乃是它们为之服务的那种价值的反映。……一旦经济价值本身成为目的，生命的意义就沦为了单纯的享乐和安逸了。商品（包括技术）也就仅仅有益于从物质上维持肉体及身心的安逸了”。[③] 人为了实现自己的价值，就要正确认清自身的需要，在满足基本的物质需要，也就是实现斯普兰格尔所说的经济价值（或者功能价值）之外，要更多地追求其他的价值，尤其是对人格完善有益的精神价值。这样，人在精神需求上就会更加迫切。人通过这种对功能性价值追求的升级，转移到对人的整体价值的整合与升华上来，就不会为单一的价值而迷失自己的方向，在基础性的价值领域显得欲壑难填。马克思曾经说：“在共产主义社会里，任何人都没有特殊的活动范围，而是都可以在任何部门内发展，社会调节着整个生产，因而使我们随自己的兴趣今天干这事，明天干那事，上午打猎，下午捕鱼，傍晚从事畜牧，晚饭后从事批判，这样就不会使我老是一个猎人、渔夫、牧人或批判者。”这段话被一些人误读为马克思对共产主义的细节描述。其实不然，实质上这是一个原则性的隐喻，即人的需求的固定化和单一化是未来社会所不允许的，换言之，一旦人们还沾沾自喜于单一价值的实现，他就不可能

---

① 让·鲍德里亚．张新木，陈凌娟，译．冷记忆 4．南京：南京大学出版社，2009：31.

② 林方，主编．人的潜能和价值——人本主义心理学译文集．北京：华夏出版社，1987：19.

③ 同上，21 页。

成为新社会的叩门者。个人的单一价值的过分追求,使人成为欲望的奴隶;只有在社会系统中追求人的整体价值的全面实现,并从而实现人的全面发展,才是未来理想社会的应然之境。

(五)通过主体价值而摆脱操控

马克思说:“当现实的、肉体的、站在坚实的呈圆形的地球上呼出和吸入一切自然力量的人通过自己的外化把自己现实的、对象性的本质力量设定为异己的对象时,设定并不是主体;它是对象性的本质力量的主体性,因此这些本质力量的活动也必须是对象性的活动。”①人只有通过不断挖掘其主体力量,并且通过这种力量而实现自身,获得人格的健全、人性的完满、人生的丰富,才是对外在必然性的胜利。包利民和 M. 斯戴克豪斯在其著作中给现代性下定义时把现代性的基本特点概括为看似相反的两种倾向:“顺应自然与控制自然。所谓顺应自然指的是近代以来主体下调至感性、个体,从而下移至大众。……控制自然……是对自然的‘祛魅’,是‘主体性精神’:凡是自然的,就是有待改造的,只是质料、半成品。”②这里,无论是“顺应自然”还是“控制自然”都是讲人的“主体性价值”:前者是主体的消极价值,即人作为个体价值、感性价值应该在现代社会得到尊重,也就是通常所讲的现代个人概念的成熟;后者是主体的积极价值,是人成为人自身,通过人的本质力量的实现而获得外界对自身的效应价值。新媒体时代的人,在主体性价值的这两个方面,对前者的过分追求和对后者的缺席正好形成鲜明的对照。消极的主体性价值的追求使人们过分看重和信赖自己的个人感受,并且对“个人”产生迷信,这也是为什么新媒体时代的特征能够被部分地冠以“群氓的时代”这个称号的缘由。积极的主体性价值是理性的有原则高度的张扬。破除对新媒介的依赖,免于受到新媒体的操控,就必须进一步发展人的积极的主体性,而不是沉湎在感性纵欲中。

人的积极的主体性价值的追求,就是马克思所讲的人对自身本质力量的重新占有,就是人在自身的对象性活动中获得他的全面的人性,人的社会关系不再是简单的(甚至单一的雇佣劳动关系),而是在充分发展了的各种

---

① 马克思.1844 年经济学哲学手稿.北京:人民出版社,2000:105.

② 包利民,M. 斯戴克豪斯.现代性价值辨证论——规范伦理学的类型学及其资源.上海:学林出版社,2000:30.

社会关系中获得人性的完满。这样的人,离不开在一定的社会共同体中发挥他的作用。马克思说:“只有在共同体中,个人才能获得全面发展其才能的手段,也就是说,只有在共同体中才可能有个人自由。”[①]新媒体时代那些孤独的人群在喧嚣沸腾的网络盛景中猛然惊醒的时候,就会发现“生命的价值在于奉献”是一句多么朴素的话语,而人的积极的主体性正是要在社会性的实践活动中,发挥其价值。“凡是和生命的整体意义相辅相成、有确切联系的,都具有肯定意义上的宗教价值。”[②]心理学家斯普兰格尔认为,“我们把个人放在社会道德观念的背景中加以考察,这种道德观念是在历史的过程中发展形成的,一种有个人判断的‘应该’就出现在这一过程中。”[③]可见,免于遭受新媒体的技术(工具)操控,需要人们挖掘自身的主体性价值,而免于现代性之“主体性崇拜”的操控,则需要在主体性价值中划分消极主体性价值和积极主体性价值的界限,并在尊重合宜的消极主体性价值的同时,尤其要发挥人的积极主体性价值,并使追求这种价值的实践活动在有益于社会整体利益的原则高度上的展开。江泽民同志在任电子工业部部长的时候曾经说:“在我们国家,搞自动化,主要不是为了把人顶替下来,而是为了提高产品质量、生产效率和经济效益,用同样多的劳动消耗创造更多的物质财富,满足人民群众不断增长的物质文化需要。”[④]同样,新媒体技术的开发和应用,也只有在促进人的全面发展上有所作为,而不是在相反的方面起作用,才能成为推动历史进步的利器。

---

① 马克思恩格斯选集. 第一卷. 北京:人民出版社,1995:119.

② 林方,主编. 人的潜能和价值——人本主义心理学译文集. 北京:华夏出版社,1987:24.

③ 同上,30页。

④ 江泽民文选. 第一卷. 北京:人民出版社,2006:7.

结 语

将人的生存问题引入传媒发展的历史变迁之中进行考量,从历史性中把捉人在新媒体时代的生存境遇中必然遇到的机遇和挑战,是本书研究的出发点。本研究缘于作者对新媒体时代诸种社会现实的困惑,以及作者对在理论范围内解读时代现象的强烈愿望。“新媒体”已经成为人们生活的一部分,它内在性地“组织”和“构建”着人们的日常生活。如果说马克思主义将人类历史的发展描述为文明演进的历史是值得称道的,那么雷蒙德·威廉斯认为人类文化乃是对日常生活的构建的论断①也就具有了现实意义。而“文明”乃是区别于“野蛮”的令人恭敬的词语,“文化”也许并不那么令人必然地获得荣耀感,因为这个词的前缀是可以在两个不同的方向上添加的:“进步”或者“落后”、“优秀”或者“腐朽”等。但是,无论在哪个向度上,“文化”都是通过“化人”而实现自己目的的。把“信息文化”与“信息文明”不加区分地使用,是积习已久的问题。只要是在“统而言之”的意义上作判断,人们就会不假思索地认为“信息文明”乃是农业文明和工业文明之后的一种更为生态、更为和谐、更加可持续的文明形态,只有当人们思索具体事件的困难与忧患时才会对新的文化形态表示深恶痛绝。本书试图在理性范围对新媒体时代人的生存现状作一些白描性的说明,并且在这种“说明”中发现新媒体对人的全面而深刻的影响并非来自某种单一的人工力量。新媒体的发展与广泛运用是技术上的伟大进步,但在社会效应上它并不能必然导致对“进步”的推动作用。而这些困扰只有在日常生活的解读中才能找出其内在的逻辑线索。

---

① 克里斯·巴克.张敏,译.文化研究:理论与实践.北京:北京大学出版社,2013:41.

对新型媒介革命有可能导致的种种意想不到的结果作一些假想,并在这种假想中寻求“技术决定论”的安慰,其实质就是把工具(或者手段)当作目的来使用。未来学家和一些略微带有浪漫主义气质的思想家都对信息社会的前景给予了美好的想象,这些天才的设想在很多方面得到了部分验证。但抽象而简单的臆想性“总括”终究不能达到现实的丰富性和具体化。当然,这在任何一种采取严肃科学的立场来进行预测的学科看来都是不言而喻的:人们不可能通过现有条件而达到对未来的精准计算和构思。就是马克思这样伟大的思想家,也只能在原则的高度对共产主义理想进行方向性的指引。本书的研究意义就在于:在一个前人不可能彻底完成的社会批判中继续一种带有强烈社会责任感的实践批判和理论谋划。因此之故,本书在内容上,将传播媒介的变革与人的生存问题联系起来进行研究,并找出其中的内在关联,从而区别于新闻传播学以及其他学科对相关研究。既然事实上新媒体已经引起了社会生活的巨大变化,那么,在这一领域进行专门研究(尤其是从马克思主义的视角)就具有重要的现实意义。更何况,至少在本书作者所掌握的现有文献看来,在马克思主义哲学视域研究新媒体时代人的生存问题,并主要在现代性语境中进行论述,并不是重蹈前人的旧辙。在方法上,本书打破了传统研究的单一范式。其一,本书既有哲学、社会学的研究方法,也有对新闻学、传播学,甚或当代科学技术发展现状的研究。其二,本书并不耽于理论的自我澄明,而是在现实生活的重大实践中,在实然和应然之间探讨新媒体时代人如何能够更好地生存。其三,本书希望能够达到这样的理论境界,并为之努力,那就是在现实生活的重大变革中印证马克思主义理论的科学性、发展它的时代性、拓展它的包容性。

传统信息理论认为,信息的实质在于对确定性的维护。或者说,信息的效应价值在于减少不确定性。更多的信息把人们引向更确定的生活世界。[①]新媒体时代似乎和这个经典的判断唱着反调,更多的信息导致了更多的不确定性,而不是相反,也就是某些学者提出的所谓“过度信息”问题。新媒体时代的重大变迁在于确定性的东西不断减少,而人的生存所面临的非确定的东西越来越多。这场“变迁”来自新媒体时代的信息传播和生产方面的

① 鲁品越.深层生成论:自然科学的新哲学境界.北京:人民出版社,2011:386.

“信源革命”。人人都参与信息的生产与再生产，信息的总量就膨胀为一个不可思议的汪洋。人们摄取信息的感觉器官的发育在一定程度上的稳定性，使得信息的爆炸性增长立刻就导致了一种“消化不良”的恶果。新媒体时代的社会疾病大多是这种“消化性”的疾病。由于海量信息的灌注式供给，导致人们在过度信息中对信息本身的敏感性降低：信息选择和甄别的能力下降而不是提升了。由于信息已经不再主要来自某些“官方”和“权威”的单向发布，而是交互式的创造——人人都能参与的信息制造活动，“信息”本身的质量得不到任何保障——垃圾信息驱逐着有益的信息。人们因为被新媒体这种具有主动呈现功能的媒介所绑架，垃圾信息的摄入导致了人的社会肌体隐疾的增加。另外，由于移动智能终端设备的廉价和人们普遍提高的应用能力，“屏幕”已经组织了新的社会关系，通过新媒体而连接生成许多新的社会组织和群体。“个人抬头”——这是尼葛洛庞蒂所预想的。

然而，尽管信源革命确实非同寻常，但是，在人的注意力总是处在稀缺的情形下（换句话说，人们的信息“消化能力”总是有限的），具有自我呈现活力的新型媒介在资本的引诱和煽动下变得非常活跃。新媒体时代的那些非常具有煽动力的偶然性事件总是令人鼓舞的，似乎一切皆有可能，任何意外的成功与不幸都变得不再意外了。在看似由偶然性堆砌的新媒体时空中，找出其难以规避的必然性准则，这是本书的重要视点。如果直接作一个武断的结论，那是再简单不过了：资本是较之媒介更为根本的手段。尽管如上所述，信源革命能够内生性地发展人的生存的多种可能性，然而现实性却要求它服从资本的命令。不过，把资本当作目的或最后（甚至最高）原因来解读社会体系的建构，却也成为当前研究社会现实问题的重大偏颇。似乎资本逻辑是社会发展逻辑的全部动力因、形式因和目的因。事实上，“资本的史前史”已经说明这一论断也是一种历史近视症。更何况，资本不是物，而是一种社会关系（既是某种社会关系的建构形式、又是某种关系的建构力量），它的历时性并不足以证明它的“万寿无疆”。本书在现代性的视域对新媒体时代人的生存问题进行解读，就是要阐明现代性的流动性，以及在瞬间性、短暂性、偶然性中寄寓的社会历史规律，人性的不断自我调适和修复，历史唯物主义原则上的、人类进步趋势的内在根据，那就是生产力和生产关系之辩证关系的复杂性和发展方向（在宏观上）的不可逆性。

尽管如此,离开对现代资本的批判而在抽象人性的范围之内寻找新媒体时代人们更好生存的密钥也是不可能实现的。资本的产生、发展和灭亡是一个历史的运动过程,从而在现阶段否定其具有比媒介手段更为“深层次”的社会历史地位也是有悖历史现状的。本书亦认为作为历史性产物的资本是媒介幻象产生的重要根源,在新媒体时代人的“异化－幻化”中充当着“引诱”人们走向自身本质力量之反面的“勾引者”角色。信源革命导致的多重可能性与资本逻辑的复杂纠缠,构成了人的生存现实(和发展方向)的内在根源。而对它(新媒体异化)的超越,并将其引到朝着促进人类自由全面发展方向的轨道上来,则需要在人性的“获得性”建设中付出艰巨的努力,这正是马克思主义关于历史发展的必然性和偶然性辩证关系原理(内在地包含了历史决定论和人的主观能动性的统一,而后者正是人之为人的重要依据)的实践要求。

熊彼特将资本主义生产喻为一种“创造性破坏”,①新媒体对人类生存的全部“进攻性”影响正好能够为这种论调提供佐证。② 新媒体通过对单向度的信息传播方式的颠覆而为人们更好地生存提供了可能,它的“创造性”正潜藏在这种不确定的历史发展趋势之中(偶然性为社会阶层结构重构提供的机遇)。然而它“破坏”了单一和专制:无论是景观的专制还是信息霸权的持有。就此而言,新媒体的发展乃是一种“破坏性”——它相对于既得利益的捍卫者而言——的创造。新媒体对经济、政治、文化等生存环境有着重大的影响,对个人生活的方方面面也产生了不可忽视的作用。而全部“影响”的意义在于对日常生活本身的构建,也许对这种“构建”的内在机制的研究始终都会让人感到困惑不解,因为人们对理论解答的渴求似乎在两个相悖的方向同时存在:一方面是对新媒体时代人们生存所遇到的细枝末叶刨根

① 泰勒·考恩. 王志毅,译. 创造性破坏:全球化与文化多样性. 北京:上海人民出版社,2007:21.

② 这里说明三点:其一,“进攻性”的影响源于新型媒介的“自我呈现活力”(这在本书第五章有专门的论述);其二,“自我呈现活力”在技术上源于“信源革命”(这在第一章和第三章有零散的论述);其三,因为“信源革命”导致的一系列革命性变革,如人们生存境遇的交互性、碎片化、草根化、虚拟化等,从波德莱尔关于现代性之偶然性、短暂性、瞬间性等特征看来,其“耦合”并非来自人为的比附(这在本书的第一章、第三章和第四章均有论述)。如此,新媒体对现代生活的塑造完全是内生性的。

究底地追问,从而本书的研究无论怎样“厚实”、详细,亦阻挡不了那些追求细节解读的人们的敏锐审问;另一方面是老到的专业理论家对抽象思维的热切关怀,似乎要在一个理论原点上寻求一种解读新媒体时代一切现象的万能钥匙(才足以“解渴”),并且此解读的理论基点必须是简洁明了的。而对于初次选择如此宏大的理论选题的本书作者来说,无疑在以上两个方面都不可避免地要受到挑战。

本书也许存在一个让人狐疑的、醒目的字眼——那就是“现代性”。因为就习惯的看法来说,似乎“后现代性”更加令人振奋,尤其是“后”字所体现的那种对现代精神的反叛,令许多人出乎意外地兴奋。在本书写作的某些环节,作者收到过建议删除“现代性解读”的善意的提醒,但作者仍然坚持保留这个关键的、令人感到不够痛快的词语。如果能够耐下性子完整地读完本书的相关论述的话,个中的原因是非常明显的。这里再做些简单的(也许并不多余的)说明:其一,“关于后现代性是否是现代性棋盘上的最新一步,或者它是否是一种宏大的新范式,存在着大量的互相冲突的意见”。[①] 本书认为,如果说当代社会现实已经完全脱离了“现代性”的遭遇,那就是把现代性架空在一个历史的过去式中,从而为了理论的新颖而违背现代性的当代意旨。其实,“新媒体时代”对“现代性”语境的适应性是不言而喻的。其二,“社会主义是一个允许人得以通过克服自己的异化而实现自己的本质的社会。社会主义无非就是为真正自由的、理性的、积极向上的和独立的人创造条件,社会主义就是实现(马克思)这位预言家的目标:摧毁偶像”。[②] 现代性是自启蒙运动以来的意蕴广泛的范畴,新媒体时代人的生存的主要问题依然是现代性问题。因为从历史的发展演变来看,现代性并非一种固定不变的成见,而是一些发展着的理念。在马克思主义视域进行相关研究,着重于一种“当代性”(当代社会实践)的历史解读想必是能够被允许的。其三,现代性是一系列悖论的相互作用。正如文中多处指出的那样:从理性的祛魅到理性的局限性(世界的返魅),到当代理性的再祛魅;从个体概念的逐渐生

① 约瑟夫·纳托利. 潘非,耿红,聂昌宁,译. 后现代性导论. 南京:江苏人民出版社,2004:16.

② 弗洛姆. 马克思关于人的概念. 复旦大学哲学系现代西方哲学研究室,编译. 西方学者论《一八四四年经济学哲学手稿》. 上海:复旦大学出版社,1983:71-72.

成（工业体系中的“个体”），到个体概念的再塑（新型媒介体系中的“个体”）；有组织性的大众文化到相对无序的草根文化，等等。这些应该在“后”现代的意味上进行强调，还是在“现代性”的延续中进行阐发？在本书看来，“颠覆性”尚没有“延宕性”更能准确地描绘出社会现实。其四，本书关于现代性的主要悖论正是“绪论”已经阐述了的内容，如果在必然性和偶然性、瞬间性和永恒性、理性和非理性、确定性和非确定性等视角来观审“现代性”的基本内涵，则在波德莱尔的《现代生活的画家》中已有经典阐述，此处不作赘述。[①] 当然，“资本”、“理性”、“主体性”等，都是现代性研究的一些重要范畴，但它们对“现代性”生成的影响亦具有内在的辩证性。由此而来，相信读者就不至于对本书是否大量采用“后现代性”的话语体系而耿耿于怀了。

本书既有对感性现象的真切把捉，也有对理论理性的深入思考。不过，概念的内在逻辑性和新媒体时代的现实复杂性注定了本书在哲学思辨的深度方面总归是有限的。相对宏大的叙事结构又迫使本书不得不作较长篇幅的阐述，而这一行为本身违背了新媒体时代人们快速获得信息的需要。在理论的自洽和实践的丰富性和鲜活性的平衡中，本课题研究无论在理论的深度和关涉的广度上都有较大的延伸空间。更何况本书涉及哲学、马克思主义理论、传播学、政治学、文化学等多个学科的内容，更为深入的研究正是作者的后续研究任务。

① 见波德莱尔《我心赤裸——波德莱尔散文随笔集》，肖聿 译，中国广播电视出版社，2000 版，第 15－16 页，或者本书第 127、158、187、241、293 页。

参考文献

马克思主义理论经典著作

[1] 马克思恩格斯选集[M].第一卷．北京:人民出版社,1995.
[2] 马克思恩格斯选集[M].第二卷．北京:人民出版社,1995.
[3] 马克思恩格斯选集[M].第三卷．北京:人民出版社,1995.
[4] 马克思恩格斯选集[M].第四卷．北京:人民出版社,1995.
[5] 马克思恩格斯全集[M].第一卷．北京:人民出版社,1995.
[6] 马克思恩格斯全集[M].第五卷．北京:人民出版社,1958.
[7] 马克思恩格斯全集[M].第六卷．北京:人民出版社,1961.
[8] 马克思恩格斯全集[M].第十二卷．北京:人民出版社,1998.
[9] 马克思恩格斯全集[M].第十八卷．北京:人民出版社,1964.
[10] 马克思恩格斯全集[M].第十九卷．北京:人民出版社,2006.
[11] 马克思恩格斯全集[M].第二十卷．北京:人民出版社,1971.
[12] 马克思恩格斯全集[M].第二十三卷．北京:人民出版社,1972.
[13] 马克思恩格斯全集[M].第二十五卷．北京:人民出版社,1974.
[14] 马克思恩格斯全集[M].第三十二卷．北京:人民出版社,1998.
[15] 马克思恩格斯全集[M].第三十七卷．北京:人民出版社,1971.
[16] 马克思恩格斯全集[M].第三十九卷．北京:人民出版社,1974.
[17] 马克思恩格斯全集[M].第四十卷．北京:人民出版社,1982.
[18] 马克思恩格斯全集[M].第四十二卷．北京:人民出版社,1979.
[19] 马克思恩格斯全集[M].第四十三卷．北京:人民出版社,1982.

[20] 马克思恩格斯全集[M].第四十四卷. 北京:人民出版社,1982.
[21] 马克思. 资本论[M].第一卷. 北京:人民出版社,2004.
[22] 马克思.1844年经济学哲学手稿[M]. 北京:人民出版社,2000.
[23] 列宁选集[M].第二卷. 北京:人民出版社,1995.
[24] 列宁全集[M].第三卷. 北京:人民出版社,1984.
[25] 列宁全集[M].第八卷. 北京:人民出版社,1986.
[26] 列宁全集[M].第十八卷. 北京:人民出版社,1988.
[27] 列宁全集[M].第二十五卷. 北京:人民出版社,1988.
[28] 列宁全集[M].第二十六卷. 北京:人民出版社,1988.
[29] 列宁全集[M].第二十九卷. 北京:人民出版社,1985.
[30] 列宁全集[M].第三十二卷. 北京:人民出版社,1985.
[31] 列宁全集[M].第三十七卷. 北京:人民出版社,1986.
[32] 列宁全集[M].第三十九卷. 北京:人民出版社,1986.
[33] 列宁全集[M].第四十三卷. 北京:人民出版社,1987.
[34] 列宁全集[M].第五十五卷. 北京:人民出版社,1990.
[35] 列宁全集. 第五十九卷. 北京:人民出版社,1990.
[36] 列宁全集[M].第六十卷. 北京:人民出版社,1990.
[37] 斯大林文集[M]. 北京:人民出版社,1985.
[38] 毛泽东选集[M].第四卷. 北京:人民出版社,1991.
[39] 毛泽东文集[M].第七卷. 北京:人民出版社,1999.
[40] 邓小平文选[M].第三卷. 北京:人民出版社,1993.
[41] 江泽民文选[M].第一卷. 北京:人民出版社,2006.
[42] 江泽民文选[M].第二卷. 北京:人民出版社,2006.
[43] 江泽民文选[M].第三卷. 北京:人民出版社,2006.

国外文献

[44] (美)E. R. 塞维斯. 黄保玮,等,译. 文化进化论[M].北京:华夏出版社,1991.

[45]（英）K. 莫微，M. 理查德斯．流行：活色生香的百年时尚生活［M］．北京：中国友谊出版公司，2007.

[46]（美）W. 兰斯·本奈特，罗伯特·M. 恩特曼．董关鹏，译．媒介化政治：政治传播新论［M］．北京：清华大学出版社，2011.

[47]（德）阿尔贝特·施维泽．陈泽环，译．敬畏生命——五十年来的基本论述［M］．上海：上海社会科学院出版社，2003.

[48]（美）阿尔文·托夫勒．朱志焱，等，译．第三次浪潮［M］．北京：新华出版社，1996.

[49]（美）阿尔文·托夫勒．刘炳章，卢佩文，等，译．力量转移——临近21世纪时的知识、财富和暴力［M］．北京：新华出版社，1996.

[50]（美）阿尔文·托夫勒．孟广均，吴宣豪，等，译．未来的冲击［M］．北京：新华出版社，1996.

[51]（美）阿伦特．人的条件［M］．上海：上海人民出版社，1999.

[52]（英）安东尼·吉登斯．全球时代的民族国家：吉登斯讲演录［M］．南京：江苏人民出版社，2012.

[53]（英）鲍曼．革和，郭国良，徐建华，译．全球化——人类的后果［M］．北京：商务印书馆，2013.

[54]（美）比尔·弗兰克斯．黄海，车皓阳，等，译．驾驭大数据［M］．北京：人民邮电出版社，2013.

[55]（法）波德莱尔．肖聿，译．我心赤裸——波德莱尔散文随笔集［M］．北京：中国广播电视出版社，2000.

[56]（美）布鲁斯·宾伯．刘钢，等，译．信息与美国民主：技术在政治权力演化中的作用［M］．北京：科学出版社 2011.

[57]（美）大卫·格里芬．马季方，译．后现代科学：科学魅力的再现［M］．北京：中央编译出版社，2004.

[58]（加）戴维·克劳利，保罗·海尔．董璐，何道宽，王树国，译．传播的历史：技术文化和社会［M］．第五版．北京：清华大学出版社，2011.

[59]（美）丹·希勒．邢立军，等，译．信息拜物教［M］．北京：社会科学文献出版社，2008.

[60]（美）丹尼尔·贝尔．后工业社会的来临——对社会预测的一项探索

[M]. 北京:新华出版社,1997.

[61] (法)德勒兹. 刘汉全,译. 哲学与权力的谈判[M]. 南京:译林出版社,2012.

[62] (法)德日进. 范一,译. 人的现象[M]. 南京:译林出版社,2012.

[63] (美)凡勃伦. 蔡受百,译. 有闲阶级论——关于制度的经济研究[M]. 北京:商务印书馆,1964.

[64] (德)费希特. 于君,译. 极乐生活[M]. 北京:光明日报出版社,2009.

[65] (德)弗兰克·施尔玛赫. 邱袁炜,译. 网络至死[M]. 北京:龙门书局,2011.

[66] (英)弗兰克·韦伯斯特. 曹晋,等,译. 信息社会理论[M]. 北京:北京大学出版社,2011.

[67] (法)弗兰西斯·巴尔,杰拉尔·埃梅里. 张学信,译. 新媒体[M]. 北京:商务印书馆,2005.

[68] (澳)格雷姆·特纳. 许静,译. 普通人与媒介——民众化转向[M]. 北京:北京大学出版社,2011.

[69] (德)哈贝马斯. 曹卫东,选译. 哈贝马斯精粹[M]. 南京:南京大学出版社,2009.

[70] (德)哈贝马斯. 李黎,郭官义,译. 作为"意识形态"的技术与科学[M]. 上海:上海学林出版社,1999.

[71] (德)海德格尔. 陈嘉映,王庆节,译. 存在与时间[M]. 上海:生活·读书·新知三联书店,2006.

[72] (德)海德格尔. 孙兴周,译. 海德格尔存在哲学[M]. 北京:九州出版社,2004.

[73] (美)赫伯特·马尔库塞. 刘继,译. 单向度的人:发达工业社会意识形态研究[M]. 上海:上海译文出版社,2008.

[74] (德)胡塞尔. 王炳文,译. 欧洲科学的危机与超越论的现象学[M]. 北京:商务印书馆,2001.

[75] (德)霍克海默,阿道尔诺. 渠敬东,曹卫东,译. 启蒙辩证法[M]. 上海:上海人民出版社,2006.

[76] (德)霍克海默. 曹卫东,选编. 霍克海默集[M]. 上海:上海远东出版

社,2004.
[77] (英)吉姆·麦克盖根. 桂万先,译. 文化民粹主义[M]. 南京:南京大学出版社,2001.
[78] (法)居伊·德波. 王昭凤,译. 景观社会[M]. 南京:南京大学出版社,2007.
[79] (德)卡尔·曼海姆. 张旅平,译. 重建时代的人与社会:现代社会结构研究[M]. 南京:译林出版社,2011.
[80] (美)凯斯·R. 桑斯坦. 毕竞悦,译. 信息乌托邦:众人如何产生知识[M]. 北京:法律出版社,2008. .
[81] (美)克莱·舍基. 胡泳,等,译. 人人时代:无组织的组织力量[M]. 北京:中国人民大学出版社,2012.
[82] (美)克里斯·安德森. 萧萧,译. 创客:新工业革命[M]. 北京:中信出版社,2012. .
[83] (英)克里斯托夫·霍洛克斯. 刘千立,译. 麦克卢汉与虚拟实在. 北京:北京大学出版社,2005.
[84] (美)莱文森. 何道宽,译. 数字麦克卢汉——信息化新纪元指南[M]. 北京:社会科学文献出版社,2001.
[85] (美)利奥·洛文塔尔. 甘锋,译. 文学、通俗文化和社会[M]. 北京:中国人民大学出版社,2012.
[86] (美)露丝·本尼迪克特. 何锡章,黄欢,译. 文化模式[M]. 北京:华夏出版社,1987.
[87] (法)鲁尔·瓦拉格姆. 张新木,等,译. 日常生活的革命[M]. 南京:南京大学出版社,2008:28.
[88] (加)罗伯特·洛根. 何道宽,译. 理解新媒介——延伸麦克卢汉[M]. 上海:复旦大学出版社,2012.
[89] (英)马尔科姆·巴纳德. 常宁生,译. 理解视觉文化的方法[M]. 北京:商务印书馆,2005.
[90] (美)马克·波斯特. 范静哗,译. 第二媒介时代[M]. 南京:南京大学出版社,2005.
[91] (美)马克·波斯特. 范静哗,译. 信息方式——后结构主义与社会语

境[M].北京:商务印书馆,2000.

[92](美)马克·布朗斯坦,爱德华·莱文.潘卫民,等,译.网络品牌[M].北京:新华出版社,2003.

[93](德)马克斯·韦伯.林荣远,译.经济与社会[M].上卷.北京:商务印书馆 1997.

[94](美)马文·哈里斯.黄晴,译.文化的起源[M].北京:华夏出版社,1988.

[95](加)马歇尔·麦克卢汉.何道宽,译.理解媒介:论人的延伸[M].南京:译林出版社,2011.

[96](加)马歇尔·麦克卢汉.何道宽,译.麦克卢汉精髓[M].南京:南京大学出版社,2000.

[97](美)迈克尔·海姆.金吾伦,刘钢,译.从界面到网络空间——虚拟实在的形而上学[M].上海:上海科技教育出版社,2000.

[98](美)曼纽尔·卡斯特.网络社会——跨文化视角[M].北京:社会科学文献出版社,2009.

[99](美)米勒,等,编.布莱克尔政治学百科全书[M].北京:中国政法大学出版社,1992.

[100](美)尼尔·波斯曼.何道宽,译.技术垄断:文化向技术投降[M].北京:北京大学出版社,2007.

[101](美)尼尔·波斯曼.章艳,译.娱乐至死[M].南宁:广西师范大学出版社,2009.

[102](美)尼古拉·尼葛洛庞蒂.胡泳,等,译.数字化生存[M].海口:海南出版社,1997.

[103](美)尼古拉·葛洛蒂,张国治.革命时代——第五次浪潮[M].北京:电子工业出版社,1999..

[104](美)诺昂·德让.杨翼,译.时尚的精髓:法国路易十四时代的优雅品味及奢侈生活[M].上海:生活·读书·新知三联书店,2010.

[105](美)欧文·戈夫曼.冯钢,译.日常生活中的自我呈现[M].北京:北京大学出版社,2008.

[106](美)帕森斯.梁向阳,译.现代社会结构与过程[M].北京:光明日

报出版社,1998.

[107] (日)片平秀贵．林燕燕,译．品牌的本质是发现梦想[M].北京:东方出版社,2010.

[108] (法)让·鲍德里亚．夏莹,译．符号政治经济学批判[M].南京:南京大学出版社,2009.

[109] (法)让·鲍德里亚．张新木,李万文,译．冷记忆1[M].南京:南京大学出版社,2009.

[110] (法)让·鲍德里亚．张新木,王晶,译．冷记忆2[M].南京:南京大学出版社,2009.

[111] (法)让·鲍德里亚．张新木,陈旲文,李露露,译．冷记忆3[M].南京:南京大学出版社,2009.

[112] (法)让·鲍德里亚．张新木,陈凌娟,译．冷记忆4[M].南京:南京大学出版社,2009.

[113] (法)让·鲍德里亚．张新木,姜海佳,译．冷记忆5[M].南京:南京大学出版社,2009.

[114] (法)让·鲍德里亚．刘成富,全志刚,译．消费社会[M].南京:南京大学出版社,2008.

[115] (法)让·鲍德里亚．王为民,译．完美的罪行[M].北京:商务印书馆,2000.

[116] (法)让-诺埃尔·让纳内．段慧敏,译．西方媒介史[M].南宁:广西师范大学出版社,2005.

[117] (法)塞奇·莫斯科维奇．许列民,等,译．群氓的时代[M].南京:江苏人民出版社,2003.

[118] (美)斯蒂夫·琼斯．熊澄宇,范红,译．新媒体百科全书[M].北京:清华大学出版社,2007.

[119] (斯洛文尼亚)斯拉沃热·齐泽克．胡雨谭,叶肖,译．幻想的瘟疫[M].南京:江苏人民出版社,2006.

[120] (英)特瑞·伊格尔顿．方杰,译．文化的观念[M].南京:南京大学出版社,2003.

[121] (德)瓦尔特·本雅明．王才勇,译．机械复制时代的艺术作品[M].

北京:中国城市出版社,2002.

[122] (英)维克托·迈尔-舍恩伯格,肯尼斯·库克耶. 盛杨燕,周涛,译. 大数据时代:生活、工作与思维的大变革[M]. 杭州:浙江人民出版社,2013.

[123] (加)文森特·莫斯可. 黄典林,译. 数字化崇拜:迷思、权力与赛博空间[M]. 北京:北京大学出版社,2010.

[124] (英)乌苏拉·胡斯. 任海龙,译. 高科技无产阶级的形成——真实世界里的虚拟工作[M]. 北京:北京大学出版社,2011.

[125] (德)西蒙. 陈兆,黄畅,张晓虹,译. 品牌的奥秘[M]. 上海:文汇出版社,2003.

[126] (美)伊莱休·卡茨,约翰·杜伦·彼得斯,等. 常江,译. 媒介研究经典文化解读[M]. 北京:北京大学出版社,2011.

[127] (美)约翰·菲斯克. 杨全强,译. 解读大众文化[M]. 南京:南京大学出版社,2001.

[128] (英)约翰·斯道雷. 常江,译. 文化理论与大众文化导论[M]. 北京:北京大学出版社,2010.

[129] (英)约翰·斯道雷. 杨竹山,等,译. 文化理论与通俗文化导论[M]. 南京:南京大学出版社,2001.

[130] (美)约翰·希利·布朗,保罗·杜德奎. 信息的社会层面[M]. 北京:商务印书馆,2003.

[131] (美)约瑟夫·R. 多米尼克. 蔡骐,译. 大众传播动力学:数字时代的媒介[M]. 北京:中国人民大学出版社,2004.

[132] (荷兰)约斯·德·穆尔. 麦永雄,译. 赛博空间的奥德赛——走向虚拟本体论与人类学[M]. 南宁:广西师范大学出版社,2007.

[133] (美)詹姆斯·E. 凯茨,罗纳德·E. 莱斯. 郝芳,刘长江,译. 互联网使用的社会影响[M]. 北京:商务印书馆,2007.

[134] (日)中野香织. 赖庭筠,译. 时尚方程式[M]. 天津:天津教育出版社,2009.

[135] (美)弗雷德里克·S. 西伯特,西奥多·彼得森,威尔伯·施拉姆. 戴鑫,译. 传媒的四种理论[M]. 北京:中国人民大学出版社,2008.

[136] (瑞士)卡尔·古斯塔夫·荣格．周朗,石小竹,译．文明的变迁[M].北京:国际文化出版公司,2011.

[137] (美)阿瑟伯格．秦洁,译．理解媒介:媒介与文化研究的关键读本[M].北京:清华大学出版社,2013.

[138] Clay A. Johnson, *The Information Die*[M]t. O'Reilly Media. Inc,2012.

[139] Paul Levinson, *New New Media*[M]. Allyn & Bacon,2009.

[140] De Bruycker Iskander, Walgrave Stefaan. *How a New Issue Becomes an Owned Issue. Media Coverage and the Financial Crisis in Belgium* (2008—2009)[J]. International Journal of Public Opinion Research, Mar2014, Vol. 26 Issue 1:86 - 97.

[141] Pynta Peter, Seixas Shaun, Nield Geoffrye E, Hire James, Millward Emelia, Silberstein Richard. *The Power of Social Television: Can Social Media Build Viewer Engagement? A New Approach to Brain Imaging of Viewer Immersion*[J]. Journal of Advertising Research, Mar2014, Vol. 54 Issue 1:71 - 80.

[142] Romaniuk Jenni. *Are You Ready for the Next Big Thing? New Media Is Dead! Long Live New Media!* [J]. Journal of Advertising Research, Dec2012, Vol. 52 Issue 4:397 - 399.

[143] Yoo Changsok, Yang Dongwoo, Kim Huykang, Heo Eunnyeong. *Key Value Drivers of Startup Companies in the New Media Industry—The Case of Online Games in Korea*[J]. Journal of Media Economics, Oct-Dec2012, Vol. 25 Issue 4:244 - 260.

[144] Precourt Geoffrey. *What We Know About New Mixes in Media Marketing* [J]. Journal of Advertising Research, Dec2013, Vol. 53 Issue 4:356 - 357.

[145] Tzu-Bin Lin, Jen-Yi Li, Feng Deng, Ling Lee. *Understanding New Media Literacy: An Explorative Theoretical Framework*[J]. Journal of Educational Technology & Society, 2013, Vol. 16 Issue 4:160 - 170.

[146] Fowler Tim, Hagar Doug. "*Liking*" *Your Union: Unions and New Social Media during Election Campaigns*[J]. Labor Studies Journal, Sep2013,

Vol. 38 Issue 3:201 – 228.

[147] Weiss Meredith L. *New Media, New Activism: Trends and Trajectories in Malaysia, Singapore and Indonesia* [J]. International Development Planning Review, 2014, Vol. 36 Issue 1:91 – 109.

[148] Vaast Emmanuelle, Davidson Elizabeth J., Mattson Thomas. *Talking About Technology: The Emergence of a New Actor Category Through New Media* [J]. MIS Quarterly, Dec2013, Vol. 37 Issue 4:1069 – A2.

[149] Landau Michael. *New Technology, New Media, New Markets: The Continuing Importance of Contract and Copyright* [J]. International Review of Law, Computers & Technology, Jul-Nov2012, Vol. 26 Issue 2/3: 257 – 274.

[150] Lahav Tamar. *Public Relations Activity In the New Media In Israel 2012: Changing Relationships* [J]. Public Relations Review, Mar2014, Vol. 40 Issue 1:25 – 32.

[156] Latonero Mark, Sinnreich Aram. *The Hidden Demography of New Media Ethics* [J]. Information, Communication & Society, May2014, Vol. 17 Issue 5:572 – 593.

[157] Blank Grant. *Blurring the Boundaries: New Social Media, New Social Science (NSMNSS)* [J]. International Journal of Market Research, 2013, Vol. 55 Issue 3:461 – 464.

国内文献

[158] 冯契．人的自由和真善美[M].上海:华东师范大学出版社,1996.

[159] 冯契．认识世界和认识自己[M].上海:上海人民出版社,2011.

[160] 马钦荣．概念论[M].上海:上海学林出版社,1991.

[161] 鲁品越．深层本体论:自然科学的新哲学境界[M].北京:人民出版社,2011.

[162] 鲁品越．资本逻辑与当代现实——经济现实的哲学沉思[M].上海:

上海财经大学出版社,2006.

[163] 鲁品越. 中国未来之路——信息化进程在中国[M]. 南京:南京大学出版社,1998.

[164] 张雄. 经济哲学[M]. 昆明:云南人民出版社,2001.

[165] 张雄. 历史转折论[M]. 上海:上海社会科学院出版社,1994.

[166] 董焱. 信息文化论——数字化生存状态的冷思考[M]. 北京:北京图书馆出版社,2003.

[167] 陈嘉明. 现代性与后现代性十五讲[M]. 北京:北京大学出版社,2006.

[168] 田进. 网络行政研究[M]. 武汉:武汉大学出版社,2012.

[169] 王凤才. 批判与重建——法兰克福学派文明论[M]. 北京:社会科学文献出版社,2004.

[170] 王晓红. 现世的人的发现——马克思对人性理论的变革[M]. 北京:北京师范大学出版社,2011.

[171] 黄传武,王英杰. 新财富密码——解密当今最赚钱的移动新媒体经济[M]. 北京:北京邮电大学出版社,2013.

[172] 晓林,秀生. 看不见的心[M]. 北京:人民出版社,2007.

[173] 吴伟光. 网络新媒体的法律规治——自由与限制[M]. 北京:知识产权出版社,2013.

[174] 黄河. 新媒体发展与社会管理[M]. 北京:中国传媒大学出版社,2013.

[175] 陈炳辉,张芳山. 后马克思主义的理论[M]. 北京:中国社会科学出版社,2011.

[176] 肖峰. 信息主义:从社会观到世界观[M]. 北京:中国社会科学出版社,2010.

[177] 俞吾金. 传统重估与思想移位[M]. 哈尔滨:黑龙江大学出版社,2007.

[178] 张汝伦.《存在与时间》释义 [M]. 第四卷. 上海:上海人民出版社,2012.

[179] 杨剑龙. 新媒体时代的文化批评[M]. 南宁:广西师范大学出版

社,2013.
[180] 谢新洲. 互联网等新媒体对社会舆论影响与利用研究[M]. 北京:经济科学出版社,2013.
[181] 潘瑞芳,钟祥铭. 新媒体新说[M]. 北京:中国广播电视出版社,2014.
[182] 雷霞. 移动新媒体时代的舆论引导研究[M]. 北京:中国广播电视出版社,2014.
[183] 张春波. 新媒体与旧秩序:YouTube 上的中国形象[M]. 北京:世界知识出版社,2014.
[184] 匡文波. 新媒体舆论:模型、实证、热点及展望[M]. 北京:中国人民大学出版社,2014.
[185] 庄国雄,马拥军,孙承叔. 历史哲学[M]. 上海:复旦大学出版社,2004.
[186] 邹诗鹏. 生存论研究[M]. 上海:上海人民出版社,2005.
[187] 徐信华. 中国共产党早期报刊与马克思主义大众化[M]. 北京:人民出版社,2013.
[188] 宫承波. 新媒体概论[M]. 北京:中国广播电视出版社,2011.
[189] 郭小安. 网络民主的可能及限度[M]. 北京:中国社会科学出版社,2011.
[190] 胡正荣,戴元光. 新媒体与当代中国社会[M]. 上海:上海交通大学出版社,2012.
[191] 鲁品越,骆祖望. 资本与现代性的生成[J]. 中国社会科学,2005(3).
[192] 鲁品越. 伯林两种自由观与当代民主形态[J]. 马克思主义研究,2012(6).
[193] 鲁品越. 货币与价值世界的祛魅[J]. 江海学刊,2005(1):34-40.
[194] 鲁品越. 物品体系与社会结构再生产——历史唯物主义的一条新解读路径[J]. 哲学动态,2004(12).
[195] 鲁品越. 资本逻辑与人的发展悖论[J]. 学习与探索,2013(2).
[196] 张雄,曹东勃. 拜物逻辑的批判:马克思和鲍德里亚[J]. 学术月刊,2007(12).
[197] 张雄. 财富幻象:金融危机的精神现象学解读[J]. 中国社会科学,

2010(3).

[198] 张雄. 货币幻象:马克思的历史哲学解读[J]. 中国社会科学,2004(4).

[199] 张雄. 现代性逻辑预设何以生成[J]. 哲学研究,2006(1).

[200] 余源培. 评鲍德里亚的"消费社会理论"[J]. 复旦学报:社会科学版,2008(1).

[201] 余源培. 新媒体与意识形态建设[J]. 河北学刊,2013(1).

[202] 俞吾金. 从"道德评价优先"到"历史评价优先"——马克思异化理论发展中的视角转换[J]. 中国社会科学,2003(2).

[203] 俞吾金. 存在、自然存在和社会存在——海德格尔、卢卡奇和马克思本体论思想的比较研究[J]. 中国社会科学,2001(2).

[204] 俞吾金. 马克思对现代性的诊断及其启示[J]. 中国社会科学,2005(1).

[205] 卜祥记. 马克思主义哲学研究范式辨误[J]. 学术月刊,2009(4).

[206] 范宝舟. 财富幻象:马克思的历史哲学解读[J]. 哲学研究,2010(10).

[207] 范宝舟. 论马克思交往理论的基本特征[J]. 武汉大学学报:人文科学版,2003(5).

[208] 马拥军. 西方马克思主义政治经济学批判的当代意义[J]. 哲学动态,2012(10).

[209] 马拥军. 论马克思主义的工具层面与信仰层面[J]. 探索,2012(1).

[210] 肖峰. 信息政治与政治信息主义[J]. 中国青年政治学院学报,2010(1).

[211] 邹诗鹏. 生存论研究何以可能[J]. 哲学研究,2006(12).

[212] 邹诗鹏. 现时代精神生活的物化处境及其批判[J]. 中国社会科学,2007(5).

[213] 郑永廷,张静. 思想政治教育:建设社会主义和谐社会的内在需求[J]. 思想·理论·教育,2005(9).

[214] 郑杭生,李路路. 社会结构与社会和谐[J]. 中国人民大学学报,2005(2).

[215] 甘锋．“理论力场”与文艺传播研究——洛文塔尔文艺传播研究方法论解析[J].东岳论丛,2009(8).

[216] 张汝伦．马克思的哲学观和“哲学的终结”[J].中国社会科学,2003(7).

[217] 张曙光．生存之维:经验视域与超验视域的分化与融合——关于建构生存哲学的思想史研究[J].天津社会科学,2000(1).

[218] 张一兵．颠倒再颠倒的景观世界——德波《景观社会》的文本学解读[J].南京大学学报:哲学·人文科学·社会科学版,2006(1).

[219] 廖申白．私人交往与公共交往[J].北京师范大学学报．社科版,2005(4).

[220] 汪丁丁．资本概念的三个基本维度——及资本人格的个性化演变路径[J].哲学研究,2006(10).

[221] 王晓升．“公共领域”概念辨析[J].吉林大学社会科学学报,2011(4).

[222] 黄升民,杨雪睿．碎片化:品牌传播与大众传媒新趋势[J].现代传播,2005(6).

[223] 李敏．网络拟态群体性事件探析[J].当代传播,2009(6).

[224] 李明华．和谐社会中的人与自然[J].学术研究,2004(11).

[225] 李培林．社会冲突与阶级意识当代中国社会矛盾研究[J].社会,2005(1).

[226] 李强．社会分层与小康社会[J].北京师范大学学报:社会科学版,2003(2).

[227] 李曦珍,楚雪,王晓刚．媒介是人的进化式延伸——达尔文“进化论”视阈下的麦克卢汉“延伸论”透视[J].甘肃社会科学,2011(4).

[228] 韩蕾．选择·缩略·转喻——谈网络词语“人肉搜索”[J].当代修辞学,2010(3).

[229] 林坚．文化概念演变及文化学研究历程[J].文化学刊,2007(4).

[230] 林左鸣,吴秀生．虚拟价值的人类活动论依据[J].北京大学学报,2006(2).

[231] 刘大宁．社会主义核心价值体系大众化的策略研究[J].人民论坛,

2013(8).

[232] 刘大志,郁建兴. 网络理性何以可能?——对“超大”论坛的案例研究[J]. 浙江社会科学,2011(4).

[233] 刘晗. 隐私权、言论自由与中国网民文化:人肉搜索的规制困境[J]. 中外法学,2011(4).

[234] 刘南男,郝宏奎. 论网络“人肉搜索”在侦查工作中的运用[J]. 中国人民公安大学学报:社会科学版,2009(6).

[235] 刘朋. 微博问政研究述评[J]. 华南理工大学学报. 社会科学版,2013(2).

[236] 刘守芬,孙晓芳. 论网络犯罪[J]. 北京大学学报. 哲学社会科学版,2001(3).

[237] 刘卫东. 风险文化研究与国家信息安全——中国社会双重转型下的传媒文化责任[J]. 南开学报,2006(2).

[238] 刘正妙. 国内“微博问政”研究述评[J]. 湖湘论坛,2013(2).

[239] 曹晋,赵月枝. 传播政治经济学的学术脉络与人文关怀[J]. 南开学报:哲学社会科学版,2008(5).

[240] 陈朝晖. “人肉搜索”的发展演变[J]. 传媒观察,2008(7).

[241] 陆小宁. 洛文塔尔的通俗文化思想述评[J]. 哲学动态,1998(2).

[242] 陈刚. 全球化与文化认同[J]. 江海学刊,2002(5).

[243] 苗连营. 和谐社会的宪政之维[J]. 法学评论,2006(1).

[244] 任剑涛. 论私人与私密性[J]. 贵州社会科学,2011(9).

[245] 邵培仁. 探索文明的进路——西方媒介社会学的历史、现状与趋势[J]. 广州大学学报:社会科学版,2013(5).

[246] 沈亚平,董向芸. 微博问政对于政府管理的价值与功能分析[J]. 南开学报:哲学社会科学版,2012(3).

[247] 孙光宁. 公民参与理论视角下的“微博问政” [J]. 社会主义研究,2011(3).

[248] 陶东风. “公共”/“私人”的几种划分模式及其反思[J]. 福建论坛:人文社会科学版,2009(8).

[249] 田晓荣. 说“草根”[J]. 辞书研究,2007(5).

[250] 何道宽．媒介革命与学习革命——麦克卢汉媒介理论批评[J]．深圳大学学报:社科版,2000(5)．

[251] 汪靖,顾晓晨．“御宅族”现象——新一代媒介依存症[J]．当代传播,2008(5)．

[252] 王凤歧,林雄辉．全球化进程中西方文化的扩张与渗透[J]．当代世界与社会主义,2001(2)．

[253] 王海稳．当代民主技术研究论域的探讨与厘定[J]．湖北社会科学,2011(2)．

[254] 王海稳．民主技术:内涵、功能及价值[J]．甘肃理论学刊,2008(4)．

[255] 王君超,郑恩．“微传播”与表达权——试论微博时代的表达自由[J]．现代传播:中国传媒大学学报,2011(4)．

[256] 王莉君,孙国华．论权力与权利的一般关系[J]．法学家,2003(5)．

[257] 王名,顾元珍．关于时代划分的七大标准[J]．北京社会科学,1992(1)．

[258] 王庆．略论微博问政[J]．江西财经大学学报,2011(4)．

[259] 何志钧,孙恒存．数字媒介转型与文艺消费的全媒体格局[J]．中州学刊,2013(1)．

[260] 王晓霞．“虚拟社会”的人际交往及其调适[J]．南开学报》2002(4)．

[261] 王振顶．“草根”、“山寨”为何流行[J]．山西师大学报:社会科学版,2009(5)．

[262] 吴冬梅．网络化信息传播图析[J]．国际新闻界,1998(4)．

[264] 夏广兴．佛教幻化观与唐宋文学创作[J]．世界宗教文化,2012(2)．

[267] 陈潭,黄金．群体性事件多种原因的理论阐释[J]．政治学研究,2009(6)．

[268] 肖伟胜．论近代旁观者眼光与透视法[J]．西南大学学报:社会科学版,2010(6)．

[269] 谢阗．网络推手的商业模式[J]．互联网周刊,2009(3)．

[270] 徐翔．异化的“去中心”:审视电子乌托邦[J]．南京社会科学,2010(10)．

[271] 杨枝煌．网络水军类型、多重信用及其治理[J]．广东行政学院学报,

2011(4).

[272] 姚远,任羽中. “激活”与“吸纳”的互动——走向协商民主的中国社会治理模式[J]. 北京大学学报:哲学社会科学版,2013(2).

[273] 黄丽萍. 微博时代为政者如何剑走“网路”[J]. 领导科学,2012(11).

[274] 叶秀山. 没有时尚的时代?——论后现代思潮[J]. 读书,1994(2).

[275] 衣俊卿. 西方马克思主义的哲学范式转换及其启示[J]. 江苏社会科学,2006(2).

[276] 应学凤. “草根”有新义[J]. 科技术语研究,2006(4).

[277] 尤西林. 现代性与时间[J]. 学术月刊,2003(8).

[278] 陈岳. 如何认识时代特征和世界主题[J]. 世界经济与政治,2002(2).

[279] 陈兆仓. 治理理论视角下的中国廉政建设:经验、挑战与创新[J]. 河南社会科学,2011(4).

[280] 仇立平. 社会结构与阶级的生产结构紧张与分层研究的阶级转向[J]. 社会,2007(2).

[281] 党东耀. 新媒体场域下的社会问题新闻报道[J]. 华中科技大学学报. 社会科学版,2009(2).

[282] 董运生,王岩. 网络阶层:一个社会分层新视野的实证分析[J]. 吉林大学社会科学学报,2006(2).

[283] 张凤莲. 马克思的个人发展理论及其当代价值[J]. 哲学研究,2006(5).

[284] 管玥. 政治信任的层级差异及其解释:一项基于大学生群体的研究[J]. 公共行政评论,2012(2).

[285] 郭明飞. 互联网时代我国意识形态工作面临的挑战与对策[J]. 马克思主义与现实,2009(6).

[286] 袁峰. 现代传播技术与深度民主的发展[J]. 社会科学,2004(11).

[287] 曾润喜,徐晓林. 国家政治安全视角下的中国互联网虚拟社会安全[J]. 华中科技大学学报:社会科学版,2012(2).

[288] 展江. 哈贝马斯的“公共领域”理论与传媒[J]. 中国青年政治学院学报,2002(2).

[289] 张亚勇. 试论网络政治参与的无序性及其规范[J]. 求实,2007(12).
[290] 樊昌志,童兵. 社会结构中的大众传媒:身份认同与新闻专业主义之建构[J]. 新闻大学,2009(3).
[291] 张哲. 新媒体时代[J]. 中国电子出版,1997(2).
[292] 赵可金. 网络外交的兴起:机制与趋势[J]. 世界经济与政治,2011(5).
[293] 赵玲. 社会主义社会政治道德的基本内涵及其实现途径[J]. 政治学研究,2004(2).
[294] 郑萍,薛冰. 网络公共舆论的形成机理及其影响政策制定的途径[J]. 中国行政管理,2009(1).
[295] 方付建. 网络水军的发展动向[J]. 学习月刊》2011(8).
[296] 支运波. 媒介空间与公共理性[J]. 福建论坛:人文社科版,2011(6).
[297] 钟宜. 民主的技术分析及其现实意义[J]. 求实,2008(4).
[298] 周鸿铎. 发展中国特色网络文化[J]. 山东社会科学,2009(1).
[299] 朱万曙. 传播文化初论[J]. 学术界,1994(3).
[300] 祝大征,赵中健. 论交往价值[J]. 人文杂志,1994(2).
[301] 杜骏飞. 文化阶层是如何被想象的?[J]. 电影艺术,2010(4).
[302] 纪忠慧. 构建和谐社会的舆论观[J]. 现代传播,2005(4).
[303] 江雨燕. 计算机网络黑客及网络攻防技术探析[J]. 计算机应用与软件,2003(3).
[304] 解学芳. 我国信息文化产业的 SWOT 分析与发展战略选择[J]. 探索,2007(1).
[305] 李超民,李礼. "吊丝"现象的后现代话语检视[J]. 中国青年研究,2013(1).
[306] 李国青,杨莹. 网络反腐研究:主要问题与拓展方向[J]. 理论与改革,2013(1).
[307] 佟力强,主编. 首都互联网发展报告(2013)[R]. 北京:人民出版社,2013.
[308] 新华社新媒体中心. 中国新兴媒体发展报告(2012—2013)[R]. 北京:新华出版社,2013.

[309] 唐绪军,主编. 中国新媒体发展报告(2013)[R]. 北京:社会科学文献出版社,2013.

[310] 2013 年中国网民搜索行为研究报告[R]. 中国互联网络信息中心,2013.

[311] 中国互联网络发展状况统计报告[R]. 中国互联网络信息中心,2013.

[312] 互联网发展信息与动态[R]. 中国互联网络信息中心,2013.

[313] 2013 年中国网民搜索行为研究报告[R]. 中国互联网络信息中心,2013.

[314] 北京市互联网信息办公室等编. 中国微博发展报告(2012)[R]. 北京:人民出版社,2013.

[315] 洪毅,杜平,主编. 中国电子政务发展报告(2012)[R]. 北京:社会科学文献出版社,2013.

[316] 中国互联网协会,中国互联网信息中心,编. 中国互联网发展报告(2013)[R]. 北京:电子工业出版社,2013.

[317] 庞井君. 中国视听新媒体发展报告(2013)[R]. 北京:社会科学文献出版社,2013

[318] 尹韵公,主编. 中国新媒体发展报告(2012)[R]. 北京:社会科学文献出版社,2012.

[319] 中国移动互联网发展报告(2012)[R]. 北京:社会科学文献出版社,2012.

[320] 联合国科教文组织. 关世杰,等,译. 世界文化报告 1998:文化、创新与市场[R]. 北京大学出版社,2000.

致　谢

本书的写作得到了上海财经大学马钦荣教授的全面指导，并受益于鲁品越教授、张雄教授、张彦教授、卜祥记教授、徐大建教授、马拥军教授、范宝舟教授、郝云教授、章忠民教授、梁建新教授、李建立副教授等老师的不吝赐教。本书在写作过程中参阅了很多文献资料，这些卓有见地的学术成果是我写作本书的重要学术资源，大部分文献的作者姓名在“参考文献”（或者“注释”）中已经注明，但还有部分参阅过的文献，由于种种原因（可能）未能列出，也对他们表示衷心的感谢！

在此，本人对遵义师范学院马克思主义学院院长李懋君教授及各位同事、朋友和同学的鼓励与支持，对贵州省重点支持学科“马克思主义理论一级学科”建设专项经费的出版资助表示衷心感谢！

何华征

2016年5月1日于遵义凤凰山麓